· 2024학년도 수능 및 내신 대비 ·

능률

EBS 수능특강

변형 문제

559 제

문학(상)

책임 집필·검토진

유동훈, 양다훤, 고하은, 김정진, 이선민, 김완주

IAP 집필진

윤철훈, 손호연

외부 집필진

양재혁 두드림HIGH
김태영 상록고등학교
심연수
최선학

능률
EBS 수능특강
변형 문제 559제 문학(상)

지 은 이 | IAP BOOKS
기   획 | 유동훈 양다훤
개   발 | 고하은 김정진 이선민 김완주
디 자 인 | 정은아 정수진 최미나 오예인
조   판 | 정은아 정수진 최미나
영   업 | 한기영 이경구 박인규 정철교 하진수 김남준 이우현
마 케 팅 | 박혜선 남경진 이지원 김여진

· 2024학년도 수능 및 내신 대비 ·

능률
EBS 수능특강

변형 문제
559제

문학(상)

상쾌한 **향상**을 경험하다
국어 문제의 해결사 SLS

학습자 맞춤형 문제은행 출제 마법사
Smart Learning Solution
학생들에게 1:1 과외의 효과를!

초등 4학년부터 고등 3학년까지!
개별 학생에게 맞춘 유연한 문제은행 출제 마법사
시스템이기에 더욱 빠르고 학습진단 및 분석, 그리고 이에 맞춘 처방까지!
학생들의 성적이 달라집니다!

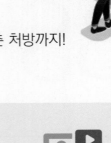

온라인
교재 학습

‣ 온라인 제공 문제 서비스
‣ 출판사, 난이도별 문제

차별화된
인강시스템

‣ 모든 문항별 강의 동영상
‣ 강좌별 영상 강의

SMART LEARNING SOLUTION
SLS

유사 문제
자동 추천 기능

‣ 오답 문제와 유사한 문제 제공
‣ 오답 문제 완전 정복

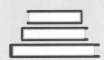

130만
국어 문항 DB

‣ 국내 최대 DB
‣ 수능, 내신 모든 문항의 DB

섹션뽀개기

현대시, 현대소설, 고전운문, 고전산문, 극수필, 독서, 화법과 작문, 문법 총 8권으로 구성되어 있습니다. 실전에 들어가기 전 꼭 알아야 할 기본 개념을 체크하고, 각 갈래별로 유형과 개념이 잘 나타난 대표 유제를 통해 문제 접근법과 풀이 방법을 익힐 수 있습니다. 또한 수능 및 전국연합 기출 문제를 선별하여 앞에서 학습한 개념과 관련된 문제를 통해 실제 문제에 대한 해결력을 기르고 수능 감각을 익힐 수 있도록 하였습니다. 자기 주도학습을 할 수 있도록 인강을 제공하고, SLS 시스템을 통해 취약 영역도 보완하도록 지원하고 있습니다.

섹션뽀개기 실전편

문학, 독서, 화법과 작문, 언어와 매체 총 4권으로 구성되어 있습니다. 각 항목별로 개념과 대표 유제, 실전 문제를 단계별로 제공하여 스스로 문제를 풀고 해결해 나갈 수 있도록 편집되었습니다. 자기 주도학습을 할 수 있도록 인강을 제공하고, SLS 시스템을 통해 취약 영역도 보완하도록 지원하고 있습니다.

기승전결 모의고사

LEVEL 1(Ⅰ·Ⅱ·Ⅲ·Ⅳ), LEVEL 2(Ⅰ·Ⅱ·Ⅲ·Ⅳ), LEVEL 3(Ⅰ·Ⅱ·Ⅲ·Ⅳ), LEVEL 4(Ⅰ·Ⅱ·Ⅲ·Ⅳ)등 총 16권으로 구성되어 있습니다. 권당 실전 모의고사 9회가 수록되어 있고, 주차별로 1회씩 학습하도록 구성했습니다. 수능, 평가원, 교육청에서 출제되었던 실전 모의고사와 자체적으로 만들고 리믹스한 모의고사로 편성되어 있습니다. 자기 주도 학습을 할 수 있도록 인강을 제공하고, SLS 시스템을 통해 취약 영역도 보완하도록 지원하고 있습니다.

분기승천 국어

레벨별 4종씩 총 8권으로 구성되어 있습니다. 분기별로 학습할 수 있도록 권당 13강으로 편성되어 있고, 1강당 4세트씩 권당 42세트 이상 구성되어 학교, 학원 등 교육기관에서 주차별 학습을 하도록 최적화되어 있습니다. 자기 주도학습을 할 수 있도록 인강을 제공하고, SLS 시스템을 통해 취약 영역도 보완하도록 지원하고 있습니다.

리딩플러스 국어

총 8단계로 구성되어 아이들이 다양한 갈래의 책을 읽고, 책에 관련된 문제를 풀어보며 글쓰기 실력을 향상시킬 수 있는 독서논술 교재입니다. 책을 읽으면서 궁금해할 만한 것이나 중요한 개념을 안내하는 배경 지식, 책에 등장한 어휘 관련 문제, 책에서 발췌한 제시문에 대한 독해력·사고력 문제를 통해 아이들이 흥미롭게 독서 활동을 할 수 있도록 하고, 책을 읽은 후 느낀 점 등을 독후활동지로 정리할 수 있도록 구성되어 있으며, SLS 시스템을 통해 온라인으로도 학습할 수 있도록 지원하고 있습니다.

어휘어법

LEVEL 1(Ⅰ·Ⅱ), LEVEL 2(Ⅰ·Ⅱ), LEVEL 3(Ⅰ·Ⅱ), LEVEL 4(Ⅰ·Ⅱ) 등 총 8권으로 구성되어 있습니다. 학기별로 학습할 수 있도록 권당 18~26강으로 편성되어 있고, 모듈 프로세스를 통해서 영역별 학습이 가능하게 만들어져 있습니다. 사자성어·속담·한자어·관용어·혼동어휘 등을 교재별로 모듈화하여 단계별로 학습하고 주차별로 테스트를 하도록 구성되어 있습니다.

구성과 특징

지문분석

지문별 상세한 해설 주석을 첨부하여 지문에 대한 깊이 있는 이해를 할 수 있도록 구성하였습니다.

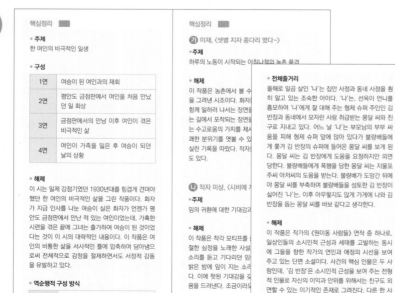

핵심정리

지문과 연관된 필수 개념을 제공하며 지문의 내용을 보다 쉽게 이해할 수 있도록 구성하였습니다.

3

[1-7] 윗글의 내용에 대한 설명이다. 맞으면 ○, 틀리면 ✕표 하시오.

1 후각적 심상을 활용하여 속세와 단절된 삶을 살고있는 여승의 이미지를 환기하고 있다.

2 공감각적 심상을 사용하여 혹독하고 암담한 현실에서 여인이 느끼는 한을 부각하고 있다.

3 '딸'의 죽음에 대한 여인의 슬픔을 직접적으로 표출하며 비극성을 강조하고 있다.

4 화자는 여인의 비극적인 삶에 연민을 느끼고 있다.

5 시간의 흐름에 따라 순행적으로 시상을 전개하고 있다.

6 화자는 속세를 떠난 여인의 홀가분한 모습에 안도하고 있다.

7 화자는 자신이 관찰한 여승의 삶을 서정적으로 묘사하고 있다.

[8-10] 윗글의 내용과 관련하여 빈칸에 들어갈 적절한 내용을 쓰시오.

8 (가)는 '□□□'과 같이 촉각적 심상을 사용하여 시적 상황을 제시하고 있다.

9 (나)의 화자는 '□□'를 청자로 설정하여 원망을 토로하고 있다.

10 (다)는 '□□□□'에서 샘으로 공간을 이동하며 시상을 전개하고 있다.

확인 문제 정답	1○ 2✕ 3✕ 4○ 5○ 6○ 7✕ 8 찬 이슬 9 저 개 10 무심산중

확인 문제

내용 확인용 ○, ✕ 및 빈칸 채우기 문제를 첨부하여 수능뿐만 아니라 학교 시험에도 대비할 수 있도록 하였습니다.

4

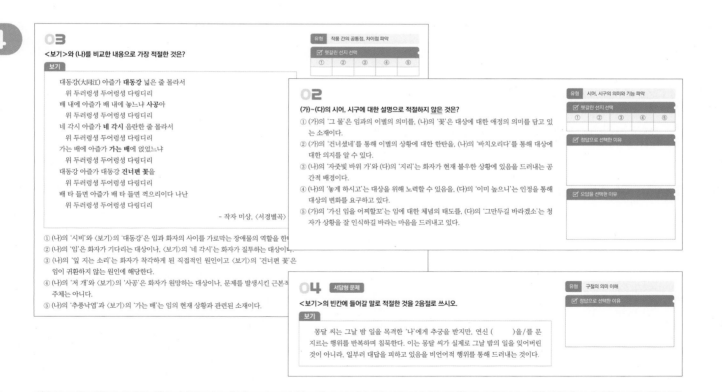

03

\<보기\>와 (나)를 비교한 내용으로 가장 적절한 것은?

유형 **작품 간의 공통점, 차이점 파악**

☑ 헷갈린 선지 선택
| ① | ② | ③ | ④ | ⑤ |

보기

대동강(大同江) 아즐가 대동강 넓은 줄 몰라서
  위 두러렁셩 두어렁셩 다링디리
배 내어 아즐가 배 내어 놓느냐 사공아
  위 두러렁셩 두어렁셩 다링디리
네 각시 아즐가 네 각시 음란한 줄 몰라서
  위 두러렁셩 두어렁셩 다링디리
가는 배에 아즐가 가는 배에 얹었느냐
  위 두러렁셩 두어렁셩 다링디리
대동강 아즐가 대동강 건너편 꽃을
  위 두러렁셩 두어렁셩 다링디리
배 타 들면 아즐가 배 타 들면 꺽으리이다 나난
  위 두러렁셩 두어렁셩 다링디리

- 작자 미상, 〈서경별곡〉

① (나)의 '시비'와 〈보기〉의 '대동강'은 임과 화자의 사이를 가로막는 장애물의 역할을 한[다].
② (나)의 '임'은 화자가 기다리는 대상이나, 〈보기〉의 '네 각시'는 화자가 질투하는 대상이[다].
③ (나)의 '잎 지는 소리'는 화자가 착각하게 된 직접적인 원인이고 〈보기〉의 '건너편 꽃'은 임이 귀환하지 않는 원인에 해당한다.
④ (나)의 '저 개'와 〈보기〉의 '사공'은 화자가 원망하는 대상이나, 문제를 발생시킨 근본적[인] 주체는 아니다.
⑤ (나)의 '추풍낙엽'과 〈보기〉의 '가는 배'는 임의 현재 상황과 관련된 소재이다.

02

(가)~(다)의 시어, 시구에 대한 설명으로 적절하지 않은 것은?

유형 **시어, 시구의 의미와 기능 파악**

☑ 헷갈린 선지 선택
| ① | ② | ③ | ④ | ⑤ |

☑ 정답으로 선택한 이유

☑ 오답을 선택한 이유

① (가)의 '그 물'은 임과의 이별의 의미를, (나)의 '꽃'은 대상에 대한 애정의 의미를 담고 있는 소재이다.
② (가)의 '건너셨네'를 통해 이별의 상황에 대한 한탄을, (나)의 '바치오리다'를 통해 대상에 대한 의지를 알 수 있다.
③ (나)의 '자줏빛 바위 가'와 (다)의 '지리'는 화자가 현재 불우한 상황에 있음을 드러내는 공간적 배경이다.
④ (나)의 '놓게 하시고'는 대상을 위해 노력할 수 있음을, (다)의 '이미 늦으니'는 인정을 통해 대상의 변화를 요구하고 있다.
⑤ (가)의 '가신 임을 어찌할꼬'는 임에 대한 체념의 태도를, (다)의 '그만두길 바라겠소'는 청자가 상황을 잘 인식하길 바라는 마음을 드러내고 있다.

04 서답형 문제

\<보기\>의 빈칸에 들어갈 말로 적절한 것을 2음절로 쓰시오.

유형 **구절의 의미 이해**

☑ 정답으로 선택한 이유

보기

몽달 씨는 그날 밤 일을 목격한 '나'에게 추궁을 받지만, 연신 (   )을/를 문지르는 행위를 반복하며 침묵한다. 이는 몽달 씨가 실제로 그날 밤의 일을 잊어버린 것이 아니라, 일부러 대답을 피하고 있음을 비언어적 행위를 통해 드러내는 것이다.

실전 문제

한 지문 당 최소 3문제 이상의 EBS 변형 문제를 제공하여 지문을 완전히 숙지하고 다양한 유형에 대비할 수 있습니다.

목차

현대시

고전산문

I

개념학습

정답 및 해설 p.2

핵심정리

＊주제
한 여인의 비극적인 일생

＊구성

1연	여승이 된 여인과의 재회
2연	평안도 금점판에서 여인을 처음 만났던 일 회상
3연	금점판에서의 만남 이후 여인이 겪은 비극적인 삶
4연	여인이 가족을 잃은 후 여승이 되던 날의 상황

＊해제
이 시는 일제 강점기였던 1930년대를 힘겹게 견뎌야 했던 한 여인의 비극적인 삶을 그린 작품이다. 화자가 지금 인사를 나눈 여승이 실은 화자가 언젠가 평안도 금점판에서 만난 적 있는 여인이었는데, 가혹한 시련을 겪은 끝에 그녀는 출가하여 여승이 된 것이었다는 것이 이 시의 대략적인 내용이다. 이 작품은 여인의 비통한 삶을 서사적인 틀에 압축하여 담아냄으로써 전체적으로 감정을 절제하면서도 서정적 감동을 유발하고 있다.

＊역순행적 구성 방식

2연	여인과 화자의 첫 만남
3연	여인의 비극적인 삶
4연	여인이 여승이 되는 모습
1연	여승과 화자의 재회

※ 다음 글을 읽고, 물음에 답하시오.

여승(女僧)은 합장(合掌)하고 절을 했다
　　시적 대상 → 일제 강점기 고난을 겪은 민중
ㄱ **가지취＊**의 내음새가 났다
　　　　후각적 심상을 활용하여 탈속적인 삶을 암시
쓸쓸한 낯이 옛날같이 늙었다
화자가 해석하는 대상　　재회를 의미
나는 ㄴ **불경(佛經)**처럼 서러워졌다
　　　　대상의 상황과 자신의 감정을 직접 연결하여 직설적으로 표현　　　▶1연: 여승이 된 여인과의 재회

평안도의 어느 산 깊은 금점판＊

나는 파리한 **여인**에게서 옥수수를 샀다
　　　　　출가 전 여승의 경제적 상황을 암시
여인은 나어린 딸아이를 때리며 ㄷ **가을밤같이 차게 울었다**
　　　　　　　공감각적 심상의 활용 → 여인(여승)의 힘든 삶을 형상화
　　　　　　　　　　　▶2연: 평안도 금점판에서 여인을 처음 만났던 일 회상

섶벌＊같이 나아간 지아비 기다려 십 년이 갔다

지아비는 돌아오지 않고
　　가족의 파괴 ① – 남편의 실종
어린 딸은 ㄹ **도라지꽃**이 좋아 **돌무덤**으로 갔다
　　　　　가족의 파괴 ② – 딸의 죽음, 낭만적인 표현을 활용하여 죽음을 미화
　　　　　　　　　▶3연: 금점판에서의 만남 이후 여인이 겪은 비극적 삶

감정 이입의 대상　　청각적 심상
ㅁ **산(山)꿩**도 섧게 울은 슬픈 날이 있었다
　　　　　　　　　　　　　　　　△: 하강의 이미지
산(山)절의 마당귀에 여인의 **머리오리＊**가 **눈물방울과 같이 떨어진 날이 있었다**
현실의 고통을 초월한 공간　　　　　　여승이 되기 위해 머리를 미는 여인의 심정을 시각적으로 형상화
　　　　　　　　　　　▶4연: 여인이 가족을 잃은 후 여승이 되던 날의 상황
　　　　　　　　　　　　　　　　　　－ 백석, 〈여승〉 －

＊ **가지취**: 산지의 밝은 숲속에서 자라는 참취나물.
＊ **금점(金店)판**: 예전에, 주로 수공업적 방식으로 작업하던 금광의 일터.
＊ **섶벌**: 나무 섶에 집을 틀고 항상 나가서 다니는 벌.
＊ **머리오리**: 낱낱의 머리털.

[1-7] 윗글의 내용에 대한 설명이다. 맞으면 ○, 틀리면 ✕ 표 하시오.

1 후각적 심상을 활용하여 속세와 단절된 삶을 살고있는 여승의 이미지를 환기하고 있다.

2 공감각적 심상을 사용하여 혹독하고 암담한 현실에서 여인이 느끼는 한을 부각하고 있다.

3 '딸'의 죽음에 대한 여인의 슬픔을 직접적으로 표출하며 비극성을 강조하고 있다.

4 화자는 여인의 비극적인 삶에 연민을 느끼고 있다.

5 시간의 흐름에 따라 순행적으로 시상을 전개하고 있다.

6 화자는 속세를 떠난 여인의 홀가분한 모습에 안도하고 있다.

7 화자는 자신이 관찰한 여승의 삶을 서정적으로 묘사하고 있다.

[8-10] 윗글의 내용과 관련하여 빈칸에 들어갈 적절한 내용을 쓰시오.

8 '□□'은 현실에서의 고통을 초월한 공간이다.

9 '□□'에 감정을 이입하여 여인의 심리를 우회적으로 드러내고 있다.

10 '□□□'는 출가하기 전 여인의 고단한 삶을 보여 주는 소재이다.

| 확인 문제 정답 | 1 ○ | 2 ○ | 3 ✕ | 4 ○ | 5 ✕ | 6 ✕ | 7 ○ | 8 산절 | 9 산꿩 | 10 옥수수 |

01

윗글에 대한 설명으로 적절한 것은?

① 산문적 율격을 활용하여 화자에 대한 다층적인 이해를 가능하게 한다.

② 대상이 걸어온 삶의 궤적을 떠올리는 화자의 애상적 어조가 드러난다.

③ 대상과의 만남을 통해 자신을 돌아보는 화자의 반성적 태도가 두드러진다.

④ 반어적 표현을 사용하여 대상과 화자가 위치한 억압적 공간에 대한 반감을 드러낸다.

⑤ 시대의 혼란 속에서 고초를 겪는 대상을 통해 독자에게 당대 사회 현실에의 참여를 독려한다.

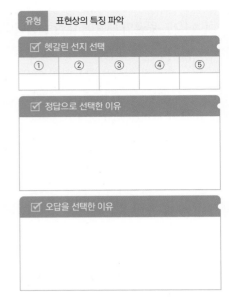

02

㉠~㉤에 대한 이해로 적절하지 않은 것은?

① ㉠: '여인'의 현재 상황을 암시하며, 세속에서 벗어났음을 보여 준다.

② ㉡: 대상의 상황을 화자의 관심사와 연결하여 해석하고 있다.

③ ㉢: 서럽고 고달픈 '여인'의 감정을 감각적인 표현을 활용하여 형상화하고 있다.

④ ㉣: 어린 딸아이의 죽음을 미화함으로써 비극적 속성을 심화하고 있다.

⑤ ㉤: '여인'의 변화가 주는 비애감을 '산꿩'에 대입하여 간접적으로 표현하고 있다.

<보기>를 바탕으로 윗글을 감상한 내용으로 적절한 것은?

> **보기**
>
> 　이 작품은 일제 강점기였던 1930년대를 배경으로, 가혹한 상황 속에서 불교에 귀의하게 된 여인의 삶을 압축적으로 묘사하고 있다. 화자인 '나'의 눈에 비추어진 여승의 모습에는 여전히 고뇌를 극복하지 못한 서글픔이 서려 있는데, 이런 여인의 모습을 통해 일제 강점기 당시 가족들과 헤어지고 고향을 떠날 수밖에 없었던 우리 민족의 비애감을 효과적으로 드러내고 있다.

☑ 헷갈린 선지 선택

①	②	③	④	⑤

☑ 정답으로 선택한 이유

① '여승'과 '나'는 모두 일제 강점기의 현실 속에서 고통을 겪은 민중을 대표하는 인물로, 화자는 이들을 통해 민중을 위로하고 있군.

② '쓸쓸한 낯'이나 '눈물방울과 같이'라는 표현에서 '여승'이 과거를 온전히 떨쳐내지 못했다고 생각하는 화자의 시선이 느껴지는군.

③ 돌아오지 않는 '지아비'와의 재회를 소망하는 '여인'을 통해 일제 강점기로 인해 가족 공동체가 붕괴되는 상황 속에서도 희망을 잃지 않는 민중의 모습을 드러내는군.

④ '섶벌', '도라지꽃', '산꿩'과 같은 자연물을 소재로 하여 현실의 고통을 초월한 불교적 공간에 대한 열망을 형상화하고 있군.

⑤ '돌무덤'은 고향을 떠난 '여인'의 슬픔이 응축된 장소로 시대적 상황 속에서 고향을 떠나야만 했던 민중의 슬픔을 죽음과 연관 지어 표현한 것이군.

☑ 오답을 선택한 이유

<보기>의 빈칸에 들어갈 적절한 말을 찾아 4음절로 쓰시오.

> **보기**
>
> 　작가는 여승이 되기 위해 머리를 미는 여인의 심정을 (　　　　)(이)라는 시각적 심상으로 형상화하고 있다.

☑ 정답으로 선택한 이유

정답 및 해설 p.3

핵심정리 ▨

가 이재, 〈샛별 지자 종다리 떴다~〉

＊주제
하루의 노동이 시작되는 아침나절의 농촌 풍경

＊해제
이 작품은 농촌에서 볼 수 있는 농사철 아침의 풍경을 그려낸 시조이다. 화자는 초장에서 시간적 배경과 함께 일하러 나서는 장면을, 중장에서는 논밭으로 가는 길에서 포착되는 장면을, 종장에서는 농사일을 하는 수고로움의 가치를 제시한다. 전체적으로 밝고 경쾌한 분위기를 엿볼 수 있다. 이 글은 《가곡원류》에 실린 기록을 따랐다. 작자를 이명한으로 명시한 가집도 있다.

나 작자 미상, 〈시비에 개 짖거늘~〉

＊주제
임의 귀환에 대한 기대감과 개에 대한 원망

＊해제
이 작품은 착각 모티프를 중심으로 임을 기다리는 간절한 심정을 노래한 사설시조이다. 화자는 개 짖는 소리를 듣고 기다리던 임이 오는 줄 알았으나 달이 밝은 밤에 잎이 지는 소리에 개가 짖었음을 깨닫는다. 이에 헛된 기대감을 갖게 했던 개를 원망하는 마음을 드러낸다. 조금이라도 빨리 임이 돌아오기를 기다리는 간절한 마음이 착각 모티프와 맞물리며 구체적으로 형상화되어 있다.

다 작자 미상, 〈논밭 갈아 김매고~〉

＊주제
농촌 일꾼의 분주하고도 한가로운 하루

＊해제
이 작품은 농사일을 하는 일꾼의 하루 일과를 순서대로 나열하여 분주하면서도 한가로운 분위기를 자아내고 있는 사설시조이다. 초장에서는 논밭갈이, 김매기를 끝내고 귀가한 후에 옷과 신발을 준비하는 모습을, 중장에서는 낫과 도끼를 챙겨 산으로 들어가 떨나무를 구하는 일꾼의 노동과 한가로운 휴식을 묘사하고 있다. 종장에서는 하루가 저물어 가는 시간에 귀가하는 모습을 그리고 있다.

※ 다음 글을 읽고, 물음에 답하시오.

가

샛별 지자 종다리 떴다 호미 메고 사립 나니
　시간적 배경 → 이른 아침　　노동(농사)을 위해 집을 나감
　　　　　　　　　　　　　　　　▶ 초장: 노동이 시작되는 이른 아침
긴 수풀 찬 이슬에 베잠방이＊ 다 젖는다
　　　　촉각적 이미지
　　　　　　　　　　　　　　　　▶ 중장: 이슬에 옷이 젖으며 논밭으로 가는 길
아이야 시절이 좋을손 옷이 젖다 관계하랴
　청자　　　화자의 만족감　　　　설의법
　　　　　　　　　　　　　　▶ 종장: 노동의 대가로서 좋은 시절에 대한 기대

- 이재, 〈샛별 지자 종다리 떴다~〉 -

＊ 베잠방이: 베로 지은 짧은 남자용 홑바지.

나

시비(柴扉)에 개 짖거늘 임만 여겨 나가보니
　공간적 배경　　　　화자가 임이 왔다고 착각하게 된 계기
　　　　　　　　　　　　　　　　▶ 초장: 개 짖는 소리에 밖으로 나감
　　　　　　　　　　　　　　　　　　　　　　　「」: 개가 짖은 이유
임은 아니 오고 명월이 만정(滿庭)한데 일진(一陣)「추풍에 잎 지는 소리로다」
화자가 기다리는 대상　　　　시간적 배경 → 늦은 밤
　　　　　　　　　　　　　　▶ 중장: 바람에 나뭇잎이 떨어지는 소리임을 확인함
저 개야 추풍낙엽을 헛되이 짖어 날 속일 줄 어째오
　청자　　　　　　　　　　　　　개에 대한 원망
　　　　　　　　　　　　　　▶ 종장: 개에게 속은 상황에 따른 원망

- 작자 미상, 〈시비에 개 짖거늘~〉 -

다
　　　　화자가 관찰하는 인물(농촌 일꾼) → 농사일을 마치고 새로운 일을 하기 위해 옷매무새를 가다듬는 모습
논밭 갈아 김매고 베잠방이 다임 쳐＊ 신 들메고＊
　　　　　　　　　　　　　　　　▶ 초장: 논밭에서 일을 한 후에 나무하러 가는 준비를 함
　낫 갈아 허리에 차고 도끼 벼려 둘러메고 무림산중(茂林山中) 들어가서 삭정이
　　　　　　　　　　　　　　　　　　　　　　　작중 인물이 무림산중을 찾은 이유
마른 섶을 베거니 버히거니 지게에 짊어 지팡이 받쳐 놓고 샘물을 찾아가서 점심
도시락 부시고＊「곰방대를 톡톡 떨어 잎담배 피어 물고 콧노래에 졸다가」
　　　　　　　　「」: 관찰 대상이 노동 후 휴식을 취하는 한가로운 모습
　　　　　　　　　　　　　　▶ 중장: 산으로 들어가 나무를 하고 식사 후 휴식을 취함
　석양이 재 넘어갈 제 어깨를 추키면서「긴 소리 짧은 소리 하며 어이 갈꼬 하더라」
　관찰 대상이 노동 후 집으로 돌아가는 모습　　「」: 관찰 대상이 노래하는 모습
　　　　　　　　　　　　　　　　▶ 종장: 해 저물 무렵 귀가를 함

- 작자 미상, 〈논밭 갈아 김매고~〉 -

＊ 다임 쳐: 대님 메어. 대님은 바짓가랑이의 발회목 부분을 매는 끈.
＊ 신 들메고: 신이 벗어지지 않도록 발에 잡아매고.
＊ 부시고: 그릇을 씻고. 여기서는 씻듯이 그릇을 다 비웠다는 뜻임.

[1-7] (가)~(다)에 대한 설명이다. 맞으면 ○, 틀리면 ×표 하시오.

1 (가)는 이른 아침부터 노동을 하러 나가는 화자의 부지런한 모습을 생동감 있게 표현하고 있다.

2 (가)의 화자는 설의법을 사용하여 가난한 현재의 삶에 대한 무상감을 드러내고 있다.

3 (나)의 화자는 임이 오지 않는 이유가 '추풍낙엽' 때문이라고 여기고 있다.

4 (나)의 종장에서는 개가 짖는 이유를 명확하게 제시하고 있다.

5 (나)는 청각적 이미지를 활용하여 임이 돌아오기를 기다리는 화자의 기대감을 드러내고 있다.

6 (다)는 열거법을 통해 농민의 일상을 구체적으로 묘사하고 있다.

7 (다)의 화자는 자신의 상황을 청자에게 이야기하듯 전달하고 있다.

[8-10] (가)~(다)의 내용과 관련하여 빈칸에 들어갈 적절한 내용을 쓰시오.

8 (가)는 '☐☐☐'과 같이 촉각적 심상을 사용하여 시적 상황을 제시하고 있다.

9 (나)의 화자는 '☐☐'를 청자로 설정하여 원망을 토로하고 있다.

10 (다)는 '☐☐☐☐'에서 샘으로 공간을 이동하며 시상을 전개하고 있다.

| 확인 문제 정답 | **1** ○ | **2** × | **3** × | **4** ○ | **5** ○ | **6** ○ | **7** × | **8** 찬 이슬 | **9** 저 개 | **10** 무림산중 |

01

(가)~(다)의 공통점으로 가장 적절한 것은?

① 감각적인 표현을 사용하여 특정 상황을 표현하고 있다.

② 말을 건네는 어투를 통해 청자와 친밀감을 형성하고 있다.

③ 화자와 자연물을 동일시하여 시적 분위기를 드러내고 있다.

④ 화자의 정서를 직접적으로 드러내어 내용을 강조하고 있다.

⑤ 시간의 흐름에 따라 변화하는 대상의 모습을 묘사하고 있다.

유형	작품 간의 공통점 파악			

☑ 헷갈린 선지 선택

①	②	③	④	⑤

☑ 정답으로 선택한 이유

☑ 오답을 선택한 이유

02

(다)에 대한 설명으로 적절하지 <u>않은</u> 것은?

① 구체적이고 일상적인 모습을 전달하고 있다.

② 같은 소리를 반복하여 운율을 형성하고 있다.

③ 일하는 화자의 행동을 나열하며 전개하고 있다.

④ 분주하면서도 한가로운 분위기를 표현하고 있다.

⑤ 자연 현상을 통해 시간적인 배경을 드러내고 있다.

유형	시상 전개 방식 파악			

☑ 헷갈린 선지 선택

①	②	③	④	⑤

☑ 정답으로 선택한 이유

☑ 오답을 선택한 이유

03

<보기>와 (나)를 비교한 내용으로 가장 적절한 것은?

보기

대동강(大同江) 아즐가 **대동강** 넓은 줄 몰라서
　　위 두러렁셩 두어렁셩 다링디리
배 내에 아즐가 배 내에 놓느냐 **사공아**
　　위 두러렁셩 두어렁셩 다링디리
네 각시 아즐가 **네 각시** 음란한 줄 몰라서
　　위 두러렁셩 두어렁셩 다링디리
가는 배에 아즐가 **가는 배**에 얹었느냐
　　위 두러렁셩 두어렁셩 다링디리
대동강 아즐가 대동강 **건너편 꽃**을
　　위 두러렁셩 두어렁셩 다링디리
배 타 들면 아즐가 배 타 들면 꺽으리이다 나난
　　위 두러렁셩 두어렁셩 다링디리

　　　　　　　　　　　　　　　　－ 작자 미상, 〈서경별곡〉

① (나)의 '시비'와 〈보기〉의 '대동강'은 임과 화자의 사이를 가로막는 장애물의 역할을 한다.
② (나)의 '임'은 화자가 기다리는 대상이나, 〈보기〉의 '네 각시'는 화자가 질투하는 대상이다.
③ (나)의 '잎 지는 소리'는 화자가 착각하게 된 직접적인 원인이고 〈보기〉의 '건너편 꽃'은 임이 귀환하지 않는 원인에 해당한다.
④ (나)의 '저 개'와 〈보기〉의 '사공'은 화자가 원망하는 대상이나, 문제를 발생시킨 근본적인 주체는 아니다.
⑤ (나)의 '추풍낙엽'과 〈보기〉의 '가는 배'는 임의 현재 상황과 관련된 소재이다.

04 서답형 문제

<보기>에서 설명하고 있는 시구를 찾아 쓰시오.

보기

설의법을 사용하여 현재의 화자의 만족스러운 감정을 효과적으로 드러낸다.

정답 및 해설 p.3

핵심정리

＊ 주제

소시민적 근성에 대한 비판과 인간다운 삶에 대한 향수

＊ 전체 줄거리

올해로 일곱 살인 '나'는 집안 사정과 동네 사정을 훤히 알고 있는 조숙한 아이다. '나'는, 선옥이 언니를 흠모하여 '나'에게 잘 대해 주는 형제 슈퍼 주인인 김 반장과 동네에서 모자란 사람 취급받는 몽달 씨와 친구로 지내고 있다. 어느 날 '나'는 부모님의 부부 싸움을 피해 형제 슈퍼 앞에 앉아 있다가 불량배들에게 쫓겨 김 반장의 슈퍼에 들어온 몽달 씨를 보게 된다. 몽달 씨는 김 반장에게 도움을 요청하지만 외면당한다. 불량배들에게 폭행을 당한 몽달 씨는 지물포 주씨 아저씨의 도움을 받는다. 불량배가 도망간 뒤에야 몽달 씨를 부축하며 불량배들을 성토한 김 반장이 싫어진 '나'는, 이후 아무렇지도 않게 가게에 나와 김 반장을 돕는 몽달 씨를 바보 같다고 생각한다.

＊ 해제

이 작품은 작가의 《원미동 사람들》 연작 중 하나로, 일상인들의 소시민적 근성과 세태를 고발하는 동시에 그들을 향한 작가의 연민과 애정의 시선을 보여 주고 있는 단편 소설이다. 사건의 핵심 인물은 두 사람인데, '김 반장'은 소시민적 근성을 보여 주는 전형적 인물로 자신의 이익과 안위를 위해서는 친구도 외면할 수 있는 이기적인 존재로 그려진다. 다른 한 사람은 동네에서 바보 취급을 받는 '원미동 시인' 몽달 씨로 그런 사람을 미워하지 않고 보듬어 주는 존재이다. 한편 이 작품은 '나'라는 어린아이 서술자를 설정함으로써 어린아이의 순수한 시선을 통해 어른들의 부정적 세계를 효과적으로 형상화하고 있다.

＊ 사건 전후 '나'의 인식 변화

'그날 밤'의 사건 전
• 몽달 씨: 몽달 씨의 유일한 친구가 '나'라고 여기며 딱히 다른 생각은 없음.
• 김 반장: '나'의 언니 때문에 나에게 잘해준 것을 알지만 누구보다도 씩씩하고 재미있는 사람이라 생각함.

↓

'그날 밤'의 사건 후
• 몽달 씨: 자신을 외면한 사람을 탓하지 않고 홀로 고통을 감내하는 모습이 불쌍하고 답답하게 느껴짐.
• 김 반장: 이기적이고 인색한 태도로 주변의 도움 요청을 무시하는 나쁜 사람이라 생각함.

※ 다음 글을 읽고, 물음에 답하시오.

　원미동 시인에게는 또 다른 별명이 있다. 퀭한 두 눈에 부스스한 머리칼, 사시사철 껴입고 다니는 물들인 군용 점퍼와 희끄무레하게 닳아빠진 낡은 청바지가 밤중에 보면 꼭 몽달귀신 같다고 서울 미용실의 미용사 경자 언니가 맨 처음 그를 '몽달 씨'라고 부르기 시작했다. 경자 언니뿐만 아니라 우리 동네 사람이라면 누구나 ㉠ 그를 좀 경멸하듯이, 어린애 다루듯 함부로 하는 게 보통인데 까닭은 그가 약간 돌았기 때문이라는 것이었다. 언제부터 어떻게 살짝 돌았는지는 모르지만 아무튼 보통 사람과 다른 것만은 틀림없었다. 몽달 씨는 무궁화 연립 주택 3층에 살고 있었다. 베란다에 화분이 유난히 많고 새장이 세 개나 걸려 있는 몽달 씨네 집은 여름이면 우리 동네에서는 드물게 윙윙거리며 하루 종일 에어컨이 돌아가는 부자였다. 시내에서 한약방을 하는 노인이 늘그막에 젊은 마누라를 얻어 아기자기하게 살아 보는 판인데 결혼한 제 형 집에 있지 않고 새살림 재미에 폭 빠진 아버지 곁으로 옮겨 온 막둥이였다. 그것부터가 팔불출이 짓이라고 강남 부동산의 고흥댁 아줌마가 욕을 해 쌓는데, ㉡ 아들이 아버지와 함께 사는 게 왜 바보짓이라는 건지 알 수가 없었다.

　그런 몽달 씨에게 친구가 있다면 아마 내가 유일할 것이었다. 몽달 씨 나이가 스물일곱이라니까 나보다 스무 살이나 많지만 우리는 엄연히 친구이다. 믿지 않겠지만 내게는 스물일곱짜리 남자 친구가 또 하나 있다. 우리 집 옆, 형제 슈퍼의 김 반장이 바로 또 하나의 내 친구인데 그는 원미동 23통 5반의 반장으로 누구보다도 씩씩하고 재미있는 사람이었다. 나는 매일같이 슈퍼 앞의 비치파라솔 의자에 앉아 그와 함께 낄낄거리는 재미로 하루를 보내다시피 하였는데 요즘은 내가 의자에 앉아 있어도 전처럼 웃기는 소리를 해 주거나 쭈쭈바 따위를 건네주는 법 없이 다소 퉁명스러워졌다. ㉢ 그 까닭도 나는 환히 알고 있지만 모르는 척하는 수밖에. 우리 집 셋째 딸 선옥이 언니가 지난달에 서울 이모 집으로 훌쩍 떠나 버렸기 때문인 것이다. 김 반장이 선옥이 언니랑 좋아지내는 것은 온 동네가 다 아는 일이지만 선옥이 언니 마음이 요새 좀 싱숭생숭하더니 기어이는 이모네가 하는 옷가게를 도와준다고 서울로 가 버렸다. 선옥이 언니는 얼굴이 아주 예뻤다. 남들 말대로 개천에서 용이 났다고 해도 과언이 아닐 만큼 지지리 궁상인 우리 집에 두고 보기로는 아까운 편인데, 그 지지리 궁상이 지겨워 맨날 뚱하던 언니였다.

　[중략 부분 줄거리] '나'는 몽달 씨와 형제 슈퍼 김 반장과 친구처럼 지내고, 김 반장은 몽달 씨를 일꾼처럼 부려 먹는다. 어느 날 몽달 씨는 불량배들에게 쫓겨 형제 슈퍼를 찾고, 김 반

장은 자신에게 피해가 될까 싶어 몽달 씨를 매몰차게 쫓아낸다. 몽달 씨는 불량배들에게 얻어맞고 앓아누웠다가 열흘쯤 지나 형제 슈퍼에 다시 나타나 아무렇지 않게 김 반장의 일을 돕는다.

"**그날 밤**에 난 여기에 앉아서 다 봤어요."
몽달 씨가 불량배에게 쫓긴 날
"무얼?"

"김 반장이 아저씨를 **쫓아내는 것**……."
김 반장에 의해 궂은일을 당함
순간 몽달 씨가 정색을 하고 내 얼굴을 쳐다보았다. ㉣ 예전의 그 풀려 있던 눈동자가 아니었다. 까맣고 반짝이는 눈이었다. 그러나 잠깐이었다. 다시는 내 얼굴을 보지 않을 작정인지 괜스레 팔뚝에 엉겨 붙은 상처 딱지를 떼어 내려고 애쓰는 척했다. 나는 더욱 바싹 다가앉았다.
사실은 사리분별 할 수 있는 사람임이 드러남

"김 반장은 **나쁜 사람**이야. 그렇지요?"
김 반장에 대한 '나'의 평가가 달라짐
몽달 씨가 팔뚝을 탁 치면서 "아니야"라고 응수했는데도 나는 계속 다그쳤다.

"그렇지요? 맞죠?"

그래도 몽달 씨는 **못 들은 척 팔뚝만 문지르고 있었다.** 바보같이. 기억 상실도 아니면서…… 나는 자꾸만 약이 올라 견딜 수 없는데도 몽달 씨는 마냥 딴전만
'나'는 몽달 씨가 안타까우면서도 답답하게 느껴짐
피우고 있었다.

"슬픈 시가 있어. 들어볼래?"
몽달 씨의 사정을 대변함
치, 누가 그따위 시를 듣고 싶어 할 줄 알고. 내가 입술을 비죽 내밀거나 말거나 몽달 씨는 기어이 시를 읊고 있었다. ……마른 가지로 자기 몸과 마음에 바람을 들이는 저 **은사시나무**는, 박해받는 순교자 같다. 그러나 다시 보면 저 은사시
나무는 박해받고 싶어 하는 순교자 같다…….
몽달 씨는 자신의 상황을 받아들이고 기꺼이 홀로 감내하려 함

"너 글씨 알지? 자, 이것 가져. 나는 다 외었으니까."

몽달 씨가 구깃구깃한 종이쪽지를 내게로 내밀었다. 아주 슬픈 시라고 말하면서. 시는 전혀 슬픈 것 같지 않았는데도 난 자꾸만 눈물이 나려 하였다. ㉤ 바보같이, 다 알고 있었으면서…… 바보 같은 몽달 씨…….

\- 양귀자, 〈원미동 시인〉 -

＊등장인물

'나'	올해 7살의 어린 소녀로 주인공인 몽달 씨를 관찰하는 관찰자로 등장함. 김 반장과 몽달 씨와 나이와 상관없이 친구로 지내며, 나이에 걸맞지 않은 조숙함으로 동네 사람들의 소시민적 삶의 모습을 날카로운 시선으로 관찰하지만 때로는 아이로서 마을 사람들의 말을 이해하지 못하는 모습을 보임.
몽달 씨	원미동 시인으로 불리는 스물일곱 살의 청년으로 과거에는 대학생이었으나, 데모를 하다 군대에 끌려가 정신이 이상해진 이후 동네 사람들은 그를 무시하고 함부로 대함.
김 반장	원미동 23통 5반의 반장으로 슈퍼를 운영하고 있는 스물일곱 살의 남성으로 이기적이고 소시민적인 인물임. '나'의 언니인 선옥에게 연정을 품었기 때문에 '나'에게 잘해주다 언니가 마을을 떠나자 '나'에게 퉁명스럽게 대하며, 도움을 청하는 몽달 씨를 매몰차게 대함.

＊'슬픈 시'의 의미

슬픈 시	몸과 마음에 바람을 들이는 은사시나무를 박해받는, 박해받고 싶어하는 순교자에 비유
몽달 씨의 상황	폭행을 당하는 데 주위에서 누구도 도와주지 않고 김 반장에게 외면당하지만, 그것을 이해하고 감내함.
슬픈 시의 의미	은사시나무처럼 자신을 향한 폭력과 무관심을 받아들이려는 몽달 씨의 내적 고뇌의 결과물

[1-7] 윗글의 내용에 대한 설명이다. 맞으면 ○, 틀리면 ×표 하시오.

1 원미동 시인을 맨 처음 몽달 씨라고 부른 것은 서울 미용실의 경자 언니이다.

2 형제 슈퍼의 김 반장은 몽달 씨보다 나이가 많다.

3 김 반장이 퉁명스러워진 까닭은 선옥이 언니가 서울로 떠났기 때문이다.

4 김 반장은 몽달 씨를 싫어했기 때문에 몽달 씨를 매몰차게 내쫓았다.

5 몽달 씨가 읊은 시 중에서 은사시나무는 몽달 씨와 대비되는 대상이다.

6 몽달 씨가 나에게 시가 쓰인 종이쪽지를 준 것은 자신은 이미 시를 다 외웠기 때문이다.

7 김 반장에 대한 '나'의 태도는 일관적이다.

[8-10] 윗글의 내용과 관련하여 빈칸에 들어갈 적절한 내용을 쓰시오.

8 강남 부동산의 고흥댁 아줌마는 몽달 씨를 두고 ☐☐☐☐ 짓이라고 욕을 했다.

9 '나'는 ☐☐☐ ☐☐이라 불리는 몽달 씨와 형제 슈퍼 주인인 김 반장과 친구로 지낸다.

10 ☐☐☐은 이기적이고 비겁한 소시민적 태도를 보여 주는 인물이다.

| 확인 문제 정답 | **1** ○ | **2** × | **3** ○ | **4** × | **5** × | **6** ○ | **7** × | **8** 팔불출이 | **9** 원미동 시인 | **10** 김 반장 |

01

윗글의 내용에 대한 이해로 적절하지 <u>않은</u> 것은?

① 몽달 씨는 '나'의 닦달에도 계속 같은 태도를 유지하려 했다.

② '나'는 몽달 씨가 쓴 시가 너무 슬퍼서 하염없이 눈물을 흘렸다.

③ '나'는 김 반장이 몽달 씨에게 한 일 때문에 김 반장에 대한 생각을 바꾸게 됐다.

④ 김 반장이 '나'에 대한 태도를 바꾼 것은 선옥이 언니가 서울로 떠났기 때문이다.

⑤ '나'는 마을 사람들이 몽달 씨를 경멸하는 이유를 알고 있음에도 친구로 지내고 있다.

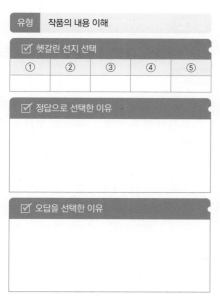

02

㉠~㉢에 대한 설명으로 적절하지 <u>않은</u> 것은?

① ㉠: 마을 사람들이 몽달 씨를 무시하는 이유를 밝히며 사람을 쉽게 얕보는 그들의 태도를 보여 주고 있다.

② ㉡: 어린아이인 '나'의 시선에서 어른들의 세계를 관찰하며 어른들의 세계를 제한적으로 인식하고 있다.

③ ㉢: '나'가 어린 나이임에도 눈치가 빠르고 자신의 이익에 따라 행동하는 조숙한 아이임을 드러내고 있다.

④ ㉣: 외면 묘사를 통해 사실은 몽달 씨가 모든 상황을 이해하고 있음을 드러내고 있다.

⑤ ㉤: '나'는 말끝을 흐리며 몽달 씨의 상황에 대한 분하고 답답한 심정을 드러내고 있다.

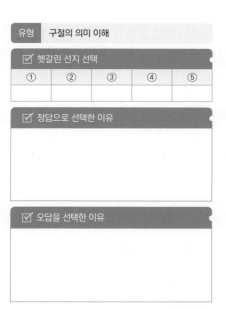

03

<보기>를 참고하여 윗글을 감상한 내용으로 적절하지 <u>않은</u> 것은?

보기

　군사 정권의 독재 속에서 1980년대 지식인들은 국가의 이유 없는 폭력으로 인해 자신의 뜻을 펼치지 못하고 고통과 슬픔을 인내할 수밖에 없었다. '몽달 씨'는 이러한 지식인을 대표하는 인물로, 학생 운동에 가담했다는 혐의를 받아 군대에 끌려가게 되고, 이후 실성한 사람처럼 행동한다.

　작가는 7살의 순수한 어린아이인 '나'의 시선을 빌려 국가의 이유 없는 폭력과 이를 모른 척하는 소시민들의 모습, 그리고 사회 구조의 억압에 의한 희생양을 보여 주며 1980년대의 부조리함과 모순을 폭로하고 있다.

① 몽달 씨가 사람들의 눈에 '약간 돌'은 행동을 한다고 비춰지는 것은 시대의 폭력으로 인해 희생당한 지식인의 모습을 상징적으로 보여 주는 것이군.
② '그날 밤' '나'가 목격한, 몽달 씨를 '쫓아내는' 김 반장의 모습은 시대의 폭력 앞에서 침묵하는 이기적인 소시민을 나타낸다고 볼 수 있군.
③ 작가는 김 반장을 '나쁜 사람'이라고 인식하는 '나'를 통해 시대의 부조리함과 모순을 어린아이의 시선을 빌려 간접적으로 비판하고 있군.
④ '나'의 추궁에도 '못 들은 척 팔뚝만 문지르고 있'는 몽달 씨의 모습은 국가의 오랜 폭력에 적응하여 분별력을 잃어버린 지식인의 소극적 면모를 나타내는군.
⑤ 몽달 씨가 '나'에게 읊어준 시 속 '은사시나무'는 사회 구조의 억압 속에서 아무것도 하지 못하고 속으로 인내할 수밖에 없었던 지식인의 현실을 보여 주는 소재이군.

04　서답형 문제

<보기>의 빈칸에 들어갈 말로 적절한 것을 2어절로 쓰시오.

보기

　(　　　　　　　　　　)은/는 몽달 씨 자신을 가리키며, 불량배의 폭력과 같은 세상의 부조리를 모두 떠맡겠다는 의미가 담겨 있다.

정답 및 해설 p.5

※ 다음 글을 읽고, 물음에 답하시오.

[앞부분 줄거리] 소문난 풍류랑 김생은 취중에 말을 탄 채 왕자인 회산군의 시녀 영영을 목격한 후부터 그녀를 사모하던 중 영영의 이모를 통해 만남의 계기를 마련하고 그녀를 기다린다.

김생은 반신반의하면서도 기쁜 마음과 두려운 마음이 함께 일었다. 그래서 불안한 마음으로 초조하게 책상에 기대어 앉아 문을 열어 놓고 기다렸다. 그러나 시간이 거의 정오가 되었는데도 끝내 그림자 하나 나타나지 않자, 가슴이 답답하고 열이 오르기 시작했다. 그래도 바보처럼 꼼짝 않고 앉아 있으니, 마치 그 모습이 서리 맞은 파리 같았다. 견디다 못한 김생은 마침내 벌떡 일어나 부채로 대들보를 치면서 노파를 불러 말했다.

"기다리는 눈은 뚫어지려 하고, 근심 쌓인 애는 끊어지려 하오. 많은 행인들이 지나갔는데도 영아가 아직까지 오지 않으니, 내 희망은 끊어진 것이 아니겠소?"

노파가 위로하며 말했다.

"지성이면 감천이라 했습니다. 도련님께서는 조금만 더 참고 기다리십시오."

잠시 후 창밖에서 신발 끄는 소리가 멀리서부터 점차 가까이 들려왔다. 김생이 놀라서 돌아보니, 바로 영영 낭자였다. 김생은 손뼉을 치면서 말했다.

"이것이 어찌 하늘의 뜻이 아니겠는가?"

노파 역시 어린아이가 엄마를 본 것처럼 기뻐하였다.

영영이 집으로 들어서려는데, 「대문 앞 버드나무 아래에서 밤빛 털을 가진 말이 길게 울고, 뜰 가의 서늘한 그늘 아래에는 하인들이 죽 늘어서 있는 것이 보였다. 영영은 이상한 생각이 들어 머뭇거리고 감히 집 안으로 발을 들여놓지 못했다.」이에 노파가 짐짓 영영을 꾸짖어 말했다.

[A]
"의심하지 말고 빨리 들어오너라. 너는 이 도련님을 모르느냐? 이분은 곧 내 죽은 남편의 친척이니라. 마침 누추한 우리 집에 오셨다가 장차 손님을 전송하기 위해 머물러 있느니라. 그런데 너는 어찌하여 이렇게 늦었느냐? 나는 네가 끝내 오지 않을까 걱정이 되어 네 부모님 제사를 이미 지냈단다. 너는 안으로 들어와 빨리 술상을 차려서 도련님께 한 잔 올리는 것이 좋겠다."

영영이 노파의 말대로 술상을 받들고 들어오자, 노파는 김생과 함께 술잔을 주고받았다. 술이 반쯤 취할 즈음에 김생이 영영에게 말했다.

"낭자도 들어와 앉으시오. 나는 지나가다가 여기에 들른 것이오."

영영은 부끄러워 고개를 숙인 채 감히 마주 대하지 못했다. 이에 노파가 영영에게 말했다.

"너는 깊은 궁중에서 생장하여 세상의 정리(情理)가 어떤지 모를 것이다. 그러나

핵심정리

* 주제
신분을 뛰어넘는 남녀의 절절한 사랑

* 전체 줄거리
성균관 진사이자 풍류랑인 김생은 어느 날 왕자 회산군의 궁녀인 영영을 목격한 뒤 그녀를 깊이 연모하게 된다. 하인 막동의 도움을 받아 영영이 종종 출입하는 이모네 집에서 만나 연정을 고백한 후 후일에 회산군 댁에서 다시 만나 깊은 인연을 맺지만 출입이 자유롭지 못해 헤어지게 된다. 몇 년 후 과거에 급제한 김생은 유가 행차에서 회산군 댁을 지나던 중 꾀를 써서 그 집에 들어가 영영을 만나 변하지 않은 연정을 확인한다. 이후 친구의 도움으로 회산군 댁 부인의 허락을 받아 영영과 인연을 맺고 공명을 버린 채 해로한다.

* 해제
여주인공의 이름을 따서 일명 〈영영전〉으로도 불리는 작품으로서, 조선 후기에 창작된 것으로 추정되는 애정 소설이다. 뛰어난 재주를 가진 남자 주인공 김생과 사랑이 금지된 궁녀 영영이 맺는 애정 관계의 곡절을 그려 내고 있다. 제목에 있는 '상사동'은 김생을 돕는 노파이자 영영의 이모인 노파가 사는 집이 위치해 있는 동네의 지명이다. 서울 종묘 근처에 있었는데, 이 지명은 발정이 난 상사마가 암내를 맡고 날뛰면 이 동네의 좁은 골목으로 몰아넣고 붙잡았다는 데서 유래한다.

* 등장인물

김생	신분의 차이를 넘어서는 순수한 사랑을 추구함.
영영	회신군의 궁녀로, 김생과 헤어지게 되지만 지조를 끝까지 지켜냄.

* 소재의 의미

술	노파가 영영을 통해 김생에게 대접한 것
차	회산군 댁 부인이 영영을 통해 김생에게 대접한 것

↓

영영과 김생이 서로 만날 수 있도록 이어주는 매개체

＊ 목적을 이루기 위한 김생의 말하기 방식

> "나는 지나가다가 여기에 들른 것이오."

노파의 집을 방문한 것이 미리 약속된
일정임에도 우연성을 강조하기 위한
의도적인 거짓말

> "이곳이 어디입니까?"
> "내가 어떻게 해서 이곳에 왔습니까?"

회산군 댁에 오래 머물기 위한 의도적 질문

↓

목적을 이루기 위해 상황을 설정하여,
연기를 하듯이 말을 함.

＊ 〈영영전〉과 〈운영전〉 비교

	〈영영전〉	〈운영전〉
공통점	• 궁녀와 선비의 사랑을 소재로 함. • 노파가 조력자로 등장함. • 한시를 삽입하여 등장인물의 심리를 드러냄.	
차이점	• 두 주인공의 사랑이 이루어지는 행복한 결말 • 추보식 구성	• 두 주인공이 모두 죽는 불행한 결말 • 액자식 구성

＊ 다른 고전소설과 구별되는 특징

김생과 영영이 현실의 공간에서 사랑을 이루며,
필연적으로 만나고 헤어짐.

＋

전기적 요소나 사건 전개의 우연성이 나타나지
않음.

↓

다른 고전 소설들과 달리 현실감이 두드러짐.

네가 능히 글을 읽을 수 있으니, 술잔을 주고받는 것이 예의라는 건 알지 않느냐?"

이에 영영은 술잔을 받긴 했으나, 오히려 불쾌한 듯이 향기로운 술잔을 어렵사리 잡고서 살짝 붉은 입술에 대기만 했다.

[중략 부분 줄거리] 두 사람은 회산군 댁으로 남몰래 들어가 인연을 맺지만 영영의 처지 때문에 헤어지게 되고 김생은 몇 년간 공부를 하여 장원으로 급제한다.

3일 동안의 유가(遊街)에서 김생은 머리에 계수나무꽃을 꽂고 손에는 상아로 된 홀을 잡았다. 「앞에서는 두 개의 일산(日傘)이 인도하고 뒤에서는 동자들이 옹위하였으며, 좌우에서는 비단옷을 입은 광대들이 재주를 부리고 악공들은 온갖 소리를 함께 연주하니,」 길거리를 가득 메운 구경꾼들이 김생을 마치 천상의 신선인 양 바라보았다.

김생은 얼큰하게 취한지라 의기가 호탕해져 채찍을 잡고 말 위에 걸터앉아 수많은 집들을 한번 둘러보았다. 갑자기 길가의 한 집이 눈에 띄었는데 높고 긴 담장이 백 걸음 정도 빙빙 둘러 있었으며, 푸른 기와와 붉은 난간이 사면에서 빛났다. 섬돌과 뜰은 온갖 꽃과 초목들로 향기로운 숲을 이루고 나비는 희롱하듯 벌들은 미친 듯 그 사이를 어지러이 날아다녔다. 김생이 누구의 집이냐고 물으니, 곧 회산군 댁이라고 하였다. 김생은 문득 옛날 일이 생각나 마음속으로 은근히 기뻐하며 짐짓 취한 듯 말에서 떨어져 땅에 눕고는 일어나지 않았다. 궁인들이 무슨 일인가 하고 몰려나오자 구경꾼들이 저자처럼 모여들었다.

이때 회산군은 죽은 지 이미 3년이나 되었으며, 궁인들은 이제 막 상복을 벗은 상태였다. 그동안 부인은 마음 붙일 곳 없이 홀로 적적하게 살아온 터라 광대들의 재주가 보고 싶었다. 그래서 시녀들에게 명하여 김생을 부축해서 서쪽 가옥으로 모시고, 비단으로 짠 자리에 죽부인을 베개로 삼아 누이게 하였다. 김생은 여전히 눈이 어질어질하여 깨어나지 못한 듯이 누워 있었다.

이윽고 광대와 악공들이 뜰 가운데 나열하여 일제히 풍악을 울리며 온갖 놀이를 다 펼쳐 보였다. 궁녀들은 고운 얼굴에 분을 바르고 푸른 귀밑털에 구름 같은 머리채를 한 채 주렴을 걷고 지켜보았는데, 가히 수십 명이나 되었다. 그러나 영영이라는 이는 그 가운데 없었다. 김생은 이상하다는 생각이 들었으나 그 생사조차 알 수가 없었다. 그런데 자세히 살펴보니 한 낭자가 나오다가 김생을 보고는 다시 들어가서 눈물을 훔치고 안팎을 들락거리며 어찌할 줄을 모르고 있었다. 이는 바로 영영이 김생을 보고서 흐르는 눈물을 참지 못하고 차마 남이 알아챌까 봐 두려워한 것이었다.

이러한 영영을 바라보고 있는 김생의 마음은 처량하기 그지없었다. 그러나 날은 이미 어두워지려고 하였다. 김생은 이곳에 더 이상 오래 머물러 있을 수 없다는 것을 알고 기지개를 켜면서 일어나 주위를 돌아보고는 놀라는 척 말했다.

"이곳이 어디입니까?" / 궁중의 늙은 노비인 장획이라는 자가 달려와 아뢰었다.
이곳이 어디인지 알고 있으나 시치미를 뗌
"회산군 댁입니다." / 김생은 더욱 놀라는 척하며 말했다.

"내가 어떻게 해서 이곳에 왔습니까?"
의도적으로 이곳을 찾은 것을 감춤
장획이 사실대로 대답하자, 김생은 곧 자리에서 일어나서 나가려고 하였다. 이때 부인이 술로 인한 김생의 갈증을 염려하여 영영에게 차를 가져오라고 명령하였다. 이로 인해 두 사람은 서로 가까이하게 되었으나, 말 한마디도 못 하고 단지 눈길만
의도하지 않게 김생과 영영이 재회할 기회를 제공
주고받을 뿐이었다. 영영은 차를 다 올리고 일어나 안으로 들어가면서 품속에서
㉠ 편지 한 통을 떨어뜨렸다. 이에 김생은 얼른 편지를 주워서 소매 속에 숨기고
김생에 대한 영영의 마음을 전달하는 매개체
나왔다.

– 작자 미상, 〈상사동기(相思洞記)〉 –

● 확인 문제

01

윗글을 이해한 내용으로 가장 적절한 것은?

① 회산군이 죽은 지 3년이 되었을 때 김생과 영영은 우연히 재회하게 되었다.
② 영영과 김생은 처음 회산군 댁에서 서로를 마주했을 때부터 호감을 느끼었다.
③ 영영은 집안의 분위기가 평소와 다름을 느끼고 집안에 들어가기를 주저하였다.
④ 회산군 댁 부인은 광대의 재주를 함께 즐기고자 김생을 자신의 집으로 초대하였다.
⑤ 김생은 영영을 애타게 기다리면서도, 노파의 조언에 따라 차분하게 기다리며 앉아 있었다.

유형	작품의 내용 이해

☑ 헷갈린 선지 선택

①	②	③	④	⑤

☑ 정답으로 선택한 이유

☑ 오답을 선택한 이유

02

[A]에 드러난 '노파'의 말하기 방식에 대한 설명으로 가장 적절한 것은?

① 유교적 덕목을 근거로 하여 상대방의 생각에 동조하고 있다.
② 상대방의 잘못을 지적하며 대상의 정체를 의도적으로 숨기고 있다.
③ 상대방에게 특정한 행동을 함께 할 것을 권유하며 구체적으로 지시하고 있다.
④ 자신이 처한 현재의 상황에 대해 호소하며 상대방의 감정 변화를 유도하고 있다.
⑤ 상대방이 예측 가능한 결과들을 제시하여 문제를 해결하기 위한 방안을 모색하고 있다.

유형	인물의 심리, 태도 파악

☑ 헷갈린 선지 선택

①	②	③	④	⑤

☑ 정답으로 선택한 이유

☑ 오답을 선택한 이유

03

㉠에 담겨 있을 법한 내용과 유사한 작품으로 적절하지 <u>않은</u> 것은?

① 꿈에 다니는 길이 자취곳 날작시면
　임의 집 창(窓) 밖이 석로(石路) ㅣ라도 달련마는
　꿈길이 자취 없으니 그를 슬어 하노라
　　　　　　　　　　　　　　　　　　　　　　　　– 이명한

② 동지(冬至)ㅅ돌 기나긴 밤을 한 허리를 버혀 내어
　춘풍(春風) 니불 아래 서리서리 너헛다가
　어론 님 오신 날 밤이여든 구뷔구뷔 펴리라.
　　　　　　　　　　　　　　　　　　　　　　　　– 황진이

③ 추강(秋江)에 밤이 드니 물결이 차노매라
　낚시 드리우니 고기 아니 무노매라
　무심(無心)한 달빛만 싣고 빈 배 저어 오노라
　　　　　　　　　　　　　　　　　　　　　　　　– 월산대군

④ 천만리(千萬里) 머나먼 길희 고은 님 여희옵고
　니 모음 둘 디 업서 냇ᄀ의 안쟈시니
　져 믈도 내 온 ᄀ 하여 우러 밤길 녜놋다.
　　　　　　　　　　　　　　　　　　　　　　　　– 왕방연

⑤ 방(房) 안에 혓는 촛불 눌과 이별(離別)ᄒ엿관ᄃ
　것츠로 눈물 디고 속 타는 줄 모르는고
　뎌 촛불 날과 갓트여 속 타는 줄 모로도다.
　　　　　　　　　　　　　　　　　　　　　　　　– 이개

04 서답형 문제

<보기>의 빈칸에 들어갈 말로 적절한 것을 찾아 쓰시오.

보기

　김생과 영영이 만날 수 있도록 연결해주는 매개체는 술과 (　　　　)이다.

정답 및 해설 p.5

핵심정리

＊주제
대중 언론의 상업주의 비판

＊전체 줄거리
갱구가 무너져 광부들이 매몰된 탄광 현장에서 광부 김창호가 많은 취재와 국민의 뜨거운 열기 속에 16일 만에 구출된다. 이로 인해 유명 인사가 된 김창호는 매니저 미스터 양을 만나 각종 방송 프로그램에 출연하면서 많은 돈을 벌게 된다. 자신이 유명해졌다는 사실에 취해 가족까지 등지고 유흥에 빠져 돈을 탕진하던 김창호는 상품으로서의 가치가 떨어지면서 사람들로부터 외면을 당한다. 다시 탄광이 있는 곳으로 내려온 김창호는 아내가 사산했다는 소식을 듣게 되고, 이때 광업소에서 또다시 사고가 난다. 김창호는 탄광 매몰 현장에서 매스컴에 의해 잠시 주목을 받았다가 광부들이 구출되자 차갑게 외면당한다. 결국 김창호는 땅이 아닌 하늘로 가서 새로운 기록을 세우겠다며 떠난다.

＊해제
이 작품은 1967년 무너진 갱구에 매몰되었다가 16일 만에 구출된 광부의 실화를 극화한 희곡이다. 작품 속에서 무너진 갱구에서 구출된 광부인 김창호는 대중 언론에 의해 일약 출세를 하게 된다. 하지만 점차 기삿거리로서의 그의 가치가 떨어지면서 몰락의 길을 걷게 된다. 이 작품은 그 과정을 사실적으로 보여 줌으로써 인간을 상품화하여 효용성만을 추구하는 대중 언론의 상업주의와 허위성을 고발하고 있다. 아울러 상품화와 물질 만능주의가 만연한 인간 부재의 현실에 대해서도 비판하고 있다.

＊등장인물

김창호	순박한 광부였으나 얼떨결에 유명세를 얻어 출세함. 하지만 유명세가 사라지면서 상품 가치가 떨어지자 버림받음.
홍 기자	김창호가 구조된 매몰 사건을 취재한 기자. 어디까지나 특종에 관심 있을 뿐, 특종의 주인공이 어떤 사람인지는 신경 쓰지 않음.

※ 다음 글을 읽고, 물음에 답하시오.

[앞부분 줄거리] 갱구가 무너진 현장에서 광부 김창호가 국민들과 언론의 뜨거운 관심을 받으며 16일 만에 구출된다. 유명 인사가 된 김창호는 각종 방송 프로그램에 출연하면서 많은 돈을 벌게 된다. 이후 김창호는 가족을 등진 채 유흥에 빠져 지내다 돈을 모두 탕진하게 된다.
_{유명세와 부를 얻음}

(홍 기자 논문을 읽고 있다. 때로 만년필로 가필도 해 가면서.)
_{김창호를 취재했던 인물}

홍 기자: 「현대 사회는 다원적인 계층의 구조를 이루고 있다. 광대한 지역에 산재한
_{매스 커뮤니케이션이 필요한 현대 사회의 특징 ①}
생활 영역으로 인해 복잡 다양한 사회 계층을 이루고 있어서 이 계층 간에는 많은 모순과 대립이 있을 수밖에 없다. 따라서 어떤 계층은 소외되는 부분이 있게
_{매스 커뮤니케이션이 필요한 현대 사회의 특징 ②}
된다. 이 사회 성원 사이의 상호 이해를 위해서 매스 커뮤니케이션의 미디어는 대중교통을 대리하는 것이다…… 거대한 집단으로서의 현대 사회에 있어서는 인간 사이의 개인적인 대화나 퍼스널 커뮤니케이션은 실질적으로 불가능해졌
_{매스 커뮤니케이션이 필요한 현대 사회의 특징 ③}
다. 따라서 매스 미디어는 모든 사회적 가능성을 포함하고 있으며 대중 사회의
_{매스 커뮤니케이션의 기능, 필요성}
필요 불가결한 조건이다.」 『」: 논문에서 말하는 언론의 역할과 극중에 드러나는
_{언론의 모습 대비→대중 매체의 허위성을 강조함}

(이 동안 김창호 등장해서 홍 기자가 자기를 봐주기를 기다린다.)

김창호: 선생님…….

홍 기자: 뭡니까?

김창호: 저 모르시겠습니까?
_{홍 기자가 자신을 알아보기를 기대함}

홍 기자: 당신 누군데?
_{자신이 취재했던 김창호를 잊어버림}

김창호: 홍 기자님이시죠?

홍 기자: 그런데요?

김창호: 저 김창홉니다.

[A] **홍 기자:** 김창호? 여보, 김창호란 이름이 한두 개요?
_{이름을 듣고도 김창호를 기억하지 못함}

김창호: ㉠ 동진 광업소 동 5 갱에 묻혀 있던 광부 김창호.

홍 기자: 아? 김창호 씨?

김창호: (반갑다) 역시 절 알아보시는군요. 그럴 줄 알았습니다. 모두 참 고마웠지요. 전 정말 잊지 않고 있습니다.

홍 기자: 그런데 뭐 볼일 있수? 나 지금 바쁜데…….
_{기삿거리로서의 가치가 없는 김창호에게 무관심함}

김창호: 절 좀 도와주십시오. 가족을 잃었습니다. 차비도 떨어지고…….
_{홍 기자에게 도움을 요청하기 위해 찾아옴　　　　가족을 등진 채 유흥에 빠진 결과}

홍 기자: (돌아서서 5천 원짜리 주며) 이거 가지구 가시우, 그리고 아래층 광고부
_{가족을 잃었다는 말에 대한 홍 기자의 대응}

에 가면 거기서 사람 찾는 광고 취급합니다. 나 바빠서……. (김창호를 무시하
<small>더 이상 김창호에게서 이용 가치를 찾을 수 없음</small>
고 다시 논문을 본다.)

김창호: 여보시오, 아무리 그래도 날 이렇게 대할 수 있소? 내가 ⓛ 한때는 그래도
영부인한테 초청을 받은 사람이오, 서울시장도 나한테…….
<small>자존심을 세우려는 김창호</small>

(김창호 멍하니 말을 잃는다. 홍 기자가 논문의 마지막 부분을 읽는 동안 천천히 퇴장한다.)

홍 기자: 결론, 따라서 매스컴이 없으면 하루도 살 수 없는 것이 현대인이다. 매스
<small>현대 사회에서 매스컴이 가지는 절대적 지위</small>
컴은 20세기적인 종교가 되었고 종래의 어떤 종교나 예술보다 긴요한 현실적
가치로 받아들여지고 있다. 그러나 우리는 그 무한한 기능으로 인해 인간 부재
의 매스컴에 이르지 않는가를 부단히 경계하고 자각해야 할 것이다. 매스 커뮤
<small>희곡의 주요한 비판 지점 → 실제 홍 기자의 태도와 상반되어 모순을 느끼게 함</small>
니케이션! 매스컴! 이 얼마나 위대한 단어냐?

(중략)

(카메라가 가운데 설치되고 있다. 구경꾼들 호기심에 카메라 앞에 몰려 있고 경찰은 정
리에 바쁘고, 홍 기자 마이크 잡고 방송 준비. 카메라에 라이트 비친다.)

홍 기자: 여기는 ⓒ 강원도 정선군 동민 광업소 사고 현장입니다. 메탄가스 폭발로
<small>김창호 씨가 겪은 일과 비슷한 사건이 일어남</small>
인한 사고로 채탄 작업 중이던 광부 34명이 매장됐습니다. 그러나 전원 사망한
것으로 추정된 광부 중 폭발한 갱구 아래쪽 대피소에 있던 배관공 22세 이호준
씨가 아직 살아 있음이 지상과 연결된 배기 파이프를 통해 확인됐습니다. 지금
보시는 부분이 사고 난 갱구 입구입니다.

(이때 이불 보따리를 멘 김창호 일가 등장한다. 홍 기자, 김창호를 발견한다. 홍 기자
달려온다.)

홍 기자: 김창호 씨, 잠깐만!
<small>김창호를 이용할 가치가 있다고 생각함</small>

(이불 보따리를 벗겨 카메라 앞에 세운다.)

홍 기자: 시청자 여러분! 「여러분 기억에도 새로운 매몰 광부 김창호 씨가 이 자
[B] <small>「 」: 사무실로 찾아온 김창호를 대할 때와 대조적인 태도 → 김창호에게 기삿거리로서의 가치가 생김</small>
리에 나오셨습니다. 지난해 10월 갱구 매몰로 16일간 굴속에 갇혀 있다 무쇠
같은 의지와 강인한 육체로 살아남은 김창호 씨!」

(구경꾼들 일제히 김창호 씨에게 시선 주며 박수친다. 김창호 처음에는 머뭇거린

---

* **매스 커뮤니케이션**

매스 커뮤니케이션의 필요성	매스 커뮤니케이션의 영향
• 현대 사회의 계층은 다양함. • 모순과 대립이 불가 피함. • 상호 이해의 도구가 필요함.	• 매스컴 없이 살 수 없음. • 인간 부재의 가능성 이 있음.

* **김창호의 성공**

갱구에 매몰됐다가 구조되어 얼떨결에 매스컴의 주목을 받아 유명인이 됨.

유명 인사가 되어 가족을 등지고 살다 모든 것을 잃음.

다시 매몰 사고가 나자 잠시 주목받았다가 곧바로 잊혀짐.

타인에게서 비롯된 성공은 잠시 왔다가 사라지고 김창호를 망침.

* **김창호를 대하는 홍 기자의 태도**

무너진 갱구에 갇혔다가 구출됨. ↓ 기삿거리가 됨. ↓ 관심을 가지고 친절하게 대함.

개인적으로 찾아옴. ↓ 기삿거리가 안 됨. ↓ 무관심으로 대함.

광부 매물 현장에 나타남. ↓ 기삿거리가 됨. ↓ 관심을 가지고 인터뷰를 요청함.

매몰 광부들이 구출됨. ↓ 기삿거리가 안 됨. ↓ 관심을 거두고 가 버림.

➡ 김창호를 기삿거리로만 대함.

* **배경이 된 실제 사건**

1967년 8월 22일, 충남 청양군 구봉광산이 무너져 125m 지하에 파묻힌 상태에서 16일을 보낸 뒤 구출된 '양창선'(실제 이름은 김창선) 씨의 사건이다. 이 사건은 신문과 방송에서 대서특필되어 관심을 모았다. 박정희 대통령이 비서관을 보내 구조작업을 독려하는 등 각계의 유명인이 현장을 찾았고, 매스컴에서는 그를 돕기 위한 성금 모금 운동을 대대적으로 벌이기도 했다. 또한, 양창선 씨는 매몰 상태에서 세계 최장 시간 생존 기록을 달성했다는 점에서도 주목을 받았다.

* **'땅속'과 '하늘'**

땅속	갱구가 무너졌던 현장으로, 김창호가 대중의 관심을 받았던 공간
하늘	김창호가 다시 대중의 관심을 받을 수 있을 것이라고 기대하는 공간

* **제목의 의미**

출세(出世)

김창호가 무너진 갱구에서 구출되어 나옴.	김창호가 유명해지고 큰돈을 벌게 됨.

다. 웃으며 손을 들어 답례한다.)

홍 기자: 김창호 씨, 어떻게 생각하십니까? 지금 지하 1천 2백 미터 갱내 대피소에 인부들이 갇혀 있습니다. 그 사람이 구출될 때까지 갱내에서 주의할 점은 무엇입니까?

김창호: 예, 먼저 체온을 유지해야 합니다. (신이 났다.) 제 경험으로 봐서 배고픈 건 움직이지 않음 참을 수 있는데 추운 건 견디기 힘듭니다. 전구라도 있으면 안고 있어야 합니다. 배기펌프로 공기도 계속 넣어 줘야 되구요.

(그사이 기자 한 사람 뛰어나와서 홍 기자에게 귀엣말한다. 홍 기자 마이크 뺏어 자기 말을 한다.)

홍 기자: 방금 인부들이 구출되었다고 합니다. 포클레인으로 무너진 흙더미의 한 부분을 들어내어 매몰된 인부들이 모두 그 틈으로 기어 나왔다고 합니다. 이상 지금까지 사고 현장에서 홍성기 기자가 말씀드렸습니다. ㉣ 참! 싱겁게 끝나는군. 이런 걸 특종이라구 취재하다니, 자, 갑시다.

(카메라 치운다. 구경꾼들 이젠 흥미 없다는 듯 카메라를 따라 나간다.)

김창호: (정신없다.) 여보세요. 또 주의할 게 있습니다. 갱 속에서 오래 견디려면 바깥 생각은 말아야 됩니다. 그저 꾹 참고…… 언젠가는 빛이 보이겠지 하는 희망을 갖구…… 희망…….

(김창호 일가 외엔 아무도 없다.)

박 여인: 여보, 가요!

김창호: 어디로 가? 땅속으로, 아니야, 그래 하늘로 가자! 하늘로 가서 모두 깜짝 놀랄 기록을 세울 거다. ㉤ 우리 다 같이 가자. 하늘에 가서 기록을 세우는 거다.

(일가 보따리 들고 천천히 퇴장한다.)

- 윤대성, 〈출세기〉 -

[1-7] 윗글의 내용에 대한 설명이다. 맞으면 ○, 틀리면 ×표 하시오.

1 홍 기자는 과거에 자신이 취재했던 김창호를 반갑게 맞이한다.

2 홍 기자는 기삿거리가 되지 않는 대상에게는 관심을 가지지 않는다.

3 김창호는 다시 한 번 대중의 관심을 받게 되자 신이 났다.

4 김창호는 대중의 관심이 있다면 과거에 누렸던 영화를 회복할 수 있다고 생각한다.

5 김창호는 다시 대중의 관심을 받기 위해 땅 속으로 들어가고자 한다.

6 작가는 홍 기자의 모습을 통해 인간을 상품화하는 대중 매체의 허위성을 고발하고 있다.

7 논문에 따르면, 매스 커뮤니케이션을 통해 사회 구성원 간의 소통과 상호 이해가 가능해졌다.

[8-10] 윗글의 내용과 관련하여 빈칸에 들어갈 적절한 내용을 쓰시오.

8 대중의 관심을 받았던 시절 김창호는 ☐☐☐과 서울시장에게 초청을 받았다.

9 홍 기자의 모습은 ☐☐ 부재의 매스컴을 드러내고 있다.

10 김창호는 기록을 세우기 위해 ☐☐로 가려고 한다.

확인 문제 정답	1 ×	2 ○	3 ○	4 ○	5 ×	6 ○	7 ○	8 영부인	9 인간	10 하늘

33

01

유형　작품의 내용 파악

윗글의 내용에 대한 이해로 적절하지 <u>않은</u> 것은?

① 김창호는 자신이 잘나가던 시절을 생각하며 홍 기자에게 불만을 표했다.

② 김창호는 대중의 관심을 받는 삶에 집착하며 새로운 방법으로 관심을 받고자 한다.

③ 홍 기자는 광부가 매장된 사건을 취재하는 데 도움을 얻기 위해 김창호를 멀리서 데려왔다.

④ 강원도 정선군 동민 광업소에서 일어난 사고는 김창호가 겪은 사고보다 큰 이슈가 되지 않았다.

⑤ 홍 기자는 매스 커뮤니케이션에 관한 논문을 읽느라 자신을 보러 온 김창호를 발견하지 못했다.

☑ 헷갈린 선지 선택

①	②	③	④	⑤

☑ 정답으로 선택한 이유

☑ 오답을 선택한 이유

02

유형　인물의 심리, 태도 파악

[A]와 [B]에서 공통적으로 드러나는 '홍 기자'의 태도에 대한 이해로 적절한 것은?

① 혹여나 다른 방송사의 기자가 자기보다 먼저 특종을 차지할까 전전긍긍한다.

② 오로지 자신에게 이득이 되는지 안 되는지에 따라서 사람의 가치를 평가한다.

③ 광부 구조 작업이 지연될수록 자신에게 유리하기 때문에 뒤에서 몰래 작업을 방해하고 있다.

④ 매스 커뮤니케이션의 부족한 점을 보완하고 더 공정하고 건전한 보도를 위해 부단히 노력하고 있다.

⑤ 자신이 아무런 관심이나 도움을 받을 수 없는 상황임을 제대로 이해하지 못하는 김창호를 안타깝게 여긴다.

☑ 헷갈린 선지 선택

①	②	③	④	⑤

☑ 정답으로 선택한 이유

☑ 오답을 선택한 이유

03

<보기>를 참고하여 ㉠~㉤에 대해 보인 반응으로 적절하지 않은 것은?

보기

　1967년, 구봉광산 125m 땅속에 매몰됐던 광부 양창선을 구조했던 사건은 몇 년 뒤 극작가 윤대성의 희곡 〈출세기〉로 다시 태어나 1970년대 중반 연극무대에 오르는 등 소시민의 삶을 비극적으로 묘사하는 소재가 됐다.

　'한 광원의 출세와 좌절'을 주제로 한 이 작품은 생명의 존엄보다는 비용에 민감한 광업소, 사고의 문제점보다는 특종에 더욱 관심을 기울이는 매스컴, 자기 과시·책임 회피·이익 획득에 치중하는 각계 인사 등을 등장시켜 사회의 어두운 뒷면을 날카롭게 풍자함으로써 큰 반향을 불러일으켰다.

① ㉠: 1967년에 실제로 일어났던 사건을 기초로 하여 구성된 인물이겠군.

② ㉡: 책임 회피를 위해 겉으로만 번지르르하게 굴었던 고위 인사를 비판하고 있군.

③ ㉢: 이미 일어났던 사건과 비슷한 사건이 또 일어난다는 점에서 생명의 존엄성이 무시되고 있군.

④ ㉣: 원인을 규명하기는커녕 일찍 구조되어 특종이 될 수 없다는 이유로 언론의 관심이 멀어지고 있군.

⑤ ㉤: 매스컴에 이용당하고 버려졌음에도 다시 매스컴에 종속될 수밖에 없는 소시민의 비극을 보여 주는군.

04 　서답형 문제

<보기>의 설명에 해당하는 소재를 윗글에서 찾아 1어절로 쓰시오.

보기

• 작품이 비판하고자 하는 지점을 직접 드러냄.

• 소개하는 인물 때문에 현실의 모순이 두드러짐.

정답 및 해설 p.6

핵심정리

＊ 주제
이스탄불의 유적을 답사하며 떠올린 관용과 공존의 가치

＊ 구성

처음	이스탄불에 대한 거리감과 무지
중간	소피아 성당과 블루 모스크에 깃든 관용
끝	우리의 의식에 대한 반성과 우리가 나아가야 할 방향

＊ 해제
이 작품은 글쓴이의 기행 수필집 《더불어 숲》에 실려 있는 수필로, 세계사의 현장에서 글쓴이가 보고 느낀 바를 '당신'이라는 독자를 설정하여 서간문의 형식으로 전달하고 있다. 글쓴이는 중국과 유럽에 비해 생소하게 여겨지던 이스탄불의 역사를 떠올리면서, 그곳이 공존과 대화의 도시로 번성할 수 있었던 이유가 대제국을 건설한 이슬람이 보여 주었던 관용 덕분이었음을 언급한다. 그리고 우리의 의식에 자리하고 있는 문화 종속성을 반성적으로 인식하면서, 인류가 강자의 논리를 극복하고 관용과 공존의 역사를 열어 가야 함을 역설하고 있다.

＊ 글쓴이의 여정과 견문
• 여정

중국 대륙 횡단
↓
런던·파리·아테네
↓
이스탄불

• 견문

소피아 성당	• 유럽 세계의 중심이었던 비잔틴 제국을 상징함. • 비잔틴 문명이 이룩한 여러 유물을 간직함. • 유럽 선진 문명의 정화를 계승하겠다는 마호메트 2세의 관용에 의해 보존됨.
블루 모스크	• 여러 개의 창으로 들어오는 빛줄기가 찬란한 빛의 향연을 연출함. • 이스탄불의 관용과 공존의 정신을 상징적으로 보여 줌.

※ 다음 글을 읽고, 물음에 답하시오.

터키(튀르키예)의 도시
이스탄불은 먼 곳에 있었습니다. 거리로는 로마나 파리보다 가까웠음에도 불
글쓴이가 이스탄불 방문 전에 이스탄불에 대해 느꼈던 심리적 거리감
구하고 나의 의식 속에는 훨씬 더 먼 곳에 있었습니다. 이스탄불과 콘스탄티노

플, 그리고 비잔틴*이 서로 구별되지 않은 채 흑해처럼 몽매하기만 하였습니다.
글쓴이가 터키의 역사나 문화에 대해 무지했음을 비유적 표현을 통해 드러냄

이 아득한 거리감과 무지가 어디에서 왔는지 내게도 의문입니다. 이곳에 와서
이스탄불과 콘스탄티노플에 대한 글쓴이의 감상
비로소 깨닫게 된 것이지만, 그것은 나의 머릿속에 완강히 버티고 있는 ㉠ 이중
의 장벽 때문이었습니다. 중국의 벽과 유럽의 벽이었습니다. 그것은 한마디로 우
글쓴이의 머릿속에 내재한 이중의 장벽
리 역사의 곳곳에 세워져 있는 벽이며 **우리의 의식 속에 각인된 문화 종속성**이라
거대 세력의 문화에 종속된 사고방식
는 사실을 깨닫게 됩니다.

이스탄불로 오는 이번 여정도 이 두 개의 장벽을 넘어온 셈입니다. 중국 대륙
을 횡단하고 런던·파리·아테네를 거쳐서 이스탄불에 도착했기 때문입니다. 돌
글쓴이가 이스탄불에 도착하기까지의 여정
궐*과 흉노는 중화(中華)라는 벽을 넘지 않고는 결코 온당한 실상을 만날 수 없으
세계 문명의 중심이라는 뜻으로, 중국 사람들이 자기 나라를 이르는 말
며, 마찬가지로 유럽이라는 높은 벽을 넘지 않고는 이슬람과 비잔틴의 역사를 대
면할 수 없습니다. 만리장성보다 완고하고 알프스보다 더 높은 장벽이 우리의 생
글쓴이는 '이중의 장벽'이 문화적 편견으로서 우리의 사고방식을 제한해왔다고 생각함
각을 가로막고 있음을 깨닫게 됩니다.

오늘은 그 두 개의 장벽을 넘어 이곳 이스탄불의 소피아 성당과 블루 모스크
사이에 앉아 이 엽서를 띄웁니다. 소피아 성당은 로마로부터 세계의 중심(Om-
유럽 세계의 새로운 중심이 되었던 비잔틴 제국의 대표적인 문화 유산
phalion)을 이곳으로 옮겨 온 비잔틴 문명의 절정입니다. 직경 32m의 돔을 지
상 56m의 높이에 그것을 받치는 단 한 개의 기둥도 없이 올려놓은 불가사의한
건축입니다. ⓐ 그보다 못한 유럽의 유적들이 예찬되고 있는 것에 생각이 미치면
또 한 번 우리들의 부당한 편견에 놀라지 않을 수 없습니다.
이스탄불의 유적이 유럽의 다른 유적에 비해 잘 알려지지 않았던 원인 - 문화적 편견
건물과 유적뿐이 아닙니다. 이스탄불에는 유럽 중심의 역사에서 완벽하게 소
외된 수많은 사화(史話)들이 있습니다. 1453년 마호메트 2세가 콘스탄티노플을
역사와 관련된 이야기
함락시킬 당시의 이야기들도 그중 하나입니다. 배가 산을 넘는 등 무수한 무용담
싸움에서 용감하게 활약하여 공을 세운 이야기
은 그리스와 로마의 전사에서도 그에 필적할 사례를 찾을 수 없을 정도로 장대한
전쟁의 역사
드라마입니다.

그중에서도 가장 충격적인 것은 이슬람에 대한 새로운 발견입니다. 1935년,
그때까지 이슬람 사원으로 사용되던 소피아 성당을 박물관으로 개조하면서 드
러난 사실입니다. 벽면의 칠을 벗겨 내자 그 속에서 모자이크와 프레스코화로 된
비잔틴 제국의 찬란한 문명을 보여 주는 유물
예수상과 가브리엘 천사 등 수많은 성화들이 조금도 손상되지 않은 채 고스란히
나타났습니다. 500년 동안 잠자던 비잔틴의 찬란한 문명이 되살아난 것입니다.

벽면에 칠이 되어 있었다는 사실조차 모르고 있던 많은 사람들에게는 경악을 금치 못하게 한 일대 사건입니다. 비잔틴 문명의 찬란함이 경탄의 대상이 되었음은 물론이지만, 그보다는 비잔틴 문명에 대한 오스만 튀르크의 관대함이 더욱 놀라웠던 것입니다. 이교도 문화에 대한 관대함이었기에 더욱 돋보이지 않을 수 없었습니다.

마호메트 2세가 소피아 성당 파괴를 금지한 사건과 관련됨

「적군의 성을 함락시키면 통상적으로 3일 동안 약탈이 허용되는 것이 이슬람의 관례였습니다. 그러나 ⓛ 마호메트 2세는 콘스탄티노플을 함락하고 난 다음 바

「」: 다른 문화에 대한 관용을 보여준 마호메트 2세
오스만 튀르크의 군주, 1453년 콘스탄티노플을 정복함

로 이 소피아 성당으로 말을 몰아 성당 파괴를 금지시켰습니다. 다 같은 하나님을 섬기는 성소를 파괴하지 말라는 엄명을 내린 다음, 이제부터는 이곳이 사원이 아니라 모스크라고 선언하고 일체의 약탈을 엄금했습니다.」 이것은 어쩌면 오스

이슬람교에서, 예배하는 건물을 이르는 말

만 튀르크가 그들보다 앞선 유럽 문명의 정화(精華)를 그대로 계승하겠다는 의지

정수가 될 만한 뛰어난 부분

라고 할 수도 있겠지만, 내게는 이슬람의 그러한 관용이 매우 감동적이었습니다.

이슬람의 이러한 전통이야말로 오늘날의 이스탄불을 공존과 대화의 도시로 남

다른 문화에 대한 관용
다양한 문화들이 보존되며 서로 영향을 주고받는 도시

겨 놓았습니다. 동과 서, 고와 금이 함께 숨 쉬고 있습니다. 이스탄불은 보스포루스 해협을 사이에 두고 유럽 대륙과 아시아 대륙에 걸쳐 있는 실크로드의 종착지입니다. 터키*는 스스로 아시리아·그리스·페르시아·로마·비잔틴·오스만 튀르크 등 역대 문명을 계승하고 있는 나라로 자부합니다. 카파도키아·에페수스·트로이 등지에는 지금도 그리스·로마의 유적들이 남아 있습니다. 그래서 터키를 모자이크의 나라라고도 합니다.

터키가 역대의 여러 문명을 계승한 나라임을 비유적으로 나타낸 표현

(중략)

우리들은 저마다 자기의 내면 깊숙한 곳에 자기에게 없는 것, **자기와 다른 것들에 대한 애정**을 간직하고 있다는 것을 이곳 이스탄불에서 다시 한번 깨닫게 됩

글쓴이는 우리의 내면에 차이를 존중하고 포용할 수 있는 마음이 내재되어 있다고 생각함

니다. 다만 이러한 내면의 애정이 관용과 화해로 개화할 수 없었던 까닭은 지금까지 **인류사가 달려온 험난한 도정(道程)** 때문이었다는 생각이 들었습니다. 타인

어떤 장소나 상태에 이르기까지의 과정

에 대한 이해는 물론 자기 자신에 대한 깊은 성찰도 없이 가파른 길을 숨 가쁘게

인류가 형성해 온 역사에서 현재 우리가 놓인 상태에 대한 글쓴이의 진단

달려왔기 때문이라고 해야 할 것입니다. 그것이 어떠한 목표였건 그것은 나중 문제입니다.

블루 모스크에서 나는 우리들의 내면에 잠재되어 있는 관용을 웅장한 오케스트라로 만날 수 있었습니다. 288개의 창문으로 쏟아져 들어오는 빛줄기가 99가지

블루 모스크의 아름다움

청색으로 장식된 공간에서 현란한 빛의 향연을 연출합니다. 이것이 곧 이스탄불이 자부하는 과거와 현재, 동과 서의 거대한 ⓒ 합창이었습니다. 이 현란한 빛의

블루 모스크에서 보이는 빛줄기의 모습을 비유한 말

향연과 거대한 합창은 그 속에 서 있는 나 자신을 ⓔ 풍선처럼 커지게 하는 것 같았습니다. 자기와 정반대 편에 서 있는 사람을 사랑하기로 결심했다는 한 유학생의 감동적인 변화도 바로 이스탄불의 관용이 피워 낸 한 송이 꽃인지도 모릅니다.

---

* '이중의 장벽'의 의미

중국의 벽
터키의 조상인 돌궐과 흉노는 중국의 변방 민족으로 취급되어 그 문화를 온전히 접하기 어려움.

+

유럽의 벽
비잔틴과 이슬람 문화는 유럽 중심부에서 벗어나 있어 제대로 인정받지 못함.

↓

문화적 편견으로 우리의 사고방식을 강하게 제한함으로써 이스탄불에 대한 거리감과 무지를 느끼게 함.

* 글쓴이의 비판적 현실 인식

'인류사가 달려온 험난한 도정'
• 내면의 애정이 관용과 화해로 개화할 수 없었던 까닭 • 힘의 논리가 지배하는 세계 질서로 인해 우리의 생각과 가치관이 제약됨.

↓

인류가 형성하여 온 힘의 질서를 비판적으로 인식하는 글쓴이의 시선이 드러남.

* 지칭어의 기능

'당신'	• 특정한 개인이 아닌 글쓴이가 독자로 설정한 가상의 청자 • 딱딱하게 느껴질 수 있는 사색의 내용을 겸손하면서도 친근한 느낌이 드러나도록 전달함.

당신이 이스탄불로 나를 부른 까닭을 이제 알 수 있을 것 같습니다. 당신이 보여 준 것은 이스탄불이 안고 있는 **관용과 공존의 역사**였습니다. 뿐만 아니라 세계화라는 강자의 논리를 역조명할 수 있는 귀중한 시각을 안겨 주었습니다.

<small>글쓴이가 설정한 가상의 청자</small>

<small>강자의 논리를 앞세우는 세계화에 대한 글쓴이의 비판적 태도가 드러남</small>

그러나 이스탄불에 있는 동안 내가 바라보고 있었던 것은 나의 의식 속에 자리 잡고 있는 거대한 두 개의 장벽이었습니다. 장벽은 단지 장벽의 건너편을 보지 못하게 할 뿐만 아니라 우리들 스스로를 한없이 왜소하게 만드는 굴레였습니다.

<small>이중의 장벽에 대한 글쓴이의 인식</small>

우리는 우리의 의식 속에 얼마나 많은 장벽을 쌓아 놓고 있는가를 먼저 반성해야 할 것입니다. 그리고 그것을 열어 가는 ⓜ 멀고 먼 여정에 나서야 할 것입니다.

<small>편견을 깨뜨리고 내면에 잠재된 관용을 깨달아 실천하는 과정</small>

     - 신영복, 〈관용은 자기와 다른 것, 자기에게 없는 것에 대한 애정입니다〉 -

---

* **비잔틴**: 비잔틴 제국. 4세기 무렵 로마 제국이 동·서로 분열할 때 콘스탄티노플에 도읍하여 세워진 나라. 동방 정교회의 본산으로서 찬란한 비잔틴 문화를 이룩함.

* **돌궐**: 6세기 중엽에 일어나 약 2세기 동안 몽골고원에서 중앙아시아에 걸친 지역을 지배한 터키계 유목 민족. 기원전 3세기 무렵부터 활약했던 중국 이민족 흉노의 후예로 보기도 함.

* **터키**: '튀르키예'의 전 이름.

● **확인 문제**

[1-3] 윗글의 내용에 대한 설명이다. 맞으면 ○, 틀리면 × 표 하시오.

1 글쓴이는 이스탄불의 유적이 유럽의 유적에 비해 저평가 받는 것은 문화적 편견 때문이라고 생각한다.

2 마호메트 2세는 콘스탄티노플을 함락한 후 성당 파괴를 명령했다.

3 글쓴이는 관용이 있었기에 이스탄불이 공존과 대화의 도시로 남게 되었다고 생각한다.

[4-5] 윗글의 내용과 관련하여 빈칸에 들어갈 적절한 내용을 쓰시오.

4 글쓴이는 이스탄불에 대한 아득한 거리감과 무지가 머릿속 '☐☐☐ ☐☐' 때문이라고 생각한다.

5 글쓴이는 독자를 '☐☐'이라고 지칭함으로써 가상의 청자로 설정하였다.

확인 문제 정답	1 ○ 2 × 3 ○ 4 이중의 장벽 5 당신

01

유형 서술상의 특징 파악

윗글에 대한 설명으로 가장 적절한 것은?

① 자연의 변화를 통해 삶의 교훈을 발견하고 있다.

② 우화를 제시하여 현실의 문제점을 강조하고 있다.

③ 실제 체험에서 보고 들은 것들을 객관적으로 전달하고 있다.

④ 대상을 다각적으로 관찰하여 대상에 대한 부정적 인식을 보이고 있다.

⑤ 경험과 역사적 사건을 활용하여 바람직한 삶의 자세를 제시하고 있다.

☑ 헷갈린 선지 선택

①	②	③	④	⑤

☑ 정답으로 선택한 이유

☑ 오답을 선택한 이유

02

유형 소재의 기능 파악

㉠~㉤에 대한 설명으로 적절하지 않은 것은?

① ㉠: 대상의 실체를 가로막는 물리적 거리로, 글쓴이가 종속적인 사고방식을 형성하는 데 영향을 끼친 것이다.

② ㉡: 오늘날 이스탄불이 공존과 대화의 도시로 거듭날 수 있게 한 인물로, 다른 문명과의 공존을 모색하였다.

③ ㉢: 블루 모스크에서 관찰할 수 있는 빛줄기를 비유한 말로, 관용과 공존의 역사가 담긴 문화를 의미한다.

④ ㉣: 내면에 잠재되어 있던 관용을 접한 뒤 더욱 성숙해진 글쓴이의 상태를 의미한다.

⑤ ㉤: 우리의 내면에 존재하는 장벽을 허물고, 잠재된 관용을 깨닫고 실천하는 일련의 과정을 의미한다.

☑ 헷갈린 선지 선택

①	②	③	④	⑤

☑ 정답으로 선택한 이유

☑ 오답을 선택한 이유

03

<보기>를 바탕으로 윗글을 감상한 내용으로 적절하지 <u>않은</u> 것은?

보기

　이 작품의 글쓴이는 세계 다른 지역의 역사나 문화유산에 대해 익숙하게 알고 있던 것에 비해 터키의 그것이 가진 가치를 제대로 인식하지 못했음을 자각하면서, 자신이 그러했던 원인을 '이중의 장벽'이라고 상징적으로 표현하고 있다. 그리고 이를 통해 기존까지 중국과 유럽 중심의 세계관이 자신의 생각을 제약해 왔다는 인식을 드러내고 있다.

① '우리의 의식 속에 각인된 문화 종속성'은 글쓴이의 사고방식을 제한하게 만든 원인으로 볼 수 있겠군.
② '이슬람의 이러한 전통'은 터키가 스스로 문명을 계승하고 있는 나라로 자부하는 원인과 관련있겠군.
③ 글쓴이는 '자기와 다른 것들에 대한 애정'으로 인해 터키의 역사나 문화유산의 가치를 제대로 인식하지 못하였군.
④ 글쓴이는 '인류사가 달려온 험난한 도정' 때문에 우리들의 의식 속에 담긴 내면의 애정을 인식하지 못한다고 인식하였군.
⑤ '관용과 공존의 역사'에 대한 깨달음은 자신에 대한 깊은 성찰과 타인에 대한 이해를 가능하게 하는군.

04　서답형 문제

<보기>는 ⓐ의 이유를 설명한 것이다. ㉮, ㉯에 들어갈 말로 적절한 것을 윗글에서 찾아 쓰시오.

보기

　소피아 성당은 탁월한 건축물이지만, 터키의 (　㉮　)에 위치하여 (　㉯　) 중심의 역사에서 소외되어 있기 때문이다.

정답 및 해설 p.7

※ 다음 글을 읽고, 물음에 답하시오.

㉠ **보리피리** 불며
그리움을 달래고, 표현할 수 있는 물건
㉡ **봄 언덕**
고향을 생각하면 떠오르는 것
고향 그리워
화자의 주된 정서 – 그리움
□: 반복을 통해 운율 형성, 그리움의 정서 강화
피—ㄹ 닐리리.
음성 상징어를 사용해 정서 강화
▶1연: 고향에 대한 그리움

보리피리 불며
㉢ 꽃 청산(靑山)
어린 시절을 생각하면 떠오르는 것
어린 때 그리워
피—ㄹ 닐리리.
▶2연: 어린 시절에 대한 그리움

보리피리 불며
인환(人寰)*의 거리
㉣ 인간사(人間事) 그리워
평범한 사람들에게 일어나는 일들
피—ㄹ 닐리리.
▶3연: 인간사에 대한 그리움

보리피리 불며
㉤ 방랑의 기산하(幾山河)
화자의 방랑을 알 수 있음
눈물의 언덕을
방랑의 서러움
피—ㄹ 닐리리.
▶4연: 방랑 생활의 한과 슬픔
- 한하운, 〈보리피리〉 -

＊인환: 인간의 세계.

핵심정리

＊**주제**
삶에서 느끼는 그리움과 방랑하는 삶의 정한

＊**구성**

1연	고향에 대한 그리움
2연	어린 시절에 대한 그리움
3연	인간사에 대한 그리움
4연	방랑 생활의 한과 슬픔

＊**해제**
이 작품은 나병으로 고통받았던 시인의 비극적 삶을 바탕으로 창작된 민요풍의 시이다. 화자는 보리피리를 매개로 고향, 어린 시절, 인간사에 대한 그리움을 드러내고, 고독하게 방랑해야 하는 삶의 서러움을 표출하고 있다.

＊**나병**
한센병, 문둥병이라고도 한다. 치료가 불가능했던 과거에는 하늘이 내린 벌이라는 뜻으로 천형(天刑)이라고 부르기도 하였다. 악성 피부병의 한 종류로, 병이 악화되면 신체의 말단부가 썩어들어간다. 증상이 눈에 잘 띄고, 전염성이 있었기 때문에 나병 환자들은 세계적으로 기피의 대상이 되었다. 한국에서는 소록도에 나병 환자들의 수용소를 지어 격리하였다. 소록도를 다룬 작품으로는 이청준의 〈당신들의 천국〉이 있다.

[1-6] 윗글의 내용에 대한 설명이다. 맞으면 ○, 틀리면 ✕표 하시오.

1 시구의 반복으로 리듬감을 형성하고 정서를 드러내고 있다.

2 수미상관의 구조로 주제를 강조하고 있다.

3 '보리피리'는 화자의 아픔을 극대화하는 매개체이다.

4 피리 소리에는 화자의 한과 슬픔이 담겨 있다.

5 화자는 자신의 현재 삶에 대해 낙관적인 태도를 보이고 있다.

6 설의적 표현을 통해 상황에 대한 부정적 태도를 보이고 있다.

[7-10] 윗글의 내용과 관련하여 빈칸에 들어갈 적절한 내용을 쓰시오.

7 '☐☐☐☐'는 방랑의 삶을 살아야 하는 화자의 그리움을 달래 준다.

8 2연의 '☐☐☐'은 화자가 그리워하는 대상이다.

9 3연에서 화자는 '☐☐☐'가 그립다고 말하고 있다.

10 '☐☐☐☐☐'은 방랑 생활에서 비롯된 화자의 서러움을 집약한 표현이다.

| 확인 문제 정답 | 1 ○ | 2 ✕ | 3 ✕ | 4 ○ | 5 ✕ | 6 ✕ | 7 보리피리 | 8 꽃 청산 | 9 인간사 | 10 눈물의 언덕 |

01

윗글에 대한 설명으로 적절하지 <u>않은</u> 것은?

① 감정을 절제한 채 간결하고 압축적인 시어를 구사하고 있다.

② 외재율을 사용함으로써 민요풍의 정서와 가락을 형성하고 있다.

③ 동일한 시어를 반복적으로 사용함으로써 운율감을 형성하고 있다.

④ 공간의 이동을 통해 화자의 정서가 변화하는 과정을 드러내고 있다.

⑤ 음성 상징어를 반복적으로 사용함으로써 시적 정서를 강화하고 있다.

유형	표현상의 특징 파악

☑ 헷갈린 선지 선택

①	②	③	④	⑤

☑ 정답으로 선택한 이유

☑ 오답을 선택한 이유

02

㉠~㉤에 대한 설명으로 가장 적절하지 <u>않은</u> 것은?

① ㉠: 화자 내면의 향수를 달래고, 슬픔을 표현할 수 있게 해 주는 대상이다.

② ㉡: 고향을 떠올리게 하는 소재로, 고향에 대한 화자의 긍정적 인식을 드러낸다.

③ ㉢: 힘들고 괴로웠던 화자의 어린 시절을 반어적으로 표현한 것이다.

④ ㉣: 평범한 삶에 대한 화자의 동경을 직접적으로 드러내고 있다.

⑤ ㉤: 화자의 방랑이 오랜 세월, 많은 장소를 거쳐 계속됐음을 드러내고 있다.

유형	배경 및 소재의 기능 파악

☑ 헷갈린 선지 선택

①	②	③	④	⑤

☑ 정답으로 선택한 이유

☑ 오답을 선택한 이유

03

<보기>를 참고하여 윗글을 감상한 내용으로 적절하지 <u>않은</u> 것은?

유형　외적 준거에 따른 작품 감상

☑ 헷갈린 선지 선택

①	②	③	④	⑤

☑ 정답으로 선택한 이유

☑ 오답을 선택한 이유

보기

　이 시의 작가 한하운은 일찍이 '하늘이 내리는 벌을 받아 생긴 병'이라고 일컬어진 나병 환자였다. 일제 강점기였던 1936년, 17세의 나이에 처음 병에 걸린 이후 호전과 악화를 반복하며 학업을 중단하기도 하였으나, 결국 일본과 중국을 넘나들며 1943년 무사히 대학을 졸업하였다. 그러나 이듬해 함경남도 도청 축산과에 근무 중 나병이 악화되어 일을 그만두게 되며, 1948년에는 치료비로 가산을 탕진하고 유랑생활을 시작하게 된다. 유랑생활 중 한하운은 구걸의 대가로 시를 종이에 적어 주었는데, 그것이 몇몇 시인들의 관심을 끌어 1949년부터 본격적으로 시인으로 활동하기 시작하였다. 그의 작품은 나병이라는 절망적인 상황을 바탕으로 하면서도 감상이나 원망으로 흐르지 않고 마치 남의 일을 말하듯 객관성을 유지한다는 특성을 가진다.

① 화자는 '보리피리'를 일본에 의해 피해받았던 우리 민족의 한을 달랠 수 있는 물건이라 여기겠군.

② 화자는 삶의 역경을 '피-ㄹ 닐리리'라는 소리로 승화시킬 뿐, 누군가를 탓하지 않는군.

③ 화자에게 '어린 때'는 평범하고 건강했던 자신을 떠올리게 하는 시간이겠군.

④ 화자가 '인환의 거리'를 그리워한 것은 주변 사람들과 어울리기 힘든 자신의 상태 때문이겠군.

⑤ 화자가 '눈물의 언덕'을 떠돈 것은 어디에도 머무를 수 없었던 작가의 경험과 깊은 연관이 있겠군.

04　**서답형 문제**

<보기>를 참고할 때, 빈칸에 들어갈 적절한 말을 윗글에서 찾아 2음절로 쓰시오.

유형　작품의 내용 이해

☑ 정답으로 선택한 이유

보기

　윗글에는 고통 속에서 보리피리를 불며 어린 시절 꽃 청산과 (　　　)의 봄 언덕을 그리워하던 화자가 마침내 방랑 속에서 절망을 내적으로 승화하는 모습이 그려지고 있다.

정답 및 해설 p.8

※ 다음 글을 읽고, 물음에 답하시오.

가

「임금은 아버지요
『」: 임금, 신하, 백성의 관계를 가족 관계에 빗대어 표현함
신하는 사랑을 주는 어머니요

백성은 어린아이라고 하신다면」
　　　　　　　　　　가정법 – 조건 ①
백성이 사랑을 알리라
　가정법 – 조건 ①의 결과
꾸물거리며 사는 물생
　　　　　　　백성을 비롯한 생물들
이들을 **먹여** 다스려서

이 땅을 버리고 어디로 가리 한다면
　　　　백성들의 판단을 인용　　가정법 – 조건 ②
나라 안이 유지될 줄 알리라
　　가정법 – 조건 ②의 결과
아아 **임금답게 신하답게 백성답게** 한다면
□: 낙구　　각자 맡은 본분에 충실해야 함　　가정법 – 조건 ③
「나라 안이 ㉠ 태평할 것이리라」
『」: 가정법–조건 ③의 결과 ○: 궁극적으로 지향하는 바

▶ 1~4구: 임금과 신하의 책무

▶ 5~8구: 나라를 유지하기 위해 백성을 통치하는 방법

▶ 9~10구: 나라의 태평을 염원

君隱父也

臣隱愛賜尸母史也

民焉狂尸恨阿孩古爲賜尸知

民是愛尸知古如

窟理叱大肹生以支所音物生

此肹喰惡支治良羅

此地肹捨遣只於冬是去於丁爲尸知

國惡支持以支知古如

後句君如臣多支民隱如爲內尸等焉

國惡太平恨音叱如

- 충담사, 〈안민가(安民歌)〉 -

나

　　　△: 시련, 내우외환(內憂外患)
불휘 기픈 남군 브 :매 아니 뮐씨 **곳 됴코 여름 하ᄂ니**
　기초가 튼튼한 나라　　　　　　　　　나라의 번영
시미 기픈 므른 ᄀ :래 아니 그츨씨 내히 이러 바ᄅ래 가ᄂ니
　유서 깊은 나라　　　　　　　　나라의 무궁한 발전

〈제2장〉
▶ 제2장: 새로운 왕조가 누리게 될 발전과 번영의 운명

천세(千世) 우희 미리 정(定)ᄒ샨 한수(漢水) 북(北)에 **누인개국(累仁開國)**ᄒ샤
　　　　　　　　　　　　　　　한양　　　어진 행적을 쌓아 나라를 세움
복년(卜年)이 ᄀ없스시니*
　왕조의 운수
성신(聖神)이 니ᅀ샤도 **경천근민(敬天勤民)**ᄒ샤ᅀᅡ 더욱 구드시리이다
　후대의 임금　　　　　　　하늘을 공경하고 백성을 위하여 부지런히 일함

핵심정리

가 충담사, 〈안민가〉

＊ 주제
백성의 안녕과 나라의 태평 염원

＊ 구성

1~4구	임금과 신하의 책무
5~8구	나라의 유지를 위해 백성을 통치하는 방법
9~10구	나라의 태평을 염원

＊ 해제

신라 경덕왕 때에 승려 충담사가 왕명에 따라 지은 10구체 향가로 《삼국유사》에 실려 전한다. 현전하는 향가 작품 대부분이 불교 사상을 바탕으로 하는 데에 반해 이 작품은 유교적 성격이 강하게 나타난다. 역사적으로 경덕왕 때에는 천재지변이 잦아 민생이 어려웠고, 정치적으로는 강한 권세를 가진 귀족들이 왕권을 위협하는 등 국가적인 위기 상황이었다. 그리하여 유교적 정치 이념이 나라의 질서를 안정시키기 위한 대안 사상으로 자리 잡게 되었는데, 이에 부모가 어린 자식을 돌보듯이 임금과 신하가 백성을 잘 돌보고 임금, 신하, 백성 각자가 자기 본분에 충실하면 나라가 잘 유지되고 태평하게 될 것이라는 염원을 담아 이 노래를 지어 불렀다. 제시된 지문은 양주동의 향찰 해독을 현대어로 푼 것이다.

나 정인지 외, 〈용비어천가〉

＊ 주제
조선 왕조의 창업에 대한 송축과 후대 임금에 대한 권계

＊ 구성

서사 (제1~2장)	조선 건국의 정당성을 강조하고 조선의 무궁한 번영을 기원함.
본사 (제3~109장)	육조(六祖)의 업적을 예찬함.
결사 (제110~125장)	후대 임금에게 권계함.

＊해제

조선 세종 27년(1445)에 정인지, 안지, 권제 등을을 비롯한 집현전 학자들이 지은 125장으로 된 악장이다. 조선 왕조 창업의 기틀을 마련한 6조(목조·익조·도조·환조·태조·태종)의 사적과 공덕에 대한 송축과 예찬, 후대 왕들에 대한 권계가 주요 내용을 이룬다. 따라서 이 작품은 영웅 서사적 성격이 강하게 나타나는데, 대부분 2절 4구의 형식에 주로 전절에는 중국 고사를 인용하고, 후절에서는 6조의 업적과 관련된 사적을 서술함으로써 조선 건국의 합리성과 정당성을 강조하고 있다. 새로 만든 문자 체계인 훈민정음으로 창작한 최초의 작품이므로 국어사 연구의 귀중한 자료로서 큰 의의를 가진다.

님금하 아르쇼셔 낙수(洛水)예 산행(山行) 가 이셔 하나빌 미드니잇가＊
후대의 임금 　　　　　　　　　　　　　　　중국 하나라의 태강왕의 고사를 인용

〈제125장〉
▶ 제125장: 왕조의 운명과 후대 임금들에 대한 권계
– 정인지 외, 〈용비어천가(龍飛御天歌)〉 –

＊ **복년이 곳업스시니:** 왕조의 운수가 계속됨.
＊ **낙수예~미드니잇가:** 하나라 태강왕이 정사를 잘 돌보지 않고 사냥하러 가서 돌아오지 않자 궁나라의 제후 예에 의해 축출당한 고사를 이름.

● **확인 문제**

[1–4] (가), (나)에 대한 설명이다. 맞으면 ○, 틀리면 ✕표 하시오.

1 (가)는 임금, 신하, 백성이 각자 본분에 충실하다면 나라가 태평할 것이라 주장하고 있다.

2 (가)는 나라의 안전을 위해 유교적 정치 이념을 제시하고 있다.

3 (나)는 조선 건국의 정당성을 드러내기 위해 위인의 업적을 예찬하고 있다.

4 (나)의 화자는 중국의 고사를 인용하여 청자에게 조언하고 있다.

[5–6] (가), (나)와 관련하여 빈칸에 들어갈 적절한 내용을 쓰시오.

5 (가)는 임금을 '☐☐☐'에 빗대어 표현하고 있다.

6 (나)의 '곶'과 '☐☐'은 나라의 번영을 상징한다.

확인 문제 정답	1 ○　　2 ○　　3 ✕　　4 ○　　5 아버지　　6 여름

01

(가)의 표현상 특징으로 가장 적절한 것은?

① 대화의 형식을 사용하여 대상에 대한 친밀감과 애정을 드러내고 있다.

② 대조적인 시어를 제시하여 현재 상황에 대한 긴장감을 형성하고 있다.

③ 고사를 인용하여 화자가 말하고자 하는 바를 우회적으로 드러내고 있다.

④ 감탄사를 사용하여 시상을 전환하고 이에 따른 화자의 정서 변화를 제시하고 있다.

⑤ 조건을 설정하고 이에 따른 결과를 가정하여 지향하는 바를 효과적으로 나타내고 있다.

유형	표현상의 특징 파악

☑ 헷갈린 선지 선택

①	②	③	④	⑤

☑ 정답으로 선택한 이유

☑ 오답을 선택한 이유

02

(가)와 (나)에 대한 설명으로 가장 적절한 것은?

① (가)는 (나)와 달리 구체적인 공간을 지정하여 현실감을 높이고 있다.

② (나)는 (가)와 달리 유교 사상을 바탕으로 민중에게 교훈을 전달하고 있다.

③ (가)와 (나) 모두 유추적 사고를 통해 화자의 의도를 파악할 수 있다.

④ (가)와 (나) 모두 청자는 표면에 등장하지만, 화자는 노출되어 있지 않다.

⑤ (가)와 (나) 모두 직설적 어조를 사용하여 대상에 대한 예찬적 태도를 드러내고 있다.

유형	작품 간의 공통점, 차이점 파악

☑ 헷갈린 선지 선택

①	②	③	④	⑤

☑ 정답으로 선택한 이유

☑ 오답을 선택한 이유

<보기>를 참고하여 (가)와 (나)에 대한 이해로 적절하지 <u>않은</u> 것은?

보기

　(가)와 (나)는 모두 나라의 안정을 추구하기 위해 창작된 작품으로, 각 작품의 화자는 집단적 이성과 가치의 대변자로 작품 속에 등장하여 청자로 하여금 그러한 이상과 가치를 수용하게 한다. 특히, (가)의 화자는 신하가 왕권을 위협하는 혼란스러운 시대 상황 속에서 청자에게 나라를 통치하는 근본에 대해 가르침을 전달하며, (나)의 화자는 고려의 몰락으로 인해 동요된 민심을 염려하여, 조선 왕조의 창업이 하늘의 뜻에 의한 순리임을 강조하고, 왕으로서 지녀야 할 올바른 자세에 대해 권계하고 있는 것이 특징이다.

① (가)의 화자는 '이 땅을 버리고 어디로 가리'라는 백성의 말은 곧 임금이 백성을 '먹여 다스'림으로써 집단적 이성과 가치가 수용된 상태를 의미한다고 보았겠군.
② (가)의 화자가 대변하는 이상과 가치는 계층 간의 명분을 바로 세우는 것으로, 이를 실현하기 위한 방안으로 '임금답게 신하답게 백성답게' 행동할 것을 제시하고 있군.
③ (나)의 화자가 '불휘 기픈 남곤' '곶 됴코 여름 하ᄂᆞ니'라고 한 것은 조선 건국의 정당성과 합리성을 담보하여 나라의 안정을 도모하고자 한 것이군.
④ (나)의 화자는 조선의 건국이 '천세' 전부터 정해진 일이었음을 강조하며, 청자의 노력보다 하늘의 뜻을 통해 '복년이 ᄀᆞ업'는 나라를 만들 수 있을 것이라 주장하고 있다.
⑤ (나)의 화자는 '경천근민'해야 나라가 굳건하게 유지될 수 있다고 보았으며, 이를 청자가 수용해야 할 이상과 가치로 제시하고 있군.

04　서답형 문제

<보기>의 빈칸에 들어갈 말로 적절한 것을 쓰시오.

보기

　(나)의 '(　　　)'와/과 '님금'은 모두 후대의 임금을 의미한다.

정답 및 해설 p.9

※ 다음 글을 읽고, 물음에 답하시오.

"우리들이 커닝을 도와준 것이 기표의 비위를 상하게 한 모양이지?"

병원에 있을 때는 남의 눈을 생각해 못 물어본 걸 하굣길 둘만의 자리가 됐을
_{형우가 재수파에게 폭행을 당해 입원해있던 때}
때 내가 넌지시 물어보았다.

"글쎄 그런 것 같았다."

형우가 짐짓 좌우를 둘러보면서 대답했다.

"그때 그 일, 담임 선생님이 시켜서 한 거지?"
_{형우가 기표에게 커닝페이퍼를 넘겨주었던 일}
내가 넘겨짚자 형우가 한순간 당황하는 것 같았다. 언제고 밝히고 싶었던 것이
라 나는 다시 다그쳤다.

"그렇지?" / "꼭 그런 건 아니지만 그 문제를 **담임 선생님과 의논한** 건 사실이다."
_{기표를 위해 커닝을 도와준 것의 배후에 담임 선생님이 있음을 알 수 있음}
"합법적으로 만들기 위해서냐?"

"아니다. 담임 선생님이 기표를 나한테 일임하겠다고 말했기 때문이다. 선생님
은 기표를 구원해 주고 싶었던 것이다."

"그랬겠지. 형우야, 넌 지금 네가 기표를 구원했다고 보니?"

"아직 완전히는 …… 그러나 머지않았다."

나는 웃어 주었다.

"기표는 그렇게 생각하지 않을걸. 형우, 네가 구원해 주고 있다고 말이야."

⊙ "그것은 기표가 생각할 일이 아니다."
_{'나'는 형우나 담임 선생님의 행동이 기표를 구원하는 것이라고 생각하지 않음}
_{기표와 관련된 일임에도 불구하고 기표를 무시하고 있음을 보여 줌}
"무슨 뜻이냐?" / "우리가 무서워했던 건 기표가 아니라 기표를 둘러싸고 있는
_{기표를 비롯한 재수파 무리가 학급에서 두려움의 대상이었음을 알 수 있음}
재수파들이었다."

"그런데?" / "이제 그 조직은 없어졌다."

"무슨 근거로 그렇게 말하는 거냐?"

"내가 병원에 있을 때 그 애들이 모두 나한테 사과하러 왔었다. 하나하나 서로
가 모르게 다녀갔다."
_{형우는 재수파의 사과가 각자 비밀리에 이뤄졌다는 것을 통해 재수파가 와해되고 있음을 알게 됨}
"기표두 왔었니?"

내가 헐떡이면서 물었다.

"오지 않았다. 그러나 난 그런 놈한테 사과도 받고 싶지 않다."
_{기표에 대한 형우의 혐오와 적대적 태도}
그럴 테지. 나는 후우 가슴을 쓸어내렸다.

"그래, 다른 애들이 너한테 사과를 했다고 해서 재수파가 없어졌다고 생각하는
건 잘못일 거야."

"물론 겉으로야 그대로 남아 있겠지. 그러나 그들은 이미 이빨 뺀 뱀이나 다름
없어. 걔들이 모두 나한테 말했다. 기표는 **악마**라고. 자기들 **피를 빨아먹고 사**
는 흡혈귀라고."
_{재수파들은 기표를 부정적으로 인식하고 있음}

핵심정리 ▉▉▉

＊ 주제
호의를 가장한 위선의 폭력성

＊ 전체 줄거리
새 학기에 임시 반장이 된 '나'는 메스껍게 굴었다는
이유로 재수파에게 끔찍한 폭행을 당하게 된다. 얼
마 후 가정 방문을 온 새 담임은 자신의 뜻을 숨기고
'나'에게 반장직을 맡길 테니 학급의 정보를 자신에
게 자주 알려 달라고 부탁하지만 '나'는 1학년 때의
첩자 노릇에 대해 회의를 느낀 데다가 담임의 의도를
파악한 상태여서 제안을 거절하고 대신 임형우를 추
천한다. 이후 반장이 된 형우와 담임은 재수파를 해
체시키고 기표를 몰락시키기 위한 계획을 세운다. 형
우는 기표를 무력화하려는 목적 아래, 표면적으로
는 기표를 돕는다는 명목을 내세워 커닝을 주도하지
만 그로 인해 기표의 심기를 거스르게 되어 재수파들
에게 폭행을 당한다. 그러나 형우는 기표를 고발하지
않는 방식으로 자신의 존재를 긍정적으로 부각하고
그 과정에서 기표는 점점 소외된다. 재수파는 임형우
를 폭행한 이후 와해되고, 형우와 담임은 기표의 어
려운 가정 형편을 밝힌 후 모금 운동까지 벌인다. 기
표의 이야기는 퍼지고 퍼져 신문에 실리고 영화 제작
까지 이뤄지게 된다. 이에 두려움을 느낀 기표는 여
동생에게 편지를 남긴 후 학교에 나오지 않게 된다.

＊ 해제
이 작품은 고등학교 교실을 배경으로 하여 그 내부에
서 벌어지는 다양한 양상의 폭력을 그리고 있다. 이
작품의 서술자인 '나'는 합리적이고 날카롭지만 다소
냉소적인 태도의 소유자로, 기표의 폭력을 겪었음에
도 불구하고 기표를 제압하려는 담임과 형우의 태도
에서 위선을 감지하고 불만을 느낀다. 작가는 이러한
인물의 시각에서 사건을 서술함으로써 기표가 일으
키는 물리적 폭력과 기표를 제압하기 위한 담임과 형
우의 주도면밀하고 위선적인 술책 중 무엇이 더 폭력
적인 것인가에 대한 질문을 제시하고 있다.

'나'	학급에서 일어나는 기표, 형우, 담임 선생님 간의 갈등과 대립 등에 대해 판단하고 해석함.
기표	재수파와 더불어 학급을 장악하고 온갖 악행을 저지름. 형우와 담임 선생님에 의해 불우한 가정 형편이 밝혀지자 두려운 존재에서 동정받아야 하는 존재로 전락함.
형우	겉으로는 학급을 헌신적으로 이끄는 것 같지만, 담임 선생님과 결탁하여 기표와 재수파를 위선적이고 교묘한 방식으로 무력화시킴.

* 제목의 의미

우상	학급의 아이들 사이에서 신화적 존재로 군림해 온 기표
눈물	우상으로서의 몰락

↓

'우상의 눈물'
우상인 기표가 자신의 의지와는 상관없이 담임과 형우의 위선적인 폭력으로 인해 맞게 되는 최후

* 대사의 의미

"이제 아무도 기표를 무서워하지 않게 될 거다."
과거 기표가 두려움의 대상이었으나 앞으로는 가난한 집 애에 불과한 기표를 아무도 두려워하지 않을 것임을 확신함.

* 구원의 의미

사전적 의미	어려움이나 위험에 빠진 사람을 구하여 줌.
담임 선생님과 형우의 구원	담임 선생님과 형우가 기표를 통제하고 길들이려는 방식

↓

담임과 형우의 위선적 행태가 드러남.

형우와 갈라서야 하는 길목에 와 있었다. 나는 형우네 집 쪽으로 따라가며 물었다.

"너 지금 무슨 얘길 하는 거냐?"

형우가 나를 향해 싱긋 웃었다.

「기표는 다 아는 것처럼 가난한 집 애다. 거기다가 그 부모가 다 병들어 누워 있
「」: 형우는 기표의 불우한 사정과, 기표와 재수파의 관계를 알고 있음
다. 시집간 기표 누나가 주는 돈으로 겨우겨우 먹고 산댄다. 기표 동생이 셋이
나 있다. 기표 바로 밑의 동생이 버스 안내원을 해서 생활비를 보냈는데 요즘
무슨 일로 해서 그것도 그만두었다. 아무튼 생활이 말두 아니란 거야. 재수파들
이 매달 얼마씩 모아 생활비를 보태 줬다는 거야. 집에서 돈을 뜯어낼 수 없는
애들은 혈액은행에 가 피를 뽑아 그 돈을 내놓았다는 거다.」

"그렇게 해 달라고 기표가 강요한 건 아닐 텐데." / "마찬가지다. 재수파들도 기
표가 무서웠다는 거야."

"지금도 무서워하고 있을걸." / "그렇지 않아."

병원에서 지내는 동안 혈색이 더 좋아진 형우가 자신 있게 말했다.

ⓒ "이제 아무도 기표를 무서워하지 않게 될 거다."
형우는 기표와 재수파가 와해되었음을 확신함

(중략)

담임 선생이 교단에서 내려서고 그 대신 반장 임형우가 사뭇 엄숙한 표정으로
단 위에 섰다.

"담임 선생님의 말씀처럼 지금 우리 친구 하나가 매우 어려운 처지에 놓여 있
                                    기표
다. 좀 늦은 감이 있지만 지금이라도 힘을 합쳐 그 친구를 구원해 주어야 한다
고 생각한다."

이렇게 서두를 잡은 형우는 언젠가 하굣길에서 내게 들려준 **기표네 가정 형편
을 반 아이들한테** 이야기하기 시작했다. 그런데 놀라운 일은 형우의 혀였다. 나에
게 얘기를 들려줄 때의 그런 적대감은 씻은 듯 감추고 오직 우의와 신뢰 가득한
          '나'와 단둘이 이야기할 때와는 달리, 기표를 미화하는 이중적이고 위선적인 모습을 보임
말로써 우리의 친구 기표를 미화하는 일에 열을 올렸던 것이다.

「기표 아버지가 중풍에 걸려 식물인간처럼 누워 있는 정경이며 기표 어머니의
「」: 형우는 기표의 개인사를 당사자의 동의 없이 밝히며 기표를 도울 것을 역설함
심장병, 그러한 부모들을 위해서 버스 안내원을 하던 기표 여동생의 눈물겨운 얘
기. 라면으로 끼니를 때우는 기표네 식구들의 배고픔이 눈에 보이듯 열거되었다.
그런 가난 속에서도 가난을 결코 겉에 나타내지 않고 묵묵히 학교에 나온 기표의
의지가 또한 높게 치하되었다. 더구나 그런 가난 속에서도 유급을 했기 때문에 일
년간의 학비를 더 마련해야 했던 그 고통스러운 얘기도 우리들 가슴에 뭉클 뭔가
던져 주었다.」

"나는 얼마 전 기표가 버스 안내원을 하던 여동생을 몹시 때린 일을 알고 있습
니다. 그 여동생 몸이 약해 버스 안내원을 그만두었던 것인데 생활이 더 어렵게
되자 돈을 벌기 위해 술집에 나가기로 했었다는 것입니다. 우리는 그 여동생이

앞으로 어떤 무서운 수렁에 떨어져 내릴는지 아무도 알 수가 없습니다."

반 아이들은 사뭇 숙연한 자세로 ㉮ 형우의 말에 귀를 기울였다.

형우는 기표네 가정 사정을 낱낱이 얘기함으로써 이제까지 ㉢ 우리들에게 신화적 존재로 군림해 온 기표의 허상을 빈곤이라는 그 역겨운 것의 한 자락에 붙들어 맨 다음 벌거벗기려 하는 것 같았다. 기표는 판잣집 그 냄새나는 어둑한 방에서 ──형우의 언행으로 기표는 신화적 존재에서 동정받아야 하는 초라한 존재로 전락함── 라면 가락을 허겁지겁 건져 먹는 한 마리 **동정받아 마땅한 벌레**로 변신되어 나타났다.

[A]
"한 가지 또 알려 줄 게 있습니다. 그것은 어려운 처지의 친구를 위해서 이제까지 남이 모르게 도와온 우정이 있다는 것입니다. 그것은 기표의 가까운 친구들입니다. 이제까지 우리들이 재수파라고 불러 온 아이들입니다. 우리들이 무시해 온 그들이야말로 **진정 아름다운 우정**이 어떤 것인가를 보여 주었던 것입니다. 「그들은 매달 용돈을 저축하고 또는 방학 때 공사장에 나가 ──「 」: 기표에 대한 재수파의 복종을 순수한 선의로 미화함── 일을 해서 받는 돈으로 기표를 도와 온 것입니다. 그들 중에는 매달 자신의 귀한 피를 뽑아 그 돈을 내놓기도 했습니다.」한 달에 피를 세 번이나 뽑았기 때문에 빈혈을 일으켜 병원에 입원했던 사람도 있습니다. 사회에서 구원받지 못한 가난을 우정으로써 구원하려 한 그들이야말로 훌륭한 정신의 소유 ──재수파의 행동을 선의로 미화함으로써 기표가 도움을 받아야 하는 가난한 존재임을 부각함── 자입니다. 협동과 봉사-기여 정신의 산증인들입니다. 우리들은 가끔 학교에 싸 가지고 온 도시락이 텅텅 비어 있는 것을 발견하고 기분 나쁘게 생각한 적이 있습니다. ㉣ 그것은 진정으로 배고파 보지 못한 우리들의 우매함이었습니다. 남의 찬 도시락을 훔쳐 먹어야 했던 우리의 가난한 이웃을 우 ──기표의 악행을 가난 때문에 어쩔 수 없는 것으로 표현함── 리는 너무나 모르고 지냈습니다. 나는 반장으로서 그 사실을 몹시 부끄럽게 생각합니다. 그것을 사과하는 뜻에서 나는 오늘이라도 우리의 친구 기표를 돕는 일에 앞장서기로 결심한 것입니다."

아이들이 술렁거리기 시작했다. ㉤ 깊은 감동의 강물이 모두의 가슴 한가운데를 출렁이며 흘러가고 있었던 것이다.

- 전상국, 〈우상의 눈물〉 -

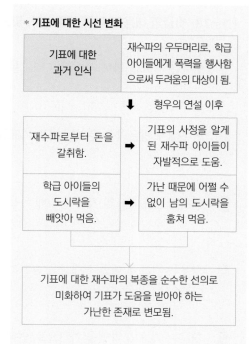

* **기표에 대한 시선 변화**

기표에 대한 과거 인식	재수파의 우두머리로, 학급 아이들에게 폭력을 행사함으로써 두려움의 대상이 됨.

↓ 형우의 연설 이후

재수파로부터 돈을 갈취함.	→	기표의 사정을 알게 된 재수파 아이들이 자발적으로 도움.
학급 아이들의 도시락을 빼앗아 먹음.	→	가난 때문에 어쩔 수 없이 남의 도시락을 훔쳐 먹음.

↓

기표에 대한 재수파의 복종을 순수한 선의로 미화하여 기표가 도움을 받아야 하는 가난한 존재로 변모됨.

[1-7] 윗글의 내용에 대한 설명이다. 맞으면 ○, 틀리면 ✕ 표 하시오.

1 형우는 기표를 향해 적대적인 태도를 가지고 있다.

2 형우에게 병문안을 온 재수파는 기표를 부정적으로 생각하고 있다.

3 재수파들은 기표의 지시에 의해 돈을 모아 기표의 생활비를 보태줬다.

4 형우는 기표에 대한 적대감을 숨기지 않고 반 아이들 앞에서 드러냈다.

5 형우는 기표의 악행을 가난으로 인해 어쩔 수 없었던 것으로 표현함으로써 기표를 공포의 대상에서 동정받아야 하는 대상으로 전락시켰다.

6 '나'는 가시적인 폭력뿐만 아니라 담임 선생과 형우의 비가시적인 폭력에 대해서도 비판적인 시선을 가지고 있다.

7 작품의 제목인 '우상의 눈물'에서 우상은 형우를 가리킨다.

[8-10] 윗글의 내용과 관련하여 빈칸에 들어갈 적절한 내용을 쓰시오.

8 형우는 반 아이들이 무서워했던 대상이 기표가 아니라 ☐☐☐들이라고 생각한다.

9 기표의 여동생은 ☐☐☐☐을 해서 생활비를 벌고 있었다.

10 형우는 반 아이들에게 기표의 불우한 삶을 폭로하며 ☐☐☐ 존재로 군림해 온 기표의 허상을 발가벗기려 하고 있다.

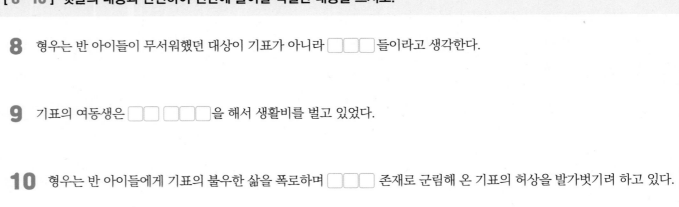

| 확인 문제 정답 | 1 ○ | 2 ○ | 3 ✕ | 4 ✕ | 5 ○ | 6 ○ | 7 ✕ | 8 재수파 | 9 버스 안내원 | 10 신화적 |

01

㉠~㉤에 대해 이해한 내용으로 적절하지 <u>않은</u> 것은?

① ㉠: 기표를 무시하는 형우의 태도를 드러낸다.

② ㉡: 앞으로의 상황에 대한 형우의 판단을 드러낸다.

③ ㉢: 형우가 발언하는 목적에 대한 '나'의 추측을 드러낸다.

④ ㉣: 자신의 과거를 진정으로 반성하는 형우의 태도를 드러낸다.

⑤ ㉤: 형우가 전달한 내용을 그대로 믿고 있는 반 아이들의 모습을 드러낸다.

유형	인물의 심리, 태도 파악

☑ 헷갈린 선지 선택

①	②	③	④	⑤

☑ 정답으로 선택한 이유

☑ 오답을 선택한 이유

02

[A]를 통해 알 수 있는 말하기 전략으로 적절한 것은?

① 미래에 일어날 일을 예측하여 상대방의 감정에 호소하고 있다.

② 질문을 통해 자신의 견해를 밝혀 상대방의 호응을 유도하고 있다.

③ 인물을 새로운 관점에서 바라보며 상대방의 인식을 변화시키고 있다.

④ 자신의 주장을 반복적으로 언급하여 상대방의 의견에 동조하고 있다.

⑤ 인물의 일화를 자신의 주장에 대한 근거로 활용하여 상대방의 의견을 비판하고 있다.

유형	인물의 심리, 태도 파악

☑ 헷갈린 선지 선택

①	②	③	④	⑤

☑ 정답으로 선택한 이유

☑ 오답을 선택한 이유

03

<보기>를 바탕으로 윗글을 감상한 내용으로 적절하지 <u>않은</u> 것은?

보기

〈우상의 눈물〉은 합법적인 권력의 폭력성을 형상화하고 있다. 권력을 획득하고 유지하는 과정에서 폭력은 권력과 밀접한 관계를 맺게 되는데, 그러한 폭력은 가시적이고 물리적인 형식으로 나타나기도 하고 규율의 내면화와 위선의 활용 등 비가시적 형식으로 나타나기도 한다.

작품 속 배경으로 등장하는 1970년대와 작품이 발표된 1980년대는 독재 정치가 만연한 때이며 독재 정권의 폭력이 점점 가시적인 것에서 비가시적인 형식으로 변모하던 시기이기도 하다. 이로 인해 사회 구성원들은 부당한 현실과 불평등한 사회를 정확하게 인식하는 것이 어려워졌으며, 저항하고자 하는 대상 또한 불분명해졌다.

작가는 합법적인 형태로 나타나는 이러한 비가시적인 폭력이 가시적인 폭력보다 더 큰 두려움이 될 수 있음을 보여 줌과 동시에 1970~1980년대의 사회·역사적 현실을 교실 상황을 활용하여 비판하고 있다.

① 형우가 기표와 관련된 일을 '담임 선생님과 의논한' 것은 물리적인 폭력을 합법적인 형태로 제압하기 위해서라고 볼 수 있겠군.

② 재수파로부터 '악마', '피를 빨아먹고 사는 흡혈귀'라는 평가를 받는 기표는 가시적인 폭력을 나타내는 인물이라고 할 수 있겠군.

③ 형우가 '기표네 가정 형편을 반 아이들한테' 말하는 모습은 폭력이 점차 가시적인 것에서 비가시적 형식으로 변모하는 과정을 드러내고 있군.

④ 기표가 '동정받아 마땅한 벌레'로 전락하는 모습은 폭력이 권력과 밀접한 관계를 맺은 후에 나타나는 모습이라고 볼 수 있겠군.

⑤ 형우가 재수파들이 기표에게 돈을 바치던 일을 '진정 아름다운 우정'으로 미화한 것은 가시적인 폭력의 부당함을 아이들에게 알리기 위함이었군.

04 서답형 문제

유형 작품의 종합적 이해와 감상

☑ 정답으로 선택한 이유

<보기>의 ⓐ, ⓑ에 들어갈 적절한 말을 쓰시오. (단, ⓑ는 2어절로 쓸 것.)

보기

㉮는 (ⓐ)의 가정 형편에 관한 말로, 이를 통해 형우는 (ⓑ)이/가 두려움의 대상이었던 기표를 경제적으로 도움을 받아야 하는 가난한 존재로 인식하게 하였다.

Ⅱ

고전시가

정답 및 해설 p.11

핵심정리

가 백수 광부의 아내, 〈공무도하가〉

＊ 주제

임을 잃은 슬픔과 안타까움

＊ 해제

백수 광부(흰머리를 풀어 헤친 미친 사람)의 아내가 지었다고 전해지는 고조선의 노래이다. 원래 노래는 전해지지 않지만, 한역된 시가가 진나라 최표의《고금주》에 설화와 함께 채록되어 있다. 조선 시대 문인들이 《해동역사》,《청구시초》 등에 옮겨 전하면서 우리 나라에도 널리 알려졌다. '그 물'을 건너지 말라는 아내의 간절한 부탁을 무시하고 '그 물'을 건너 세상을 떠나 버린 남편에 대한 애절한 마음이 잘 드러난다.

나 견우 노인, 〈헌화가〉

＊ 주제

사모하는 이에게 꽃을 바치고 싶은 마음

＊ 해제

신라 성덕왕 때 지어진 4구체 향가로 당대의 미인으로 유명했던 수로 부인과 관련된 배경 설화와 함께 전해진다. 남편 순정공과 함께 강릉에 가던 수로 부인이 절벽에 핀 예쁜 꽃을 보고 누가 저 꽃을 따 주겠냐고 물었지만 아무도 나서지 않았다. 그때 암소를 끌고 지나가던 노인이 그 꽃을 따 와서 수로 부인에게 바치면서 이 노래를 지어 불렀다고 한다. 향찰로 표기된 작품으로 소박하고 순수한 사랑의 마음이 잘 드러난다. 제시된 지문은 김완진의 향찰 해독을 현대어로 푼 것이다.

다 을지문덕, 〈수나라 장수 우중문에게 보내는 시〉

＊ 주제

족함을 알고 싸움을 그만둘 것을 권함.

＊ 해제

국문학사에서 가장 오래된 한시로 오언 고시에 해당하며,《삼국사기》에 실려 전한다. 612년 수나라가 30만 대군으로 침공하여 왔을 때, 살수까지 진격해 온 적장 우중문을 희롱하기 위하여 지어 보냈다고 한다. 을지문덕 장군이 살수 대첩에서 수나라 대군에 맞서 승리하는 과정과 관련하여 자주 언급되는 작품이다.

※ 다음 글을 읽고, 물음에 답하시오.

가

공간적 배경 명령형 어미이지만, 여기서는 간절한 부탁과 요청을 의미함
임아 **그 물**을 건너지 마오   公無渡河   ▶1행: 물을 건너려는 임을 만류함
청자, 화자가 염려하는 대상
임은 끝내 그 물을 **건너셨네**   公竟渡河   ▶2행: 물을 건너는 임

물에 빠져 돌아가시니   墮河而死   ▶3행: 물에 빠져 돌아가신 임
　　　　　임의 죽음
가신 임을 어찌할꼬   當奈公何   ▶4행: 사별한 임에 대한 슬픔과 한탄
영탄적 표현으로 안타까움을 드러냄

- 백수 광부의 아내, 〈공무도하가〉 -

나

자줏빛 바위 가에   紫布岩乎邊希   ▶1행: 자줏빛 바위 가에서 사모하는 이와 마주침
　　　　　공간적 배경
잡고 있는 암소 **놓게 하시고**   執音乎手母牛放敎遣   ▶2행: 하던 일을 멈추고 사모하는 이의 바람을 이뤄 주고 싶음
화자가 배경 설화의 노인임을 알게 하는 소재
나를 아니 부끄러워하시면   吾肹不喩慚肹伊賜等   ▶3행: 사모하는 이의 반응을 떠올림

꽃을 꺾어 바치오리다   花肹折叱可獻乎理音如   ▶4행: 사모하는 이에게 그가 원하는 것을 바치고 싶은 바음을 드러냄
① 사랑을 상징   꽃을 주어 청자에 대한 진심을 드러내고자 함
② 화자의 마음

- 견우 노인, 〈헌화가〉 -

다

「　」: 대구법 사용
「**신기한 계책**은 천문을 꿰뚫고   神策究天文   ▶1행: 신기한 계책을 칭찬함
청자에 대한 화자의 칭찬 ①
묘한 계산은 **지리**에 통달했네」   妙算窮地理   ▶2행: 묘한 계산을 칭찬함
청자에 대한 화자의 칭찬 ②
싸움에 이겨 **공 이미 높으니**   戰勝功旣高   ▶3행: 전쟁에서 이미 공을 세웠음을 인정함
　　　　　이미 공을 세운 청자의 상황을 환기
족함을 알고 그만두길 바라겠소   知足願云止   ▶4행: 족함을 알고 그만둘 것을 권함
억양법(흥을 보기 위해 먼저 칭찬을 하는 수사법)을 사용하여 청자가 욕심을 다스리길 권함

- 을지문덕, 〈수나라 장수 우중문에게 보내는 시〉 -

[1-7] (가)~(다)에 대한 설명이다. 맞으면 ○, 틀리면 ×표 하시오.

1 (가)는 돈호법을 사용하여 주의를 환기하고 있다.

2 (가)의 화자는 임과의 이별에 슬퍼하며 임과의 재회를 소망하고 있다.

3 (가)의 화자는 '건너지 마오'라고 명령형 어조로 이야기 하며 임을 위협하고 있다.

4 (나)의 청자는 암소를 끌고 지나가던 길에 화자를 마주쳤다.

5 (나)의 화자는 청자의 반응을 살피며 자연물을 통해 자신의 마음을 드러내고 있다.

6 (다)의 화자는 대구법을 사용하여 상대의 뛰어난 능력을 칭찬하고 있다.

7 (다)의 화자는 '그만두길 바라겠소'라고 말하며 현재의 상황에 만족할 줄 알아야 함을 충고하고 있다.

[8-10] (가)~(다)와 관련하여 빈칸에 들어갈 적절한 내용을 쓰시오.

8 (가)에서의 '☐'은 임을 향한 화자의 사랑을 의미함과 동시에 화자가 임과 이별한 원인에 해당한다.

9 (나)의 '☐☐☐ ☐☐☐'는 화자와 청자가 마주친 장소로 공간적 배경에 해당한다.

10 (다)의 화자인 고구려 장수 을지문덕은 ☐☐☐을 희롱하기 위해 위 작품을 창작하였다.

| 확인 문제 정답 | 1 ○ | 2 × | 3 × | 4 × | 5 ○ | 6 ○ | 7 ○ | 8 물 | 9 자줏빛 바위 가 | 10 우중문 |

59

01

유형 　작품 간의 공통점, 차이점 파악

(가)~(다)에 대한 설명으로 가장 적절한 것은?

① (가)는 객관적 대상에 감정을 이입하여 화자의 정서를 드러내고 있다.

② (나)와 (다)는 구체적 지명을 제시하며 몽환적인 분위기를 드러내고 있다.

③ (가)와 (다)는 하오체를 활용하여 청자에게 구체적 행위를 요청하고 있다.

④ (가)~(다) 모두 반어적 표현을 활용하여 화자의 내적 갈등을 제시하고 있다.

⑤ (가)~(다) 모두 유사한 통사 구조를 반복하여 대상에 대한 화자의 연민을 표현하고 있다.

☑ 헷갈린 선지 선택

①	②	③	④	⑤

☑ 정답으로 선택한 이유

☑ 오답을 선택한 이유

02

유형 　시어, 시구의 의미와 기능 파악

(가)~(다)의 시어, 시구에 대한 설명으로 적절하지 않은 것은?

① (가)의 '그 물'은 임과의 이별의 의미를, (나)의 '꽃'은 대상에 대한 애정의 의미를 담고 있는 소재이다.

② (가)의 '건너셨네'를 통해 이별의 상황에 대한 한탄을, (나)의 '바치오리다'를 통해 대상에 대한 의지를 알 수 있다.

③ (나)의 '자줏빛 바위 가'와 (다)의 '지리'는 화자가 현재 불우한 상황에 있음을 드러내는 공간적 배경이다.

④ (나)의 '놓게 하시고'는 대상을 위해 노력할 수 있음을, (다)의 '이미 높으니'는 인정을 통해 대상의 변화를 요구하고 있다.

⑤ (가)의 '가신 임을 어찌할꼬'는 임에 대한 체념의 태도를, (다)의 '그만두길 바라겠소'는 청자가 상황을 잘 인식하길 바라는 마음을 드러내고 있다.

☑ 헷갈린 선지 선택

①	②	③	④	⑤

☑ 정답으로 선택한 이유

☑ 오답을 선택한 이유

<보기>의 '선생님'의 설명에 대한 학생의 반응으로 적절한 것은?

보기

선생님 : 고전 문학 작품 중에는 관점과 맥락에 따라 해석을 달리 할 수 있는 작품들이 많습니다. (가)에서 물은 화자와의 단절을 의미하지만 화자가 이후에 임을 따라 함께 물에 빠졌다는 배경 설화를 읽어보신다면 물은 만남의 의미를 가진 소재로도 해석이 가능하죠. (나)는 통일 신라 시대에 미인으로 유명했던 수로 부인에게 암소를 끌고 지나가던 노인이 꽃을 따 와 바치면서 부른 노래라는 점에서 화자 개인의 애정을 다루는 개인적 서정시라고 볼 수 있지만, 사람이 쉽게 갈 수 없는 절벽에 매달린 꽃을 따왔다는 점에서 신적인 존재인 화자가 인간인 대상에게 꽃을 주는 화합과 축복을 다루는 종교적 작품으로도 해석할 수 있습니다. (다)는 표면적으로는 대상의 능력을 예찬하며 만류하는 시이지만 이미 적의 동태를 살피고 승리를 예감한 을지문덕이 우중문의 능력을 비하하며 당당함과 여유로움을 나타내는 시로도 해석이 가능합니다.

① (가)의 3행에서는 죽어서도 임과 헤어지지 않겠다는 화자의 의지가 표면적으로 드러나는군.

② (나)는 대상의 아름다움을 통해 집단 간의 화합과 축복을 이루려는 개인적 서정시로 감상할 수 있겠군.

③ (다)의 창작 목적을 고려할 때, 화자는 자신보다 훨씬 뛰어난 대상을 보고 느낀 절망과 체념을 노래하고 있군.

④ (가)와 (나)의 배경 설화와 상징을 고려할 때, (가)의 '물'과 (나)의 '꽃'은 화자와 대상을 연결하는 매개체라고 할 수 있겠군.

⑤ (나)와 (다)의 상징과 사회적 상황을 고려할 때, 둘 모두 집단의 염원이 담긴 주술적 성격의 작품으로 해석할 수 있겠군.

서답형 문제

<보기>에서 설명하는 표현법이 쓰인 시를 (가)~(다) 중에서 고르시오.

보기

억양법은 대체로 두 사실을 명백하게 대조시켜서 말하고자 하는 내용을 더욱 강조하는 효과를 낳는 강조법이다. 칭찬하기 위해 먼저 흉을 보고, 흉을 보기 위해 먼저 칭찬하는 등의 형식을 가진다. 강조할 내용이 주로 뒷부분에 오게 되는 만큼, 전체 의미를 잘 살펴보는 것이 중요하다.

정답 및 해설 p.11

핵심정리

 작자 미상, 〈동동〉

＊ 주제

임 혹은 임금에 대한 송축과 임을 향한 사랑과 그리움

＊ 구성

정월 노래	홀로 살아가는 외로움
2월 노래	임의 훌륭함에 대한 예찬
4월 노래	무심한 임에 대한 서운한 마음
8월 노래	추석에 느끼는, 임의 부재에서 비롯한 쓸쓸함
10월 노래	임에게 버림받은 자신의 신세에 대한 한탄

＊ 해제

작자 미상의 고려 가요로 《악학궤범》에 기록되어 전한다. 한 해 열두 달의 순서에 따라 시상을 전개하는 월령체 형식의 노래로, 열두 달 노래에 서사를 더해 총 13연으로 되어 있다. 1연인 서사는 임을 송축하는 내용을 담고 있고, 2~13연은 흘러가는 시간을 배경으로 임을 향한 사랑과 그리움의 정서를 노래하고 있다.

＊ 월령체 형식의 특징

형식적 특징
• 1월부터 12월까지의 시간의 흐름과 계절의 변화에 따라 시상이 전개됨. • 1월부터 12월까지 각각의 달이 한 연으로 구성됨.

내용상 특징
• 각 연에는 해당 달에 해당하는 자연 현상, 세시 풍속 등이 제시됨. • 〈동동〉과 같이 시간이 지나도 변하지 않는 임을 향한 사랑을 다루기도 하며, 농업 사회였던 당시의 사회상을 반영하여 〈농가월령가〉와 같이 농업과 관련하여 열두 달 동안 해야 할 일을 제시하기도 함.

※ 다음 글을 읽고, 물음에 답하시오.

가

정월의 ㉠ 냇물은 / 아으 얼고자 녹고자 하는데
　　　　화자와 대비되는 존재
세상 가운데 나서는 / 몸이여 홀로 지내가는구나
　　　　　　　　　　화자는 임이 없어 혼자임
아으 동동(動動)다리
같은 위치에 반복적으로 제시되어 노래들 간의 동질성을 구축함

〈정월 노래〉
▶ 정월 노래: 혼자 살아가는 외로움

이월의 보름에 / 아으 높이 켠

등불 같구나 / 만인(萬人) 비추실 모습이로다
임의 비유　　　　　　　임에 대한 화자의 예찬적 태도
아으 동동(動動)다리

〈2월 노래〉
▶ 2월 노래: 임의 훌륭함에 대한 예찬

사월 아니 잊어 / 아으 오시는구나 **꾀꼬리 새여**
　　　　　　　　　　　　여름 철새로 계절감을 드러내는 소재
무엇 때문에 녹사*님은 / 옛 나를 잊고 계신가
　　　　　　임의 신분이 드러남
아으 동동(動動)다리

〈4월 노래〉
▶ 4월 노래: 무심한 임에 대한 서운한 마음

팔월 보름에 / 아으 **가윗날**이지만
　　　　　　　　　추석(한가위)
임을 모시고 지내야 / 오늘날이 가윗날이로다
임과 함께해야 진정한 추석이라고 말하며 임 없이 지내는 화자의 외로운 처지와 임을 향한 화자의 그리움을 절실하게 표현함
아으 동동(動動)다리

〈8월 노래〉
▶ 8월 노래: 추석에 느끼는, 임의 부재에서 비롯한 쓸쓸함

시월에 / 아으 **저며 놓은 보리수나무** 같구나
　　　　　　임에게 버림받은 화자를 비유
꺾어 버리신 후에 / 지니실 한 분이 없으시도다
　　　　　　　임에게 버림받은 후 계속 혼자인 화자의 처지
아으 동동(動動)다리

〈10월 노래〉
▶ 10월 노래: 임에게 버림받은 자신의 신세에 대한 한탄
- 작자 미상, 〈동동〉 -

* 녹사: 고려 시대의 관직명.

 나

일조(一朝) 낭군 이별 후에 소식조차 돈절하야*
　　　　　　　　　　임에게서 연락이 오지 않는 상황
자네 일정(一定) **못 오던가** 무슨 일로 **아니 오더냐**

이 아해야 말 듣소　　　　　　　　　▶ 1~3행: 이별로 인한 슬픔과 임의 소식을 듣고 싶은 마음
후렴구, 임이나 화자가 아닌 제3의 인물인 '아해'를 청자로 내세워 화자가 느끼는 답답한 마음을 드러냄
황혼 저문 날에 **개**가 짖어 못 오는가
　　　　　　　　△: 화자와 임을 가로막는 장애물
이 아해야 말 듣소

춘수(春水)가 만사택(滿四澤)하니* 물이 깊어 못 오던가
□: 계절과 관련지어 임이 오지 않는 상황을 표현함
이 아해야 말 듣소

하운(夏雲)이 다기봉(多奇峰)하니* 산이 높아 못 오던가

이 아해야 말 듣소

▶ 4~9행: 재회하지 못하는 원인 추측

「한 곳을 들어가니 육관 대사 성진이*는
「」: 작품의 주된 정서나 주제와 동떨어져도 대중이 좋아하는 작품과 장면이기에 삽입
석교(石橋)상에서 팔선녀* 데리고 희롱한다」

지어자 좋을시고
후렴구, 작품의 주된 정서나 주제와 동떨어져도 작품이 노래로 불리던 현장의 통속적 유흥성을 반영해 삽입
「병풍에 그린 황계(黃鷄) 수탉이 두 나래 둥덩 치고
작품 제목의 유래가 되는 소재   날개
짜른 목을 길게 빼어 긴 목을 에후리어
짧은
사경(四更) 일점(一點)*에 날 새라고 꼬꾀요 울거든 오려는가」
「」: 불가능한 상황을 설정하여 임에 대한 그리움을 드러냄
자네 어이 그리하야 아니 오던고

▶ 10~16행: 재회하기 어려운 상황에 대한 인식

너는 죽어 황하수(黃河水) 되고 나는 죽어 도대선(都大船)* 되어
현실에서는 불가능해 보이는 임과의 재회를 비현실적인 상상을 통해 이루고자 하는 화자의 마음

밤이나 낮이나 낮이나 밤이나

바람 불고 물결치는 대로 어하 둥덩실 떠서 노자
달을 통해 임의 상황을 알고 싶은 화자
저 ㉡ 달아 보느냐
(달의) 밝은 빛
임 계신 데 명휘(明輝)를 빌리려문 나도 보게
임에 대한 그리움을 드러낸 표현
이 아해야 말 듣소

▶ 17~22행: 임을 향한 간절한 그리움

추월(秋月)이 양명휘(楊明輝)하니* 달이 밝아 못 오던가

어데를 가고서 네 아니 오더냐

지어자 좋을시고

▶ 23~25행: 재회하지 못하는 원인 추측
- 작자 미상, 〈황계사〉 -

* 돈절하야: 편지나 소식 따위가 딱 끊어져서.
* 춘수가 만사택하니: 봄물이 사방 연못에 가득하니.
* 하운이 다기봉하니: 여름의 구름이 기이한 봉우리마다 많으니.
* 육관 대사 성진이: 성진은 조선 시대 숙종 때, 김만중이 지은 〈구운몽〉의 주인공임. 육관 대사는 주인공 성진의 스승인데 이 작품에서는 육관 대사와 성진을 같은 인물로 착각하고 있음.
* 팔선녀: 김만중의 〈구운몽〉에 나오는 여덟 명의 여주인공들로, 주인공 성진의 아내가 됨.
* 사경 일점: 사경은 새벽 1~3시 사이의 시간 '점'은 각 '경(更)'을 5단위로 나눈 시간으로 사경 일점은 새벽 1시 24분 정도에 해당하는 시각임.
* 도대선: 큰 나룻배.
* 추월이 양명휘하니: 가을 달은 밝은 빛 드날리니. 이 구절은 앞의 '춘수가 만사택하니', '하운이 다기봉하니'와 함께 중국 육조 시대의 시인인 도연명의 〈사시(四時)〉에서 차용한 구절임.

㉯ 작자 미상, 〈황계사〉

＊ 주제
임에 대한 간절한 그리움과 기다림

＊ 구성

1~3행	이별로 인한 슬픔과 임의 소식을 듣고 싶은 마음
4~9행	재회하지 못하는 원인 추측
10~16행	재회하기 어려운 상황에 대한 인식
17~22행	임을 향한 간절한 그리움
23~25행	재회하지 못하는 원인 추측

＊ 해제
이 작품은 조선 시대에 불린 십이 가사(十二歌詞) 중 하나로 '황계 타령'이라고도 한다. 병풍에 그려진 황계 수탉이 살아서 울음을 운다는 실현 불가능한 상황을 가정함으로써 임과의 재회 가능성이 희박하다는 화자의 인식, 임과 이별한 처지에서 오는 그리움과 슬픔의 정서를 효과적으로 표현한 점이 눈길을 끈다. 특정한 어구의 반복, 일정한 문장 구조를 통한 대구, 과장과 해학 등 다양한 표현 방법을 통해 화자의 정서를 효과적으로 전달하고 있다. 가창을 고려한 반복과 병렬 그리고 후렴구 등은 이 노래가 가진 구비적 성격을 잘 보여 주는 것이라고 할 수 있다.

＊ 대중성을 높이기 위한 표현

작품의 유기성보다 대중의 호응 중시	

'한 곳을 들어가니~'	'지어자 좋을시고'
작품의 주제와 무관하지만 당시 대중들에게 큰 인기를 끌었던 〈구운몽〉의 내용을 차용함.	운율과 흥청거리는 느낌을 자아내는 후렴구를 반복적으로 사용함.

↓

대중의 기호를 만족시키고, 통속적 노래가 주는 흥겨움을 잃지 않게 함.

[1-3] (가)에 대한 설명이다. 맞으면 ○, 틀리면 ×표 하시오.

1 자연물과 화자의 대비를 통해 화자의 외로운 심정을 부각하고 있다.

2 시간의 흐름에 따라 시상을 전개하며 각 연의 마지막에 후렴구를 배치하여 운율감을 형성하고 있다.

3 의문형 표현을 사용하여 임을 향한 애정을 드러내고 있다.

[4-6] (나)에 대한 설명이다. 맞으면 ○, 틀리면 ×표 하시오.

4 유사한 문장 구조를 반복적으로 사용하여 임의 부재에 대한 화자의 절망적인 심정을 부각하고 있다.

5 작품 중간에 〈구운몽〉을 차용하여 임을 향한 화자의 그리움을 효과적으로 드러내고 있다.

6 화자는 임과 재회하기 어려운 현실을 인지하고 상상 속에서라도 임과 재회하기를 간절히 원하고 있다.

[7-10] (가), (나)와 관련하여 빈칸에 들어갈 적절한 내용을 쓰시오.

7 (가)의 2월 노래에서의 '☐☐'은 임을 상징하는 보조 관념에 해당한다.

8 (가)의 4월 노래에서의 '☐☐☐'는 임과 대비되는 존재로 이를 통해 임의 무심함을 드러내고 있다.

9 (나)의 '개', '물', '산', '☐'은 임과 화자를 가로막는 장애물에 해당한다.

10 (나)의 화자는 자신이 느끼는 답답한 심정을 드러내기 위해 제3의 인물인 '☐☐'를 청자로 내세우고 있다.

확인 문제 정답	1 ○	2 ○	3 ×	4 ○	5 ×	6 ○	7 등불	8 꾀꼬리	9 달	10 아해

01

(가)와 (나)에 대한 설명으로 가장 적절한 것은?

① (가)와 달리 (나)는 시어의 대조를 통해 화자의 처지를 강조하고 있다.

② (나)와 달리 (가)는 다른 작품을 인용하여 화자의 정서를 구체화하고 있다.

③ (나)와 달리 (가)는 청유형 어조를 사용하여 화자가 이루고자 하는 바를 나타내고 있다.

④ (가)와 (나) 모두 구체적 청자를 설정하여 화자가 처한 현재 상황을 드러내고 있다.

⑤ (가)와 (나) 모두 음악적 흥취를 고조시키기 위해 특정한 어구를 반복적으로 사용하고 있다.

☑ 헷갈린 선지 선택

①	②	③	④	⑤

☑ 정답으로 선택한 이유

☑ 오답을 선택한 이유

02

㉠과 ㉡에 대한 이해로 적절한 것은?

① ㉠과 ㉡ 모두 대상에게 느끼는 화자의 부정적 감정을 표출하기 위해 사용된 수단이다.

② ㉠과 ㉡ 모두 화자의 처지와 동일시되는 대상으로 화자가 연민의 감정을 느끼는 대상이다.

③ ㉠은 임과 화자의 재회를 가로막는 대상이며, ㉡은 임과 화자의 재회를 도와주는 대상이다.

④ ㉠은 화자의 외로움을 심화시키는 대상이며, ㉡은 임을 향한 화자의 그리움이 투영된 대상이다.

⑤ ㉠은 임과의 과거를 떠올리게 하는 소재이며, ㉡은 임에 대한 화자의 원망을 고조시키는 소재이다.

☑ 헷갈린 선지 선택

①	②	③	④	⑤

☑ 정답으로 선택한 이유

☑ 오답을 선택한 이유

03

<보기>를 참고하여 (가)를 이해한 내용으로 적절하지 <u>않은</u> 것은?

보기

　'월령체'란 작품의 형식이 1년에 해당하는 12개월로 나뉘어 달의 순서에 따라 구성된 시가를 의미한다. 각 연에서는 매월의 정령(政令)이나 의식, 농가의 행사나 수렵, 채집 등 주요 생산 활동과 관련된 내용을 서술하기도 하며 자연, 기후, 명절, 민속놀이 등을 나타내기도 한다. 이러한 월령체 시가는 다양하고 풍부한 생활 감정을 자유분방하게 표현하는데 상사의 정을 주된 내용으로 삼기도 하며, 죽은 임을 추모하며 과부로서의 외로운 정서를 절기 및 풍속과 결부하여 표현하기도 한다. 때로는 어버이에 대한 효를 강조하기도 한다. 월령체 형식은 개인적인 정서를 심화시키기 위한 수단으로 사용되기도 하지만, 각 연의 정서가 유기적으로 연결되지 않고 독립적으로 작용하는 작품도 존재한다.

① 각 연의 시작 부분에 해당 월을 제시함으로써 순환되는 시간의 흐름으로 구성되는 '월령체' 시가의 특징을 보여 주고 있다.

② 서정적 자아가 여성인 것은 일치하나, 연마다 나타나는 화자의 정서가 통일되어 있지 않다는 점에서 작가의 일관된 정서 표출로 보기 어렵다.

③ 〈정월 노래〉에서는 자연의 변화를 통해 화자의 처지를 호소하고 있으며, 〈2월 노래〉에서는 절기 및 풍속과 결부하여 시상을 전개하고 있다.

④ 〈사월 노래〉에서 '꾀꼬리 새'는 화자의 감정을 표현하기 위해 사용된 소재로, 화자의 정서를 심화시키는 수단으로 기능한다.

⑤ 〈8월 노래〉에서는 '팔월'의 명절인 '가윗날'에 '임을 모시고 지내'지 못함을 명시함으로써 과부로서의 외로움을 드러내고 있다.

04

유형 | 외적 준거에 따른 작품 감상

☑ 헷갈린 선지 선택

①	②	③	④	⑤

☑ 정답으로 선택한 이유

☑ 오답을 선택한 이유

<보기>를 바탕으로 (가), (나)를 감상한 내용으로 적절하지 <u>않은</u> 것은?

> **보기**
>
> **선생님** : (가)와 (나)는 모두 임의 부재라는 동일한 상황에서 화자가 느끼는 그리움을 형상화한 작품입니다. 그러나 작품 속에서 두 화자가 드러내는 정서는 사뭇 다릅니다. (가)의 화자는 자신을 찾아오지 않는 임에 대한 상실감을 드러내며 임을 원망하면서도, 한편으로는 임의 뛰어난 인품을 예찬하며 송축하고 있습니다. 반면, (나)의 화자는 부정형 어조를 사용하여 임의 부재에 대한 절망감을 부각하고 있습니다. 또한 외부적 요인을 통해 임과 재회하지 못하는 이유를 찾고자 합니다. 그러나 동시에 불가능한 상황을 가정해서 임과의 재회를 기대하는 화자의 모습을 찾아볼 수 있습니다.

① (가)의 '저며 놓은 보리수나무'와 (나)의 '일조 낭군 이별 후에 소식조차 돈절하야'를 통해 (가)와 (나)의 화자가 모두 임과의 이별이라는 동일한 상황에 놓여있음을 알 수 있군.

② (가)의 '등불'은 높이 켜 있는 것으로 화자는 임의 부재에도 불구하고 임의 훌륭한 인품을 송축하고 있군.

③ (나)의 화자는 '못 오던가', '아니 오더냐'와 같이 부정형과 의문형 어조를 반복적으로 사용함으로써 임의 부재에 대한 절망감을 효과적으로 드러내고 있군.

④ (나)의 '개', '물', '산'은 '달'과 달리 화자가 생각하는 임과 화자의 재회를 가로막는 외부적인 장애물로 기능하고 있군.

⑤ (나)의 화자는 '너는 죽어 황하수 되고 나는 죽어 도대선 되어'라고 말함으로써 임과 재회하고자 하는 소망을 불가능한 상황의 가정을 통해 드러내고 있군.

05 서답형 문제

유형 | 시어의 의미 파악

☑ 정답으로 선택한 이유

<보기>에 해당하는 시어를 (가)에서 찾아 쓰시오.

> **보기**
>
> 임의 신분과 성별, 작품이 창작된 시기를 예측할 수 있게 하는 소재

핵심정리

가 이조년, 〈이화에 월백하고~〉

＊주제

봄날 밤의 고독과 애상감 / 국가와 임금에 대한 염려

＊해제

이 작품은 봄날 밤, 자연의 아름다움을 노래하고 있는 평시조이다. 봄날 밤 화자가 느끼는 고독과 애상감을 아름답게 형상화하고 있다는 점이 특징이다. 작가의 생애를 고려하면, 이 시조는 충신인 작가가 고향에서도 국가와 임금에 대해 염려하는 마음을 노래한 작품으로 볼 수도 있다.

나 박팽년, 〈까마귀 눈비 맞아~〉

＊주제

임금에 대한 충절

＊해제

이 작품은 단종에 대한 절개를 노래한 절의가(節義歌)이다. 사육신인 작가는 어지러운 시대 상황 속에서 충신 노릇을 하기도 하는 간신의 모습을 흰 듯하면서도 검은 '까마귀'에, 단종에 대한 자신의 '일편단심'을 빛나는 '야광명월'에 빗대고 있다.

다 홍서봉, 〈이별하던 날에~〉

＊주제

이별의 한

＊해제

이 작품은 임과 이별한 상황에서 느낀 비애감을 노래한 평시조이다. 이별의 한을 색채어를 통해 형상화하고 있다는 점이 특징이다. 작가의 생애를 고려하면, 이 작품에 작가인 홍서봉이 병자호란 이후 인조의 두 아들을 청나라의 볼모로 보내며 느낀 통탄의 감정이 우회적으로 드러나고 있다고 볼 수 있다.

라 이덕무, 〈농부의 집에 쓰다〉

＊주제

아름다운 농촌에서 살고 싶은 마음

＊해제

이 작품의 원래 제목은 '제전사(題田舍)'로, 작가가 직접 체험한 농촌의 정경을 회화적으로 형상화한 7언 율시의 한시이다. 소박하고 순수한 농촌에서 생활하고 싶다는 화자의 소망이 마지막에 드러나는데, 이는 혼란한 조선 후기 사회에서 회복하여야 할 가치가 농촌 생활에서 볼 수 있는 소박하고 순수한 마음이라는 작가의 생각이 반영된 것으로 볼 수 있다.

※ 다음 글을 읽고, 물음에 답하시오.

가

□: 백색 이미지 　　『』: 백색 이미지의 자연물을 통해 봄날 밤의 청정한 정경을 드러냄
시간적 배경. 하룻밤을 오경으로 나눈 셋째 부분, 밤 11시에서 새벽 1시 사이

『이화(梨花)에 월백(月白)하고 은한(銀漢)이 삼경인 제』
의인화-화자가 봄날 밤에 느끼는 고독과 애상을 나뭇가지가 느끼는 것으로 아름답게 표현함
▶ 초장: 봄날 밤의 아름다운 정경

일지(一枝) 춘심(春心)을 자규야 알랴마는
봄날 밤에 느끼는 다양한 생각과 감정　　청각적 이미지 환기
▶ 중장: 봄날 밤의 정취의 심화

다정(多情)도 병인 양하여 ㉠ 잠 못 들어 하노라
비유적 표현　　　　봄날 밤에 느끼는 다정 때문임
▶ 종장: 봄날 밤에 느끼는 다정

– 이조년, 〈이화에 월백하고~〉 –

나

부정적 대상, 간신을 상징함　　충신인 척하는 간신의 위선적인 모습
까마귀 눈비 맞아 희는 듯 검노매라
▶ 초장: 흰 듯하면서도 검은 까마귀의 모습

설의법-야광명월 부각
야광명월(夜光明月)이 밤인들 어두우랴
단종에 대한 충성심　　○: 혼란한 정치 상황　　설의법-충성심 부각
▶ 중장: 밤에도 빛나는 야광명월의 모습

㉡ 임 향한 일편단심(一片丹心)이야 고칠 줄이 있으랴
▶ 종장: 임에 대한 일편단심

– 박팽년, 〈까마귀 눈비 맞아~〉 –

다

시적 상황　　□: 적색 이미지로 정서 부각
이별하던 날에 피눈물이 난지 만지
▶ 초장: 이별하던 날의 슬픔
압록강을 붉게 물들일 정도로 강한 화자의 한을 표현
압록강 내린 물이 푸른빛이 전혀 없네
▶ 중장: 변해버린 압록강의 물빛
공간적 배경　　백색 이미지, 사공에 대한 정보　　사공의 말을 인용
배 위의 ㉢ 허여 센 사공이 처음 본다 하더라
▶ 종장: 변해버린 압록강의 물빛에 대한 사공의 말

– 홍서봉, 〈이별하던 날에~〉 –

라

『콩깍지 더미 곁으로 오솔길 나뉘어 있는데　　荳穀堆邊細逕分
『』: 시선의 상승
붉은 아침 햇살 살짝 퍼지자 소 떼들이 흩어지네.　　紅暾稍遍散牛群
적색 이미지-아름다운 가을 아침의 풍경　　▶ 기(1~2행): 농촌의 아름다운 아침 풍경
푸른 하늘은 가을 든 산봉우리를 물들이려는 듯　　娟青欲染秋來岫
청색 이미지-청명한 가을 하늘의 모습
맑은 기운에 비 갠 뒤의 구름은 먹음직스럽네.』　　秀潔堪餐霽後雲
▶ 승(3~4행): 농촌의 청명한 가을 풍경
『갈대에 햇살이 반짝반짝, 기러기가 놀라서 일어나고　　葦影幡幡奴雁駭
『』: 갈대와 기러기, 벼 잎과 붕어와 같은 자연물을 통해 가을 풍경을 생동감 있게 묘사
벼 잎에 쏴 하는소리, 붕어가 야단스러운가 보다.』　　禾聲瑟瑟婢魚紛
▶ 전(5~6행): 생기 넘치는 농촌의 모습
『산 양지바른 곳에 집을 짓고 살고 싶으니　　山南欲遂誅茅計
『』: 시상이 외면에서 내면으로 전환됨
㉣ 농부에게 반만이라도 빌려 달라 졸라 봐야지.』　　願向田翁許半分
'반분(半分)'의 소박한 마음
▶ 결(7~8행): 농촌에서 소박하게 살고 싶은 마음

– 이덕무, 〈농부의 집에 쓰다〉 –

[1 - 6] (가)~(라)에 대한 설명이다. 맞으면 ○, 틀리면 ×표 하시오.

1 (가)는 시각적 이미지를 사용하여 봄날 밤의 풍경을 드러내고 있다.

2 (나)의 '눈비'는 임을 여읜 화자의 심정을 우의적으로 표현한다.

3 (나)는 설의법을 사용하여 임을 향한 변치 않는 충성심을 드러내고 있다.

4 (다)는 청각적 이미지를 사용하여 이별의 애통함을 효과적으로 표현하고 있다.

5 (라)의 화자는 자연물에 감정을 이입하여 평화로운 농촌에서 살고 싶은 심정을 드러내고 있다.

6 (라)는 시선의 이동을 통해 가을 농촌의 모습을 생동감 있게 묘사하고 있다.

[7 - 10] (가)~(라)와 관련하여 빈칸에 들어갈 적절한 내용을 쓰시오.

7 (가)에서는 '□□ □□'이라 하여 대상의 의인화를 통해 화자의 정서를 효과적으로 드러내고 있다.

8 (나)의 '□□□□'은 화자 자신을 상징하며 까마귀와 대조되는 대상이다.

9 (다)의 화자는 '□□□'때문에 압록강 물이 푸른빛을 잃었다고 말하고 있다.

10 (라)에서는 적색 이미지인 '□□ □□ □□'을 통해 가을 아침 풍경을 생동감 있게 보여 주고 있다.

확인 문제 정답	**1** ○	**2** ×	**3** ○	**4** ×	**5** ×	**6** ○	**7** 일지 춘심	**8** 야광명월	**9** 피눈물	**10** 붉은 아침 햇살

01

유형 표현상의 특징 파악

(가)~(라)의 표현상 특징으로 가장 적절한 것은?

① (가)에서는 물음의 방식을, (다)에서는 인용의 방식을 통해 화자의 상황을 부각하고 있다.

② (가)에서는 시간의 흐름을, (라)에서는 공간의 이동을 통해 시상을 전개하고 있다.

③ (나)에서는 구체적인 화자를, (다)에서는 구체적인 청자를 설정하여 시적 상황을 제시하고 있다.

④ (나)에서는 대비되는 소재를 통해, (라)에서는 인격이 부여된 소재를 통해 시상을 심화하고 있다.

⑤ (다)에서는 역동적 분위기를 자아내는 소재를 통해, (라)에서는 정적 분위기를 자아내는 소재를 통해 배경을 묘사하고 있다.

☑ 헷갈린 선지 선택

①	②	③	④	⑤

☑ 정답으로 선택한 이유

☑ 오답을 선택한 이유

02

유형 시어 및 시구의 비교와 대조

시구의 의미에 주목하여 ㉠~㉣을 이해한 내용으로 적절한 것은?

① ㉠과 ㉡은 모두 현재 처한 상황을 극복하려는 화자의 의지가 담겨 있는 표현이다.

② ㉡과 ㉢은 모두 타인의 말을 바탕으로 상황에 대한 화자의 인식을 객관화하고 있다.

③ ㉢과 달리 ㉣은 대상을 통해 특정 공간을 지향하려는 화자의 태도가 드러나 있는 표현이다.

④ ㉠과 달리 ㉢은 현재 처한 상황에 대한 화자의 부정적인 전망과 체념이 담겨 있는 표현이다.

⑤ ㉣과 달리 ㉡은 화자가 지향하고자 하는 가치를 대상과 공유하려는 화자의 태도가 드러나 있는 표현이다.

☑ 헷갈린 선지 선택

①	②	③	④	⑤

☑ 정답으로 선택한 이유

☑ 오답을 선택한 이유

<보기>를 참고하여 (가)~(라)를 감상한 내용으로 적절하지 않은 것은?

보기

　　연극이나 영화에서 연출가가 무대 위의 시각적 요소들을 배열하는 작업을 '미장센'이라 한다. 하지만 특정 이미지는 대상을 구체적이고 감각적으로 전달하는 것을 넘어, 때때로 말로 표현하기 힘든 미묘한 인상이나 감정을 불러일으키고 드러내는 역할을 하기도 한다. 특히 백색 계열의 색채 이미지는 비애, 고독, 추억, 향수 등 주로 애상적인 분위기와 느낌을 불러오는 효과가 있다.

① (가)에서 '이화'와 '은한'의 나열은 대상을 구체적이고 감각적으로 전달하는 미장센 작업과 관련이 있겠군.

② (가)에서 '다정'은 백색 계열의 색채 이미지와 청각적 이미지의 결합을 통해 유발된 애상적 분위기의 결과라고 볼 수 있겠군.

③ (나)에서 '야광명월'은 '밤'이라는 시간적 배경과 색채 대비를 이루어 정서를 구체적, 감각적으로 부각하는 효과를 지녔겠군.

④ (다)에서 '허여 센 사공'의 백색 이미지와 '푸른빛'이 없는 '물'의 시각적 이미지의 배열은 미장센 효과와 애상적 분위기를 유발하는 효과가 있군.

⑤ (라)에서 '구름'의 백색 이미지는 '푸른 하늘'과 '가을 든 산봉우리'와 결합하여 말로는 표현하기 힘든 고독감을 유발하는 효과가 있군.

<보기>에서 설명하는 시행을 (가)~(라)에서 찾아 쓰시오.

보기

　　혼란한 시대 현실 속에서도 화자는 언제나 같은 마음을 유지할 것임을 설의법을 통해 드러내고 있다.

정답 및 해설 p.14

핵심정리

가 작자 미상, 〈말은 가자 울고~〉

* 주제
임과의 이별에 대한 아쉬움

* 해제
이 작품은 임과 이별하는 아쉬움을 드러낸 평시조로 화자가 타고 있는 말을 붙잡는 임의 모습과 이러한 임을 향해 자신이 아닌, 지는 해를 붙잡으라고 말하는 화자의 모습을 통해 이별 상황에 대한 안타까움을 드러내고 있다.

나 안민영, 〈임 이별 하올 적에~〉

* 주제
이별 상황에 대한 슬픔과 아쉬움

* 해제
이 작품은 임과의 이별 상황에 대한 슬픔과 아쉬움을 드러낸 평시조이다. 이 시조에서 화자는 다리를 저는 나귀를 이별을 재촉하는 원망의 대상이 아니라, 저는 걸음으로 인해 상대의 얼굴을 자세히 볼 수 있게 하는 존재라는 점에서 이별을 지연시키는 존재로 인식하고 있는데, 저는 나귀에 대한 이러한 화자의 인식은 오히려 임과의 이별로 인한 슬픔의 정서를 부각하는 역할을 하고 있다.

다 작자 미상, 〈뒤뜰에 봄이 깊으니~〉

* 주제
임에 대한 그리움과 자신의 처지에 대한 한탄

* 해제
이 작품은 봄날이 되어 꽃이 만발하고 꾀꼬리가 쌍쌍이 날아다니는 모습을 보며 임에 대한 그리움과 임과 이별한 자신의 처지를 한탄하는 사설시조이다. 화자는 봄이 왔음에도 불구하고 임과 이별하였기에 아름다운 자연을 즐길 수 없으며, 오히려 정답게 지저귀는 새들이 자신의 처지와 다르다는 점에서 자신이 새들보다 못한 존재라고 한탄하고 있다. 이러한 화자의 모습은 화자가 임을 얼마나 그리워하고 있는지를 잘 보여 준다.

라 작자 미상, 〈청천에 떠서 울고 가는~〉

* 주제
임을 만날 수 없는 안타까움

* 해제
이 작품은 화자와 기러기의 대화 형식을 통해 만날 수 없는 임에 대한 그리움을 노래한 사설시조이다. 임을 보러 날아가는 기러기와 달리, 화자는 임의 소식을 알 수도 없고, 임을 만날 수도 없는 처지에 놓여 있는데, 임에게 자신의 소식을 전해 달라는 화자의 부탁을 기러기가 그럴 시간이 있을지 모르겠다고 말하는 모습에서 임을 그리워하는 화자의 안타까움이 부각되고 있다.

※ 다음 글을 읽고, 물음에 답하시오.

가

□ : 시어의 반복 – 이별 상황에서의 슬픔 강조

㉠ 말은 가자 울고 임은 잡고 울고
이별을 재촉하는 대상   ▶ 초장: 이별을 재촉하는 말과 이별을 거부하는 임

석양은 재를 넘고 갈 길은 천리로다
　　　　　시간의 경과   ▶ 중장: 시간은 흘러가고 갈 길은 먼 화자의 상황

저 임아 **가는 날 잡지 말고 지는 해를 잡아라**
　　　　　　임과 이별하고 싶지 않은 화자의 인식   ▶ 종장: 자신이 아닌, 지는 해를 잡으라는 화자의 말

- 작자 미상, 〈말은 가자 울고~〉 -

나

　　　　　　　저는 나귀로 인해 이별의 상황이 지연되고 있으므로
임 이별 하올 적에 저는 ㉡ 나귀 한치 마시오
　　시적 상황   ▶ 초장: 이별 상황에서 저는 나귀를 탓하지 말아 달라고 당부함

가노라 돌아설 제 **저는 걸음** 아니런들
　　　　　　　　저는 나귀로 임의 얼굴을 자세히 볼 수 있음   ▶ 중장: 저는 나귀를 타고 임과 이별하는 상황

꽃 아래 **눈물 적신 얼굴**을 어찌 자세히 보리오
　　이별의 슬픔에 울고 있는 임의 얼굴   ▶ 종장: 저는 나귀로 인해 이별하는 상대의 얼굴을 자세히 볼 수 있음

- 안민영, 〈임 이별 하올 적에~〉 -

다

　　　계절적 배경
뒤뜰에 봄이 깊으니 그윽한 심회 둘 데 없어
봄날의 풍경이 펼쳐지는 공간　　임에 대한 그리움   ▶ 초장: 뒤뜰에 봄이 깊어 심화가 깊어짐

바람결에 슬퍼하며 사방을 둘러보니 온갖 꽃 난만한데 버들 위 ㉢ 꾀꼬리는 쌍
　　　　　화자의 정서　　　　　　　　　　　　　　　　화자의 처지와 대비되는 자연물, 객관적 상관물

쌍이 비껴 날아 울음 울 제 어찌하여 내 귀에는 정이 있게 들리는고
　　　　　　　　화자가 자신을 새보다 못한 존재로 인식하는 이유」 ▶ 중장: 난만한 꽃과 쌍쌍이 날며 정답게 지저귀는 꾀꼬리 소리

어찌타 가장 귀하다는 **사람들**이 저 새만도 못하느냐
　　　　　　　　물음의 방식을 활용하여 화자의 부정적 처지 강조 ▶ 종장: 새보다 못한 자신의 처지를 한탄함

- 작자 미상, 〈뒤뜰에 봄이 깊으니~〉 -

라

청천에 떠서 울고 가는 ㉣ 외기러기 날지 말고 내 말 들어
　　　　　　　① 화자의 소원을 들어주는 대상 ② 화자의 처지와 대비되는 대상 ▶ 초장: 하늘을 날아가는 기러기에게 말을 건넴

한양성 안에 잠깐 들러 부디 내 말 잊지 말고 웨웨쳐 불러 이르기를 월황혼 겨
　임이 계신 곳

워 갈 때 적막한 **빈방**에 던진 듯 홀로 앉아 임 그려 차마 못 살레라 하고 부디 한
　　　　　　　화자가 머무르고 있는 곳　　　　　　　　　임에게 전하고 싶은 화자의 말

말을 전하여 주렴
　　　　　　　　　　　▶ 중장: 자신에 대한 소식을 임에게 전해 달라는 화자의 부탁

우리도 임 보러 바삐 가는 길이오매 전할동 말동 하여라
외기러기 외기러기가 화자의 부탁을 들어줄 수 없는 이유   ▶ 종장: 화자의 부탁을 들어줄 수 있을지 모르겠다는 기러기의 대답

- 작자 미상, 〈청천에 떠서 울고 가는~〉 -

[1-6] (가)~(라)에 대한 설명이다. 맞으면 ○, 틀리면 ×표 하시오.

1 (가)는 시어의 반복을 통해 화자가 처한 상황과 화자의 정서를 강조하고 있다.

2 (가)의 화자는 '가는 날 잡지 말고 지는 해를 잡아라'라고 말하며 인생의 무상함을 드러내고 있다.

3 (나)의 '꽃 아래'는 이별로 인한 슬픔이 극대화되는 장소이다.

4 (다)의 '뒤뜰'은 화자의 심정과 대비되는 아름다운 봄날의 풍경이 펼쳐지는 공간이다.

5 (다)의 화자는 자신의 심정을 날아다니는 새에 이입하여 간접적으로 드러내고 있다.

6 (라)는 화자와 기러기의 대화 형식을 통해 임을 향한 화자의 그리움을 효과적으로 드러내고 있다.

[7-10] (가)~(라)와 관련하여 빈칸에 들어갈 적절한 내용을 쓰시오.

7 (가)의 '□'은 화자와 임의 이별을 재촉하는 존재이다.

8 (나)의 화자는 '□□ □□'로 인해 임과의 이별이 지체될 수 있다고 생각하고 있다.

9 (다)의 '□□□'는 화자와 대비되는 존재로 화자는 이들을 보며 자신의 처지를 한탄하고 있다.

10 (라)의 '□□'은 임과 떨어져 홀로 지내는 화자의 외로움을 극대화하는 공간이다.

| 확인 문제 정답 | 1 ○ | 2 × | 3 ○ | 4 ○ | 5 × | 6 ○ | 7 말 | 8 저는 나귀 | 9 꾀꼬리 | 10 빈방 |

01

유형 | 표현상의 특징 파악

(가)~(라)에 대한 이해로 가장 적절한 것은?

① (가)와 (나)는 명령형 어조를 통해 제3자의 청자에게 행위를 요구하고 있다.

② (가)와 (다)는 시상이 집약된 감탄사를 통해 화자의 내적 갈등을 심화하고 있다.

③ (나)와 (라)는 감각의 전이를 통해 구체화된 시적 대상의 속성을 부각하고 있다.

④ (나)와 (다)는 계절을 나타내는 시어를 활용함으로써 화자의 상황과 대조하고 있다.

⑤ (다)와 (라)는 인물들의 대화 상황을 제시함으로써 상황에 대한 화자의 태도를 드러내고 있다.

☑ 헷갈린 선지 선택

①	②	③	④	⑤

☑ 정답으로 선택한 이유

☑ 오답을 선택한 이유

02

유형 | 시어의 의미와 기능 파악

㉠~㉣에 대한 이해로 적절한 것은?

① ㉠은 화자가 연민을 느끼는 대상으로, 임과의 이별을 재촉한다.

② ㉡은 화자의 감정이 이입된 대상으로, 임과의 이별을 지연시키려는 화자의 심정을 드러낸다.

③ ㉢은 화자가 처한 상황과 대비되는 대상으로, 화자의 외로움을 고조한다.

④ ㉣은 화자가 임과의 만남에 함께하고자 하는 대상으로, 대상에 대한 화자의 긍정적 인식이 드러난다.

⑤ ㉠~㉣은 모두 화자가 관찰하고 있는 대상으로, 인격을 부여하여 작품의 주제를 강조한다.

☑ 헷갈린 선지 선택

①	②	③	④	⑤

☑ 정답으로 선택한 이유

☑ 오답을 선택한 이유

03

<보기>를 참고하여 (가)~(라)를 감상한 내용으로 적절하지 <u>않은</u> 것은?

보기

비슷한 주제를 가진 작품들이라도, 주제에 따른 시적 상황을 표현하는 방법은 다양하다. 배경 소재를 나열함으로써 작품의 분위기를 더 구체적이고 생동감 있게 나타낼 수 있다. 화자의 개인적 상황을 일반적인 상황으로 확대하여 인간 보편의 정서로 나타낼 수도 있다. 또한, 대상을 일반적인 관점이 아닌 화자의 시선에 부합하는 새로운 관점으로 표현할 수 있다. 혹은 현실의 자연물을 왜곡, 변형하여 불가능한 일을 실현하는 주관적 변용을 사용할 수도 있다.

① (가)의 '석양'은 시간의 경과를, '길'은 임과의 거리감을 구체화한 소재로 작품의 애상적 분위기를 고조시키는군.

② (가)의 화자는 임에게 '가는 날 잡지 말고 지는 해를 잡'으라고 표현함으로써 이별을 거부하는 화자의 심정을 형상화하는군.

③ (나)의 화자는 나귀의 '저는 걸음' 덕분에 임의 '눈물 적신 얼굴'을 자세히 볼 수 있다는 새로운 관점을 통해 이별의 정한을 부각하는군.

④ (다)의 '사람들'은 화자의 정서를 개인에 한정하지 않고 집단의 범위로 확장함으로써 단절의 상황에 대한 애환을 보편적인 정서로 삼고 있음을 나타내는군.

⑤ (라)의 '한양성'과 '빈방'은 임이 존재하는 공간으로, 임에 대한 그리움과 고독한 분위기를 생동감 있게 표현하며 만남에 대한 애절함을 부각하는군.

04   서답형 문제

<보기>를 참고하여 빈칸에 들어갈 적절한 말을 쓰시오.

보기

남은 다 자는 **밤**에 내 어이 홀로 앉아
전전불매하고 임 둔 임을 생각는고
차라리 내 먼저 싀어서 제 그리게 하리라

　　　　　　　　　　　　　- 송이, 〈남은 다 자는 밤에~〉

〈보기〉의 '밤'은 임에 대한 화자의 그리움을 상기하는 시간적 배경으로, (다)의 '(　　　)'와/과 유사한 시어이다.

정답 및 해설 p.14

핵심정리

＊ 주제
부모에 대한 효심과 봉양의 의지

＊ 구성

1문단	부재하는 부모에 대한 그리움과 효심
2문단	부모에 대한 효행의 의지와 다짐
3문단	부모의 장수를 기원함.
4문단	웃어른에 대한 봉양의 마음과 자세

＊ 해제
이 작품은 순차적으로 이루어진 총 4수의 연시조이다. 작가의 문집인 《노계집(蘆溪集)》에 실려 있고, 《청구영언》·《해동가요》 등에도 전한다. 〈제1수〉는 육적회귤의 고사를 활용하여 효의 실천정신을 말하고 있다. 〈제2수〉에서는 왕상, 맹종, 노래자, 증자 등 《이십사효》의 주인공들을 통해 〈제1수〉에 이어서 효를 더욱 강조하고 효의 지평을 역사적 차원으로 확대하였다. 〈제3수〉에서는 시간을 더디게 흐르게 한다는 상상력을 통해 부모의 장수를 기원하고 있다. 〈제4수〉에는 까마귀를 등장시켜서 '효'의 공동체적 가치에 대해 말한다. 반포지효(反哺之孝)라는 성어에서 알 수 있듯이 까마귀는 동아시아의 문학 관습에서 효도를 상징하는 새로 규정되는데, '효'의 가치가 매우 중요하므로 까마귀가 봉황의 무리에 들어가 어울릴 수 있을 만큼 귀한 존재로 평가된다. 요컨대 이 작품은 '효'가 개인적 차원을 넘어 역사적·사회적으로 또한 인간적 차원을 넘어 자연물에까지 해당하는 규범이자 보편적 가치임을 노래한 것이다.

※ 다음 글을 읽고, 물음에 답하시오.

반중(盤中) **조홍(早紅)감**이 고와도 보인다
　　　　　부모님을 떠올리게 하는 매개체
유자(柚子) 아니라도 **품음직*** 하다마는
　　　　　중국의 회귤 고사 활용
품어 가 반길 이 없을새 그로 **설워하**나이다
　　　어머니　　　　　　　　　풍수지탄(風樹之嘆)

〈제1수〉
▶ 제1수: 부재하는 부모에 대한 그리움과 효심

왕상(王祥)*의 이어(鯉魚) 잡고 **맹종(孟宗)***의 죽순(竹筍) 꺾어
　　　　　　　잉어
검던 머리 희도록 노래자(老萊子)*의 옷을 입고

일생(一生)에 **양지(養志) 성효(誠孝)**를 증자(曾子)같이 하리다
　　　　　뜻을 길러 효에 정성을 다함

〈제2수〉
▶ 제2수: 부모에 대한 효행의 의지와 다짐

만균(萬鈞)*을 늘여 내어 길게 길게 노를 꼬아

구만리장천(九萬里長天)에 **가는 해를 잡아매어**
　　　　　　　　시간을 정지시키고 싶은 마음. 불가능한 설정
북당(北堂)에 학발쌍친(鶴髮雙親)*을 더디 늙게 하리라
　부모님 계신 곳　　　　　　　　부모의 노화를 늦추고 싶은 자식의 심정

〈제3수〉
▶ 제3수: 부모의 장수를 기원함

㉠ **군봉(群鳳)*** 모이신 데 ㉡ **외가마귀** 들어오니
　　고귀한 존재　　　　　　효의 상징, 반포지효(反哺之孝)
백옥(白玉) 쌓인 데 돌 하나 같다마는
　'군봉'과 대응　　　'외가마귀'와 대응
봉황(鳳凰)도 비조(飛鳥)와 유(類)이시니 뫼셔 논들 어떠리
　봉황과 까마귀가 같은 새의 종류이니　　　　같이 어울림

〈제4수〉
▶ 제4수: 웃어른에 대한 봉양의 마음과 자세
– 박인로, 〈조흥시가〉 –

* 유자 아니라도 품음직: 중국 삼국 시대 때 육적이란 사람이 원술이 준 귤(유자)을 품속에 품어다가 어머니께 드린 고사를 연상하며 말한 것임.

* 왕상: 중국 진나라 때 사람으로, 병을 앓는 계모가 생선을 먹고 싶다고 하자 한겨울에 옷을 벗고 얼음을 깨었는데 그 얼음 구멍에서 한 쌍의 잉어가 튀어나오자 그것을 계모에게 갖다 주었음.

* 맹종: 중국 오나라 때 사람으로 죽순을 즐겨 먹는 어머니를 위해 죽순이 나오지 않은 겨울에 대숲으로 가 죽순을 구해 어머니에게 드렸음.

* 노래자: 중국 초나라 때 사람으로, 70세에 부모님을 위해 때때옷을 입고 재롱을 피웠음.

* 만균: 균은 무게의 단위로, 만균은 쇳덩어리 30만 근에 해당함.

* 학발쌍친: 학의 깃털같이 머리가 하얗게 센 부모.

* 군봉: 무리를 지어 있는 봉황.

[1-7] 윗글에 대한 설명이다. 맞으면 ○, 틀리면 ✕표 하시오.

1 화자는 부재하는 부모에 대한 그리움을 직접적으로 드러내고 있다.

2 화자는 이전의 삶에 대해 반성적 태도를 보이며 효행의 의지를 다짐하고 있다.

3 '유자'는 부모님에 대한 화자의 효심과 반대되는 소재이다.

4 불가능한 상황을 설정함으로써 화자의 소망을 강조하고 있다.

5 효를 다하지 못하고 부모님을 여읜 슬픔을 간접적으로 드러내고 있다.

6 '이어'와 '죽순'은 고사 속 인물들의 효성을 보여 주는 소재이다.

7 '봉황'과 '외기러기'를 대비하여 이 둘이 함께할 수 없음을 표현하고 있다.

[8-10] 윗글과 관련하여 빈칸에 들어갈 적절한 내용을 쓰시오.

8 〈제1수〉에서 '☐☐☐'은 화자가 부모님을 떠올리는 매개체이다.

9 〈제2수〉에서 화자는 '☐☐'와 같이 부모에 효도할 것을 다짐하고 있다.

10 〈제4수〉에서 '☐☐'은 고귀한 존재들을 상징하는 '군봉'에 대응하는 소재이다.

| 확인 문제 정답 | 1 ○ | 2 ✕ | 3 ✕ | 4 ○ | 5 ✕ | 6 ○ | 7 ✕ | 8 조홍감 | 9 증자 | 10 백옥 |

01

윗글에 대한 설명으로 가장 적절한 것은?

① 〈제1수〉에서는 설의적 표현을 사용하여 화자의 심정을 드러내고 있다.

② 〈제2수〉에서는 유사한 시구를 반복적으로 배치하여 운율을 형성하고 있다.

③ 〈제3수〉에서는 불가능한 상황을 가정함으로써 화자의 소망을 드러내고 있다.

④ 〈제4수〉에서는 자연과의 교감을 통해 대상에 대한 화자의 인식 변화를 직접적으로 제시하고 있다.

⑤ 〈제4수〉에서는 앞부분에서는 자연의 경관을, 뒷부분에서는 화자의 정서를 그려내며 시상을 전개하고 있다.

유형	표현상의 특징 파악

☑ 헷갈린 선지 선택

①	②	③	④	⑤

☑ 정답으로 선택한 이유

☑ 오답을 선택한 이유

02

㉠, ㉡이 의미하는 바로 적절한 것은?

① ㉠은 자식의 도리를 다하는 화자를 의미하며, 자신에 대한 자긍심을 드러내고 있다.

② ㉡은 ㉠의 무리에서 함께 어울리는 존재로, 화자는 ㉡에 대한 존경심을 드러내고 있다.

③ 화자는 먼 훗날 ㉠과 ㉡이 함께 어울리는 미래를 상상하며 이에 대한 기대감을 드러내고 있다.

④ 화자는 ㉠을 '백옥'에, ㉡을 '돌'에 비유함으로써 ㉡과 달리 ㉠이 고귀한 존재임을 강조하고 있다.

⑤ 〈제2수〉를 참고한다면 ㉠은 고사에 등장하는 선인들을, ㉡은 그 선인들을 본받고자 하는 제자를 가리킨다.

유형	시어의 의미와 기능 파악

☑ 헷갈린 선지 선택

①	②	③	④	⑤

☑ 정답으로 선택한 이유

☑ 오답을 선택한 이유

03

<보기>를 바탕으로 윗글을 감상한 내용으로 적절하지 <u>않은</u> 것은?

유형 | 외적 준거에 따른 작품 감상

☑ 헷갈린 선지 선택

①	②	③	④	⑤

☑ 정답으로 선택한 이유

☑ 오답을 선택한 이유

보기

> 박인로는 부모에게 귤을 드리기 위해 품속에 귤 세 개를 몰래 숨겨둔 육적의 '회귤 고사', 두 마리의 잉어를 잡아 와 어머니께 드린 왕상의 고사, 늙은 어미가 먹고 싶어 하는 죽순을 구하지 못해 슬피 울며 탄식한 맹종의 효성으로 추운 겨울에 죽순이 솟아났다는 중국 오나라의 고사, 노래자가 칠순이 되기까지 때때옷을 입고 부모 앞에서 재롱을 부리며 기쁘게 해드렸다는 고사 등을 인용하여 〈조홍시가〉를 창작하였다. 이를 통해 박인로는 작품 속에서 공통적인 주제 의식을 강화하고 있다.

① '조홍감'은 육적의 '귤'처럼 화자가 부모님께 드리고자 하는 소재이나, 부모님의 부재로 직접 드릴 수 없어 '설워하'고 있군.

② '양지 성효'는 '어버이를 잘 봉양하는 효성'을 의미하는 말로, '왕상'과 '맹종'처럼 부모에게 효도하겠다는 화자의 결심을 드러내고 있군.

③ '검턴 머리 희도록 노래자의 옷을 입'는 다는 표현은 화자가 고사 속 '노래자'와 같이 부모를 향한 효의 실천을 위해 정성과 노력을 다할 것을 다짐하는 의미를 내포하는군.

④ 화자는 '만균을 늘여 내어' 부모님이 계신 곳에 도달하고 싶다고 한탄하며 부모님이 돌아가신 뒤에도 효를 실천하고 싶다는 의지를 드러냄으로써 주제 의식을 강화하고 있군.

⑤ '가는 해를 잡아매'고 싶다는 화자의 염원은 불가능한 상황을 이루고자 한다는 점에서 겨울에 죽순이 솟아나기를 바라는 왕상과 유사한 성격을 지니고 있군.

04   서답형 문제

<보기>의 빈칸에 들어갈 숫자를 쓰시오.

유형 | 시어, 시구의 의미와 기능 파악

☑ 정답으로 선택한 이유

보기

> 풍수지탄(風樹之歎)은 효도를 다하지 못한 채 어버이를 여읜 자식의 슬픔을 이르는 말이다. 이 글의 작가인 박인로는 장현광에게 성리학을 배우러 들렀다가 그에게 대접받은 조홍감을 보고 돌아가신 부모님을 떠올리게 되고, 이를 바탕으로 〈조홍시가〉가 창작되었다. 이러한 그의 일화는 제( )수에서 잘 드러난다.

정답 및 해설 p.16

핵심정리

＊주제
억울한 심정을 하소연하고 싶은 마음과 연군의 마음

＊구성

1~10행	천상 세계에 올라가 옥황 앞에서 억울함과 원통함을 하소연하고 싶은 마음
11~13행	초객, 가태부와 비슷한 자신의 처지
14~19행	꿈과 같이 행복한 순간이 되어 준 임의 은혜를 갚고 싶은 마음
20~24행	임과 헤어진 후 임의 소식을 기다리는 간절한 상황
25~32행	벼슬을 잃고 죄인이 된 신하의 원망과 울분
33~39행	지조 있는 신하가 미움을 받는 상황에 대한 한탄과 고향에 대한 그리움
40~46행	유배지에 있는 자신을 살피지 않는 임에 대한 원망과 안타까움

＊해제
이 작품은 조선 연산군 때 무오사화에서 죽음을 면하고 전남 순천으로 유배를 간 조위가 지은 유배 가사이다. 억울하게 귀양길에 오른 데 대한 비분강개한 마음을 선왕에게 하소연하는 내용으로 되어 있다. 최초의 유배 가사로 잘 알려져 있으며, 정철의 〈사미인곡〉이나 〈속미인곡〉에도 영향을 미친 것으로 알려져 있다.

＊변신 모티브

화자 → 두견새 넋 → 자신의 억울함을 호소하고자 함.
화자 → 저문 하늘 구름 → 천상 세계로 올라가고자 함.
↓
변신을 통해 현실에서 좌절된 꿈을 실현하려는 의도를 드러냄.

※ 다음 글을 읽고, 물음에 답하시오.

천상백옥경 십이루 어디인가
오색운 깊은 곳에 자청전이 가렸으니
하늘의 신선이 산다는 궁궐
㉠ 천문 구만리를 꿈에라도 갈동 말동
구만리나 되는 먼 하늘
차라리 죽어져서 억만 번 변화하여
(임을 못 보는 상황이 계속된다면) 차라리 죽어 다른 모습으로 변화하여
남산 늦은 봄에 두견새 넋이 되어

이화 가지 위에 밤낮에 못 울면
배꽃
삼청동 안에 저문 하늘 구름 되어
신선이 산다는 고을
바람에 흩날려서 자미궁에 날아올라
천제의 거처
옥황 향안 전에 지척에 나가 앉아

㉡ 흉중에 쌓인 말씀 실컷 아뢰리라
▶ 1~10행: 천상 세계에 올라가 옥황 앞에서 억울함과 원통함을 하소연하고 싶은 마음
아 이내 몸이 천지간에 늦게 나니

황하수 맑다마는 초객의 후신인가
초나라 때 사람, 굴원을 가리킴
상심도 한이 없고 가태부의 넋이런가
한나라 때의 가의를 가리킴
한숨은 웬일인가 형강은 고향이라
화자가 지내던 곳
▶ 11~13행: 초객, 가태부와 비슷한 자신의 처지
십 년을 유락하니 백구와 벗이 되어

함께 놀자 하였더니 어르는 듯 괴는 듯
사랑하는 임 혹은 임금 '성종'   얼우는 듯 아양 부리는 듯
남 다른 임을 만나 금화성 백옥당의 꿈조차도 향기롭다
중국 저장성 금화현. 적송자가 득도한 곳
오색실 이음 짧아 임의 옷은 못 하여도

바다 같은 임의 은(恩)을 추호나 갚으리라
아주 조금이나마   ▶ 14~19행: 꿈과 같이 행복한 순간이 되어준 임의 은혜를 갚고 싶은 마음
㉢ 백옥 같은 이내 마음 임 위하여 지켰더니
일편단심. 임금에 대한 충절
장안 어젯밤에 무서리 마구 내려
푸른 옷소매   춥고 고달픈 시절을 의미
일모 수죽에 취수도 냉박쿠나
해 질 녘 긴 대나무에 의지해 서 있음
유란을 꺾어 쥐고 임 계신 데 바라보니
초란
약수 가려진 데 구름 길이 험하구나
△: 임과 '나' 사이를 가로막는 장애물   ▶ 20~24행: 임과 헤어진 후 임의 소식을 기다리는 간절한 상황
(중략)

초수 남관＊이 고금에 한둘이며

백발 황상＊에 슬픈 일도 많고 많다

건곤이 병이 들어 혼돈이 죽은 후에

하늘이 침울할 듯 관색성＊이 비치는듯
관색구성. 천한 사람의 감옥
고정 의국에＊ 원망과 울분만 쌓였으니

차라리 **한 눈이 먼 말**같이 눈감고 살고 싶다
유배지에서 버림받은 채 살고 있는 자신의 처지
창창 막막하여 못 믿을 건 조화로다

이러나 저러나 하늘을 원망할까   ▶ 25~32행: 벼슬을 잃고 죄인이 된 신하의 원망과 울분

큰 도적도 성히 놀고 백이(伯夷)도 굶어 죽으니

동릉*이 높은 건가 수양산이 낮은 건가

남화* 삼십 편에 의론도 너무 많다

남가의 지난 꿈*을 생각하면 싫고 밉다

고국 송추를 꿈에 가 만져 보고
유배지에서 고향과 부모님을 그리워하는 마음

선산의 무덤을 깬 후에 생각하니

구회 간장이 굽이굽이 끊겼네
갈피갈피 여러 굽이로 겹친 속마음   ▶ 33~39행: 지조 있는 신하가 미움을 받는 상황에 대한 한탄과 고향에 대한 그리움

장해 음운*에 백주에 흩어지니

호남 어느 곳이 귀역이 모여드는 곳인지
몰래 남을 해치는 물건, 음험한 사람
ㄹ 도깨비와 두억시니가 싫도록 젖은 가에

백옥은 무슨 일로 쉬파리의 소굴이 되고

북풍에 혼자 서서 끝없이 우는 뜻을

하늘 같은 우리 임이 **전혀 아니 살피**시니
화자가 임금에 대한 충정을 드러냄에도 알아주지 않는 상황
ㅁ 목란과 가을 국화가 향기로운 탓이던가
    ▶ 40~46행: 유배지에 있는 자신을 살피지 않는 임에 대한 원망과 안타까움

- 조위, 〈만분가〉 -

* **초수 남관**: 초나라 사람 종의가 남관을 쓰고 갇혔다는 고사를 이름. 벼슬아치가 좌수가 되는 상황을 뜻함.
* **백발 황상**: 고위직의 늙은 신하. 북송 때 황상이라는 신하가 감옥에 갇힌 일이 있음.
* **관색성**: '옥살이'를 의미하는 별.
* **고정 의국에**: 유배지에서 나라만을 생각하는 충정에.
* **동릉**: 중국 후난성에 있는 땅 이름. 옛날에 큰 도적이 살았다고 함.
* **남화**: 남화진경의 준말. 〈장자〉의 다른 이름.
* **남가의 지난 꿈**: 남가지몽. 한때의 부귀와 권세는 꿈과 같음을 아르는 말.
* **장해 음운**: 병을 발생하게 하는 구름.

＊ 이원적 구성

천상 세계(하늘)	

천상의 공간	천상의 인물
백옥경 자청전 천문 구만리 자미궁	옥황

지상 세계(땅)	

지상의 공간	지상의 인물
황하수 형강 장안 수양산 고국 송추 선산의 무덤	초객 가태부 초수 남관 백발 황상 백이

[1-7] 윗글에 대한 설명이다. 맞으면 ○, 틀리면 ✕표 하시오.

1 이원적 구성을 설정하여 시상을 전개하고 있다.

2 화자는 임금에게 자신의 억울함을 호소하고자 한다.

3 화자는 임과 단절된 상황에서도 임에 대한 충절을 다짐하고 있다.

4 화자는 유배지에 있는 자신을 여전히 그리워하는 임에 대한 고마움을 드러내고 있다.

5 '초객'과 '가태부'는 간신으로 화자가 비판하고자 하는 대상이다.

6 화자는 현재 유배지에서 자신의 고향과 부모님을 그리워하고 있다.

7 백옥경과 달리 삼청동은 화자가 현재 머무는 공간이다.

[8-10] 윗글과 관련하여 빈칸에 들어갈 적절한 내용을 쓰시오.

8 '☐☐'와 '구름 길'은 임과 나 사이를 가로막는 장애물에 해당한다.

9 화자는 '☐☐'이 되어 천상 세계로 올라가 울분을 털어놓고 싶은 마음을 호소하고 있다.

10 '☐☐☐☐☐'은 화자가 자신의 비참한 처지를 빗대어 표현한 대상이다.

확인 문제 정답	1 ○　2 ○　3 ○　4 ✕　5 ✕　6 ○　7 ✕　8 약수　9 구름　10 한 눈이 먼 말

01

<보기>를 참고하여 윗글을 이해한 내용으로 적절하지 않은 것은?

보기

　유배 가사는 귀양지에서 지었거나 귀양지를 소재로 삼아 지은 가사이다. 귀양살이는 대부분 정치적인 이유이므로 유배 가사는 자신의 무고함을 고백하며, 정치적 모함 세력에 대한 복수심을 표현하고 임금에게는 충성을 노래하는 충신연주적 성격을 공통으로 가지고 있다. 이뿐만 아니라 유배지에서 고향을 그리워하는 화자의 심정, 풍류생활 등 개인적 차원의 생활사에 대한 관심을 드러내기도 한다.

① '오색운'은 화자가 임의 거처를 제대로 볼 수 없게 만드는 것으로, 화자를 정치적으로 모함하는 부정한 세력이라 볼 수 있군.

② '십 년을 유락하니'는 화자가 유배지에 있는 시간이 십 년이나 경과하였음을 의미하는군.

③ 화자는 유배로 인한 자신의 처지를 '한 눈이 먼 말'에 비유함으로써 자신의 억울함을 고백하고 있군.

④ 화자는 임금이 있는 '고국 송추를 꿈에 가 만져 보'기를 소원함으로써 임금에 대한 간절한 그리움을 드러내고 있군.

⑤ 화자는 '북풍에 혼자 서서 끝없이' 옮으로써 자신의 충정을 드러내고 있으나, '전혀 아니 살펴'는 임금에 대해 안타까운 마음이 드러나는군.

02

㉠~㉤에 대한 이해로 적절하지 않은 것은?

① ㉠: 임과 화자의 공간적 거리감을 의미하며, 화자가 임과 멀리 떨어져 있는 상황임을 나타낸다.

② ㉡: 화자가 임에게 하소연하고 싶은 것으로, 화자의 억울함과 원통한 심정을 의미한다.

③ ㉢: 임에 대한 화자의 충정과 사랑을 가리킨다.

④ ㉣: 화자의 심정을 담은 상징물로, 자연 친화적인 성격이 드러난다.

⑤ ㉤: 임이 자신을 살피지 않는 이유로, 임과 화자 사이의 방해물을 의미한다.

03

윗글의 화자와 <보기>의 화자의 공통점으로 적절하지 <u>않은</u> 것은?

유형　작품 간의 공통점, 차이점 파악

☑ 헷갈린 선지 선택

①	②	③	④	⑤

☑ 정답으로 선택한 이유

☑ 오답을 선택한 이유

보기

　　　평생에 원하기를 함께 지내자 하였더니
　　　늙어서 무슨 일로 홀로 두고 그리워하는고
　　　엊그제까지만 해도 임을 모시고 광한전에 올라 있었는데
　　　그동안에 어찌하여 속세에 내려오니
　　　　　　　　　　　(중략)
　　　원앙이 그려진 비단을 베어 놓고 오색실을 풀어 내어
　　　금으로 만든 자로 재어서 임의 옷 지어 내니
　　　솜씨는 물론이거니와 격식도 갖추었구나
　　　산호로 만든 지게 위에 백옥함에 담아두고
　　　임에게 보내려고 임 계신 곳 바라보니
　　　산인가 구름인가 험하기도 험하구나
　　　천 리 만 리(千里萬里) 길을 누가 찾아갈까
　　　가거든 열어 두고 나를 본 듯 반기실까

　　　　　　　　　　　　　　　　　　　　- 정철, 〈사미인곡〉

① 임과의 만남을 방해하는 소재가 등장하고 있다.
② 임이 있는 곳을 천상의 공간으로 설정하고 있다.
③ 임과 멀리 떨어진 상황으로, 임을 그리워하고 있다.
④ 임에 대한 화자의 마음을 임에게 전달하고 싶어 한다.
⑤ 임에게 옷을 지어 선물함으로써 임에 대한 사랑을 드러낸다.

04　서답형 문제

유형　시구의 의미 이해

☑ 정답으로 선택한 이유

<보기>의 ⓐ와 관련된 시행을 윗글에서 찾아 쓰시오.

보기

　〈만분가〉는 작가가 연산군 때 무오사화에 연루되어 간신히 죽음을 면하고 유배된 뒤 귀양살이를 하는 원통함과 선왕이었던 성종에 대한 그리움을 임을 잃은 여성 화자에 투영하여 표현한 작품으로, ⓐ 무오사화로 인해 닥친 시련을 기상 현상에 비유함으로써 이를 은유적으로 강조하고 있다.

정답 및 해설 p.16

※ 다음 글을 읽고, 물음에 답하시오.

아들 형제 진사 급제 가문도 혁혁하다
화자의 정서 - 집안의 위세에 대한 자부심　　　　의문형 표현 사용 - 집안의 위세에 걸맞게 혼수를 보냈음을 강조

딸을 길러 출가하니 **혼수범절 치행이야 다시 일러 어떠하리**
　　　　　　　　　　　시집가는 딸을 위해 준비한 혼수

춘하추동 사철 의복 너의 생전 유족하다
　　　　　　　　　　　　　　　　넉넉하다

바느질에 쓸 채단(혼수로 보내는 비단)

바느질에 침선(針線)채며 대마구종(大馬驅從) 춘득이요 전갈(傳喝)하님 영
　　　　　　　　　　예전에, 대가(大家)에 딸린 마부의 우두머리　　　여성 하인

매로다*

남녀노비 갖았으니 전답인들 아니 주랴
　　　　갖추었으니

대한불갈(大旱不渴)* 좋은 전답 삼백 석 받는 추수(秋收)
　　　　　　　　　필요가 있어서 행함. 또는 그런 일　　모자람 없이 넉넉하다

동도지(東賭地) 오천 냥은 요용소치(要用所致) 유여(有餘)하다
동쪽의 도지(대가를 받고 빌려주는 논밭)
　　　　　　　　　　　　　　　　　　　　　▶ 처음: 어머니(화자)가 결혼을 앞둔 딸에게 건네는 이야기

나의 신행(新行)* 올 때가 도리어 생각난다
　　　　　시집가는 딸의 모습을 보며 과거 자신이 시집올 때를 떠올림

저 건너 괴똥어미 시집살이 하던 말을
'괴똥어미' 이야기로 내용 전환

너도 들어 알거니와 대강 일러 경계하마
　　　　　화자가 '괴똥어미' 이야기를 통해 이루려는 목적 - 시집가는 딸에게 부녀자로써 경계해야할 행동을 가르침

제일 처음 시집올 제 가산(家産)이 만금(萬金)이라
　　　　　　　　　　　　　한 집안의 재산

마당에 노적(露積)이요 너른 광에 금은이라
　　곡식 따위를 한 곳에 수북이 쌓아놓은 것

신행하여 오는 날에 가마문을 나서면서

「눈을 들어 사방 살펴 기침을 크게 하니 신부 행실 바이없다」
「」: 예의범절이나 주위의 시선을 의식하지 않고 행동하는 괴똥어미의 모습

다담상(茶啖床)의 허다 음식 생률 먹기 괴이하다　　　□: 괴똥어미에 대한
　　　　　　　익히거나 말리지 않은 밤　　　　　　　　　 화자의 평가

㉠ 무슨 배가 그리 고파 국 마시고 떡을 먹고
　　　　식욕과 같은 본능적인 욕구에 따라 행동하는 괴똥어미의 모습

좌중부녀(座中婦女) 어이 알아 떡 조각을 집어 들고

이도 주고 저도 주고 새댁 행실 전혀 없다

입구녁에 침이 흘러 연지분도 간데없고
몸가짐이 단정치 않은 괴똥어미의 모습　　┌ 대단(중국에서 나는 비단의 하나)으로 만든 치마

㉡ 아까울사 대단(大緞)치마 얼룽덜룽 흉악하다

「신부 행동 그러하니 뉘 아니 외면하리」
「」: 의문형 표현 사용 - 주위 사람들에게 외면 받는 괴똥어미의 상황 부각

삼일을 지낸 후에 형용도 기괴하다

㉢ 백주에 낮잠 자기 혼자 앉아 군소리며

둘이 앉아 흉보기와 문틈으로 손 보기며 담에 올라 시비 구경
　　　　　　　　　　　　　　　　　　　　　　　　손님

어른 말씀 토 달기와 ㉣ 금강산 어찌 알고 구경한 이 둘째로다
윗사람을 공경할 줄 모르는 괴똥어미의 무례한 태도　　노는 것을 몹시 좋아하는 괴똥어미의 모습

기역니은 모르거든 어찌 책을 들고 앉노
지식과 교양이 없는 괴똥어미의 모습

앉음앉음 용렬하고 걸음걸음 망측하다
～ : 시어의 반복 - 운율감 형성

달음박질하는 때에 너털웃음 무슨 일고

「치마꼬리 해어지고 비녀 빠져 개가 문다
「」: 옷매무새가 단정치 못한 괴똥어미의 모습

허리띠 얻다 두고 붉은 허리 드러내노」

어른 걱정 하올 적에 쪽박 함박 드던지며

[A]

핵심정리

＊ 주제

결혼하는 여성이 지켜야 할 덕목과 경계해야 할 일

＊ 구성

처음	어머니(화자)가 결혼을 앞둔 딸에게 건네는 이야기
중간	괴똥어미의 시집살이
끝	어머니(화자)가 결혼을 앞둔 딸에게 건네는 이야기

＊ 해제

이 작품은 조선 후기 경북 안동 지방을 중심으로 유행한 규방 가사로 결혼한 여성이 고수해야 할 부덕을 자기 서사의 형식으로 제시한 교훈서에 해당한다. 이러한 성격을 띤 규방 가사를 '계녀가'라고도 한다. 작품은 크게 세 부분으로 구성되는데 첫째 부분은 어머니인 화자가 결혼을 하는 딸에게 건네는 이야기이다. 이 이야기는 어머니인 화자가 결혼을 한 후 부덕을 지키며 부지런히 살림을 하여 가난한 집안을 경제적으로 일으켜 세우고, 남편과 아들들을 모두 과거에 급제하게 하여 가문을 빛나게 한 과정을 담고 있다. 제목인 '복선화음가'에서 '복선'은 '선한 일을 한 사람에게는 하늘이 복을 내린다.'라는 뜻인데 바로 작품의 첫째 부분에 제시된 어머니의 삶을 함축적으로 표현한 말이다. 둘째 부분은 괴똥어미의 시집살이 이야기이다. 괴똥어미는 성품이 속악하고 사치스러우며 행동거지가 단정하지 못해 집안에 불행을 가져온 인물이다. 어머니인 화자는 결혼하는 딸에게 일종의 반면교사로서 괴똥어미의 이야기를 들려준다. 제목인 '복선화음가'에서 '화음'은 '무절제한 행동을 한 사람에게는 하늘이 화를 내린다.'라는 뜻인데 바로 작품의 둘째 부분에 제시된 괴똥어미의 삶을 함축적으로 표현한 말이다. 셋째 부분은 어머니인 화자가 딸에게 자신을 본받고 괴똥어미를 경계하며 여성의 덕목을 잘 지킬 것을 당부하는 내용이다.

＊ 서술 구조 - 액자식 구성

```
┌─────────────────────────────────────┐
│  화자(어머니)가 딸에게 건네는 이야기      │
│                                       │
│   ┌───────────────────────────────┐  │
│   │      괴똥어미 이야기            │  │
│   │                               │  │
│   └───────────────────────────────┘  │
│                                       │
└─────────────────────────────────────┘
```

＊ 내용 정리

```
              독자(여성)
      ↙ 본받음      경계함 ↘
```

화자 (나=어머니)	괴똥어미
• 올바른 부녀자의 덕을 실천하는 긍정적 인물 • 가난했던 시댁을 일으켜 세움. • '복선'(선한 이에게 복이 옴)의 사례	• 일탈 행동을 하는 부정적 인물 • 풍요롭던 시댁에 우환을 불러옴. • '화음'(부도덕한 이에게 화가 미침)의 사례

↓

• 긍정적 여성 인물과 부정적 여성 인물을 대비하여 교훈을 전달함.
• 조선 후기 가부장제 사회가 여성에게 요구하던 소위 '올바른 성 역할'을 제시함.
• 일탈 행위를 하는 부정적 여성 인물을 형상화하여 독자로 하여금 그러한 여성 인물을 반면교사로 삼아 교훈을 얻도록 함.

＊ 계녀가

• 조선 후기에 유행한 여성 가사(규방 가사)의 한 갈래
• 시집가는 딸에게 부녀자의 올바른 행실을 가르치기 위한 목적
• 초창기의 계녀가는 책에 담긴 부녀자의 행실 규범을 그대로 열거
• 후대로 가면서 점차 여성들의 진솔한 생활 경험, 여성의 일대기를 다룬 서사적인 작품들 등장

＊ 〈복선화음가〉에 나타난 계녀가의 특징

```
〈복선화음가〉는 후대 계녀가의 특징이 담김.
                  ↓
두 여성의 삶을 이야기로 제시, 서로 비교
                  ↓
딸에게 교훈을 주려는 창작 목적 실현
```

성내어 솥 때 닭기 독살 부려 그릇 깨기
괴똥어미의 거칠고 사나운 행동을 나열함

등잔 뒤에 넘보기며「가만가만 말뜻 세워
                「」: 없는 말을 만들어 가족끼리 갈등하게 만듦

아니 한 말 지어내어 일가 간에 이간질과

좋은 물건 잠깐 보면 도적(盜賊)하기 예사로다

그 중에 행실 보소 악한 사람 부동(符同)하여＊ 착한 사람 흉보기와

제 처신 그러하니 남편인들 귀할쏘냐 △ 유사한 통사 구조를 반복하여 괴똥어미에 대한 화자의 부정적 인식을 강조함

ⓒ 금슬 좋자 살풀이며 무병하라 푸닥거리
          미신에 빠진 괴똥어미의 모습

의복 주고 금전 주어 아들 낳고 부귀하기

정성껏 빌어보소 산에 올라 산제(山祭)하고 절에 가서 공양(供養)한들
        「」: 착한 일을 해서 복 받을 생각을 않고 집안의 재산을 낭비하면서 미신의 힘으로 복 받으려 하는 괴똥어미의 어리석은 행동

제 인심이 그러하니 귀신인들 도울쏘냐

우환이 연첩하니 사망인들 없을쏘냐
      잇따르니   괴똥어미가 시집온 후 집안사람이 죽는 흉흉한 일이 있었음을 암시함   ▶ 중간: 괴똥어미의 시집살이

딸아 딸아 아기 딸아, 복선화음(福善禍淫)＊ 하는 법이 이를 보니 분명하다
                  괴똥어미의 시집살이 모습

저 건너 괴똥어미 너도 흠연 안 보았나

허다 세간 **포진천물(暴殄天物)＊ 남용남식(濫用濫食)＊** 하고 나서 그 모양이 되었구나

딸아 딸아 고명딸아 괴똥어미 경계하고
        아들 많은 집의 외딸 화자가 딸에게 괴똥어미 이야기를 해 준 이유

너의 어미 살을 받아 세금 결시 이른 말은 부디 각골(刻骨) 명심하라
    화자   본받아

「딸아 딸아 울지 말고 부디부디 잘 가거라
「」: 시집가는 딸을 위로해 주려는 어머니(화자)의 마음이 나타남

효봉구고(孝奉舅姑)＊ 순승군자(順承君子)＊ 동기우애(同氣友愛) 지친화목(至親和睦)＊
                    형제자매끼리 서로 아끼고 사랑함

기쁜 소식 듣기오면 명년 삼월 화류시＊에 모녀상봉 하느니라
        들려오면   내년   ▶ 끝: 어머니(화자)가 결혼을 앞둔 딸에게 건네는 이야기

- 작자 미상, 〈복선화음가〉 -

[B]

＊ 대마구종 춘득이요 전갈하님 영매로다: 큰 말의 고삐를 잡고 가는 하인은 춘득이요, 소식을 전해 주는 계집종은 영매로다. 화자의 딸이 시집갈 때 넉넉한 재산을 가지고 여러 하인들과 함께 가는 모습을 표현한 것임.
＊ 대한불갈: 큰 가뭄에도 마르지 않는.
＊ 신행: 혼인할 때, 신랑이 신부 집으로 가거나 신부가 신랑 집으로 감.
＊ 부동하여: 그른 일에 어울려 한통속이 되어.
＊ 복선화음: 선한 사람에게는 복을 주고, 악한 사람에게는 재앙을 내림.
＊ 포진천물: 물건을 함부로 쓰고도 아까운 줄 모름.
＊ 남용남식: 지나치게 쓰고 먹음.
＊ 효봉구고: 시부모를 효성으로 섬김.
＊ 순승군자: 남편을 순순히 따름.
＊ 지친화목: 가까운 가족끼리 화목하게 지냄.
＊ 화류시: 화전놀이 할 때.

[1-8] 윗글에 대한 설명이다. 맞으면 ○, 틀리면 ×표 하시오.

1 화자는 어머니로, 딸에게 이야기를 들려주는 형식을 사용하여 시상을 전개하고 있다.

2 화자는 딸의 혼수를 넉넉히 준비하지 못한 것에 대해 미안함을 느끼고 있다.

3 화자는 구체적인 사례를 열거하며 괴똥어미의 행동을 옹호하고 있다.

4 화자는 괴똥어미에 대해 직접적으로 평가를 내리고 있다.

5 유사한 통사 구조를 반복적으로 사용하여 운율감을 형성하고 있다.

6 긍정적 여성 인물과 부정적 여성 인물을 대조하여 교훈을 전달하고 있다.

7 화자는 시집을 가는 딸을 보며 과거 자신의 모습을 회상하고 있다.

8 화자는 딸에게 괴똥어미처럼 자유롭게 살아가기를 당부하고 있다.

[9-10] 윗글과 관련하여 빈칸에 들어갈 적절한 내용을 쓰시오.

9 화자는 □□□□의 시집살이 이야기를 하며 부녀자로서 경계해야 하는 행동을 나열하고 있다.

10 '□□□□'은 선한 사람에게는 복을 주고, 악한 사람에게는 재앙을 내린다는 뜻으로 두 인물의 삶을 함축적으로 보여 주며, 주제 의식을 강화한다.

| 확인 문제 정답 | 1 ○ | 2 × | 3 × | 4 ○ | 5 ○ | 6 ○ | 7 ○ | 8 × | 9 괴똥어미 | 10 복선화음 |

01

<보기>를 참고하여 윗글을 감상한 내용으로 적절하지 않은 것은?

보기

　〈복선화음가〉는 조선 말기의 규방 가사로 '계녀가' 유형에 속하는 작품이다. 계녀가는 부모가 혼인하는 딸에게 주는 부녀자의 덕목에 대한 애정 어린 충고를 암송하기 편한 가사의 형식으로 담아낸 노래이다. 〈복선화음가〉는 어머니가 딸에게 이야기를 건네는 언술 구조 안에 '괴똥어미' 이야기가 삽입되어 있는 점, 그리고 교훈이 추상적 관념이 아닌 구체적 인물 형상을 통해 제시되는 점에서 계녀가 유형에 속하는 일반적인 작품과 구분된다. 다음은 〈복선화음가〉의 구조를 도식화한 것이다.

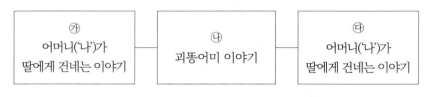

① ㉮의 '혼수범절 치행이야 다시 일러 어떠하리'는 혼인하는 딸에게 들려 주는 일반적인 계녀가의 형식을 띠는 부분이겠군.
② ㉯의 '저 건너 괴똥어미 시집살이 하던 말을'이라는 구절은 삽입된 부분으로 전환되는 구절이므로 일반적인 계녀가 유형과는 다른 특징이겠군.
③ ㉯에서 괴똥어미가 구체적 인물을 형상화한 대상이라는 점과 일반적인 애정 어린 충고를 강조하기 위한 장치라는 점은 일반적 계녀가의 형식을 따르는 부분임을 알 수 있겠군.
④ ㉰의 '포진천물', '남용남식'은 딸이 경계해야 할 괴똥어미의 태도로, 부녀자의 덕목에 관한 충고라는 점에서 일반적인 계녀가 유형을 띠는 부분이라고 볼 수 있겠군.
⑤ ㉰의 '효봉구고', '순승군자', '동기우애', '지친화목'은 딸이 지향해야 할 태도이며 어머니가 딸에게 말하고자 하는 애정 어린 충고라는 점에서 일반적인 계녀가 유형을 띠는 부분이라고 볼 수 있겠군.

02

윗글의 표현상의 특징으로 적절하지 않은 것은?
① 대상의 행위를 열거하여 화자의 인식을 드러내고 있다.
② 의문의 형식을 사용하여 현재 상황에 대한 화자의 자부심을 드러내고 있다.
③ 시적 대상의 전환을 통해 화자가 지향하는 가치를 효과적으로 드러내고 있다.
④ 시어의 반복을 통해 운율감을 형성하며 대상에 대한 화자의 태도를 드러내고 있다.
⑤ 음성 상징어를 통해 청자에 대한 화자의 부정적 인식을 생동감 있게 드러내고 있다.

03

괴똥어미 시집살이에 대한 설명으로 가장 적절한 것은?

① ㉠: 신행 올 당시 가난으로 인해 식욕을 참지 못하는 괴똥어미의 모습을 보여 주고 있다.

② ㉡: 당시 부녀자에게 금기시되었던 소재인 '대단치마'를 착용함으로써 사회적 시선에 구애받지 않고 자유로운 괴똥어미의 모습을 보여 주고 있다.

③ ㉢: 오랜 시집살이로 인해 몸과 마음이 지친 괴똥어미의 태도를 보여 주고 있다.

④ ㉣: 집안을 돌보지 않고 놀러 다니는 괴똥어미의 모습을 보여 주고 있다.

⑤ ㉤: 집안의 화목을 도모하고자 했던 괴똥어미의 과거를 보여 주고 있다.

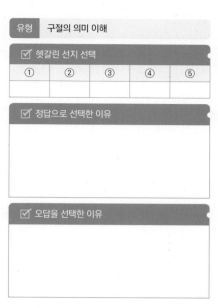

04

[A]와 [B]에 대한 설명으로 적절하지 않은 것은?

① [A]와 [B]는 모두 대상의 과거 행적에 대한 비판적 태도를 드러내고 있다.

② [A]와 [B]는 모두 상대를 직접적으로 지칭하여 전달하고자 하는 바를 친근하게 표현하고 있다.

③ [A]는 시집을 가는 청자의 현재 상황을, [B]는 시집살이를 하게 될 청자의 상황에 대한 훈계를 드러내고 있다.

④ [A]는 청자의 상황에 대한 화자의 만족감이, [B]는 슬퍼하는 청자에 대한 화자의 위로의 목소리가 드러나고 있다.

⑤ [A]는 화자는 자신의 신행 때를, [B]는 제3자의 신행 결과를 대비하여 제시하며 청자가 가져야 할 덕목을 강조하고 있다.

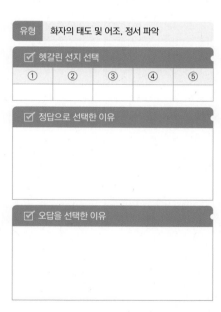

05 서답형 문제

<보기>에서 설명하는 시행의 첫 어절을 윗글에서 찾아 쓰시오.

> **보기**
>
> 괴똥어미 이야기를 마치고 다시 청자에게 말을 건네는 부분으로, 시의 중간에서 끝으로 이어지는 부분이다.

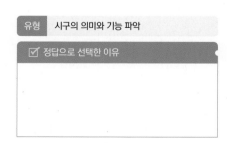

8강 일동장유가

정답 및 해설 p.18

핵심정리

* 주제
통신사로 일본을 여행하면서 얻은 견문과 감상

* 구성

1~7행	환송식과 함께 부산에서 일본으로 출항함.
8~18행	항해 중 태풍을 만나 배에서 혼란을 겪음.
19~23행	일출의 장관을 바라보며 얻은 큰 감동
24~33행	태풍을 겪은 후의 배 안팎의 상황
34~37행	배 안에서의 상념과 일본에 거의 당도했다는 소식
38~46행	일본인들의 호사에 대한 감탄
47~56행	왜성의 사치스러운 모습에 대한 감탄
57~63행	일본의 풍족한 자연 환경에 대한 부러움과 조선인으로서의 문화적 우월감과 자부심

* 해제
조선 영조 때의 문인 김인겸이 쓴 장편 기행 가사로 그 분량이 4음보 1행을 기준으로 4,200여 행에 달한다. 작가가 통신사의 일원으로 한양을 출발해서 일본에 갔다가 다시 돌아오기까지의 약 11개월간의 여정 속에서 일본의 자연환경, 문물제도, 인물, 풍속, 일어난 사건 등에 관한 견문과 느낌을 매우 상세하게 기록하고 있다. 이 과정에서 지식인의 개방적인 시선을 보여 주지만, 객관적인 관찰과 함께 주체적 정신과 화이론에 입각하여 문명국인 조선의 문인으로서의 자부심과 우월 의식에 따라 타국의 문화와 풍습에 대해 비판적인 태도를 취하고 있다. 한편, 이 작품은 홍순학의 〈연행가〉와 함께 장편 기행 가사의 대표작으로 손꼽히는 가운데 국문학의 자료로서뿐만 아니라 한일 관계와 관련된 역사학 자료로서도 매우 귀중한 가치를 지닌다.

※ 다음 글을 읽고, 물음에 답하시오.

장풍(長風)에 돛을 달고, 육선(六船)이 함께 떠나
<small>외교 사절단의 규모와 위용을 보여 줌</small>
삼현(三絃)과 군악 소리 해산(海山)을 진동하니
<small>환송식의 분위기를 청각적 이미지를 통해 알려 줌</small>
물속의 어룡(魚龍)들이 응당히 놀라리라

해구(海口)를 얼른 나서 오륙도(五六島) 뒤 지우고
<small>부산항   부산 앞바다의 섬</small>
고국(故國)을 돌아보니, 야색(夜色)이 창망(滄茫)하여
<small>밤의 경치   아득하여</small>
아무것도 아니 뵈고, 연해(沿海) 각진포(各鎭浦)에

불빛 두어 점이 구름 밖에 뵐 만하다   ▶ 1~7행: 환송식과 함께 부산에서 일본으로 출항함

배 방에 누워 있어 내 신세를 생각하니
<small>화자와 육지 사이의 거리감이 나타남</small>
가뜩이 심란한데 대풍(大風)이 일어나서
<small>큰 바람</small>
태산(泰山) 같은 성난 물결 천지에 자욱하니

「크나큰 만곡주(萬斛舟)가 나뭇잎 불리이듯
<small>만 석을 실을 수 있는 큰 배</small>
하늘에 올랐다가 지함(地陷)에 내려지니   [A]
<small>배가 요동치는 모습을 과장된 표현으로 나타냄</small>
열두 발 쌍돛대는 차아(叉椏)처럼 굽어 있고
<small>나무의 결가지</small>
쉰두 폭 초석(草席) 돛은 반달처럼 배불렀네」
<small>「」: 폭풍으로 인해 변화된 배의 모습을 비유적으로 표현함</small>
굵은 우레 잔 벼락은 등[背] 아래서 진동하고

성난 고래 동(動)한 용(龍) 물속에서 희롱하니
<small>성난 파도에 대한 비유</small>
방 속의 요강 타구(唾具) 자빠지고 엎어지며
<small>침 뱉는 그릇</small>
상하좌우 배 방 널은 잎잎이 우는구나   ▶ 8~18행: 항해 중 태풍을 만나 배에서 혼란을 겪음

이윽고 해 돋거늘 장관(壯觀)을 하여 보세
<small>일출</small>
일어나 배 문 열고 문설주 잡고 서서

「사면(四面)을 돌아보니 어와 장할시고
<small>「」: 설의법-일출 장면에 대한 화자의 직접적 반응</small>
인생 천지간에 이런 구경 또 있을까」

구만리 우주 속에 큰 물결뿐이로다   ▶ 19~23행: 일출의 장관을 바라보며 얻은 큰 감동

등 뒤쪽을 돌아보니, 동래(東萊) 산이 눈썹 같고
<small>원경, 육지와의 거리감</small>
동남(東南)을 바라보니 바다가 가이없어
<small>항해 방향</small>
위아래로 푸른빛이 하늘 밖에 닿아 있다
<small>수평선을 묘사</small>
슬프다 우리 길이 어디로 가는 건가

함께 떠난 다섯 배는 간 데를 모르겠다

사면을 돌아보니 이따금 물결 속에

부채만 한 작은 돛이 들락날락하는구나
<small>다른 배들과 멀리 떨어진 상황을 보여 줌</small>
배 안을 돌아보니 저마다 수질(水疾)하야
<small>뱃멀미</small>
똥물을 다 토하고 혼절하여 죽게 앓네

다행할사 **종사상(從使相)**은 태연히 앉았구나
　　　통신사의 수장
배 방에 도로 들어 눈 감고 누웠더니

대마도(對馬島) 가깝다고 사공이 이르거늘

다시 일어 나와 보니 십 리는 남았구나

왜선 십여 척이 예선(曳船) 차로 모두 왔네
　　　　　　　배를 끎
　　　　　　　　　　(중략)

이십팔 일 발행할 때 수백 필 금안 준마(金鞍駿馬)
　　　　　　　　　　화려한 안장을 얹은 빠르게 잘 달리는 말
중하관을 다 태우니 기구도 장하구나
통신사의 하급 관리
각방의 노자(奴子)들도 호사가 참람(僭濫)하다*
　　　사내종
좌우에 쌍견마요 한 놈은 우산 받고
양쪽으로 고삐가 나누어져 두 사람의 마부가 이끄는 한 필의 말
두 놈은 부축하고 담배 기구 한 놈 들고

한 놈은 등불들고 한 놈은 그릇 메어

한 사람이 거느린 수 여덟씩 들었구나

나하고 삼 문사(文士)는 가마타고 먼저 가니

금안(金鞍) 지은 재고 큰 말 기(旗) 든 말이 앞에 섰다

「**여염도 왕왕 있고 흔할 손 대밭이다**
백성들이 사는 마을
토지가 기름져서 전답이 매우 좋네」
『」: 여정의 결과에 따른 견문 → 당시 일본인들의 생활상을 짐작할 수 있음
이십 리 실상사가 삼 사상 조복(朝服)할 때
　　　사찰의 명칭, 여정　관원이 조정에 나아갈 때 예의를 갖추기 위한 복장
나는 내리지 않고 왜성으로 바로 가니
　　　　　　　　　여정
인민이 부려(富麗)하기 대판만은 못하여도
　　　부유하고 화려함　　오사카
서에서 동에 가기 삼십 리라 하는구나
　　　　　　　　　　큰 규모
관사(館舍)는 본룡사(本龍寺)요 오층 문루 위에
사신들의 숙소　　　사찰의 명칭
여남은 구리 기둥 운소에 닿았구나
　　　　　웅장한 건축물에 대한 묘사, 과장법
수석도 기절(奇絕)하고, 죽수(竹樹)도 유취 있네

왜황이 사는 곳이라 사치가 측량없다
　　　왜성의 화려함이 지나치다고 평가함 - 부정적 태도
산형이 웅장하고 수세도 환포하여
일본의 자연환경에 대한 반응
옥야천리 생겼으니 아깝고 애달플손
기름지고 넓은 땅　　　우리나라의 땅이 아니라는 것에 대한 안타까움 → 부러움
이리 좋은 천부금탕 왜놈의 기물되어
　　　천혜의 요새　일본에 대한 비하, 적대적 감정 반영
칭제 칭왕하고 전자 전손하니

개돼지 같은 비린 유를 다 모두 소탕하고
일본에 대한 비하, 적대적 감정 표현
「**사천 리 육십 주를 조선 땅 만들어서**」『」: 일본의 자연을 조선 땅으로 만들고 싶은 마음(애국심)
　　　일본의 국토와 행정구역
왕화에 목욕(沐浴) 감겨 예의국 만들고자
　　　일본에 대한 문화적 우월 의식 반영

- 김인겸, 〈일동장유가〉 -

＊ 참람하다: 분수에 넘쳐 너무 지나치다.

▶ 24~33행: 태풍을 겪은 후의 배 안팎의 상황

▶ 34~37행: 배 안에서의 상념과 일본에 거의 당도했다는 소식

▶ 38~46행: 일본인들의 호사에 대한 감탄

▶ 47~56행: 왜성의 사치스러운 모습에 대한 감탄

▶ 57~63행: 일본의 풍족한 자연환경에 대한 부러움과
　　　　　조선인으로서의 문화적 우월감과 자부심

＊ 〈일동장유가〉에 나타난 작가 의식과 태도

자국에 대한 태도
'사천 리 육십 주를 조선 땅 만들어서 / 왕화에 목욕(沐浴) 감겨 예의국 만들고자'

↓

문명인으로서 자긍심을 느끼는 화자

일본에 대한 태도	
자연환경에 대하여	풍속에 대하여
'토지가 기름져서 전답이 매우 좋네', '산형이 웅장하고 수세도 환포하여'	'각방의 노자들도 호사가 참람하다', '칭제 칭왕하며 전자 전손하니 / 개돼지 같은 비린 유를 다 모두 소탕하고'

↓

부러워하는 화자	문화적 우위에서 미개함을 비판하는 화자

＊ 다양한 표현 방법 활용

장면	표현	특징 및 효과
환송식	청각적 이미지	환송식의 장엄한 모습 부각
	정서를 자연물에 의탁	
출항	시각적 이미지	거리감
대풍과의 조우	비유법	과장적 묘사
일출의 장관	영탄법	경외감 표현

↓

상세하고 실감 나는 묘사 현장감 고조

[1-8] 윗글에 대한 설명이다. 맞으면 ○, 틀리면 ×표 하시오.

1 폭풍으로 흔들리는 배의 모습을 비유적으로 표현하고 있다.

2 시각적 이미지를 활용하여 환송식의 웅장하고 엄숙한 모습을 부각하고 있다.

3 일출의 경관을 영탄적 어조를 사용하여 실감나게 표현하고 있다.

4 화자는 출항을 앞두고 부푼 기대감을 직접적으로 드러내고 있다.

5 '부채만 한 작은 돛이 들락날락'한다는 것은 태풍으로 인해 항해 도중 다른 배들과 멀리 떨어진 상황을 암시한다.

6 화자는 웅장한 왜성의 모습에 감탄하며 왜성의 화려함을 극찬하고 있다.

7 화자는 일본의 풍족한 자연과 경치를 감상하며 애국심을 드러내고 있다.

8 화자는 조선인으로서의 우월감과 자부심을 가지고 있다.

[9-10] 윗글과 관련하여 빈칸에 들어갈 적절한 내용을 쓰시오.

9 '☐☐'는 성난 파도를 비유적으로 표현한 것이다.

10 화자는 일본 사람들을 '☐☐'이라고 표현하며 일본에 대한 적대적인 감정을 드러내고 있다.

확인 문제 정답	1 ○	2 ×	3 ○	4 ×	5 ○	6 ×	7 ○	8 ○	9 고래	10 왜놈

01

윗글에 대한 설명으로 가장 적절한 것은?

① 여행하면서 느낀 감상을 솔직하게 표현하고 있다.

② 가상의 인물이 작가의 심정을 대신 서술하고 있다.

③ 감정의 표현 없이 사실적인 묘사만으로 표현하고 있다.

④ 역순행적 구성으로 과거의 모습을 구체적으로 드러내고 있다.

⑤ 의문형 종결 어미를 사용하여 대상에 대한 적개심을 나타내고 있다.

☑ 헷갈린 선지 선택

①	②	③	④	⑤

☑ 정답으로 선택한 이유

☑ 오답을 선택한 이유

02

[A]를 통해 알 수 있는 내용으로 가장 적절한 것은?

① 화자와 일행이 떨어졌음을 알 수 있다.

② 폭풍으로 인해 배가 변화되었음을 알 수 있다.

③ 화자의 여행 일정에 차질이 생겼음을 알 수 있다.

④ 화자가 바다의 풍경을 보며 감탄했음을 알 수 있다.

⑤ 고향을 떠나 외로워하는 화자의 정서를 알 수 있다.

☑ 헷갈린 선지 선택

①	②	③	④	⑤

☑ 정답으로 선택한 이유

☑ 오답을 선택한 이유

03

<보기>를 참고하여 윗글을 감상한 내용으로 적절하지 <u>않은</u> 것은?

유형 외적 준거에 따른 작품 감상

☑ 헷갈린 선지 선택

①	②	③	④	⑤

☑ 정답으로 선택한 이유

☑ 오답을 선택한 이유

보기

기행 가사는 여행하면서 보고, 듣고, 느끼고, 겪은 것을 사실적으로 읊은 가사를 통틀어 이르는 말이다. 기행 가사는 주로 여행동기와 여행할 때 쓰는 물품과 차림, 목적지까지 가는 과정과 그 과정에서 얻은 견문과 소감, 목적지에서의 생활과 이에 대한 감상, 돌아오는 과정의 전후 느낌과 가사를 창작한 동기 혹은 다른 지역을 구경한 느낌이나 술을 마시면서 즐기는 광경 등의 순서로 구성되어 있다. 형식은 대체로 3·4조와 4·4조이며, 문장 표현이 간결하면서도 함축미를 지니는 것이 특징이다. 기행가사는 관유가사, 유배가사, 사행가사로 나뉘는데, 먼저 유람이라고도 불리는 관유가사는 나라 안과 밖의 산천이나 명승지 등을 두루 유람하거나 타향에서 겪은 일을 과정과 함께 묘사한 것이다. 유배가사는 귀양살이라는 형벌을 여행의 동기로 삼아 새롭게 얻은 경험과 견문을 가사로 만든 것이다. 사행가사는 사신으로 공식적, 비공식적 자격에 관계없이 외국을 여행하면서 듣고 본 경치와 느낌을 기록한 것이다.

① '종사상'과 '중하관'을 통해 윗글이 사행가사에 속하는 작품임을 알 수 있군.
② '여염도 왕왕 있고 흔할 손 대밭이다'는 화자가 여행을 하면서 얻은 견문이군.
③ '여남은 구리 기둥 운소에 닿았구나'는 소박하지만 아름다운 풍경을 본 화자의 감탄이 드러나는 부분이군.
④ '왜황이 사는 곳이라 사치가 측량없다'를 통해 화자가 여행의 목적지에 대해 비판적인 시각을 가지고 있음을 알 수 있군.
⑤ '왕화에 목욕 감겨 예의국 만들고자'를 통해 화자가 여행을 통해 자국에 대한 우월감을 느꼈음을 알 수 있군.

04 서답형 문제

<보기>에서 설명하는 시구를 찾아 쓰시오.

유형 시구의 의미 파악

☑ 정답으로 선택한 이유

보기

환송식의 성대함을 나타내기 위해 자연물에 의탁하여 표현함.

정답 및 해설 p.18

※ 다음 글을 읽고, 물음에 답하시오.

가

나에게 **아름다운 비단 한 필**이 있어 · 我有一端綺

「먼지를 털어 내면 맑은 윤이 났었죠. · 拂拭光凌亂
「」: '비단 한 필'의 아름다움을 구체적으로 묘사

봉황새 한 쌍이 마주 보게 수놓여 있어 · 對織雙鳳凰
금슬 좋은 부부를 상징

반짝이는 그 무늬가 정말 눈부셨지요.」 · 文章何燦爛

여러 해 장롱 속에 간직하다가 · 幾年篋中藏
비단 한 필을 소중하게 생각함

오늘 아침 임에게 정표로 드립니다. · 今朝持贈郎
아름다운 비단 한 필

임의 바지 짓는 거야 아깝지 않지만 · 不惜作君袴

다른 여인 치맛감으론 주지 마세요. · 莫作他人裳
임이 다른 여인에게 비단을 주는 것에 대한 우려를 드러냄

〈제3수〉
▶ 제3수: 임에게 정표로 비단을 드림

보배스러운 순금으로 · 精金凝寶氣
값진 보물

반달 모양 노리개를 만들었지요. · 鏤作半月光
시부모님께 받은 예물

시집올 때 **시부모님**이 주신 거라서 · 嫁時舅姑贈

다홍 비단 치마에 차고 다녔죠. · 繫在紅羅裳
새색시의 복장

오늘 길 떠나시는 임에게 드리오니 · 今日贈君行

서방님 정표로 차고 다니세요. · 願君爲雜佩
반달 모양 노리개

길가에 버리셔도 아깝지는 않지만 · 不惜棄道上

새 여인 허리띠에만은 달아 주지 마세요. · 莫結新人帶
임이 다른 여인에게 노리개를 주는 것에 대한 우려를 드러냄

〈제4수〉
▶ 제4수: 임에게 정표로 노리개를 드림
– 허난설헌, 〈견흥(遣興)〉 –

나

서방님 정(情) 떼고 정 이별한대도 날 버리고 못 가리라.
임과의 이별을 거부하는 태도

금일 송군(送君) 임 가는데 백년 소첩(百年小妾) 나도 가오.
임을 따라가려는 마음

⊙ 날 다려 날 다려 날 다려가오. 한양 낭군님 날 다려가오.
유사한 구절의 반복 → 임과의 이별을 거부하는 의지를 강조

나는 죽네 나는 죽네 ⓛ 임자로 하여 나는 죽네.
▶ 1~4행: 이별을 거부하는 여성(여성의 말)

네 무엇을 달라고 하느냐. 네 소원을 다 일러라.
⁘: 잡가의 특성 → 특정 구절의 반복, 방물을 주고 여성과 헤어지고자 함

「제일명당 터를 닦아 고대광실(高臺廣室) 높은 집에
주로 대청과 방 사이 또는 대청 앞쪽에 다는 네 쪽 문 ➡ 매우 크고 좋은 집

내외 분합(分閤) 물림퇴며 고불도리* 선자(扇子)추녀 헝덩그렇게 지어나 주랴.」
본채의 앞뒤나 좌우에 딸린 반 칸 너비의 칸살 ⁘ 「」: 여성에게 좋은 집을 지어 주겠다고 제안

네 무엇을 달라고 하느냐. 네 소원을 다 일러라.

핵심정리

가 허난설헌, 〈견흥〉

＊ 주제

임에 대한 사랑

＊ 구성

제3수	임에게 정표로 비단을 드림.
제4수	임에게 정표로 노리개를 드림.

＊ 해제

이 작품은 허난설헌이 지은 한시로, 제목인 '견흥'은 '흥에 겨워'라는 의미이다. 허난설헌의 자전적인 이야기가 담긴 시로 평가받고 있으며 총 8수로 구성되어 있다. 〈제3수〉와 〈제4수〉에서 시적 화자는 이별의 상황 속에서 '비단'과 '노리개'와 같은 정표에 의탁하여 자신의 사랑을 표현하며 남편에게 지조를 지킬 것을 요구하고 있다. 이처럼 가부장적인 조선 사회에서 적극적인 여성의 목소리가 드러나고 있다는 점에서 이 작품의 의의가 있다.

＊ 화자의 말하기 태도

시적 화자	시적 청자(임)

발화 방식: 부정의 표현 사용
• '비단' → 다른 여인의 치맛감으론 주지 마세요. • '노리개' → 새 여인 허리띠에만은 달아 주지 마세요.

＊ 소재의 상징적 의미

'나'가 '임'에게 건네는 징표

비단 한 필	반달 모양 노리개
'나'에 대한 지조를 지키기 바란다는 요구를 드러냄.	'나'와 혼인한 상태임을 잊지 않기를 바란다는 요구를 드러냄.

나 작자 미상, 〈방물가〉

＊ 주제

이별 상황에서의 여성과 남성의 갈등

* **구성**

1~4행	이별을 거부하는 여성
5~20행	여러 가지 방물로 여성을 회유하는 남성
21~23행	남성의 제안을 거부하는 여성

* **해제**

이 작품은 조선 후기 잡가 중 하나로, 판소리 〈춘향가〉에서 이별 대목을 차용하고 있다. 이별의 상황에서 이를 거부하는 여성과 여러 가지 방물로 여성을 회유하려는 남성의 대화로 이루어져 있다. 동일한 문장이 반복되어 운율을 형성하고 있으며, 여러 가지 방물이 나열되어 당대의 생활상을 파악할 수 있다. 당대인들의 흥미와 요구를 반영하는 과정에서 〈춘향가〉의 내용을 변형시킨 점이 특징이다.

* **소재의 의미**

남성 화자가 여성 화자에게 제안하는 것

↓

크고 좋은 집	각종 방물	각종 세간	각종 의복	각종 노리개

→ 여성 화자와 헤어지려는 남성의 의도가 담김.

↑ 거절

여성 화자

이별을 적극적으로 거부하며 임과 함께하고자 함.

「연지분 주랴. 면경 석경 주랴. 옥지환(玉指環) 금봉차(金鳳釵) 화관주(花冠珠)
　　　　　　주로 얼굴을 비춰보는 작은 거울　　옥으로 만든 가락지　금으로 봉황을 새긴 비녀　구슬로 만든 화관
딴머리 칠보(七寶)족두리 하여나 주랴.」「」: 여성에게 방물을 주겠다고 제안
　　　　새색시가 쓰는 족두리
네 무엇을 달라고 하느냐. 네 소원을 다 일러라. 세간치레를 하여나 주랴.

「용장(龍欌) 봉장(鳳欌)* 귓도리 책상이며 자개 함롱(函籠) 반닫이 삼층
「」: 여성에게 세간을 주겠다고 제안
각계수리 이층 들미장에 원앙금침(鴛鴦衾枕) 잣베개

ⓒ 샛별 같은 쌍요강 발치 발치 던져나 주랴.」

네 무엇을 달라고 하느냐. 네 소원을 다 일러라. 의복 치레를 하여나 주랴.

「ⓔ 보라 항릉(亢綾) 속저고리 도리볼수 겉저고리 남문대단 잔솔치마
「」: 여성에게 의복을 주겠다고 제안
백방수화주 고장바지 물면주 단속곳에 고양 나이 속버선에 몽고삼승 겉버선에
　　　　　　'고쟁이'의 방언
자지 상직 수당혜(繡唐鞋)*를 명례궁(明禮宮) 안에 맞추어 주랴.」
　　　　　　　　　　　'덕수궁'의 옛 이름
네 무엇을 달라고 하느냐. 네 소원을 다 일러라. 노리개 치레를 하여나 주랴.

「ⓜ 은(銀)조로롱 금(金)조로롱 산호(珊瑚)가지 밀화불수(蜜花佛手)*
「」: 여성에게 노리개를 주겠다고 제안
밀화장도(蜜花粧刀)* 곁칼이며 삼천주 바둑실을 남산더미만큼 하여나 주랴.」
　　　　　　　　　　　　　　　　　▶ 5~20행: 여러 가지 방물로 여성을 회유하는 남성(남성의 말)
「나는 싫소 나는 싫소 아무것도 나는 싫소.
「」: 남성의 제안을 거부하며 임과 함께 있고 싶은 마음을 드러냄 → 이별 거부
고대광실도 나는 싫고 금의옥식(錦衣玉食)도 나는 싫소.」
　　　　　　　　비단옷과 흰쌀밥(호화스러운 생활)
원앙충충 걷는 말에 마부담(馬負擔)하여 날 다려가오.
　　　　　　　　　　말에 얹음　　　　▶ 21~23행: 남성의 제안을 거부하는 여성(여성의 말)
　　　　　　　　　　　　　　　　　　　　　　　　　　 - 작자 미상, 〈방물가〉 -

* **고불도리**: 둥글게 만든 도리(서까래를 받치기 위하여 기둥 위에 건너지르는 나무).
* **용장 봉장**: 용의 모양을 새긴 옷장과 봉황의 모양을 새겨 꾸민 옷장.
* **수당혜**: 수놓은 비단으로 신울을 만든 당혜.
* **밀화불수**: 밀화로 부처 손같이 만든, 여자의 패물. 대삼작노리개의 하나.
* **밀화장도**: 밀화로 꾸민, 주머니 속에 넣거나 옷고름에 늘 차고 다니는 칼집이 있는 작은 칼로 주로 장신구로 사용됨.

[1-3] (가)에 대한 설명이다. 맞으면 ○, 틀리면 ×표 하시오.

1 화자는 임이 다른 여인에게 자신의 비단을 주는 것에 대한 우려와 걱정을 드러내고 있다.

2 화자는 청자인 임에게 말을 건네는 형식을 사용하여 원망을 표현하고 있다.

3 화자는 임과의 이별의 상황에서 정표에 의탁하여 자신의 사랑을 표현하고 있다.

[4-6] (나)에 대한 설명이다. 맞으면 ○, 틀리면 ×표 하시오.

4 여성은 남성에게 이별의 대가로 소원을 들어줄 것을 요구하고 있다.

5 유사한 구절을 반복하여 임과의 이별을 소극적으로 거부하는 화자의 의지를 드러내고 있다.

6 대화의 방식을 활용하여 남성 화자와 여성 화자의 이별에 대한 상이한 태도를 제시하고 있다.

[7-10] (가), (나)와 관련하여 빈칸에 들어갈 적절한 내용을 쓰시오.

7 (가)의 화자는 '☐☐'의 아름다움을 구체적으로 묘사하고 있다.

8 (가)의 '☐☐☐'는 임이 자신과 혼인한 상태임을 잊지 않기를 바라며 화자가 임에게 준 물건이다.

9 (나)의 남성 화자는 여러 가지 '☐☐'로 여성을 회유하고 있다.

10 (나)의 화자는 '☐☐ ☐☐'라는 부정의 표현을 사용하여 남성 화자의 제안을 거부하고 있다.

확인 문제 정답	1 ○	2 ×	3 ○	4 ×	5 ×	6 ○	7 비단	8 노리개	9 방물	10 나는 싫소

01

(가), (나)에 대한 설명으로 적절한 것은?

① (가)와 (나) 모두 화자 간의 대화 장면을 활용하여 시상을 전개하고 있다.

② (가)와 (나) 모두 시각적 심상을 활용하여 청자에게 주고자 하는 소재를 표현하고 있다.

③ (가)와 달리 (나)는 나열과 연쇄법을 활용하여 대상의 이미지를 구체적으로 표현하고 있다.

④ (가)와 달리 (나)는 유사한 시행의 반복을 통해 상황에 대한 화자의 태도를 드러내고 있다.

⑤ (나)와 달리 (가)는 역순행적 구성을 통해 과거와 현재를 대비하여 현재 상황에 대한 화자의 정서를 부각하고 있다.

02

<보기>를 참고하여 (가)를 감상한 내용으로 적절하지 않은 것은?

> **보기**
>
> 전통사회에서 여성은 타자로서의 존재로 남성과 독립된 존재가 아닌 남성에게 종속된 존재로 인식되었다. 그렇기에 여자는 개체로 존재하는 남자와 달리 남자와의 관계에서 한정되어 구별되었고, 남자는 본질적이며 여자는 비본질적이라는 인식이 여성들 스스로에게도 내면화되어 있었기에 여성이 자아의식을 갖는다는 것은 어려운 일이었다. 허난설헌은 계층과 신분을 초월하여 조선의 모든 여성들이 가지고 있는 보편적 문제를 꿰뚫어 봄으로써 수동적이고 소극적이어야 했던 여성의 굴레를 벗어나 시를 통해 남성에게 적극적으로 자기 의사를 표현하며, 여성 중심적 성 의식을 드러내었다. 또한 남성과 여성의 관계가 일반적인 관계가 아닌 상호 교감을 통해 형성되는 것으로 보았다. 이러한 허난설헌의 의식을 바탕으로 창작된 <견흥>은 일부다처제가 당연하게 여겨지고 여성의 투기가 금지되었던 사회적 인식에 구애받지 않고 과감하게 남편에게 자신만을 바라봐줄 것을 요구하고 있는 것이 특징이다.

① '아름다운 비단 한 필'은 임에게 지조를 지킬 것을 요구하는 여인의 진보적인 시선이 반영된 소재이군.

② '오늘 아침'은 떠나는 임에게 화자가 증표를 건네는 시간적 배경으로, 당시 여성의 굴레를 벗어나 화자가 자아의식을 표출하는 시간으로 볼 수 있겠군.

③ '시부모님'에게 받은 '반달 모양 노리개'를 남편에게 건네는 것은 여성을 남성에게 종속된 존재가 아닌, 독립적인 존재로 인식하고 있음을 보여 주고 있군.

④ '길가에 버리셔도 아깝지는 않지만'이라는 구절을 통해 남편과의 이별을 대수롭지 않게 생각하는 여성의 자아의식이 화자의 내면에 자리 잡고 있음을 알 수 있군.

⑤ 자신이 건넨 정표를 '새 여인 허리띠에만은 달아 주지' 말라고 부탁하는 것은 당시 여성의 투기가 금지되었던 사회적 상황에 반하는 적극적 의사 표현이겠군.

03

<보기>를 참고하여 (나)와 <보기>의 [A]를 비교한 내용으로 적절한 것은?

보기

20세기 초 크게 유행한 잡가는 널리 알려진 작품에서 일부 장면을 차용하였는데, 남녀 간의 사랑과 이별, 부귀 등에 대한 대중의 세속적인 욕망을 고려하고 물질적 가치를 중시하는 사회상을 반영하여 기존 내용을 유지하거나 변형하였다. 이때 특정 구절을 반복하여 음악적 효과를 살리기도 했으며, 기존 작품에 없던 일상어들을 추가하여 대중의 욕망에 부응하기도 하고, 비유나 음성 상징어를 활용하여 대중이 선호하는 장면을 생동감 있게 표현하기도 하였다. (나)는 19세기에 유행하였던 〈춘향가〉에서 춘향과 이몽룡이 이별하는 장면인 [A]를 차용한 잡가로, 위와 같은 특징이 반영되어 있다.

[A]
"오냐, 춘향아, 우지 마라. 원수가 원수가 아니라 양반 행실이 원수로구나. 너와 나와 만날 때는 합환주를 먹었거니와, 오늘날 이별주가 이게 웬일이냐? 이술 먹지 말고 이별 말자. 하량낙일수운기는 소통국의 모자 이별, 정객관산노기 중에 오희 월녀의 부부 이별, 초가사면 만영월의 초패왕 우미인 이별, 엄무사 단봉의 왕소군의 한궁 이별, 서출양관무고인은 위성조우 붕우 이별, 이런 이별 있건마는 너와 나와 당한 이별, 만날 날이 있을 테니 설워 말고 잘 있거라."
도련님이 금낭을 끌러 대모 석경을 내어 주며, "아나, 춘향아. 거울 받어라. 장부의 맑은 마음 거울 빛과 같은지라, 이걸 깊이 두었다가 날 본 듯이 내여 보아라." 춘향이 거울을 간수허고, 저 꼈던 옥지환을 바드드드득 벗겨 내어 도련님 전 올리면서, "엿소, 도련님, 지환 받으오. 여자의 명심불망 지환 빛과 같은지라, 이걸 깊이 두었다가 날 본 듯이 내여 보오."

① [A]와 마찬가지로, (나)에서는 대상에 인격을 부여한 비유를 활용하여 운율감을 드러내며 화자의 정서를 강조하고 있군.

② [A]와 마찬가지로, (나)에서는 직유법을 사용하여 화자의 지조와 절개를 표현하는 장면을 통해 임을 향한 화자의 일편단심을 드러내고 있군.

③ [A]와 마찬가지로, (나)에서는 남성이 재회의 가능성을 제시하며 이별하는 여성을 달래려는 장면을 설정하였다는 점에서 기존 작품의 내용을 유지하고 있군.

④ [A]와 달리 (나)에서 이별 상황에서 남성과 여성이 물건을 주고받는 장면은 당시 물질적 가치를 중시하는 사회상을 반영하기 위해 기존 내용을 유지한 결과이군.

⑤ (나)와 달리 [A]에서 남성과 여성이 처한 현재의 상황과 대비되는 이별 상황들의 장면을 나열한 것은 세속적 가치보다 신의의 가치가 더 중요함을 드러내기 위함이군.

04 서답형 문제

<보기>에서 설명하고 있는 시구 두 개를 윗글에서 찾아 쓰시오.

보기

• 잡가의 특성을 반영하여 구절의 반복을 통해 운율감을 형성하고 있다.
• 여성 화자를 달래기 위한 남성 화자의 의도가 숨겨져 있다.

정답 및 해설 p.19

핵심정리

가 작자 미상, 〈어사용〉

＊ 주제
나무하는 일의 힘겨움과 자신의 신세 한탄

＊ 구성

1연	돌아가신 어머니를 애타게 부름.
2연	힘든 일을 하는 자신의 처지에 대한 한탄
3연	병이 든 자신의 처지에 대한 한탄

＊ 해제
〈어사용〉은 산에서 남성들이 나무를 할 때 부르던 노래로, 이 작품은 경상북도 울진 지방에서 전해 오는 노래를 채록한 것이다. 〈어사용〉은 부르는 사람에 따라 노랫말과 곡조가 다양한데, 깊은 산중에서 홀로 나무를 하면서 느끼는 고독감을 신세 한탄의 형태로 풀어낸 것이 많다. 이 노래에서도 화자는 나이가 들고 몸도 아프지만 힘든 노동을 해야만 하는 자신의 신세를 한탄하고 있는데, 돌아가신 어머니를 애타게 부르는 외침과 바늘 같은 몸에 황소같은 병이 들었다는 한탄이 화자가 처한 부정적 현실을 잘 보여 주고 있다.

나 작자 미상, 〈베틀 노래〉

＊ 주제
베를 짜는 과정과 그 속에서 즐기는 노동의 즐거움

＊ 구성

1~2행	김을 매며 뽕잎을 땀.
3~7행	실을 뽑아 베를 짬.
8~10행	베로 가족들을 위해 버선과 솜옷을 지음.

＊ 해제
이 작품은 강원도 통천 지방의 노동요로, 부녀자들이 베를 짜면서 노래했다고 해서 '베틀가'라고도 한다. 4·4조 4음보의 운율을 활용하여 뽕잎을 따서 실을 뽑고 옷을 만들기까지의 과정을 시간 순서대로 노래하고 있으며, 대구법과 반복법, 언어유희와 같은 다양한 표현 기법을 사용하여 노동의 힘겨움을 노래를 통해 풀어내고 있다. 특히 화자는 베틀을 하늘에 놓고 베를 짠다고 표현함으로써 자신의 모습을 베를 짜는 선녀에 비유하고 있는데, 이는 힘겨운 노동 속에서도 낭만과 여유를 잃지 않았던 우리 조상들의 사고방식이 반영된 것으로 볼 수 있다.

※ 다음 글을 읽고, 물음에 답하시오.

가

엄마 엄마 울 엄마요
　　엄마를 애타게 부름
나를 낳아 키울 적에

진자리 마른자리 가려 골라 키워 놓고

북망산천 가시더니 오늘에도 소식 없네
화자의 엄마가 돌아가셨음 → 대상에 대한 화자의 안타까움과 그리움
　　　　　　　　　　　　　　　　▶1연: 돌아가신 어머니를 애타게 부름

　화자의 처지와　자신의 고달픈 삶을 어쩔 수 없는 것으로 여김
　대비되는 대상　→ 운명론적 사고관
㉠ 어떤 사람 팔자 좋아

고대광실 높은 집에 부귀영화로 지내건마는
　　　　　　부귀영화를 누리는 사람에 대한 부러움
이내 나는 어찌하여 팔공산 짊어지고 낮자리 품 팔아먹고
　자신의 처지에 대한 부정적 인식이 반영됨　화자의 직업이 나무꾼임을 알 수 있음
㉡ 산천초목으로 후려잡고 지게로 살러를 가노

산천은 보니 청산이요 이내 머리는 백발이 되니
　　변함없는 산천과 나무를 하는 자신의 처지를 대비 → 부정적 인식이 드러남
불쌍하고 원통하네
　정서의 직접적 표출 → 한탄　　　　　　　▶2연: 나무를 하는 자신의 처지에 대한 한탄

가는 허리 바늘 같은 내 몸에 황소같은 병이 드니
　가는 허리 바늘과 황소의 대비를 통해 자신이 처한 부정적 상황을 비유적으로 드러냄
「부르는 건 울 **엄마**요
　　○: 화자가 위안을 얻을 수 있는 대상
찾는 거는 **냉수**로구나」
　　「」: 대구법 사용　　　　　　　　　　　▶3연: 병이 든 자신의 처지에 대한 한탄
　　　　　　　　　　　　　　　　　　　　－ 작자 미상, 〈어사용〉 －

나

「」: '갈' - '갈뽕', '올' - '올뽕' → 동일한 음절을 가진 어휘를 제시(언어유희)
　　　　화자의 움직임을 순차적으로 제시, 대구법 사용
「기심 매러 갈 적에는 갈뽕을 따 가지고

기심 매고 올 적에는 올뽕을 따 가지고」

삼간방에 누에 놓고 청실홍실 뽑아내서　　　▶1~2행: 김을 매며 뽕잎을 땀

㉢ 강릉 가서 날아다가* 서울 가서 매어다가

㉣ 하늘에다 베틀 놓고 구름 속에 이매* 걸어
　화자 자신을 지상과 천상의 공간을 넘나드는 존재(직녀)로 표현
함경나무 바디집*에 오리나무 북*에다가
　　　　　명주실의 한 바람을 세는 단위
짜궁짜궁 짜아 내어 가지잎과 묶거워라
음성 상징어의 활용 → 베를 짜는 과정을 생동감 있게 제시　▶3~7행: 실을 뽑아 베를 짬
배꽃같이 바래워서 참외같이 올 짓고

외씨같이 **버선** 지어 오빠넘께 드리고
　▢: 화자의 긍정적 기대를 보여 주는 노동의 결과물
㉤ **겹옷** 짓고 **솜옷** 지어 우리 부모 드리겠네
　　　　　　　　　　　　　　▶8~10행: 베로 가족들을 위해 버선과 솜옷을 지음
　　　　　　　　　　　　　　　　　－ 작자 미상, 〈베틀 노래〉 －

＊ **날아다가**: (베나 돗자리 등을 짜려고) 틀에 날을 간격이 고르게 벌여 쳐서.
＊ **이매**: 잉아. 베틀의 날실을 한 칸씩 걸러서 끌어 올리도록 맨 굵은 실.

* **바디집**: 바디를 끼우는 테. '바디'는 베의 날을 고르며 북의 통로를 만들고 씨실을 쳐서 베를 짜는 구실을 함.
* **북**: 베틀에서, 날실의 틈으로 왔다 갔다 하면서 씨실을 푸는 기구.

● 확인 문제

[1-5] (가), (나)에 대한 설명이다. 맞으면 ○, 틀리면 ✕표 하시오.

1 (가)의 '엄마'와 달리 '냉수'는 화자가 위안을 얻을 수 있는 대상에 해당한다.

2 (가)의 화자는 자신의 고달픈 삶을 개척해 나가려는 강한 의지를 보이고 있다.

3 (나)는 동일한 음절을 사용한 어휘를 제시하며 화자의 움직임을 순차적으로 제시하고 있다.

4 (나)의 화자는 자기 자신을 지상과 천상의 공간을 넘나드는 존재로 표현하고 있다.

5 (나)는 음성 상징어를 사용하여 베를 짜기 위해 실을 뽑는 과정을 생동감 있게 표현하고 있다.

[6-8] (가), (나)와 관련하여 빈칸에 들어갈 적절한 내용을 쓰시오.

6 (가)의 '팔공산'과 '☐☐'를 통해 화자가 나무꾼임을 알 수 있다.

7 (가)의 화자는 변함없는 '☐☐'과 늙은 자신의 모습을 대비하여 자신의 처지를 드러내고 있다.

8 (나)에서는 뽕을 따고 ☐☐로부터 실을 뽑아 비단을 짜고 가족들의 옷을 지어 주는 과정을 서사적으로 드러내고 있다.

확인 문제 정답	**1** ✕	**2** ✕	**3** ○	**4** ○	**5** ✕	**6** 지게	**7** 청산	**8** 누에

01

(가), (나)에 대한 이해로 적절하지 <u>않은</u> 것은?

① (가)는 부재하는 상황의 청자에게 말을 건넴으로써 청자에 대한 애절함을 드러내고 있다.

② (가)는 자연물과의 색채 대비를 통해 시간이 흘러 변해버린 자신의 상황을 한탄하고 있다.

③ (나)는 발음의 유사성에 기초한 언어유희를 통해 화자의 행위에 대한 심리적 여유와 흥을 드러내고 있다.

④ (나)는 소리나 모양을 그대로 묘사한 표현을 사용함으로써 행동이 이루어지는 장면을 생동감있게 형상화하고 있다.

⑤ (나)는 비유적 표현을 통해 화자를 위한 대상의 노력을 시각적으로 묘사하여 대상과 화자 사이의 거리감을 좁히고 있다.

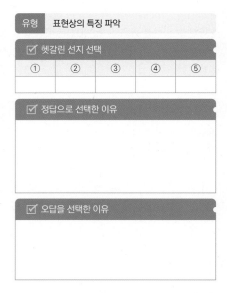

02

(가), (나)의 시어에 대한 설명으로 가장 적절한 것은?

① (가)의 '진자리 마른자리'와 '북망산천'은 시적 대상과 관련된 공간으로 각각 화자가 다른 태도를 보이는 공간이다.

② (가)의 '가는 허리'와 '바늘'은 현재 부재하는 시적 대상의 고난을 형상화한 표현으로 화자의 그리움을 함축하는 시어이다.

③ (가)의 '엄마'와 '냉수'는 현재 고달픈 삶을 살고 있는 화자에게 위안을 가져다주는 시어로서 감탄형 어미와 함께 화자의 정서를 드러내고 있다.

④ (나)의 '삼간방'은 특정 행위가 이루어지는 공간이며 이에 대해 긍정적인 태도를 보이고 있는 화자가 지향하는 가치가 담긴 초월적 공간이다.

⑤ (나)의 '버선'은 화자의 행위가 이루어낸 결과이자 행위를 행한 이유이며 시적 대상에 대한 공감과 연민의 태도가 담겨 있는 시어이다.

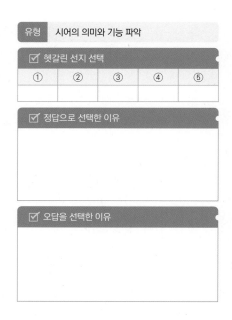

03

<보기>를 참고하여 (가), (나)를 감상한 내용으로 적절하지 <u>않은</u> 것은?

보기

민요는 민중의 노래로 본디 노래 담당층의 계급성에 기반을 두고 형성된 장르라고 할 수 있다. (가)는 조선시대 남성 하층민의 삶을 이해할 수 있는 자료로서 태어난 것에 대한 비애, 신분 차별, 일에 대한 괴로움, 가족의 죽음 등에 대한 한탄의 목소리가 드러난다. (나)는 베를 짜며 그 과정을 노래한 부녀자들의 민요로서 노동의 고달픔을 덜기 위해 부른 노래이다. 특히 억눌린 가사 생활 속에서도 고사 속 인물에 빗대어 낭만과 흥을 잃지 않았던 우리 옛 여인들의 삶의 모습이나, 유교적 이념에 근거한 효를 형상화한 것이 특징이다.

① ㉠: 신분 차별이라는 운명에 대한 한탄을 나타내는 하층민의 정서를 보여 주고 있군.

② ㉡: 화자의 신분을 유추할 수 있는 부분으로, 일에 대한 괴로움을 나타내고 있군.

③ ㉢: 베를 짜는 과정 중의 하나로 부녀자들이 부른 민요에 해당한다는 것을 알 수 있군.

④ ㉣: 노동의 고달픔과 억눌린 가사 생활에 대한 당시 부녀자들의 정서가 직접적으로 드러나고 있군.

⑤ ㉤: 노동의 고달픔 속에서도 단란한 가정의 모습을 드러내며 유교적 이념을 강조하는 모습이 드러나고 있군.

04 서답형 문제

빈칸에 들어갈 말로 적절한 것을 (나)에서 찾아 쓰시오.

(   )은/는 화자의 긍정적 기대를 담고 있는 노동의 결과물로 직유법을 사용하여 대상을 묘사하고 있다.

정답 및 해설 p.20

핵심정리

㉮ 김삿갓, 〈영립〉

* 주제

자연을 벗 삼은 방랑 생활의 풍류와 멋

* 구성

1~2행	빈 배와 같은 삿갓을 사십 년 평생 쓰게 됨.
3~4행	자신의 삶을 목동과 어부의 삶에 빗댐.
5~6행	삿갓과 함께 자연을 즐기며 유유자적함.
7~8행	속인들의 삶과 대비되는 자신의 삶에 대한 만족감

* 해제

이 작품은 방랑 생활을 하는 화자의 벗이 되어 주며 비바람을 막아 주는 삿갓에 대한 고마움을 표현한 칠언 율시이다. 욕심을 버리고 소탈하게 살아가는 방랑의 삶을 드러내면서 겉치장에 불과한 속인들의 위선적 삶과 자신의 삶을 대비하고 있다.

* 시어의 대비

시적 화자의 '삿갓'		속인들의 '의관'
빈 배(구속 없이 자유롭게 돌아다니는 나그네의 처지)	↔	겉치레(외관을 꾸미기 위한 수단)
홀가분한 마음가짐, 화자의 유유자적한 삶		사대부의 허세와 위선

㉯ 김삿갓, 〈원생원〉

* 주제

하루 종일 화자를 괴롭히는 여러 동물들 / 지방 유지들을 동물에 빗대어 희롱함.

* 구성

1행	해 뜨자 나타나는 원숭이(원숭이 같은 원 생원)
2행	고양이 지나가고 죽어 있는 쥐(쥐 같은 서 진사)
3행	황혼이 되자 나타나는 모기(모기 같은 문 첨지)
4행	밤이 되자 쏘아 대는 벼룩(벼룩 같은 조 석사)

※ 다음 글을 읽고, 물음에 답하시오.

김삿갓으로 잘 알려진 방랑 시인 김병연은 우여곡절이 많은 자신의 생활을 소재로 삼아 다양한 작품을 창작하였다. (가)는 작가의 사십 년 방랑 세월을 집약하여 드러낸 것이고, (나)는 북도 지방의 어느 마을에 갔던 김삿갓이 원 생원, 서 진사, 문 첨지, 조 석사라고 불리는 네 명의 마을 유지들에게 푸대접을 당한 후 그들을 희롱하기 위해 그들에게 써 준 것이다.

(밑줄 주석) 젊어서부터 전국을 떠돌며 많은 즉흥시를 남김. 김립, 김입으로도 알려져 있음

가

정처 없는 내 삿갓은 빈 배와 같은데 　　　　浮浮我笠等虛舟

(주석) 사공 없이 떠다니는 '빈 배'와 같이 떠돌아다니며 유랑하였음을 드러냄

사십 년 평생 내내 쓰고 다녔네 　　　　一着平生四十秋

(주석) 삿갓을 쓰고 살아온 세월을 구체적 수치로 드러냄　▶ 1~2행: 빈 배와 같은 삿갓을 사십 년 평생 씀

소 따라 들판으로 가는 **목동**의 가벼운 차림이요 　　牧竪輕裝隨野犢

(주석) □: '목동'과 '어부'가 주로 삿갓을 쓰고 다닌다는 점에서 착안함

백사장의 갈매기와 벗하는 **어부의 본색**이라네 　　漁翁本色伴沙鷗

(주석) ▶ 3~4행: 자신의 삶을 목동과 어부의 삶에 빗댐

술 취하면 벗어 걸고 꽃나무를 바라보고 　　　醉來脫掛看花樹

(주석) ○: 술에 취해 흥겨워하며 아름다운 자연을 완상할 때마다 삿갓과 함께했음을 드러냄

흥이 나면 손에 들고 **누각**에 올라 **달구경** 하네 　興到携登翫月樓

(주석) ▶ 5~6행: 삿갓과 함께 자연을 즐기며 유유자적함

속세 사람 의관은 모두 겉치레이니 　　　　俗子依冠皆外飾

(주석) 속세 사람들의 허례허식, 남들에게 자신을 숨기려는 태도 등을 드러냄

온 하늘에 비바람 가득해도 나는 **걱정 없네** 　　滿天風雨獨無愁

(주석) 삿갓과 함께 떠돌아다니는 삶에 만족함. ▶ 7~8행: 속인들의 삶과 대비되는 자신의 삶에 대한 만족감
근심이나 걱정에 얽매이지 않는 태도를 드러냄

　　　　　　　　　　　　　　　　　　　　　- 김삿갓, 〈영립〉 -

나

해 뜨자 **원숭이**가 언덕에 나타나고 　　日出猿生原　　일출원생원

(주석) ○: 하루 동안의 시간의 경과를 드러냄　▶ 1행: 해 뜨자 나타나는 원숭이(원숭이 같은 원 생원)

고양이 지나가자 **쥐**가 다 죽네 　　猫過鼠盡死　　묘과서진사

(주석) ▶ 2행: 고양이 지나가고 죽어 있는 쥐(쥐 같은 서 진사)

황혼이 되자 **모기**가 처마에 이르고 　　黃昏蚊簷至　　황혼문첨지

(주석) ▶ 3행: 황혼이 되자 나타나는 모기(모기 같은 문 첨지)

밤 되자 **벼룩**이 자리에서 쏘아 대네 　　夜出蚤席射　　야출조석사

(주석) □: 각 행(구)의 마지막 세 글자가 마을 유지 네 사람을 칭하고 있음이 확인됨　▶ 4행: 밤이 되자 쏘아 대는 벼룩(벼룩 같은 조 석사)

　　　　　　　　　　　　　　　　　　　　　- 김삿갓, 〈원생원〉 -

한시의 일반적인 형식에 따라 (나)를 이해하면 해 뜨고 나니 '원숭이'가 나타나고 죽은 '쥐'를 마주치고, 황혼에는 '모기', 밤에는 '벼룩'에게 괴롭힘을 당하는 화자의 안타까운 처지가 드러난다. 그런데 우리말 독음과 관련지어 이 시를 살펴보면 각 행의 마지막 세 글자가 각각 '원 생원', '서 진사', '문 첨지', '조 석사'라는 네 사람을 지칭하고 있음을 알 수 있다. 의미는 다르지만 유사한 소리가 나는 한자들을 활용하여 자신을 푸대접하는 마을 유지들을 골려 주려는 작가의 의도를 짐작할 수 있다. 김삿갓이 떠나고 나서야 (나)의 창작 의도를 알아차린 마을 유지들은 창피함에 얼굴을 붉히고 자신들의 행동에 대해 부끄러움을 느꼈다고 전한다.

(밑줄 주석) 원숭이를 마주치고, 죽은 쥐를 만나고, 모기에게 물리고, 벼룩에게 쏘여대는 고통을 겪는 상황이 제시됨

(밑줄 주석) 김삿갓이 마을 유지들을 조롱하는 시를 써 준 목적을 달성함

이와 같이 중의성을 활용해 눈앞의 상대를 희롱하는 의도가 잘 나타나는 작품

으로 황진이의 시조도 자주 언급된다.

다

'쉽게 흘러가는 것'이 과연 자랑할 만한 것인지에 대해 반문하고 있음

청산리 벽계수야 수이 감을 자랑 마라
중의적 표현-① 푸른 시냇물, ② 왕족 '벽계수'   ▶ 초장: 수이 감을 자랑하는 벽계수

일도창해하면 다시 오기 어려워라
지나간 것은 놓치고 나면 다시 돌아오지 않음 - 인생무상   ▶ 중장: 한번 가면 돌아오기 어려운 삶(인생무상)

명월이 만공산하니 쉬어 간들 어떠리
중의적 표현-① 밝은 달   풍류 생활을 즐길 것, 기회를 놓치지 말 것,   ▶ 종장: 명월을 즐기며 쉬어 갈 것을 권유
　　　　　② 황진이   현재에 집중할 것 등을 함축

– 황진이, 〈청산리 벽계수야~〉 –

청산 속에 흘러가는 '벽계수'를 푸른 시냇물로, 빈산을 가득 채운 '명월'을 밝은 달로 풀이하면 한번 가면 돌아오기 어려운 인생과 그 덧없음을 토로하며 눈앞에 펼쳐진 아름다운 자연에서 쉬어 갈 것을 권유하는 운치 있는 내용으로 보인다.
표면적 주제-인생무상과 풍류생활의 즐거움을 드러냄
그런데 '벽계수'가 당시 어느 왕족의 별칭이고, '명월'이 시조를 지은 '황진이'의 기명(妓名)*임을 알고 다시 읽어 보면 그 맛이 새롭다. 자신만은 다른 사람들처럼 황진이에게 절대 유혹당하지 않을 것이라 자신감을 드러냈던 '벽계수'에게 나중에 후회하지 말고 자신과 함께 풍류 생활을 즐길 것을 권유하는 황진이의 낭만과 여유가 느껴진다. 명월 황진이가 이 시조를 청아한 목소리로 읊는 동안 벽계수가
이면적 주제 - 상대를 희롱하며 자신의 문학적 역량을 드러냄
깜짝 놀라 말에서 떨어졌다는 일화가 함께 전해지는 것을 보면, 황진이의 언어유
황진이와 관련되어 전해지는 유명한 일화 중 하나
희가 상대방의 허를 찌른 것은 분명해 보인다.

* 기명: 기생으로서 가지는 딴 이름.

＊ 해제
이 작품은 어느 지방을 방랑하던 작가가 그곳에 모여 있던 마을 유지들의 푸대접을 받은 후 지은 작품으로 오언 절구에 해당한다. 각 구절 끝의 세 글자는 '원생원', '서진사', '문첨지', '조석사'로 발음되는데, 이는 자신을 푸대접한 마을 유지들을 중의적으로 드러내면서, 동시에 그 사람들을 동물에 빗대어 풍자한 것이다.

다 황진이, 〈청산리 벽계수야~〉

＊ 주제
풍류 생활의 낭만과 즐거움

＊ 구성

초장	수이 감을 자랑하는 청산리 벽계수
중장	한번 가면 돌아오기 어려운 삶(인생무상)
종장	명월을 즐기며 쉬어 갈 것을 권유함

＊ 해제
이 작품은 조선 중기의 대표적 여류 시인인 황진이의 평시조이다. 당대의 왕족으로 '벽계수'라 불리던 사람이 자신을 과소평가한다는 말을 들은 황진이가 그를 유인하기 위해 지어 불렀다고 알려져 있다. 빼어난 중의법과 비유적 표현을 활용하여 퇴락하거나 속되지 않게 자연의 영원함과 인간의 유한함을 대조하고 있다. 자연과 인생을 즐기며 살아가는 낭만과 여유를 읽어 낼 수 있다.

[1-7] (가)~(다)에 대한 설명이다. 맞으면 ○, 틀리면 ✕표 하시오

1 (가)의 화자는 사대부들의 의관을 동경하고 있다.

2 (가)의 화자는 소박하게 살아가는 서민들을 애정 어린 시선으로 바라보고 있다.

3 (가)의 화자는 자신의 삶에 대해 자족적인 태도를 보이고 있다.

4 (나)의 화자는 마을 유지들을 원숭이와 쥐 등에 비유하여 조롱하고 있다.

5 (나)는 시간의 경과에 따른 인식의 변화를 제시하고 있다.

6 (다)는 자연 현상을 통해 인생의 허망함과 무상함을 드러내고 있다.

7 (다)는 설의법을 사용하여 풍류를 함께 즐길 것을 권하고 있다.

[8-10] (가)~(다)와 관련하여 빈칸에 들어갈 적절한 내용을 쓰시오.

8 (가)의 화자는 사공 없이 떠다니는 '☐☐'를 통해 자신의 과거 행적을 드러내고 있다.

9 (나)에서 화자는 밤이 되자 '☐☐'에게 괴롭힘을 당하는 안타까운 상황에 처해 있다.

10 (다)의 '☐☐'은 화자 자신을 지칭한다는 점에서 중의적으로 사용되었다.

| 확인 문제 정답 | 1 ✕ | 2 ○ | 3 ○ | 4 ○ | 5 ✕ | 6 ○ | 7 ○ | 8 빈 배 | 9 벼룩 | 10 명월 |

01

(가)~(다)에 대한 설명으로 가장 적절한 것은?

① (가)와 (나)는 모두 시간의 흐름에 따른 화자의 태도 변화를 묘사하고 있다.

② (가)와 (다)는 모두 설의적인 표현을 사용하여 화자가 지향하는 삶의 가치를 강조하고 있다.

③ (나)와 (다)는 모두 중의적인 시어를 활용하여 표면적 의미와 함께 이면적 의미를 전달하고 있다.

④ (가)는 (나)와 달리 현재의 시점에서 회상 장면을 나열하여 부정적인 상황과 분위기를 고조시키고 있다.

⑤ (나)는 (다)와 달리 청자에게 말을 건네는 어조를 통해 미래보다 현재를 우선시하는 화자의 태도가 드러나 있다.

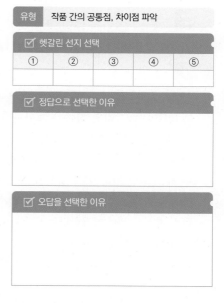

| 유형 | 작품 간의 공통점, 차이점 파악 |

☑ 헷갈린 선지 선택

①	②	③	④	⑤

☑ 정답으로 선택한 이유

☑ 오답을 선택한 이유

02

(나)를 읽고 난 뒤의 반응으로 적절하지 않은 것은?

① 표면적 의미에 주목한다면, 미물들로 인한 삶의 고달픔과 애환을 그린 작품이겠군.

② 표면적 의미에 주목한다면, 마을 유지들을 조롱하려는 작가의 의도를 추론하기 어렵겠군.

③ 이면적 의미에 주목한다면, 풍자를 통해 현실 정치를 정면으로 비난하려는 의도가 들어 있겠군.

④ 이면적 의미에 주목한다면, 마을 유지들을 하찮은 미물에 비유하며 웃음을 유발하는 작품이겠군.

⑤ 이면적 의미에 주목한다면, 청자들이 자기 자신을 반성하도록 유도했다는 점에서 의의가 있겠군.

| 유형 | 작품의 맥락 이해 |

☑ 헷갈린 선지 선택

①	②	③	④	⑤

☑ 정답으로 선택한 이유

☑ 오답을 선택한 이유

03

\<보기\>를 참고하여 (가)와 (다)를 감상한 내용으로 적절하지 <u>않은</u> 것은?

보기

> 흔히 '시적 화자'는 시인의 대리인으로서 시인 자신이 아니라고 설명하지만, (가)와 (다)의 경우 시적 화자가 시인과 동일시되기도 한다. (가)와 (다) 모두 시인의 삶과 시적 상황을 관련지어 해석할 수 있기 때문이다. 김삿갓은 과거 시험에서 자신의 조부를 비판하는 내용을 써서 급제했다가 뒤늦게 그 사실을 알고 자신을 '하늘을 볼 수 없는 죄인'이라 여겨 평생을 큰 삿갓을 쓰고 방랑했다고 알려져 있다. 서사와 시가에 능한 문인이자 당대 최고의 기생으로 인정을 받던 황진이는 왕족인 벽계수가 평소 자신을 과소평가한다는 말을 듣고, 그 앞에서 예술적 역량을 발휘하여 그를 말에서 떨어지게 만들었다고 한다. 이렇게 작가와 관련된 일화를 떠올리며 (가)와 (다)를 읽으면 그 의미를 더욱 풍부하게 해석할 수 있다.

① 시적 화자와 시인이 동일시되었다면, (가)의 '사십 년'은 참회의 시간, (다)의 '일도창해'는 청자가 후회를 느끼게 될 시간이겠군.

② 시적 화자와 시인이 동일시되었다면, (가)의 '목동'과 '어부'는 스스로에게 떳떳한 화자의 태도를, (다)의 '수이 감을 자랑 마라'는 스스로에게 떳떳한 청자에 대한 경고를 드러내는 시어겠군.

③ 시적 화자와 시인이 동일시되었다면, (가)의 '걱정 없네'는 화자의 내적 갈등 해소를, (다)의 '쉬어 간들 어떠리'는 청자의 내적 갈등의 유발을 암시할 수 있군.

④ 시적 화자와 시인이 동일시되지 않았다면, (가)의 '누각'과 (다)의 '청산리'는 모두 인생의 덧없음을 의미하는 인생무상의 태도를 드러내는 공간이겠군.

⑤ 시적 화자와 시인이 동일시되지 않았다면, (가)의 '달구경' 장면과 (다)의 '명월이 만공산'한 장면은 모두 풍류를 즐기고자 하는 화자의 태도가 함축되어 있겠군.

04 서답형 문제

<보기>에서 설명하는 시어를 (다)에서 찾아 2음절로 쓰시오.

보기

시의 화자를 지칭하면서 중의적 표현을 담고 있는 시어

유형   시어의 의미와 기능 파악

☑ 정답으로 선택한 이유

Ⅲ

현대시

정답 및 해설 p.22

핵심정리 ▬

가 한용운, 〈거짓 이별〉

＊주제
임에 대한 그리움과 재회에 대한 소망

＊구성

1연	임에 대한 그리움과 이별의 고통
2연	임에 대한 변함없는 사랑
3연	임과 재회하고 싶은 간절한 바람

＊해제
이 작품은 부재하는 '당신'에 대한 간절한 그리움, 임과 재회하고 싶은 바람을 형상화하고 있다. 화자는 임이 부재하는 상황을 '거짓 이별'로 규정하는데, 이는 객관적인 이별의 상황을 부정함으로써 언젠가 재회할 수 있다는 소망을 나타낸 것이다. 결국 거짓 이별은 한용운의 대표작인 〈님의 침묵〉에 나오는 '님은 갔지마는 나는 님을 보내지 아니하였습니다.'라는 시구와 유사한 의미를 담고 있다고 할 수 있다. 이 작품은 경어체 어조를 활용하여 경건한 분위기를 조성하며, 대비되는 색채 이미지의 시어를 통해 임에 대한 영원한 사랑을 표현하고 있다는 특징이 있다.

＊대상의 변화 표현

두 볼	'도화' → '낙화'
두 귀밑	'푸른 구름' → '회색' → '백설'

↓

시간에 따라 변화하는 대상의 속성을 활용하여 무심히 흘러가는 이별의 시간을 표현함.

나 조지훈, 〈맹세〉

＊주제
임에 대한 영원한 사랑의 맹세

＊구성

1연	임에 대한 뜨거운 열정
2~3연	임을 향한 절실한 마음
4~5연	임에 대한 영원한 사랑
6연	마음이 가난한 '나'
7~8연	임에 대한 지조와 절개
9~10연	임에 대한 간절한 그리움

※ 다음 글을 읽고, 물음에 답하시오.

가

당신과 나와 이별한 때가 언제인지 아십니까.
화자가 사랑하는 대상
가령 우리가 좋을 대로 말하는 것과 같이, 거짓 이별이라 할지라도 **나의 입술**
실제 임과 이별한 현실을 부정함
이 당신의 입술에 닿지 못하는 것은 사실입니다.
임과의 이별을 받아들여야 하는 현실에 대한 안타까움
이 **거짓 이별**은 언제나 우리에게서 떠날 것인가요.
임과 재회하기를 바라는 화자의 소망
한 해 두 해 가는 것이 얼마 아니 된다고 할 수가 없습니다.
젊음

[A]
「시들어 가는 두 볼의 **도화(桃花)**가 무정한 봄바람에 몇 번이나 스쳐서 **낙화**
「」: 임을 기다리다 늙어가는 자신의 처지에 대한 안타까움   늙음
가 될까요.
회색이 되어 가는 두 귀밑의 **푸른 구름**이, 쪼이는 가을볕에 얼마나 바래서
검은 머리
백설(白雪)이 될까요.」
흰머리   ▶ 1연 : 임에 대한 그리움과 이별의 고통

[B]
「머리는 희어 가도 ⓐ 마음은 붉어 갑니다.
「」: 대조적인 상황을 병렬하여 이별 뒤에도 임에 대한 사랑이 변치 않음을 드러냄
피는 식어 가도 눈물은 더워 갑니다.
사랑의 언덕엔 사태가 나도 희망의 바다엔 물결이 뛰놀아요.」
임과의 재회에 대한 화자의 소망
                                                        ▶ 2연 : 임에 대한 변함없는 사랑

이른바 거짓 이별이 언제든지 우리에게서 떠날 줄만은 알아요.
임과의 재회가 반드시 일어날 것이라는 믿음
그러나 한 손으로 이별을 가지고 가는 날은 또 한 손으로 죽음을 가지고 와요.
임과의 재회가 너무 늦지 않기를 바라는 마음
                                                        ▶ 3연 : 임과 재회하고 싶은 간절한 바람
                                                        - 한용운, 〈거짓 이별〉 -

나

[C]
「만년(萬年)을 싸늘한 바위를 안고도
「」: 불가능한 상황을 설정하여 임에 대한 화자의 사랑을 강조함 ①
뜨거운 가슴을 어찌하리야,」
임에 대한 화자의 사랑   ▶ 1연 : 임에 대한 뜨거운 열정

어둠에 **창백한 꽃송이**마다
부정적 상황에 처한 나약한 존재
깨물어 피 터진 입을 맞추어

마지막 한 방울 피마저 불어 넣고
생명력을 불어넣음 → 희생적 태도
해 돋는 아침에 죽어 가리야.
죽음을 불사할 정도로 임에 대한 사랑을 드러냄   ▶ 2~3연 : 임을 향한 절실한 마음

사랑하는 것 사랑하는 모든 것 다 잃고라도
반복을 통한 시어의 강조
「흰 **뼈**가 되는 먼 훗날까지
「」: 불가능한 상황을 설정하여 임에 대한 화자의 사랑을 강조함 ②

그 뼈가 **부활하여 다시 죽을 날까지**

거룩한 일월(日月)의 눈부신 모습
절대적 존재인 임의 모습
임의 손길 앞에 나는 울어라.
벅찬 감정의 표출
▶ 4~5연: 임에 대한 영원한 사랑

ⓑ 마음 가난하거니 임을 위해서

내 무슨 자랑과 선물을 지니랴.
임을 위해 할 수 있는 일이 별로 없다는 한탄
▶ 6연: 마음이 가난한 '나'

의(義)로운 사람들이 피흘린 곳에

솟아오른 대나무로 만든 피리뿐
지조와 절개를 상징함

[D]
　흐느끼는 이 피리의 아픈 가락이

　구천(九天)에 사무침을 임은 듣는가.
자신의 마음을 임이 알아주기 바람
▶ 7~8연: 임에 대한 지조와 절개

[E]
　미워하는 것 미워하는 모든 것 다 잊고라도
반복을 통한 시어의 강조
　붉은 마음이 숯이 되는 날까지
죽음의 이미지
　그 숯이 되살아 다시 재 될 때까지 『』: 불가능한 상황을 설정하여 임에 대한 화자의 사랑을 강조함 ③
부활의 이미지

못 잊힐 모습을 어이하리야

거룩한 이름 부르며 나는 울어라.
▶ 9~10연: 임에 대한 간절한 그리움
- 조지훈, 〈맹세〉 -

[1-3] (가)에 대한 설명이다. 맞으면 ○, 틀리면 ✕표 하시오.

1 화자는 임과의 이별을 부정하며 재회를 소망하고 있다.

2 대조의 방식으로 화자의 정서를 표현하고 있다.

3 '두 볼'은 '푸른 구름', '회색', '백설'로 표현된다.

[4-6] (나)에 대한 설명이다. 맞으면 ○, 틀리면 ✕표 하시오.

4 화자는 말하고자 하는 바를 강조하기 위해 불가능한 상황을 설정했다.

5 죽음과 부활의 이미지를 사용하여 영원한 사랑을 표현하고 있다.

6 의문문의 형식을 사용하여 화자의 정서를 강조하고 있다.

[7-10] (가), (나)와 관련하여 빈칸에 들어갈 적절한 내용을 쓰시오.

7 (가)의 '☐☐ ☐☐'은 이별의 상황을 부정하며 언젠가 재회할 수 있다는 소망을 나타낸 것이다.

8 (가)의 '사태'는 ☐☐을 의미한다.

9 (나)의 '☐☐☐ ☐☐'은 절대적 존재인 임을 가리킨다.

10 (나)의 '☐'는 절대적 존재인 임에 대한 절박한 마음을 드러내는 것으로, 죽음도 각오하는 화자의 의지를 보여 준다.

확인 문제 정답	1 ○ 2 ○ 3 ✕ 4 ○ 5 ○ 6 ○ 7 거짓 이별 8 이별 9 거룩한 일월 10 해

01

(가), (나)에 대한 설명으로 가장 적절한 것은?

① (가)와 (나) 모두 대조적인 시어를 병렬적으로 배치함으로써 작품의 주제 의식을 강조하고 있다.

② (가)와 (나) 모두 감각적 이미지를 활용함으로써 작품의 중심 소재를 효과적으로 묘사하고 있다.

③ (가)는 (나)와 달리 불가능한 상황을 제시함으로써 현실의 모순성을 부각하고 있다.

④ (가)는 (나)와 달리 화자를 시간의 흐름에 따라 변화하는 특성을 지닌 대상에 비유함으로써 화자의 변화 과정을 표현하고 있다.

⑤ (나)는 (가)와 달리 의문을 나타내는 종결 어미를 반복함으로써 화자가 처한 상황에 대한 주관적 감상을 드러내고 있다.

02

ⓐ, ⓑ에 대한 설명으로 가장 적절한 것은?

① ⓐ는 화자에 대한 임의 사랑을, ⓑ는 임에 대한 화자의 사랑을 드러내는 시어이다.

② ⓐ는 임에 대한 화자의 내적 갈등을, ⓑ는 화자와 세계의 외적 갈등을 유발하는 시어이다.

③ ⓐ는 임과 화자의 물리적 거리를 좁히는, ⓑ는 임과 화자의 물리적 거리를 차단하는 시어이다.

④ ⓐ는 임을 위해 무엇이라도 하겠다는 화자의 절대적 의지를, ⓑ는 임에 대한 화자의 굳은 절개와 지조를 강조하는 시어이다.

⑤ ⓐ는 시간의 흐름에 구애받지 않는 화자의 사랑이, ⓑ는 임을 위해 해줄 수 있는 것이 없는 화자의 안타까움이 드러나는 시어이다.

03

<보기>를 참고하여 (가), (나)를 감상한 내용으로 적절하지 <u>않은</u> 것은?

보기

　　한용운의 시에서 '임' 혹은 '당신'은 반드시 함께해야 할 절대적 존재로서 기능한다. 따라서 화자는 이별을 대하는 데 있어 체념적이라기보다는 초연하고 의지적인 태도를 보인다. 반면 조지훈의 시에서 '임'은 절대적인 사랑의 대상으로 인식된다. 따라서 화자는 임을 절대적인 존재로 보고 그에 대한 사랑을 적극적으로 표현한다.

① (가)의 화자는 '나의 입술이 당신의 입술에 닿지 못하는 것'을 사실로 인식하면서 부정적 현실을 객관적으로 주시하지만, 이를 '거짓 이별'이라 명명하면서 임과의 재회를 필연적인 것으로 생각하는군.

② (가)의 화자는 이별의 상황을 '거짓 이별'이라는 주관적 희망으로 전이시키지만, 이 고통이 완전히 희석될 수 없음을 '한 해 두 해 가는 것이 얼마 아니 된다고 할 수가 없습니다'를 통해 드러내는군.

③ (나)의 화자는 '창백한 꽃송이'에 '마지막 한 방울 피'까지 불어넣음으로써 화자 또한 임과 같은 절대적 존재가 되기를 추구하면서, 죽음을 통해 임과의 영원한 사랑을 이루고자 하는군.

④ (나)의 화자는 임에 대한 자신의 사랑이 '흰 뼈'가 '부활하여 다시 죽을 날까지' 지속될 것이라 맹세함으로써 임을 향한 사랑이 죽어서도 영원할 것임을 표현하는군.

⑤ (나)의 화자는 임을 '거룩한 일월'로 상정함으로써 임을 절대적 존재로 인식하고, 임의 '손길 앞에'서 사랑의 감정을 주체하지 못하는 모습을 보이는군.

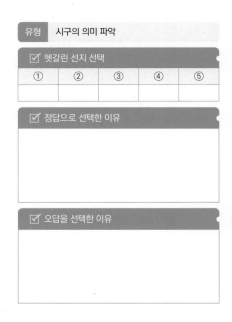

04

[A]~[E]에 대한 설명으로 적절하지 <u>않은</u> 것은?

① [A]: 임을 기다리다 젊음을 잃고 늙어가는 현실에 대해 한탄하고 있다.

② [B]: 임과 이별한 상황임에도 재회에 대한 희망을 잃지 않고 있다.

③ [C]: 임과의 이별로 인해 화자가 고통을 느끼고 있음을 드러내고 있다.

④ [D]: 임을 향한 화자의 그리움이 구천에 울려 퍼지길 소망하고 있다.

⑤ [E]: 극단적 상황에서도 변하지 않는, 임을 향한 화자의 일편단심이 드러난다.

05 서답형 문제

<보기>를 바탕으로 빈칸에 들어갈 시구를 (가)에서 찾아 쓰시오.

보기

　조지훈은 한국전쟁에 참전하여 동족상잔의 비극을 직접 목격하였다. 따라서 그에게 '민족'은 분단극복의 이념태로서 남다른 의미를 가진다. 이러한 맥락에서 조지훈이 민족정신을 강조하며 한용운을 민족시인으로 호명해내는 것은 자연스러운 시대정신의 반영으로 볼 수 있다.

　<보기>를 바탕으로 (가)를 이해한다면, '(　　　　　　　　　　　　)'
에는 민족 분열의 문제가 필연적으로 해소될 것이라는 의지가 내포되어 있다고 볼
수 있군.

정답 및 해설 p.23

핵심정리

가 김소월, 〈접동새〉

＊ 주제
현실의 비극적인 삶을 초월한 애절한 혈육의 정

＊ 구성

1연	접동새의 슬픈 울음소리
2연	마을을 떠나지 못하는 누나
3연	의붓어미 시샘에 죽은 누나
4연	누나가 접동새로 환생
5연	애절한 혈육의 정

＊ 해제
이 작품은 한(恨)의 정서를 바탕으로 고전 설화에서 모티프를 차용한 시이다. 설화의 내용은 다음과 같다. 어머니의 죽음으로 함께 살던 가족의 행복이 깨어지고, 의붓어미가 들어와 전처의 자식들을 구박하고 시기를 한다. 결국 의붓어미의 시샘에 시집을 가려던 누나는 죽고, 죽어서도 동생들을 잊지 못해 접동새로 환생한다. 의붓어미는 누나에게 저지른 악행에 대한 처벌을 받고 죽어 까마귀가 되는데, 접동새는 까마귀를 피해 남들이 다 자는 깊은 밤에만 동생들의 주위를 맴돌며 슬피 운다. 이 작품은 고전 설화의 모티프를 차용했다는 점과, 전통적인 주제와 정서를 표현했다는 점에서 우리 문학의 전통을 충실히 계승하고 있다는 평가를 받는다.

＊ 시적 화자와 시적 대상이 처한 상황

시적 화자의 상황	시적 대상의 상황
죽은 누나가 접동새로 환생하여 울고 있다고 생각하며 누나를 그리워함.	계모의 시샘으로 억울하게 죽었지만 동생들이 걱정돼 떠나지 못하고 슬피 움.

나 김광균, 〈수철리〉

＊ 주제
죽은 누이동생을 그리워하며 슬퍼함.

＊ 구성

산비탈엔~젖어 있었다	묘지 주변의 풍경
흰나비처럼~속삭였는지	비석 앞에서 누이동생의 모습을 그림.
한줌 흙을~스몄다	누이동생에 대한 그리움

※ 다음 글을 읽고, 물음에 답하시오.

 가

접동
접동새의 울음소리

접동

아우래비 접동
① 아홉 오라비
② 아우 오래비
▶ 1연: 접동새의 슬픈 울음소리

「진두강 가람 가에 살던 ㉠ **누나**는」
「」: 3음보 율격 사용→진두강 / 가람 가에 / 살던 누나는

진두강 앞마을에
서북 지방의 지명 → 접동새 관련 설화의 배경

와서 웁니다
슬픔과 한의 정서를 내포
▶ 2연: 마을을 떠나지 못하는 누나

「옛날, 우리나라
「」: 접동새 설화의 내용을 요약적으로 제시

먼 뒤쪽의

진두강 가람 가에 살던 누나는

의붓어미 시샘에 죽었습니다」
누나의 비극적인 죽음의 원인
▶ 3연: 의붓어미 시샘에 죽은 누나

누나라고 불러 보랴
슬픔의 표출

오오 불설워
몹시 서러워(평안도 방언)

시새움에 **몸**이 **죽**은 우리 누나는
누나의 영혼이 죽거나 사라진 것은 아니라고 여김

죽어서 **접동새**가 되었습니다
죽은 누나의 환생
▶ 4연: 누나가 접동새로 환생

「**아홉이나 남아 되던 오랩동생**을
오래비와 동생의 줄임말, 혹은 남동생

죽어서도 못 잊어 차마 못 잊어」
「」: 누나가 접동새가 된 이유 → 동생들에 대한 걱정, 그리움, 안타까움 때문

「**야삼경 남 다 자는 밤**이 깊으면
밤 11~새벽 1시   계모의 눈을 피하기 위해

이 산 저 산 옮아가며 슬피 웁니다」
「」: 계모의 눈을 피해 슬픔을 표출하는 누나의 모습
▶ 5연: 애절한 혈육의 정

- 김소월, 〈접동새〉 -

나

산비탈엔 들국화가 환—하고 ㉡ **누이동생**의 무덤 옆엔 밤나무 하나가 오똑 서
존재감을 드러내는 '들국화'와 죽은 누이동생을 대비
서 바람이 올 때마다 아득—한 공중을 향하야 여윈 가지를 내어저었다. **갈길을**
상실감, 공허함
못 찾는 영혼 같애 절로 눈이 감긴다. 무덤 옆엔 작은 시내가 은실을 긋고 등 뒤
죽은 누이동생의 영혼   이승과 저승의 단절을 떠오르게 함
에 서걱이는 떡갈나무 수풀 잎에 차단—한 비석이 하나 노을에 젖어 있었다.
청각적 이미지 → 쓸쓸함을 심화   차디찬   슬픔을 자아내는 시간적 배경   ▶ 묘지 주변의 풍경
흰 나비처럼 여윈 모습 아울러 어느 무형(無形)한 공중에 그 체온이 꺼져 버린 후
누이동생의 죽음을 연상 ①   누이동생의 죽음을 연상 ②

밤낮으로 찾아 주는 건 비인 묘지의 **물소리와 바람 소리**뿐. 동생의 가슴 우엔 비가
_{누이동생의 죽음을 실감하게 하는 청각적 이미지} _{누이동생의 무덤 위에 내리는 비와 눈}
내리고 눈이 쌓이고 적막한 황혼이면 별들은 이마 우에서 무엇을 속삭였는지. |
_{누이동생에 대한 생각에 잠기는 시간, 누이동생이 죽고 없음을 상기시키는 시간} ▶ 비석 앞에서 누이동생의 모습을 그림
한줌 흙을 헤치고 나즉—이 부르면 함박꽃처럼 눈 뜰 것만 같아 서러운 생각이
_{누이동생이 보고 싶은 마음을 형상화함}
옷소매에 스몄다.

▶ 누이동생에 대한 그리움
- 김광균, 〈수철리〉 -

＊ 해제
이 작품은 누이동생이 묻혀 있는 묘지를 찾아 그리움
과 추모의 마음을 노래하는 시이다. 누이동생이 잠든
묘지의 풍경을 한 폭의 수채화처럼 묘사함으로써 누이
동생에 대한 화자의 정서를 효과적으로 표현하고 있
다. 또한 누이동생의 무덤을 살아 있는 화자와 죽은 누
이동생의 교감이 이루어지는 공간으로 표현하고 있다.

● **확인 문제**

[1-2] (가)에 대한 설명이다. 맞으면 ○, 틀리면 ×표 하시오.

1 방언을 사용하여 향토성을 강화하고 있다.

2 화자는 현실에서 도피하여 이상 세계에 도달하고자 하는 염원을 드러내고 있다.

[3-4] (나)에 대한 설명이다. 맞으면 ○, 틀리면 ×표 하시오.

3 청각적 이미지를 활용하여 쓸쓸한 분위기를 조성하고 있다.

4 화자는 누이동생과의 재회를 기대하고 있다.

[5-7] (가), (나)와 관련하여 윗글의 내용과 관련하여 빈칸에 들어갈 적절한 내용을 쓰시오.

5 (가)의 '□□□'는 누나의 영혼이 사라지지 않았다는 화자의 의식이 반영된 대상이다.

6 (가)에서는 구체적 지명인 '□□□'을 제시하여 접동새 설화와 관련된 배경을 보여 주고 있다.

7 (나)의 '□□□□'는 '차단—한 비석', '비인 묘지'와 마찬가지로 누이동생의 죽음을 상징하는 시어이다.

확인 문제 정답	**1** ○ **2** × **3** ○ **4** × **5** 접동새 **6** 진두강 **7** 여윈 가지

01

유형	작품 간의 공통점 파악

(가)와 (나)의 공통점으로 가장 적절한 것은?

① 의도적으로 시어를 변형하여 사용함으로써 리듬감에 변화를 주고 있다.

② 음성 상징어를 사용하여 화자의 심리 변화를 구체적으로 드러내고 있다.

③ 시간의 흐름에 따라 시상을 전개하여 대상의 정적인 모습을 강조하고 있다.

④ 유사한 시어를 반복하여 제시하여 대상에 대한 관조적 태도를 드러내고 있다.

⑤ 자연물과 화자의 처지를 대비하여 시적 상황에 대한 안타까움을 유발하고 있다.

☑ 헷갈린 선지 선택

①	②	③	④	⑤

☑ 정답으로 선택한 이유

☑ 오답을 선택한 이유

02

유형	시어의 의미와 기능 파악

㉠과 ㉡에 대해 이해한 내용으로 적절하지 않은 것은?

① ㉠과 달리, ㉡의 죽음은 주로 간접적으로 암시되고 있다.

② ㉠과 달리, ㉡의 죽음은 원인이 명확히 제시되어 있지 않다.

③ ㉡과 달리, ㉠은 화자가 호명하고자 시도했던 대상이다.

④ ㉡과 달리, ㉠은 개별적인 사연이 일반적인 설화로 확장된 것이다.

⑤ ㉡과 달리, ㉠은 환생하여 화자의 안타까움을 불러일으키는 대상이다.

☑ 헷갈린 선지 선택

①	②	③	④	⑤

☑ 정답으로 선택한 이유

☑ 오답을 선택한 이유

<보기>를 참고하여 (가), (나)를 감상한 내용으로 적절하지 않은 것은?

보기

　　한(恨)은 어떠한 원인으로 인해 자신의 욕구나 의지가 좌절되었을 때 생겨난다. 예컨대 타인·자연환경·죽음 등이 개인의 삶을 좌절시키는 경우, 혹은 그것 때문에 자신의 욕구를 제대로 행동으로 표출할 수 없는 경우 등을 들 수 있다. 이러한 상황에 처한 인간은 체념, 즉 미련을 버리지 못하고 한을 지니게 된다.

① (가)의 화자의 '누나'가 '의붓어미 시샘'으로 인해 죽은 것이라면, 화자의 한은 타인에 의해 발생한 것으로 볼 수 있겠군.

② (가)의 화자는 비록 '누나'의 '몸이 죽'었지만, '접동새'로 환생하였다고 인식함으로써 누나의 죽음에 대한 미련을 버리지 못하여 한을 지니게 된 것으로 볼 수 있겠군.

③ (가)의 '누나'가 '오랩동생'을 '죽어서도 못 잊'는 것으로 보아, '아홉이나 남아 되던' '오랩동생'을 향한 미련이 한이 된 것이군.

④ (나)의 화자가 '누이동생'을 '갈길을 못 찾는 영혼'이라 지칭하는 것을 통해 화자의 한이 '누이동생'의 죽음에서 비롯된 것임을 알 수 있겠군.

⑤ (나)의 '물소리와 바람 소리'는 '누이동생'의 의지를 좌절시킨 대상으로, '누이동생'의 한은 자연환경에 의해 생겨난 것으로 볼 수 있겠군.

<보기>의 ⓐ, ⓑ에 들어갈 말로 적절한 것을 차례대로 쓰시오.

(단, ⓑ에 들어갈 말은 2어절로 쓸 것.)

보기

　　(가)의 (　ⓐ　)은/는 시적 대상이 자신의 감정을 표출하는 시간적 배경이며, (나)의 (　ⓑ　)은/는 시적 화자가 시적 대상의 부재를 상기하는 시간적 배경에 해당한다.

핵심정리

가 박용철, 〈싸늘한 이마〉

* 주제
고립된 자아의 외로움과 외로움을 위로받고 싶은 바람

* 구성

1연	모두 빼앗기는 듯한 외로움을 산꽃을 통해 위로받고 싶음.
2연	심화된 외로움을 귀또리를 통해 위로받고 싶음.
3연	극한의 외로움을 별을 통해 위로받고 싶음.

* 해제
이 작품은 '어둠'으로 상징되는 암울한 상황에 놓인 화자가 자신의 내면을 응시하며 '모두 빼앗기는 듯한 외로움'을 느끼는 상황을 표현하고 있다. '새파란 불 붙어 있는 인광', '기어가는 신경의 간지러움'은 화자가 느끼는 외로움을 감각적으로 형상화한 표현으로 볼 수 있다. 이러한 상황에 놓인 화자는 가정의 형식을 활용해 외로움을 달래고 싶은 마음을 표출하는데, '산꽃', '귀또리', '별'은 외로운 처지의 화자에게 위로와 위안이 되는 대상이다.

나 박용래, 〈월훈〉

* 주제
외딴집에 사는 노인의 외로움과 그리움

* 구성

1~2행	첩첩 산중의 외딴집에 사는 노인
3행	좀처럼 잠을 이루지 못하는 노인
4행	노인이 잠든 후 들리는 겨울 귀뚜라미의 울음
5행	달무리가 진 밤의 적막한 풍경

* 해제
이 작품은 적막한 산골 외딴집에 사는 노인의 고독을 노래하고 있다. 노인이 사는 곳은 '첩첩 산중에도 없는 마을'의 '외딴집'으로, 노인이 외부와 단절된 채 살고 있음을 알려 준다. 노인의 행동을 통해 그가 느끼는 무료함과 누군가에 대한 그리움을 표현하며, '짚오라기', '이름 모를 새', '귀뚜라미'는 노인의 외로움을 부각하기 위해 활용한 소재이다. 또 달무리라는 뜻의 '월훈'으로 시상을 종결한 것도 노인이 느끼는 외로움과 그리움의 깊이를 강조하기 위한 표현으로 볼 수 있다.

※ 다음 글을 읽고, 물음에 답하시오.

가

큰 어둠 가운데 홀로 밝은 불 켜고 **앉아 있으면** 모두 빼앗기는 듯한 **외로움**
<small>화자의 정서</small>

한 포기 산꽃이라도 있으면 얼마나 한 위로이랴
<small>○: 화자에게 위로와 위안을 주는 존재   가정의 상황 제시 - 위로가 될 것임을 강조함</small>
▶ 1연: 모두 빼앗기는 듯한 외로움을 산꽃을 통해 위로받고 싶음

모두 빼앗기는 듯 **눈덮개 고이 나리면** 환한 온몸은 「새파란 불 붙어 있는 ⊙ 인광
<small>1연의 외로운 상태 지속   「」: 외로움으로 가득한 화자의 몸을 비유함(외로움의 심화)</small>
(燐光)*」

까만 귀또리 하나라도 있으면 얼마나 한 기쁨이랴
▶ 2연: 심화된 외로움을 귀또리를 통해 위로받고 싶음

파란 불에 몸을 사르면 ⓒ **싸늘한 이마** 맑게 트이어 기어가는 신경의 간지러움
<small>2연의 외로운 상태 지속   정신과 감각이 맑아지고 깨어나는 듯한 상태</small>
ⓒ **끼리는 별**이라도 맘에 있다면 얼마나 한 즐거움이랴
▶ 3연: 극한의 외로움을 별을 통해 위로받고 싶음

– 박용철, 〈싸늘한 이마〉 –

* 인광: 빛의 자극을 받아 빛을 내던 물질이, 그 자극이 멎은 뒤에도 계속하여 내는 빛.

나

첩첩 산중에도 없는 마을이 여긴 있습니다. 잎 진 사잇길 저 모랫둑, 그 너머
<small>공간적 배경 - 현대 문명과 동떨어진 마을(환상적)   공간의 신비함을 더함</small>
강기슭에서도 보이진 않습니다. 허방다리 들어내면 보이는 마을.
<small>○: 음성 상징어   명사 종결</small>
ⓔ **갱(坑) 속 같은 마을**. **꼴깍**, 해가, 노루꼬리 해가 지면 집집마다 봉당에 불을
<small>작고 초라한 이미지   쉼표를 반복해 천천히 저녁이 찾아오는 상황을 제시</small>
켜지요. 콩깍지, 콩깍지처럼 후미진 외딴집, 외딴집에도 불빛은 앉아 이슥토록
<small>작고 초라한 이미지   노인이 외로운 처지임을 짐작하게 함</small>
창문은 모과(木瓜)빛입니다.
<small>따뜻하고 포근한 분위기를 환기함</small>
▶ 1~2행: 첩첩 산중의 외딴집에 사는 노인
기인 밤입니다. 외딴집 노인은 홀로 잠이 깨어 **출출한 나머지 무우를 깎기도**
<small>노인의 처지를 직접 제시함   외로움을 달래기 위한 행위</small>
하고 고구마를 깎다, 문득 바람도 없는데 시나브로 풀려 풀려 내리는 짚단, 짚오
<small>모르는 사이에 조금씩 조금씩</small>
라기의 설레임을 듣습니다. 귀를 모으고 듣지요. **후루룩 후루룩** 처마깃에 나래
<small>밖에서 들리는 소리를 들으며 막연한 기대감을 지님   날개</small>
묻는 이름 모를 새, 새들의 온기를 생각합니다. 숨을 죽이고 생각하지요.
▶ 3행: 좀처럼 잠을 이루지 못하는 노인
참 오래오래, 노인의 자리맡에 밭은 기침소리도 없을 양이면 벽 속에서 **겨울**
<small>노인이 깊게 잠이 든 상황(조용한 방 안의 분위기)</small>
귀뚜라미는 울지요. 떼를 지어 웁니다, **벽이 무너지라고** 웁니다.
<small>점층적 구성 - 조용한 방 안을 가득 채우는 귀뚜라미의 울음을 통해 노인의 고독을 강조함</small>
▶ 4행: 노인이 잠든 후 들리는 겨울 귀뚜라미의 울음
어느덧 밖에는 눈발이라도 치는지, 펄펄 함박눈이라도 흩날리는지, 창호지 문
<small>산촌의 적막함 고조</small>
살에 돋는 ⓜ **월훈(月暈)***.
<small>공간의 분위기를 드러내는 명사로 시상을 종결하여 정서의 깊이를 더함</small>
▶ 5행: 달무리가 진 밤의 적막한 풍경

– 박용래, 〈월훈〉 –

* 월훈: 달 언저리에 둥그렇게 생기는 구름 같은 허연 테.

[1-3] (가)에 대한 설명이다. 맞으면 ○, 틀리면 ✕표 하시오.

1 화자의 주된 정서는 그리움이다.

2 '새파란 불 붙어 있는 인광(燐光)'은 화자가 느끼는 감정을 감각적으로 형상화한 표현이다.

3 영탄법의 사용을 통해 내용을 점층적으로 전개한다.

[4-6] (나)에 대한 설명이다. 맞으면 ○, 틀리면 ✕표 하시오.

4 이 시의 화자는 노인을 주관적 감정이 아닌 관찰자의 시선으로 바라본다.

5 '외딴집'을 '콩깍지'에 비유함으로써 작고 초라한 이미지를 연상시킨다.

6 '겨울 귀뚜라미'는 노인의 고독과 슬픔을 부각하는 자연물로 볼 수 있다.

[7-10] (가), (나)와 관련하여 빈칸에 들어갈 적절한 내용을 쓰시오.

7 (가)에서 '산꽃', '▢▢▢', '별'은 화자에게 위로와 위안이 되는 대상이다.

8 (가)는 시어와 시상의 전개를 통해 화자의 ▢▢▢이 심화되는 과정을 보여 준다.

9 (나)는 '▢▢▢▢'에 노인의 심리를 의탁하여 내면을 드러내고 있다.

10 (나)는 '▢▢'으로 시상을 종결하여 노인의 외로움과 그리움의 깊이를 강조하고 있다.

확인 문제 정답	1 ✕	2 ○	3 ✕	4 ○	5 ○	6 ○	7 귀또리	8 외로움	9 귀뚜라미	10 월훈

01

(가)와 (나)의 공통점에 대한 설명으로 적절하지 않은 것은?

① 유사한 통사 구조를 반복하여 운율감을 형성하고 있다.

② 점층적인 구성을 통해 외로움이 심화된 모습을 보여 주고 있다.

③ 일부 시행을 명사로 종결하여 시적 대상의 인식을 전달하고 있다.

④ 다양한 이미지를 활용하여 시적 대상의 정서를 감각적으로 나타내고 있다.

⑤ 주변의 시적 대상에게 위로받고 외로움을 극복하는 모습을 드러내고 있다.

☑ 헷갈린 선지 선택

①	②	③	④	⑤

☑ 정답으로 선택한 이유

☑ 오답을 선택한 이유

02

㉠~㉤ 중 성격이 다른 것은?

① ㉠ 　② ㉡ 　③ ㉢ 　④ ㉣ 　⑤ ㉤

☑ 헷갈린 선지 선택

①	②	③	④	⑤

☑ 정답으로 선택한 이유

☑ 오답을 선택한 이유

03

<보기>를 참고하여 (가), (나)를 감상한 내용으로 적절하지 <u>않은</u> 것은?

보기

　　(가)와 (나)에서 공통적으로 드러나는 정서는 '외로움'이다. (가)의 화자는 부정적인 상황에 놓인 채, 자신의 내면을 들여다보며 고립된 자아의 외로움을 발견하고 있다. (나)의 화자는 관찰자의 시선으로 공간적 배경과 노인의 행동을 묘사하여 노인의 외로움을 표현하고 있다.

① (가)에서 화자가 '큰 어둠 가운데' '앉아 있'다는 것은 부정적인 상황에서 내면을 들여다보고 있음을 의미하는 것이군.

② (가)에서 화자가 '눈덮개 고이 나리'고 '파란 불에 몸을 사'른다는 것은 외로움이 지속되고 있음을 나타내는 것이군.

③ (나)에서 '첩첩 산중에도 없는 마을'이라는 공간적 배경은 노인이 외로움을 느끼는 이유 중 하나를 드러내는 것이군.

④ (나)에서 노인이 '무우를 깎기도 하고 고구마를 깎'기도 한다는 것은 외로움을 해소하기 위해 하는 행동으로 볼 수 있겠군.

⑤ (나)에서 '겨울 귀뚜라미'가 '벽이 무너지라고' 운다는 것은 노인의 외로움이 해소될 수 있음을 암시하는 것이군.

04　서답형 문제

<보기>에서 설명하는 시어를 (나)에서 찾아 3음절로 쓰시오.

보기

따뜻하고 포근한 분위기를 환기함.

정답 및 해설 p.25

핵심정리

가 정지용, 〈그의 반〉

＊주제

절대적 존재인 '그'에 대한 존경과 경배

＊구성

1행	'그'에 대한 '나'의 경외심
2~6행	고결하고 고고한 존재인 '그'
7~10행	'그'에게 쉽게 가까이 갈 수 없는 '나'의 처지
11~14행	절대적 존재인 '그'에 대한 '나'의 존경심

＊해제

이 작품은 신과 같은 절대적 존재에 대한 구도적 자세와 태도를 표현하고 있다. '그'는 화자가 경외감을 느끼는 대상으로 '불', '달', '금성', '고산 식물'은 '그'를 고결하고 높은 존재로 인식하는 화자의 태도를 드러낸다. 이러한 '그'는 '머언' 곳에 있는 존재로 화자가 쉽게 다가가기 어렵고, 그럴수록 화자는 '수그'리며 두 손을 '여미'며 경외감을 드러낼 뿐이다. '그의 반'은 '그'가 없으면 '나'도 존재할 수 없다는 의미로, 불완전한 존재인 화자가 '그'를 통해 삶의 구원을 얻고자 함을 드러내는 표현으로 볼 수 있다.

나 강은교, 〈사랑법〉

＊주제

참된 사랑에 이르는 방법

＊구성

1~3연	사랑하는 사람에 대한 집착을 버리고 침묵할 것
4~6연	사랑하는 사람을 관조하는 자세로 기다릴 것
7연	침묵과 관조로 도달할 수 있는 사랑의 절대적 경지

※ 다음 글을 읽고, 물음에 답하시오.

가

내 무엇이라 이름하리 그를?
도치법 – '그'에 대한 경외심 강조
「나의 영혼 안의 고운 불,
「」: 자연물에 빗대어 '그'가 고결한 존재임을 나타냄
공손한 이마에 비추는 달,

㉠ 나의 눈보다 값진 이,

바다에서 솟아올라 나래 떠는 금성(金星),

쪽빛 하늘에 흰 꽃을 달은 고산 식물,」

나의 가지에 머물지 않고
「」: '그'와 화자 사이의 거리감 '그'가 범접하기 어려운 존재임을 드러냄
나의 나라에서도 멀다.」

홀로 어여삐 스스로 한가로워— 항상 머언 이,
절대적 존재인 '그'의 속성
㉡ 나는 사랑을 모르노라 오로지 수그릴 뿐.
'그'에 대한 경외심
때 없이 가슴에 두 손이 여미어지며
공손함을 드러내는 행위
굽이굽이 돌아 나간 시름의 황혼 길 위—

「나— 바다 이편에 남긴
「」: 가까이 갈 수는 없어도 '그'와 떨어질 수 없는 관계임을 강조함
그의 반임을 고이 지니고 걷노라.」

▶ 1행: '그'에 대한 '나'의 경외심

▶ 2~6행: 고결하고 고고한 존재인 '그'

▶ 7~10행: '그'에게 쉽게 가까이 갈 수 없는 '나'의 처지

▶ 11~14행: 절대적 존재인 '그'에 대한 '나'의 존경심

- 정지용, 〈그의 반〉 -

나

「**떠나고 싶은 자**
「」: 사랑하는 대상에 집착하지 않으려는 태도
떠나게 하고

잠들고 싶은 자

잠들게 하고」

그리고도 남는 시간은

침묵할 것.
자신의 내면을 돌아보라는 의미

「㉢ 또는 꽃에 대하여
「」: '꽃', '하늘', '무덤'은 화자를 집착하게 하는 대상임
또는 하늘에 대하여

또는 무덤에 대하여」

서둘지 말 것

침묵할 것.

▶ 1~3연: 사랑하는 사람에 대한 집착을 버리고 침묵할 것

그대 살 속의

ⓐ 오래전에 굳은 날개와
『』: 과거 화자가 추구하려 했지만 지금은 포기한 대상을 나열함

흐르지 않는 강물과

누워 있는 누워 있는 구름,

결코 잠깨지 않는 별을』

『쉽게 꿈꾸지 말고
『』: 소망을 이루기 위해서는 인내하는 태도를 지녀야 함

쉽게 흐르지 말고

쉽게 꽃피지 말고』

그러므로

ⓜ 실눈으로 볼 것
당당히 관조하는 자세를 지닐 것을 강조함

떠나고 싶은 자

홀로 떠나는 모습을

잠들고 싶은 자

홀로 잠드는 모습을

▶ 4~6연: 사랑하는 사람을 관조하는 자세로 기다릴 것

가장 큰 하늘은 언제나
사랑의 절대적 경지

그대 등 뒤에 있다.
매우 가까이에 있음

▶ 7연: 침묵과 관조로 도달할 수 있는 사랑의 절대적 경지

- 강은교, 〈사랑법〉 -

＊ 해제

이 작품은 상징적 시어를 활용해 진정한 사랑이 무엇인지를 깨닫게 한다. 화자는 사랑을 위해서는 '침묵'해야 한다고 명령하듯 말하고 있다. '침묵'은 자신의 내면을 돌아보는 행위로서, 사랑하는 대상에 대한 집착은 진정한 사랑이 아니며 침묵과 관조의 자세로 사랑을 기다릴 때 사랑의 절대적 경지에 이를 수 있다고 말하는 것이다. 이 작품은 유사한 문장 구조의 반복, 서술어의 생략을 통해 주제 의식을 강조하고 있다.

＊ 참된 사랑의 자세

떠나게 할 것 잠들게 할 것 서둘지 말 것	+	쉽게 꿈꾸지 말 것 쉽게 흐르지 말 것 쉽게 꽃피지 말 것
↓		↓
침묵할 것		실눈으로 볼 것

↓

가장 큰 하늘

사랑에 집착하지 않고,
인내하는 태도와 관조하는 자세를 지닌다면
사랑의 절대적 경지에 도달할 수 있음.

[1-3] (가)에 대한 설명이다. 맞으면 ○, 틀리면 ✕표 하시오.

1 도치법을 통해 대상에 대한 경외심을 강조하고 있다.

2 화자는 '그'와의 물리적 거리를 좁히고자 노력하고 있다.

3 화자는 '그'에게 존경심을 가지고 있다.

[4-6] (나)에 대한 설명이다. 맞으면 ○, 틀리면 ✕표 하시오.

4 화자는 침묵을 강조하여 화자가 생각하는 사랑의 자세에 대해 말하고 있다.

5 서술어를 생략하여 주제 의식을 강조하고 있다.

6 '실눈으로 볼 것'에는 화자가 추구하는 자세가 담겨 있다.

[7-10] (가), (나)와 관련하여 빈칸에 들어갈 적절한 내용을 쓰시오.

7 (가)의 화자는 '그'를 바다에서 솟아 오른 '◻◻'에 비유하여 고결하고 고고한 존재임을 드러내고 있다.

8 (가)의 '◻◻◻'에는 비록 가까이 갈 수 없지만, 화자와 '그'는 결코 떨어질 수 없는 관계라는 의미가 담겨 있다.

9 (나)의 '꽃', '하늘', '◻◻'은 사랑의 과정에서 화자가 집착하게 되는 대상들을 말한다.

10 (나)의 '가장 큰 하늘'은 ◻◻의 절대적 경지로, 화자가 도달할 수 있다고 여기는 곳이다.

확인 문제 정답	1 ○ 2 ✕ 3 ○ 4 ○ 5 ○ 6 ○ 7 금성 8 그의 반 9 무덤 10 사랑

01

(가)와 (나)에 대한 설명으로 적절하지 않은 것은?

① (가)는 시각적 이미지를 통해 시적 대상을 선명하게 형상화하고 있다.

② (가)의 화자는 자연물을 통해 시적 대상에 대한 태도를 드러내고 있다.

③ (나)는 동일한 통사구조의 반복을 통해 운율감을 형성하고 있다.

④ (나)는 비유적 표현을 통해 시적 대상을 효과적으로 표현하고 있다.

⑤ (가)와 (나)는 모두 명령형 어조를 통해 단호한 분위기를 조성하고 있다.

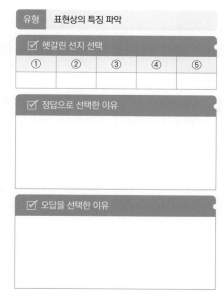

유형	표현상의 특징 파악

☑ 헷갈린 선지 선택

①	②	③	④	⑤

☑ 정답으로 선택한 이유

☑ 오답을 선택한 이유

02

㉠~㉤을 이해한 내용으로 적절하지 않은 것은?

① ㉠: 화자가 '그'를 화자 자신보다 더 사랑하고 있음을 나타내고 있다.

② ㉡: 화자가 '그'를 알게 됨으로써 사랑을 배웠음을 전달하고 있다.

③ ㉢: 화자가 가치 있다고 생각하며 집착하는 대상을 나열하고 있다.

④ ㉣: 화자가 과거에 추구하려 했으나 현재에는 포기한 대상을 가리키고 있다.

⑤ ㉤: 화자가 사랑을 관조하는 태도를 중요시하고 있음을 알리고 있다.

유형	시구의 의미 파악

☑ 헷갈린 선지 선택

①	②	③	④	⑤

☑ 정답으로 선택한 이유

☑ 오답을 선택한 이유

03

<보기>를 바탕으로 (가), (나)를 감상한 내용으로 적절하지 않은 것은?

유형	외적 준거에 따른 작품 감상

☑ 헷갈린 선지 선택

①	②	③	④	⑤

☑ 정답으로 선택한 이유

☑ 오답을 선택한 이유

보기

　(가)와 (나)는 각기 다른 사랑의 방식을 형상화하고 있다. (가)의 화자는 자신이 불완전한 존재임을 인정하며, 절대적 존재인 '그'를 사랑하고 경외하는 방식으로 고결한 모습의 '그'를 통해 삶의 구원을 얻고자 한다. (나)의 화자는 사랑하는 존재에 대한 집착에서 벗어나고, 관계에 대한 성찰을 통해 한발 물러선 관조의 자세를 지닐 때 진정한 사랑을 발견할 수 있다고 말하고 있다. 이처럼 두 작품은 사랑을 하는 사람이 지녀야 할 바람직한 자세나 태도를 드러내고 있다.

① (가)에서 화자가 '그'를 가리켜 '내 무엇이라 이름하리'라고 하는 것은 '그'에 대한 경외심을 강조한 것이로군.
② (가)에서 '그'가 '나의 가지에 머물지 않'는다는 것은 '그'가 화자가 범접하기 어려운 절대적 존재임을 암시한 것이로군.
③ (가)에서 화자가 '굽이굽이 돌아 나간 시름의 황혼 길 위'를 걷는 것은 '그'의 고결함을 따르고자 하는 태도가 드러난 것이로군.
④ (나)에서 '떠나고 싶은 자'를 '떠나게 하'라는 것은 사랑하는 존재에 대한 집착을 버리는 태도를 나타낸 것이로군.
⑤ (나)에서 '가장 큰 하늘'이 '그대 등 뒤에 있다'는 것은 관조의 자세를 지닐 때 진정한 사랑을 발견할 수 있음을 표현한 것이로군.

04 　서답형 문제

<보기>의 빈칸에 들어갈 숫자를 쓰시오.

유형	작품의 맥락 이해

☑ 정답으로 선택한 이유

보기

　(나)의 화자는 소망을 이루기 위해서는 인내하는 태도를 지녀야 한다고 주장하고 있다. (나)에서 이러한 주장이 가장 잘 드러난 연은 (　　　)연이다.

정답 및 해설 p.25

5강 학·저 새

※ 다음 글을 읽고, 물음에 답하시오.

나는 ⓞ학이로다
은유법
○: 화자를 나타내는 보조 관념

▶1연: 학과 같은 화자

박모(薄暮)*의 수묵색 거리를 가량이면
　암울함이 느껴지는 시각적 이미지
㉠ 슬픔은 멍인 양 목줄기에 맺히어
소리도 소리도 낼 수 없누나
슬픔에 젖어 소리조차
낼 수 없는 화자의 처지

▶2연: 슬픔에 잠긴 화자

저마다 저마다 마음속 적은 고향을 안고
㉡ 창창한 담채화 속으로 흘러가건만
　푸르름과 생명감이 느껴지는 시각적 이미지
나는 향수할 가나안의 복된 길도 모르고
고향, 안식처
대조

▶3연: 고향으로 돌아가지 못한 화자의 처지

꿈 푸르른 솔바람 소리만
아득한 풍랑인 양 머리에 설레노니
긍정, 희망과 동떨어짐

▶4연: 아득한 꿈을 꾸는 화자

깃은 남루하여 올빼미처럼 춥고
고단한 삶을 견디는 존재
㉢ 자랑은 호을로 높고 슬프기만 하여
내 타고남이 차라리 욕되도다
화자의 고독한 처지
어둑한 저잣가에 지향없이 서량이면
암울하고 희망이나 목표가 없는 화자의 처지
우러러 밤서리와 별빛을 이고
시련　　　이상
나는 한 오래기 갈대인 양
마르고 연약한 존재

▶5연: 남루하고 고독한 화자의 처지

- 마르는 학이로다

▶6연: 마르는 학과 같은 화자
- 유치환, 〈학〉 -

＊박모: 해가 진 뒤 어스레한 동안. 땅거미.

화자가 처한 슬픔의 상황을 드러내는 자연물
㉣ 저 산 저 새 돌아와 우네

어둡고 캄캄한 저 빈 산에
□: 부정적 상황을 시각과 청각으로 형상화
저 새 돌아와 우네

▶1~3행: 암울한 현실에서 울고 있는 새

가세
청유형 어미를 통해 화자의 소망과 의지를 드러냄
우리 그리움

저 산에 갇혔네

핵심정리

가 유치환, 〈학〉

＊주제

슬픔과 향수에 젖어 있는 처량한 자기 인식

＊구성

1연	학과 같은 화자
2연	슬픔에 잠긴 화자
3연	고향으로 돌아가지 못하는 화자의 처지
4연	아득한 꿈을 꾸는 화자
5연	남루하고 고독한 화자의 처지
6연	마르는 학과 같은 화자

＊해제

이 작품은 화자가 자신의 모습을 '학'에 빗대어 표현함으로써 자신의 처지를 드러내고 있다. 이 작품에서 '학'의 모습은 고고하고 지조 높은 전통적인 대상이 아니라 슬픔과 향수에 젖어 남루하고 처량한 모습을 하고 있는 학으로 그려진다. 그리고 이러한 비참한 화자의 처지와 자기 인식은 '마르는 학'이라는 표현을 통해 집약되고 있다.

＊가나안

개념	• 고대 이스라엘이 정착한 지역으로, 성경에서 신이 자신의 백성에게 약속한 구원의 장소
의미	• 꼭 가야만 하고, 갈 수 있는 곳인 가나안과 달리, 그럴만한 장소가 없는 화자의 처지를 부각함. • 다른 사람들은 '고향'을 안고 간다는 면에서, 화자에게 '고향'이 없거나 없어졌음을 의미함.

나 김용택, 〈저 새〉

＊주제

부정적 현실 인식과 현실 극복에 대한 소망

＊구성

1~3행	암울한 현실에서 울고 있는 새
4~10행	부정적 현실을 극복하려는 의지
11~14행	암울한 현실을 극복하고자 하는 소망
15~18행	암울한 현실 인식과 그로 인한 슬픔과 아픔

이 작품은 화자가 처한 부정적 현실을 드러내고, 이러한 부정적 현실을 극복하고자 하는 바람을 담고 있다. 특히 이 작품은 산속에 갇혀 우는 '저 새'를 통해 화자가 처한 부정적 현실을 표현하고, '깃쳐 오를 새하얀 새'와 어둠을 태우며 타오를 '산'을 부르는 행위를 통해 이러한 현실을 극복하고자 하는 화자의 소망을 드러내고 있다. 하지만 이 작품의 마지막 부분에서는 이러한 바람에도 불구하고 슬픔과 아픔을 겪고 있는 부정적 현실을 형상화하며 시상을 마무리하고 있다.

* 산의 현재와 미래

현재	• 텅 비고 어두운 곳으로 부정적인 상황 • 한때는 그렇지 않았는지 그리움이 남겨짐. • '새하얀 새'를 가두는 공간
미래	• 언젠가는 꽃이 피게 됨. • 더 이상 텅 비지도 어둡지도 않게 됨. • '새하얀 새'가 높이 나는 장소가 됨.

저 어두운 들을 지나

저 어두운 강 건너

ㅁ 저 남산 꽃산에

우우우 꽃 피러 가세

산아 산아 산아
돈호법, 반복법

저 어둠 태우며
부정적 현실의 종식

타오를 산아

저 꽃산에 눈부시게 깃쳐 오를 새하얀 새여
새로운 세상   상승의 이미지   이상적인 존재

「아아, 지금은 저 어두운 빈 산에 갇혀

저 새 밤새워 울고

우리 **어둠** 속에

꽃같이 아픈 눈 뜨고 있네.」
「」: 부정적 현실 인식

△: 부정적 현실
○: 부정적 현실이 종식된 새로운 세상

▶ 4~10행: 부정적 현실을 극복하려는 의지

▶ 11~14행: 암울한 현실을 극복하고자 하는 소망

▶ 15~18행: 암울한 현실 인식과 그로 인한 슬픔과 아픔

– 김용택, 〈저 새〉 –

● 확인 문제

[1-3] (가), (나)에 대한 설명이다. 맞으면 ○, 틀리면 ✕표 하시오.

1 (가)의 화자는 자신의 모습을 '학'에 빗대어 표현하여 자신의 처지를 드러내고 있다.

2 (나)의 '깃쳐 오를'은 상승의 이미지로, 부정적 현실을 극복하려는 마음을 담고 있다.

3 (나)의 '남산 꽃산'은 부정적 현실이 종식된 새로운 세상이다.

[4-5] (가), (나)와 관련하여 빈칸에 들어갈 적절한 내용을 쓰시오.

4 (가)에서 '☐☐☐'은 고향 및 안식처를 상징하는 소재로, 화자에게는 없거나 없어진 장소다.

5 (나)의 '산아 산아 산아'는 돈호법과 ☐☐☐을 사용하여 화자의 갈망을 드러낸다.

확인 문제 정답	**1** ○ **2** ○ **3** ○ **4** 가나안 **5** 반복법

01

유형 작품 간의 공통점, 차이점 파악

(가)와 (나)에 대한 설명으로 적절한 것은?

① (가)와 (나) 모두 화자가 부정적 현실을 개선하려는 의지를 보이고 있다.

② (가)는 (나)와 달리 과거를 그리워하며 현재와의 대비를 통해 처지를 비관하고 있다.

③ (나)는 (가)와 달리 성찰을 통해 삶에 대한 깨달음을 얻고 있다.

④ (나)는 (가)와 달리 관조적인 태도로 자연물을 관찰하고 서술하고 있다.

⑤ (나)는 (가)와 달리 자연물에 자신의 감정을 이입해 시상을 전개해 나가고 있다.

☑ 헷갈린 선지 선택

①	②	③	④	⑤

☑ 정답으로 선택한 이유

☑ 오답을 선택한 이유

02

유형 시구의 의미와 기능 파악

㉠~㉤에 대한 설명으로 적절한 것은?

① ㉠: 은유적 표현을 통해 슬픔에 잠긴 화자의 처지를 효과적으로 드러내고 있다.

② ㉡: 시각적 이미지를 활용하여 화자가 품은 이상적 공간을 선명하게 표현하고 있다.

③ ㉢: 시적 허용을 사용하여 고고하고 외로운 학의 모습을 형상화하고 있다.

④ ㉣: 반복법과 의인법을 활용하여, 돌아온 새를 환영하고 반갑게 맞아주고 있다.

⑤ ㉤: 청유형 어조를 통해 현재 상황에 대한 만족감을 나타내고 있다.

☑ 헷갈린 선지 선택

①	②	③	④	⑤

☑ 정답으로 선택한 이유

☑ 오답을 선택한 이유

03

(나)와 <보기>의 공통점으로 적절하지 <u>않은</u> 것은?

보기

> 해야 솟아라. 해야 솟아라. 말갛게 씻은 얼굴 고운 해야 솟아라. 산 넘어 산 넘어서 어둠을 살라 먹고, 산 넘어서 밤새도록 어둠을 살라 먹고, 이글이글 앳된 얼굴 고운 해야 솟아라.
>
> 달밤이 싫여, 달밤이 싫여, 눈물 같은 골짜기에 달밤이 싫여, 아무도 없는 뜰에 달밤이 나는 싫여……
>
> 해야, 고운 해야, 늬가 오면, 늬가사 오면, 나는 나는 청산이 좋아라. 훨훨훨 깃을 치는 청산이 좋아라. 청산이 있으면 홀로래도 좋아라.
>
> 사슴을 따라 사슴을 따라, 양지로 양지로 사슴을 따라, 사슴을 만나면 사슴과 놀고,
>
> 칡범을 따라 칡범을 따라, 칡범을 만나면 칡범과 놀고…….
>
> 해야, 고운 해야. 해야 솟아라. 꿈이 아니래도 너를 만나면, 꽃도 새도 짐승도 한자리 앉아, 워어이 워어이 모두 불러 한자리 앉아, 애띠고 고운 날을 누려 보리라.
>
> – 박두진, 〈해〉

① 돈호법을 사용하여 독자의 주의를 환기하며 변화를 주고 있다.
② 음성 상징어를 사용하여 시적 상황을 생동감 있게 표현하고 있다.
③ 대립하는 이미지의 시어를 사용하여 화자가 지향하는 바를 드러내고 있다.
④ 현실에 대한 화자의 부정적인 인식을 '어둠'이라는 소재를 통해 표현하고 있다.
⑤ 바람직한 삶의 태도를 방해하는 요소들에 대한 주의와 경각을 독자에게 요구하고 있다.

04 서답형 문제

<보기>에서 설명하는 시어를 (가)에서 찾아 쓰시오.

보기

> 어두운 밤에야 비로소 눈을 떠 겨울밤에도 잠들지 않고 추위를 견디는 시적 대상으로, 화자의 고단한 처지를 나타내는 동물

※ 다음 글을 읽고, 물음에 답하시오.

가

파란 녹이 낀 구리 [거울] 속에
_{오랫동안 이어져 온 역사의 유물, 자기반성의 매개체}
내 얼굴이 남아 있는 것은

㉠ 어느 왕조의 유물이기에

이다지도 욕될까.
_{민족과 역사에 관련된 참회}

나는 나의 참회의 글을 한 줄에 줄이자.
_{현재의 시점에서의 참회}
― 만 이십사 년 일 개월을
_{화자가 살아온 삶, 화자의 나이}
무슨 기쁨을 바라 살아왔던가.

▶ 1~2연: 과거 자신의 삶에 대한 성찰과 이에 대한 참회

내일이나 모레나 그 어느 즐거운 날에
_{광복이 이루어지는 미래의 날}
나는 또 한 줄의 참회록을 써야 한다.

『――그때 그 젊은 나이에
_{『 』: 미래의 '어느 즐거운 날'에 적을 참회록의 내용―현재의 자신을 반성함}
왜 그런 부끄런 고백을 했던가.』

▶ 3연: 미래에 대한 긍정적 전망과 새로운 참회의 필요성

밤이면 밤마다 나의 거울을

손바닥으로 발바닥으로 닦아 보자.
_{온 힘과 정성을 기울여}

그러면 어느 운석(隕石) 밑으로 홀로 걸어가는
_{순교적 자세   죽음   자기희생}
㉡ 슬픈 사람의 뒷모양이

거울 속에 나타나 온다.
_{현재의 거울에 비친 미래의 모습}

▶ 4~5연: 치열한 자아 성찰을 통해 확인하는, 희생과 비극적 운명을 감내하겠다는 의지

- 윤동주, 〈참회록〉 -

나

누가 하늘을 보았다 하는가
_{설의법―진정한 하늘을 아무도 보지 못했다는 일깨움}
누가 구름 한 송이 없이 맑은
_{어떠한 방해물도 없는 자유로운}
하늘을 보았다 하는가.

_{△: 부정적 현실을 상징}
㉢ 네가 본 건, 먹구름
_{자유와 민주가 억압된 부정적 상황}
그걸 하늘로 알고

일생을 살아갔다.

네가 본 건, 지붕 덮은

쇠 항아리,

핵심정리

가 윤동주, 〈참회록〉

＊ 주제

자아 성찰을 통한 참회와 희생의 의지

＊ 구성

1~2연	과거 자신의 삶에 대한 성찰과 이에 대한 참회
3연	미래에 대한 긍정적 전망과 새로운 참회의 필요성
4~5연	치열한 자아 성찰을 통해 확인하는, 희생과 비극적 운명을 감내하겠다는 의지

＊ 해제

이 작품은 암울한 시대 상황에 처한 시인의 자세가 잘 드러난 시로 평가받는다. 과거 자신의 삶을 욕된 것으로 인식하고 '무슨 기쁨을 바라 살아왔던가.'와 같은 탄식으로 참회를 갈음하던 화자는 언젠가는 반드시 찾아올 '그 어느 즐거운 날'을 전망하면서 그때 자신이 '부끄런 고백', 즉 현재의 참회를 다시 참회할 수 있기를 기대한다. 그러나 이러한 기대를 실현하기 위해서 화자는 '밤이면 밤마다', '손바닥으로 발바닥으로' 거울을 닦는 행위, 즉 치열하고 처절한 자아 성찰이 요구됨을 인식한다. 이러한 자아 성찰의 결과 자신이 '홀로', '슬픈' 희생의 길을 걷게 될 것임을 깨닫고도 이를 감내하겠다는 화자의 태도에서 숙연함을 느낄 수 있다.

＊ 참회의 의미

작품 내적인 해석
• 자기 혐오 속에서 내면을 성찰하는 화자
• 미래에 후회하게 될 일을 했으므로 참회함.
• 자아 성찰을 통해 자신의 운명을 받아들임.

시대적 배경에 따른 해석
• 일제 강점기, 제대로 저항도 해보지 못한 화자
• 사회 현실에 참여하지 못해 후회함.
• 식민지 현실의 고통을 감내하려 함.

🈯 신동엽, 〈누가 하늘을 보았다 하는가〉

* **주제**

부조리한 현실에 대한 비판과 현실 극복의 의지

* **구성**

1~3연	자유와 민주가 억압된 부정적인 삶
4~6연	부정적인 현실의 극복을 위한 노력 촉구
7~8연	부정적 상황 속에서 인고의 세월을 보내는 현실
9연	밝은 미래에 대한 염원

* **해제**

이 작품은 암울하고 부조리한 현실에 대한 직시를 통해 희망적 미래를 맞이할 수 있다는 화자의 인식을 드러내고 있는 시이다. 화자는 민중이 구속과 억압으로 상징되는 '먹구름', '쇠 항아리'를 하늘로 착각하고 살고 있음을 지적하고, '네 마음속 구름을 닦고', '네 머리 위 쇠 항아릴 찢'으며 현실을 직시할 것을 강조한다. 이러한 현실 직시를 통해 진정한 '하늘'을 볼 수 있게 된다는 것이다. 이 작품은 명령형 표현과 설의적 표현을 통해 화자의 단호한 의지를 드러내고 있으며, 1연과 9연에서 수미상관적 구성을 통해 억압적 현실에 대한 올바른 인식의 필요성과 현실 극복 의지를 강조하고 있다.

* **시어들의 관계**

억압과 구속		자유와 민주
먹구름, 쇠 항아리	↔	맑은 하늘

↓

민중의 행동 촉구: '닦아라', '찢어라'

그걸 하늘로 알고

일생을 살아갔다.

▶ 1~3연: 자유와 민주가 억압된 부정적인 삶

「닦아라, 사람들아
「」: 도치법 – 진정한 자유와 민주를 깨닫기 위해 사람들에게 행동을 촉구함
네 마음속 구름

찢어라, 사람들아,

네 머리 덮은 쇠 항아리.」

아침 저녁

네 마음속 구름을 닦고

티 없이 맑은 영원(永遠)의 하늘
                진정한 하늘의 모습, 자유와 민주
볼 수 있는 사람은
진정한 하늘을 볼 수 있는 사람, 진정한 자유와 민주를 깨달은 사람
ⓔ 외경(畏敬)을

알리라

아침 저녁

네 머리 위 쇠 항아릴 찢고

티 없이 맑은 구원(久遠)의 하늘

마실 수 있는 사람은

▶ 4~6연: 부정적인 현실의 극복을 위한 노력 추구

연민(憐憫)을
구원의 하늘을 마실 수 있는 사람이 깨달을 수 있는 가치
알리라

차마 삼가서

발걸음도 조심

마음 아모리며.

서럽게
억압된 현실의 모습을 반어적으로 표현함
ⓜ 아 엄숙한 세상을

서럽게
연민의 눈물
눈물 흘려

▶ 7~8연: 부정적 상황 속에서 인고의 세월을 보내는 현실

살아가리라

「누가 하늘을 보았다 하는가,
「」: 1연의 반복, 수미상관 구조 → 주제 의식을 강조함
누가 구름 한 자락 없이 맑은

하늘을 보았다 하는가.」

▶ 9연: 밝은 미래에 대한 염원

– 신동엽, 〈누가 하늘을 보았다 하는가〉 –

[1-3] (가)에 대한 설명이다. 맞으면 ○, 틀리면 ✕표 하시오.

1 '구리 거울'은 자기반성을 하게 하는 매개체의 역할을 한다.

2 '만 이십사 년 일 개월'은 화자의 나이로, 화자가 살아온 삶을 말한다.

3 5연은 화자의 의지가 드러나는 부분으로, 희생과 비극적 운명을 감내하겠다는 것이다.

[4-6] (나)에 대한 설명이다. 맞으면 ○, 틀리면 ✕표 하시오.

4 '먹구름'과 '쇠 항아리'는 부정적 의미의 시어이다.

5 '구름'은 진정한 하늘의 모습을 상징하는 시어로, 자유와 민주를 뜻한다.

6 화자는 단호한 의지를 드러내고 있다.

[7-10] (가), (나)와 관련하여 빈칸에 들어갈 적절한 내용을 쓰시오.

7 (가)는 '☐☐☐'에서 색채 이미지를 활용하고 있다.

8 (가)의 화자는 광복이 이루어지는 날을 '☐☐☐☐'이라고 표현하고 있다.

9 (나)의 화자는 사람들이 '외경'과 '☐☐'을 알아야 한다고 생각하고 있다.

10 (나)의 '☐☐☐☐☐'은 실제로는 억압된 현실을 의미한다.

| 확인 문제 정답 | 1 ○ | 2 ○ | 3 ○ | 4 ○ | 5 ✕ | 6 ○ | 7 파란 녹 | 8 즐거운 날 | 9 연민 | 10 엄숙한 세상 |

01

유형   서술상의 특징 파악

<보기>를 참고했을 때, (가)와 (나)에 대한 설명으로 적절하지 <u>않은</u> 것은?

보기

　　인간은 부정적인 현실에 대해 다양하게 반응할 수 있다. (가)는 주권을 빼앗긴 일제 강점기의 현실 속에서 무기력한 자신을 성찰하며 자신의 변화를 소망하는 목소리를, (나)는 자유와 민주에 대한 각성을 촉구하며 억압적 현실의 변화를 소망하는 목소리를 담아내고 있다.

① (가)는 일제 강점기 상황 속 부정적 현실에 대해 비판적 태도를 보이고 있다.
② (가)는 전반적으로 나라를 잃은 현실로 인한 외로움과 슬픔의 정서가 만연해 있다.
③ (가)는 부정적 현실 속에서 자신을 성찰하며 고백적 어조로 담담히 고백하고 있다.
④ (나)는 유사한 의미를 가진 문장들을 반복하여 현실 극복의 의지를 강조하고 있다.
⑤ (나)는 대립적 이미지의 시어를 사용하여 자유와 민주에 대한 견해를 부각하고 있다.

☑ 헷갈린 선지 선택

①	②	③	④	⑤

☑ 정답으로 선택한 이유

☑ 오답을 선택한 이유

02

유형   시어의 의미 파악

<보기>에서 (가)의 거울과 가장 유사한 성격의 시어로 적절한 것은?

보기

　　산모통이를 돌아 논가 외딴 **우물**을 홀로 찾아가선 가만히 들여다봅니다.

　우물 속에는 **달**이 밝고 **구름**이 흐르고 하늘이 펼치고 파아란 바람이 불고 가을이 있습니다.

　그리고 한 **사나이**가 있습니다.
　어쩐지 그 사나이가 미워져 돌아갑니다.

　돌아가다 생각하니 그 사나이가 가엾어집니다.
　도로 가 들여다보니 사나이는 그대로 있습니다.

　다시 그 사나이가 미워져 돌아갑니다.
　돌아가다 생각하니 그 사나이가 그리워집니다.

　우물 속에는 달이 밝고 구름이 흐르고 하늘이 펼치고 파아란 바람이 불고 가을이 있고 추억처럼 사나이가 있습니다.

– 윤동주, 〈자화상〉

① 산모통이　　　② 우물　　　③ 달　　　④ 구름　　　⑤ 사나이

☑ 헷갈린 선지 선택

①	②	③	④	⑤

☑ 정답으로 선택한 이유

☑ 오답을 선택한 이유

03

㉠~㉤에 대한 설명으로 적절하지 <u>않은</u> 것은?

① ㉠: 자신의 삶을 개인적인 의미에 한정하지 않고 민족적 의미로 확대하여 인식하고 있다.

② ㉡: 반성과 성찰을 통해 도달할 수 있는 경지의 존재임이 제시되고 있다.

③ ㉢: 청자의 인식과 현실 속 본질이 다름을 알려주고 있다.

④ ㉣: 현실 속 본질을 마주한 자들의 깨달음에 대해 말하고 있다.

⑤ ㉤: 암울한 현실 상황에 대한 인식과 현실에 좌절한 모습이 드러나 있다.

04

(나)의 표현상의 특징으로 적절하지 <u>않은</u> 것은?

① 시적 대상을 의인화하여 시상을 전개하고 있다.

② 명령조의 표현을 통해 행동의 변화를 촉구하고 있다.

③ 시어의 도치를 통해 말하고자 하는 바를 강조하고 있다.

④ 설의적 표현을 통해 화자의 단호한 의지를 보여 주고 있다.

⑤ 수미상관을 통해 시에 안정감을 부여하고 주제를 부각하고 있다.

05 서답형 문제

빈칸에 들어갈 2어절의 말을 (나)에서 찾아 쓰시오.

보기

　　1960년대 한국은 성장하기 시작했지만, 그와 동시에 개인의 인권 문제가 불거지기 시작했다. 분명히 민주주의 사회였으나, 정권은 필요에 따라 얼마든지 국민을 감시하고 검열할 수 있었다. (나)의 시인은 이처럼 사람들의 자유를 억압하는 것들을 '먹구름'과 '(　　　　　)'(으)로 표현했다.

정답 및 해설 p.27

핵심정리

가 박목월, 〈층층계〉

＊ 주제

가족의 생계를 걱정하는 아버지의 마음

＊ 구성

1연	가족의 생계를 위해 밤이 늦도록 글을 씀.
2연	자신이 초라한 아버지라는 사실을 인식함.
3연	잠들어 있는 자식들을 바라봄.

＊ 해제

이 작품은 시인이자 한 가족의 가장인 화자가 가족의 생계를 걱정하는 마음을 담은 시이다. 가족의 생계를 위해 밤이 늦도록 글을 쓰던 화자는 화장실을 가려다 잠들어 있는 자식들의 모습을 보게 된다. 그리고 다시 이 층에 올라와 유리창에 비친 자신의 초라한 모습을 마주하고 글을 쓰는 작가이면서 한 가정의 가장인 자기 정체성에 대해 생각해 보며 팽팽한 긴장감과 중압감을 느낀다. 글은 써도 써도 가랑잎처럼 '공허감'으로 몰려와 화자는 스스로를 '생활의 막다른 골목 끝'의 '곡예사'와 같다고 느낀다.

＊ 아버지와 곡예사

아버지
• 가족들의 생계를 위해 원고지에 글을 씀. • '생활의 막다른 골목 끝'이라고 느낄 정도로 위태로움.

‖

곡예사
• 먹고 살기 위해 사다리를 올라감. • 돈을 벌기 위해 위태로운 상황을 만들어야 함.

↓

화자는 가장으로 사는 삶을 곡예와 같이 여김.

※ 다음 글을 읽고, 물음에 답하시오.

가

적산 가옥＊ 구석에 짤막한 층층계……
_{해방 직후임을 암시하는 시어 ①}

그 이층에서

㉠ 나는 밤이 깊도록 글을 쓴다.

써도 써도 가랑잎처럼 쌓이는 / 공허감.
_{가벼움, 허전함　　충분하게 돈을 벌지 못하는 데서 느껴지는 서글픔, 쓸쓸함}

이것은 내일이면 / 지폐가 된다.
_{원고료, 돈}

어느 것은 어린것의 공납금.
_{돈의 용처 ①-자식들의 학비}

어느 것은 가난한 시량대＊.
_{돈의 용처 ②-땔감과 식량을 마련할 비용}

어느 것은 늘 가벼운 나의 용전.
_{돈의 용처 ③-사회 생활을 위해 꼭 필요한 약간의 용돈}

밤 한 시, 혹은 / 두 시. 용변을 하려고.
_{밤늦게까지 계속되는 일}

아래층으로 내려가면 / 아래층은 단칸방.
_{가족이 잠들어 있는 공간, 넉넉하지 않은 살림살이}

온 가족은 잠이 깊다.
_{자식들을 보는 화자의 감정　걱정 없이 잠들어 있는 아이들의 모습}

㉡ 서글픈 것의 / 저 무심한 평안함.

아아 나는 다시 / 층층계를 밟고

이 층으로 올라간다.

(사닥다리를 밟고 원고지 위에서 / 곡예사들은 지쳐 내려오는데……)
_{서커스에서 줄타기나 재주넘기 등 아슬아슬하게 연기를 이어 감
→ 시적 화자인 '아버지'를 비유함 (아슬아슬하게 생계를 이어 감)}
▶ 1연: 가족의 생계를 위해 밤이 늦도록 글을 씀

나는 날마다

생활의 막다른 골목 끝에 놓인

이 짤막한 층층계를 올라와서

샛까만 유리창에

수척한 얼굴을 만난다.
_{자기 자신의 모습}

그것은 너무나 어처구니없는
_{가족을 위해 충분한 돈을 벌어오지 못하는 데서 느끼는 자괴감}

〈아버지〉라는 것이다.
▶ 2연: 자신이 초라한 아버지라는 사실을 인식함

＊

나의 어린것들은

왜놈들이 남기고 간 다다미방에서
_{해방 이후의 시대 상황임을 짐작할 수 있는 시어 ②}

날무처럼 포름쪽쪽 얼어 있구나.
_{잠든 자식들을 비유함}
▶ 3연: 잠들어 있는 자식들을 바라봄

– 박목월, 〈층층계〉 –

＊ 적산 가옥(敵産家屋): 적국이 물러가면서 남겨 놓은 가옥.

＊ 시량대(柴糧代): 땔감과 식량을 마련할 비용.

나

어머니는 말을 둥글게 하는 버릇이 있다
　　　　　　　　'ㅇ' 받침을 넣어 말하는 버릇
오느냐 가느냐라는 말이 어머니의 입을 거치면 옹가 강가가 되고 자느냐 사느
냐라는 말은 장가 상가가 된다 나무의 잎도 그저 푸른 것만은 아니어서 밤낭구
　　　　사람뿐만 아니라 사물들에게도 존중하는 태도를 보임
잎은 푸르딩딩해지고 밭에서 일 하는 사람을 보면 일 항가 댕가 하기에 장가 가
　　　　　　　　　주변 사람들
는가라는 말은 장가 강가가 되고 애기 낳는가라는 말은 아 낭가가 된다
　　　　　　　　　　　　　　　　　　　　　▶ 1연: 둥글게 말씀하시는 어머니의 말투

강가 낭가 당가 랑가 망가가 수시로 사용되는 어머니의 말에는
　　　　　　　　　　항상 모든 사람들을 떠받드는 어머니의 태도
ⓒ 한사코 ㅇ이 다른 것들을 떠받들고 있다
　　　　　　　　　　　　　　　　▶ 2연: 어머니의 말투에서 동그라미를 발견함

남한테 해꼬지 한 번 안 하고 살았다는 어머니
　　　　　　　어머니의 삶의 태도 ①
ⓔ 일생을 흙 속에서 산,
　　어머니의 삶의 태도 ②　　　　　　　▶ 3연: 남에게 해를 끼친 적 없이 살아오신 어머니의 삶

무장 허리가 굽어져 한쪽만 뚫린 동그라미 꼴이 된 몸으로
　　　　　　허리가 굽어져 점점 동그라미를 닮아 가는 어머니
어머니는 아직도 당신이 가진 것을 퍼 주신다
　　　　　　　어머니의 삶의 태도 ③
머리가 발에 닿아 둥글어질 때까지
C자의 열린 구멍에서는 살리는 것들이 쏟아질 것이다
　허리가 굽은 어머니의 모습　　　　자식들을 살리는 것들　　▶ 4연: 자신의 것을 다 나누며 허리가 굽어 가시는 어머니의 모습

우리들의 받침인 어머니
　자식들의 삶의 받침이 되어 주시는 어머니
어머니는 한사코
오손도순 살어라이 당부를 한다
　어머니의 삶의 태도 ④　　　　　　　　　▶ 5연: 자식을 향한 어머니의 당부

ⓜ 어머니는 모든 것을 둥글게 하는 버릇이 있다
　　　　　　　　　　　　　　▶ 6연: 모든 것을 둥글게 하는 어머니의 사랑
　　　　　　　　　　　　　　　　　　　- 이대흠, 〈동그라미〉 -

＊ 주제

가족을 위해 살아오신 어머니의 헌신적인 삶

＊ 구성

1연	둥글게 말씀하시는 어머니의 말투
2연	어머니의 말투에서 동그라미를 발견함.
3연	남에게 해를 끼친 적 없이 살아오신 어머니의 삶
4연	자신의 것을 다 나누며 허리가 굽어 가시는 어머니의 모습
5연	자식을 향한 어머니의 당부
6연	모든 것을 둥글게 하는 어머니의 사랑

＊ 해제

이 작품은 자식의 입장에서 어머니의 헌신적인 삶을 노래한 시이다. 어머니의 말투에는 'ㅇ'이 들어 있으며, 어머니의 모습은 허리가 굽어져 동그라미에 가까워지고 있다. 동그라미에 가까운 어머니의 모습은 자신의 것을 다 나누어 주시며 살아오신 어머니의 삶과 닮아 있다.

＊ 어머니와 동그라미

어머니
• 말에 항상 'ㅇ' 받침을 넣음.
• 누구도 해코지하지 않고 살아옴.
• 자식에게 모든 것을 퍼 주심.
• 자식이 원만하게 살기를 바람.

‖

동그라미
• 뾰족한 부분이 없음.
• 시작과 끝이 없는 무한함의 상징임.
• 원만한 성격을 '둥글다'고 함.

↓

어머니는 동그라미처럼 해가 되지 않으면서 끝없이 남에게 베푸는 분임.

141

[1-3] (가)에 대한 설명이다. 맞으면 ○, 틀리면 ✕표 하시오.

1 '적산 가옥'과 '왜놈들이 남기고 간 다다미방에서'를 통해 시대적 배경을 알 수 있다.

2 가족들에 대한 화자의 감정을 '서글픈 것'이라는 시어를 통해 알 수 있다.

3 '수척한 얼굴'은 화자가 투영된 모습이다.

[4-6] (나)에 대한 설명이다. 맞으면 ○, 틀리면 ✕표 하시오.

4 유사한 문장 구조를 반복해 운율을 만들고 있다.

5 어머니는 항상 남보다 자신을 사랑하며 살아오셨다.

6 '살리는 것들'을 쏟아 내신다는 표현은 어머니의 헌신적인 면모를 부각한다.

[7-10] (가), (나)와 관련하여 빈칸에 들어갈 적절한 내용을 쓰시오.

7 (가)의 시적 화자인 아버지는 '☐☐☐'에 비유된다.

8 (가)의 주제는 가족의 생계를 걱정하는 ☐☐☐의 마음이다.

9 (나)의 화자는 어머니의 말투에서 '☐☐☐☐'를 발견했다.

10 (나)의 주제는 가족을 위해 살아오신 ☐☐☐의 헌신적인 삶이다.

확인 문제 정답	1 ○ 2 ○ 3 ○ 4 ○ 5 ✕ 6 ○ 7 곡예사 8 아버지 9 동그라미 10 어머니

01

유형 | 표현상의 특징 파악

(가)에 대한 설명으로 적절하지 <u>않은</u> 것은?

① 비유적 표현을 통해 추상적인 관념을 구체화하고 있다.

② 유사한 통사 구조의 반복을 통해 운율감을 형성하고 있다.

③ 시어 및 상황의 대비를 통해 자신의 처지를 부각하고 있다.

④ 역설적 표현을 통해 가장의 무게를 효과적으로 드러내고 있다.

⑤ 영탄적 표현을 활용하여 화자의 감정을 선명하게 표현하고 있다.

☑ 헷갈린 선지 선택

①	②	③	④	⑤

☑ 정답으로 선택한 이유

☑ 오답을 선택한 이유

02

유형 | 시구의 의미와 기능 파악

㉠~㉤에 대한 설명으로 적절하지 <u>않은</u> 것은?

① ㉠: 글을 쓰는 행위는 화자가 가족의 생계를 유지하기 위해 돈을 벌 수 있는 수단이다.

② ㉡: 지친 자신과 평안한 가족을 대비하여, 홀로 모든 것을 해내야 하는 서러움을 표현하고 있다.

③ ㉢: 대상의 말투에서 보이는 특징을 통해 대상의 특성을 인식하고 있다.

④ ㉣: 대상이 도시가 아닌 시골에서 살아왔음을 알려준다.

⑤ ㉤: 시의 처음과 비슷한 문장을 배치하여 안정감을 주고, 반복을 통해 강조의 효과를 보이고 있다.

☑ 헷갈린 선지 선택

①	②	③	④	⑤

☑ 정답으로 선택한 이유

☑ 오답을 선택한 이유

03

유형 | 작품 간의 공통점, 차이점 파악

(가)와 (나)의 공통점으로 가장 적절한 것은?

① 가족을 위해 희생하고 헌신하는 삶의 태도를 보여 주고 있다.

② 외부의 대상을 통해 자기를 돌아보는 반성의 태도를 제시하고 있다.

③ 현실의 문제를 타개할 방법을 물색하며 삶의 의지를 불태우고 있다.

④ 대상이 처한 상황에 대해 안쓰러움을 느끼고, 불우한 사람에 대한 연민이 있다.

⑤ 지나온 삶에 대한 향수를 느끼면서 현재를 벗어난 과거의 세계를 동경하고 있다.

☑ 헷갈린 선지 선택

①	②	③	④	⑤

☑ 정답으로 선택한 이유

☑ 오답을 선택한 이유

04

(가)와 (나)의 화자가 대화를 나눈다고 할 때, 대화의 맥락에 어울리지 <u>않는</u> 것은?

① (가): 밤에 까만 유리창에 비친 제 얼굴을 보고 있자니 저는 참 어설픈 아버지란 생각이 들었습니다.

② (나): 너무 자책하지 마세요. 그래도 가족들을 사랑하시잖아요. 저희 어머니도 항상 저희를 떠받치며 사셨어요.

③ (가): 맞습니다. 날무처럼 얼어서 자고 있는 아이들을 보면 항상 가슴이 아픕니다.

④ (나): 저희 어머니는 본인이 사용하는 둥근 말투처럼 남들에게 어떤 해도 끼치지 않고 살아오셨죠. 시간이 지나 아이들이 타인에 대한 존중을 배우게 된다면 훨씬 나아질 것이에요.

⑤ (가): 생활의 막다른 골목 끝에 있는 것 같은 무게감에 힘들었는데 덕분에 마음이 좀 편해졌습니다. 감사합니다.

유형	작품의 내용 이해

☑ 헷갈린 선지 선택

①	②	③	④	⑤

☑ 정답으로 선택한 이유

☑ 오답을 선택한 이유

05 서답형 문제

ⓐ, ⓑ에 들어갈 말을 각각 (가)와 (나)에서 찾아 쓰시오.

> **보기**
>
> 시에서는 형태적 유사성을 이용해 실제로는 같지 않은 두 대상을 겉모습이 비슷하다는 이유로 하나로 엮어 표현하기도 한다. 이를 통해 대상을 보는 새로운 관점을 발견하고 더 깊은 이해를 가능케 한다. (가)에서는 곡예사의 사닥다리와 (ⓐ)을/를 연결해 대상의 고단함을, (나)에서는 둥그라미와 (ⓑ)의 발음 및 외형적 특징을 연결해 대상의 원만한 성격을 묘사하고 있다.

유형	시어의 기능 파악

☑ 정답으로 선택한 이유

정답 및 해설 p.28

※ 다음 글을 읽고, 물음에 답하시오.

가

판잣집 유리딱지에
△: 전쟁의 폐허
아이들 얼굴이
고통을 겪는 약자
불타는 해바라기마냥 걸려 있다.
　　　　직유법
▶1연: 전란 후 폐허 속에 있는 아이들을 봄

내려쪼이던 햇발이 눈부시어 돌아선다.
　　　　중의적 표현 – 주체 ① 아이들 ② 햇발
나도 돌아선다.
　　　□: 화자의 정서를 대변함
울상이 된 **그림자** 나의 뒤를 따른다.
　　화자가 느끼는 슬픔과 절망을 드러냄
▶2연: 전쟁의 비극을 인식하여 괴로워함

어느 접어든 골목에서 걸음을 멈춘다.
　화자의 인식이 전환되는 공간
잿더미가 소복한 울타리에

개나리가 망울졌다.
○: 희망의 상징
▶3연: 잿더미 속에서 개나리를 발견함

저기 언덕을 내려 달리는
　　역동성, 생명력
소녀의 미소엔 앞니가 빠져

죄 하나도 없다.
순진무구한 소녀의 모습
▶4연: 언덕을 내리닫는 순수한 소녀의 미소를 봄

나는 **술 취한 듯 흥그러워진다.**
　　　　화자의 정서 변화
그림자 웃으며 앞장을 선다.
화자가 느끼는 기쁨과 희망을 드러냄
▶5연: 조국의 미래에 대한 희망을 엿봄
- 구상, 〈초토의 시 1〉 -

나

ⓐ 새벽에 깨어나
새로운 세상을 준비하는 시간
반짝이는 별을 보고 있으면
○: 희망의 상징
이 세상 깊은 어디에 마르지 않는

사랑의 샘 하나 출렁이고 있을 것만 같다
미래에 대한 기대감을 드러냄
고통과 쓰라림과 목마름의 정령들은 잠들고
부정적인 현실로 인해 고통받는 대상
눈시울이 붉어진 인간의 혼들만 깜빡이는

아무도 모르는 고요한 그 시각에
　　　　　　　새벽
아름다움은 새벽의 창을 열고

우리들 가슴의 깊숙한 뜨거움과 만난다
　　　　절실한 소망
다시 고통하는 법을 익히기 시작해야겠다
고통을 통한 성찰로 더욱 성숙해질 수 있음
이제 밝아 올 ⓑ **아침의 자유로운 새소리**를 듣기 위하여
고통이 종식되고 새로운 세상이 오는 시간

수미상관을 통한
의미 강조

▶1~4행: 삶에 대한 희망과 기대

핵심정리

가 구상, 〈초토의 시 1〉

＊주제
전쟁의 폐허 속에서 발견한 조국의 미래에 대한 희망

＊구성

1연	전란 후 폐허 속에 있는 아이들을 봄.
2연	전쟁의 비극을 인식하며 괴로워함.
3연	잿더미 속에서 개나리를 발견함.
4연	언덕을 내리닫는 순수한 소녀의 미소를 봄.
5연	조국의 미래에 대한 희망을 엿봄.

＊해제
이 작품은 6·25 전쟁 당시 종군 기자로 활동하면서 전쟁을 목도한 시인이 자신의 전쟁 경험을 바탕으로 창작한 열다섯 편의 연작시 중 하나이다. 초토(焦土)란, '불에 타서 검게 그을린 땅', '불에 탄 것처럼 황폐해지고 못 쓰게 된 상태를 비유적으로 이르는 말'로, 이는 6·25 전쟁 직후 폐허가 된 우리 조국을 일컫는다. 연작시의 1편인 이 시에서 화자는 초토와 같은 조국의 현실에 낙담하고 좌절하는 것이 아니라 아이들의 순진무구한 모습에서 새로운 삶에 대한 희망과 밝은 미래를 발견한다.

나 곽재구, 〈새벽 편지〉

＊주제
사랑과 희망이 실현되는 세계에 대한 소망

＊구성

1~4행	삶에 대한 희망과 기대
5~14행	아침을 맞이할 준비
15~18행	사랑과 희망의 세계에 대한 기대

＊해제
이 작품에서 화자는 새벽에 일어나 편지를 쓰는 행위를 통해, 세상의 고통을 직시하는 가운데 사랑과 희망의 시대를 기대하는 모습을 보이고 있다. 그리고 이러한 화자의 기대와 관련하여, 새벽은 힘한 세상에서 새로운 희망을 기대하는 시간으로 아침은 화자가 지향하는 사랑과 희망이 실현되는 시간으로 형상화되고 있다.

따스한 햇살과 바람과 **라일락 꽃향기**를 맡기 위하여

☐: 새로운 세상의 이미지가 감각적으로 표현됨

진정으로 진정으로 너를 사랑한다는 한마디

사랑과 희망이 실현된 세상

새벽 편지를 쓰기 위하여

새로운 세상에 대한 기대를 드러냄

새벽에 깨어나

반짝이는 별을 보고 있으면

이 세상 깊은 어디에 마르지 않는

희망의 샘 하나 출렁이고 있을 것만 같다.

▶ 5~14행: 아침을 맞이할 준비

▶ 15~18행: 사랑과 희망의 세계에 대한 기대

– 곽재구, 〈새벽 편지〉 –

● 확인 문제

[1-4] (가), (나)에 대한 설명이다. 맞으면 ○, 틀리면 ✕표 하시오.

1 (가)의 '개나리'는 '잿더미'와 달리 희망과 생명을 상징한다.

2 (가)는 반어적 표현을 활용하여 말하고자 하는 바를 강조하고 있다.

3 (나)는 자연으로부터 올바른 삶의 교훈을 발견하고 있다.

4 (나)의 화자는 부정적인 현실에서 희망을 잃지 않고 있다.

[5-7] (가), (나)와 관련하여 빈칸에 들어갈 적절한 내용을 쓰시오.

5 (가)의 화자는 '☐☐☐ ☐☐'를 보며 새로운 희망을 느끼고 있다.

6 (나)에서 따뜻하고 밝고 활기차고 자유로운 시간은 '☐☐'이다.

7 (나)에서 '☐☐ ☐☐'를 쓰는 것은 새로운 세상에 대한 화자의 열망과 기대를 드러내는 것으로 볼 수 있다.

확인 문제 정답	1 ○	2 ✕	3 ✕	4 ○	5 소녀의 미소	6 아침	7 새벽 편지

01

(가)와 (나)에 대한 설명으로 가장 적절한 것은?

① (가)는 (나)와 달리 유사한 시구를 반복하여 화자의 의지를 부각하고 있다.

② (나)는 (가)와 달리 직유법을 활용하여 시각적 이미지를 극대화하고 있다.

③ (나)는 (가)와 달리 수미상관의 구조를 사용하여 주제를 강조하고 있다.

④ (가)와 (나)는 모두 공간의 이동에 따른 화자의 태도 변화를 나타내고 있다.

⑤ (가)와 (나)는 모두 대조적인 시어를 제시하여 화자의 내면을 묘사하고 있다.

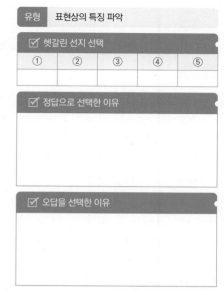

02

ⓐ와 ⓑ를 이해한 것으로 가장 적절한 것은?

① ⓐ는 아직 다가오지 않은 시간이고, ⓑ는 지나가고 없는 시간이다.

② ⓐ는 새로운 세상을 준비하는 시간이고, ⓑ는 고통이 종식된 시간이다.

③ ⓐ는 화자가 기다리는 시간이고, ⓑ는 화자가 오지 않기를 바라는 시간이다.

④ ⓐ는 화자가 자아를 성찰하는 시간이고, ⓑ는 화자가 새롭게 태어난 시간이다.

⑤ ⓐ는 괴로움이 가득한 시간이고, ⓑ는 괴로움을 극복하기 위해 애쓰는 시간이다.

03

<보기>를 바탕으로 (가), (나)를 감상한 내용으로 적절하지 않은 것은?

유형　외적 준거에 따른 작품 감상

☑ 헷갈린 선지 선택

①	②	③	④	⑤

☑ 정답으로 선택한 이유

☑ 오답을 선택한 이유

보기

　　구상의 〈초토의 시 1〉과 곽재구의 〈새벽 편지〉는 모두 고통스러운 현실 속에서 발견한 희망을 이야기하는 작품이다. 〈초토의 시 1〉의 화자는 6·25 전쟁 직후 폐허가 된 마을에서도 밝은 미래를 발견하고, 전쟁의 상처를 치유하려는 의지를 드러내고 있다. 〈새벽 편지〉의 화자는 고통과 슬픔의 시기가 지나간 뒤에 맞이하게 될 사랑과 희망을 노래하고 있다.

① (가)의 화자가 '술 취한 듯 흥그러워진' 것은 '개나리'를 보고 부정적인 현실 속에서도 새로운 삶에 대한 희망을 품을 수 있었기 때문이군.

② (나)의 화자가 '새벽에 깨어나' '새벽 편지를 쓰'는 행위는 고통과 슬픔의 시기를 극복하고 희망을 찾기 위한 노력의 일환으로 볼 수 있군.

③ (가)의 '내려쪼이던 햇발'과 (나)의 '따스한 햇살'은 모두 화자가 절망을 극복할 수 있게 희망을 불어 넣어주는 존재라고 볼 수 있군.

④ (가)의 '잿더미가 소복한 울타리'와 (나)의 '고통과 쓰라림과 목마름의 정령들'은 모두 고통스러운 현실을 상징한다고 볼 수 있군.

⑤ (가)의 '소녀의 미소'와 (나)의 '반짝이는 별'은 모두 화자가 고통스러운 현실 속에서 발견한 희망이라고 볼 수 있군.

04 　서답형 문제

<보기>에서 설명하고 있는 것을 (가)에서 찾아 3음절로 쓰시오.

유형　시어의 의미와 기능 파악

☑ 정답으로 선택한 이유

보기

화자의 정서를 대변하면서 화자의 변화를 드러낸다.

정답 및 해설 p.29

※ 다음 글을 읽고, 물음에 답하시오.

가

㉠ 떨어져 나간 대문짝
　　사람이 살지 않는 폐가의 모습
안마당에 복사꽃이 빨갛다
　　계절감을 환기하는 소재
「가마솥이 그냥 걸려 있다
「」: 밥을 지은 지 오래되었음을 알 수 있음
벌겋게 녹이 슬었다」

▶1연: 폐촌이 된 어느 빈집 안마당

잡초가 우거진 부엌 바닥

아무렇게나 버려진 가계부엔

「콩나물값과 친정어머니한테 쓰다 만
「」: 버려진 가계부에 남아 있는 생활의 흔적들
편지」

▶2연: 빈집의 부엌 바닥에 아무렇게나 버려진 가계부와 편지

빈집 서넛 더 더듬다가
버려진 집이 마을에 더 있음을 짐작하게 함
폐광 올라가는 길에서 한 늙은이 만나
　　폐촌에 남아 있는 노인
동무들 소식 물으니

서울 내 사는 데서 멀지 않은

㉡ 산동네 이름 두어 곳을 댄다
폐촌을 떠나 서울 변두리 산동네에서 도시 빈민으로 살고 있음

▶3연: 어떤 노인에게서 전해 들은 옛 동무들의 소식

- 신경림, 〈폐촌행(廢村行)〉 -

나

날로 기우듬해 가는 마을 회관 옆
　　쇠락해 가는 농촌의 모습을 드러냄
청솔 한 그루 꼿꼿이 서 있다.
기울어 가는 마을 회관과 대비되는, 의연히 서 있는 존재

▶1연: 기울어 가는 마을 회관과 꼿꼿이 서 있는 청솔

「한때는 앰프 방송 하나로
「」: 활기에 차 있던 과거 농촌 모습
집집의 새앙쥐까지 깨우던 회관」 옆,

그 둥치의 터지고 갈라진 아픔으로

푸른 눈 더욱 **못 감는다.**
청솔의 색깔이자, 굳은 의지와 희망을 상징하는 색채임

아픔을 간직했으나
의지를 지닌 청솔

▶2연: 과거의 영화가 사라진 마을 회관과, 아픔을 간직한 청솔

그 회관 들창 거덜 내는 **댓바람** 때마다
　　농촌에 시련이 닥칠 때마다
청솔은 또 한바탕 노엽게 운다.
　　농민들의 울분에 공감하는 모습
㉢ 거기 술만 취하면 앰프를 켜고

천둥산 박달재를 울고 넘는 이장과 함께.
〈울고 넘는 박달재〉라는 유행가의 가사　　쇠락한 농촌의 현실에 지쳐 있음

▶3연: 마을 사람들과 함께 시련을 견디는 청솔

㉣ 생산도 새마을도 다 끊긴 궁벽, 그러나
　　암담한 농촌 현실
저기 **난장 난 비닐하우스**를 일으키다
피폐해진 농촌의 모습(≒'날로 기우듬해 가는 마을 회관')

핵심정리 ■■■

가 신경림, 〈폐촌행〉

＊ 주제
퇴락한 광산촌의 쓸쓸한 정경

＊ 구성

1연	폐촌이 된 마을의 어느 빈집 안마당
2연	빈집의 부엌 바닥에 아무렇게나 버려진 가계부와 편지
3연	어떤 노인에게서 전해 들은 옛 동무들의 소식

＊ 해제
이 시는 폐광으로 인해 황폐화한 광산촌의 모습을 그린 작품이다. 여기저기 빈집들이 있는 쓸쓸한 마을을 둘러본 화자는 그 정경을 담담히 묘사한 뒤, 마을에 남아 있는 노인에게서 들은 옛 동무들의 근황을 제시하고 있다. 감정의 직접적 노출을 자제하고, 색채 이미지를 활용하여 공간의 분위기를 효과적으로 환기했다는 특징이 있는 작품이다.

＊ 공간의 의미

폐광	광업의 쇠퇴로 인한 광산의 폐쇄 → 작품의 제목인 '폐촌'과 관련
산동네	• 동무들이 폐촌을 떠나 자리잡은 곳 • 폐촌 주민들이 도시 빈민으로 살고 있음을 짐작

나 고재종, 〈세한도〉

＊ 주제
농촌의 힘겨운 현실과 그것을 견디게 하는 희망

＊ 구성

1연	기울어 가는 마을 회관과 꼿꼿이 서 있는 청솔
2연	과거의 영화가 사라진 마을 회관과, 아픔을 간직한 청솔
3연	마을 사람들과 함께 시련을 견디는 청솔
4연	퇴락한 농촌의 현실을 극복해 보려는 이들의 의지
5연	시련으로 인한 서러움을 어루만지는 청솔
6연	가혹한 상황에서 발견하는 미래의 희망

* 해제
이 시는 힘겨운 농촌 현실과 그 안에 존재하는 희망에 관한 인식을 드러낸 작품이다. 화자는 피폐해진 농촌의 현실을 상징적으로 보여 주는 '마을 회관', '비닐하우스', '까막까치 얼어 죽는 아침' 같은 소재들과 현실 극복의 의지나 희망을 표상하는 청솔 같은 소재를 대비하여 제시함으로써 주제를 형상화하고 있다. 또 청솔의 푸른 색채와 아침 해의 '꼭두서니빛' 같은 색채 이미지를 활용하여 주제를 효과적으로 뒷받침하고 있다.

그 청솔 바라보는 몇몇들 보아라.
절망적 상황에서도 희망을 찾으려는 사람들   명령적 어조로 주제를 부각함   ▶ 4연: 퇴락한 농촌의 현실을 극복해 보려는 이들의 의지

그때마다, 삭바람마저 빗질하여

「서러움조차 잘 걸러」 내어
「」: 슬픔을 정화하고 현실 극복의 의지를 새겨 보는
푸른 숨결을 풀어내는 청솔 보아라.
                              ▶ 5연: 시련으로 인한 서러움을 어루만지는 청솔

나는 희망의 노예는 아니거니와
화자가 근거 없는 희망만을 추구하는 것은 아니라는 의미임
까막까치 얼어 죽는 이 아침에도
            추운 겨울 아침 냉혹한 현실을 환기함
ⓜ 저 동녘에선 꼭두서니*빛 타오른다.
            아침 해의 빛깔 미래의 밝은 희망을 의미함   ▶ 6연: 가혹한 상황에서 발견하는 미래의 희망
                                        - 고재종, 〈세한도〉 -

* 꼭두서니: 꼭두서닛과의 여러해살이 덩굴풀. 어린잎은 식용하고 뿌리는 붉은색 염료로 씀.

● 확인 문제

[1-2] (가)에 대한 설명이다. 맞으면 ○, 틀리면 ×표 하시오.

1 '동무들'은 화자에게 추억의 대상으로, 화자가 근황을 알고 싶어 하는 존재다.

2 '벌겋게 녹이' 슨 가마솥은 밥을 지은 지 오래되었음을 드러낸다.

[3-4] (나)에 대한 설명이다. 맞으면 ○, 틀리면 ×표 하시오.

3 화자는 현실과 대조되는 시어를 통해 절망적 상황에서도 희망을 찾으려 하고 있다.

4 이장은 마을 사람들과 함께 퇴락한 농촌의 현실을 극복하고자 한다.

[5-6] (가), (나)와 관련하여 빈칸에 들어갈 적절한 내용을 쓰시오.

5 (가)에서 '버려진 ☐☐☐'에 쓰인 콩나물값과 편지는 과거 생활의 흔적을 의미한다.

6 (나)에서 '☐☐'는 과거 활기에 차 있던 농촌의 모습을 드러내는 소재이다.

| 확인 문제 정답 | 1 ○ | 2 ○ | 3 ○ | 4 × | 5 가계부 | 6 앰프 |

01

유형 표현상의 특징 파악

(가)와 (나)의 공통점으로 적절한 것은?

① 대상에 인격을 부여하여 시적 의미를 강조하고 있다.

② 쇠락하고 피폐해진 폐촌과 농촌의 실상을 고발하고 있다.

③ 과거와 현재의 대비를 통해 현실의 상황을 드러내고 있다.

④ 화자의 감정을 직접적으로 제시하여 작품의 주제 의식을 강조하고 있다.

⑤ 청각적 이미지를 환기하는 시어를 사용하여 화자의 태도를 부각하고 있다.

☑ 헷갈린 선지 선택

①	②	③	④	⑤

☑ 정답으로 선택한 이유

☑ 오답을 선택한 이유

02

유형 시구의 의미 이해

㉠~㉤에 대한 설명으로 적절하지 않은 것은?

① ㉠: 폐가의 모습을 제시함으로써 폐촌의 몰락을 대유적으로 표현하고 있다.

② ㉡: 폐촌을 떠나 도시 빈민으로 살아가는 동무들의 근황을 담담하게 제시하고 있다.

③ ㉢: 이장의 행동을 통해 쇠락한 현실에 대한 답답한 심정을 드러내고 있다.

④ ㉣: 현재 마을의 상태는 어렵지만, 산업화로 인한 농촌의 개발에 긍정적인 인식을 드러내고 있다.

⑤ ㉤: 자연 현상에 주관적 가치를 부여하여 미래에 대한 희망을 드러내고 있다.

☑ 헷갈린 선지 선택

①	②	③	④	⑤

☑ 정답으로 선택한 이유

☑ 오답을 선택한 이유

03

<보기>를 참조하여 (나)를 감상한 내용으로 적절하지 않은 것은?

보기

김정희, 〈세한도〉

〈세한도〉는 김정희가 제주도에서 귀양살이할 때, 북경에 사신으로 갔다 오며 자신을 잊지 않고 귀한 책들을 구해 보내 준 제자 이상적에게 그려 준 그림이다. 토담집을 중심으로 왼쪽에 잣나무 두 그루, 오른쪽에 잣나무 한 그루와 소나무 한 그루가 한겨울의 극한 추위에도 아랑곳하지 않고 의연하게 서 있다. 특히 굽어 있는 소나무는 모진 세파를 견딘 드높은 의지와 절개를 표상한다.

① (나)의 화자는 그림 속 '토담집'을 '마을 회관'으로 변용하여 사용하였군.

② 제주도에서 귀양살이를 하며 김정희가 마주했을 상황과 (나)의 농촌의 상황은 유사성을 지니는군.

③ 김정희가 자신의 제자에게 〈세한도〉를 그려준 것처럼 (나) 또한 마을을 떠난 이들에게 바치는 작품이겠군.

④ (나)는 그림에서 여백을 통해 드러난 한겨울의 추위를 '댓바람'으로 표현하여 청솔의 의지와 절개를 부각하였군.

⑤ (나)의 화자는 세한도 속 소나무를 '청솔'에 연결 지음으로써 피폐한 농촌 현실을 이겨내려는 인식을 드러내었군.

04

(나)의 청솔에 대한 설명으로 적절하지 않은 것은?

① '날로 기우듬해 가는 마을 회관'의 모습과 대비된다.
② '푸른 눈'을 '못 감는' 모습을 통해 청솔의 억울함과 분함을 드러낸다.
③ '난장 난 비닐하우스를 일으키'려는 사람들에게 용기를 주는 대상이다.
④ '서러움조차 잘 걸러' 냄으로써 상처받은 마음을 어루만져주는 존재이다.
⑤ '까막까치 얼어 죽'을 만큼 냉혹한 현실 속에서 화자가 희망을 갖게 되는 근거가 된다.

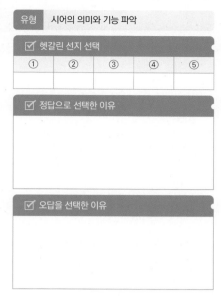

05 서답형 문제

다음은 (가)를 바탕으로 <보기>를 감상한 내용이다. ⓐ에 들어갈 시어를 (가)에서 찾아 쓰시오.

> **보기**
>
> 아무도 찾지 않으려네
> 내 살던 집 툇마루에 앉으면
> 벽에는 여직도 쥐오줌 얼룩져 있으리
> 담 너머로 늙은 수유나뭇잎 날리거든
> 두레박으로 우물물 한 모금 떠 마시고
> **가위 소리 요란한 엿장수** 되어
> 고추잠자리 새빨간 노을길 서성이려네(후략)
>
> – 신경림, 〈고향길〉

<보기>의 '가위 소리 요란한 엿장수'는 고향을 떠나 방랑하는 이들을 의미한다는 점에서 (가)의 (ⓐ)와/과 유사하군.

정답 및 해설 p.31

핵심정리 ■

가 장석남, 〈궁금한 일-박수근의 그림에서〉

* 주제

소박한 삶과 예술의 아름다움에 대한 생각에서 비롯된, 존재의 한계에 대한 근원적 애상감

* 구성

1행	박수근의 그림을 감상하면서 그에 관한 일화를 떠올림.
2행	박수근을 따라 떠났을 것들을 떠올리며 서글픈 궁금증을 갖게 됨.

* 해제

이 작품은 박수근 화백의 그림을 감상하다가 떠오른 상념들을 차분하게 들려주는 시이다. 화자는 혼자 그림의 제목을 바꾸어 보기도 하면서 그림에 빠져 있다가, 문득 박수근 화백의 일화를 떠올린다. 그것은 저녁 무렵 외출을 앞둔 박수근 화백이 마당에 널린 빨래를 걷어다 개어 놓곤 했다던 이야기이다. 이 시는 박수근 화백의 일화를 '할머니', '손주'같은 제목이 어울릴 듯한 그림에 대한 이야기 바로 뒤에 배치함으로써, 박수근과 그의 그림 사이에 존재하는 소박함이나 소탈함 같은 공통점을 환기하는 효과를 거둔다. 이어 '성자', '장엄', '멋쟁이' 같은 시어들을 동원해 소박했던 박수근의 삶과 예술을 예찬한다. 한편 '그러나'부터는 시상이 전환되어 '성자'처럼 느껴졌던 박수근 화백이 죽은 것은 물론이고, 그와 함께 이 세상에 있던 '햇빛', '뻐꾹새 소리', 그림의 주제로 삼았던 '가난'이나 '그리움' 같은 애잔한 것들의 행방이 묘연하다는 사실을 생각한다. 그러면서 화자는 그것들이 지금은 다 어디로 갔고 또 무엇이 되어 오는지 궁금하다며, 그 '궁금한 일들은 다 슬픈 일들'이라고 말한다. 이는 영원할 수 없는 존재의 한계에 대한 근원적 애상감과 통하는 것으로 이해해 볼 수 있다.

나 김명인, 〈김정호의 대동여지도〉

* 주제

목표를 이루기 위해 노력하는 가운데 느끼는 고독감과 그리움

* 구성

1연	바다 끝에 도달하여 마주한 풍경
2연	바다를 보며 느끼는 고독감과 '모래벌'의 풍경
3연	가족에 대한 그리움과 목적지를 향해 가는 배의 모습

※ 다음 글을 읽고, 물음에 답하시오.

가

인쇄한 박수근 화백 그림을 하나 사다가 걸어놓고는 물끄러미 그걸 치어다보
면서 나는 그 그림의 제목을 여러 가지로 바꾸어보곤 하는데 원래 제목인 '강변'
도 좋지마는 '할머니'라든가 '손주'라는 제목을 붙여보아도 가슴이 알알한 것이
여간 좋은 게 아닙니다. 그러다가는 나도 모르게 한 가지 장면이 떠오릅니다. 그
가 술을 드시러 저녁 무렵 외출할 때에는 **마당에 널린 빨래를 걷어다 개어놓곤**
했다는 것입니다. 그 빨래를 개는 손이 참 커다랬다는 이야기는 참으로 장엄하기
까지 한 것이어서 성자의 그것처럼 느껴지기도 합니다. 그는 멋쟁이이긴 멋쟁이
였던 모양입니다.
▶ 1행: 박수근의 그림을 감상하면서 그에 관한 일화를 떠올림

　　그러나 또한 참으로 궁금한 것은 그 커다란 손등 위에서 같이 꼼지락거렸을
햇빛들이며는 그가 죽은 후에 그를 쫓아갔는가 아니면 이승에 아직 남아서 어느
그러한, 장엄한 손길 위에 다시 떠 있는가 하는 것입니다. 그가 마른 빨래를 개
며 들었을지 모르는 뻐꾹새 소리 같은 것들은 다 어떻게 되었을까. 내가 궁금한
일들은 그러한 궁금한 일들입니다. **그가 가지고 갔을 가난이며 그리움 같은 것**
은 다 무엇이 되어 오는지…… 저녁이 되어 오는지…… 가을이 되어 오는지……
궁금한 일들은 다 슬픈 일들입니다.
▶ 2행: 박수근을 따라 떠났을 것들을 떠올리며 서글픈 궁금증을 갖게 됨
　　　　　　　　　　　　　　　　　　　　　　－ 장석남, 〈궁금한 일-박수근의 그림에서〉 －

나

　ㄱ 나를 쫓아온 눈발 어느새 여기서 그쳐

어둠 덮인 이쪽 능선들과 헤어지면 바다 끝까지
길게 걸쳐진 검은 구름 떼
　ㄴ 헛디뎌 내 아득히 헤맨 날들 끝없이 퍼덕이던
바람은 다시 옷자락에 와 붙고

스치는 소매 끝마다 툭툭 수평선 끊어져 사라진다
▶ 1연: 바다 끝에 도달하여 마주한 풍경

　ㄷ 「사라진다 일념도 세상 흐린 웃음소리에 감추며
여기까지 끌고 왔던 사랑 **해진 발바닥의**
무슨 감발에 번진 피얼룩도」
저렇게 저문 바다의 파도로서 풀어지느냐

폐선된 목선 하나 덩그렇게 뜬 모래벌에는
무엇인가 줍고 있는

남루한 아이들 몇 명
▶ 2연: 바다를 보며 느끼는 고독감과 '모래벌'의 풍경

굽은 갑*에 부딪혀 꺾어지는 목소리가 들린다

어둡고 외진 길목에 자식 두엇 던져 놓고도
　　　　　　　　자식에 대한 미안함
㉣ 평생의 마음 안팎으로 띄워 올린
　　목표를 이루고자 애쓰며 만족감을 느꼈던 때를 떠올림
별빛으로 환해지던 어느 밤도 있었다.

희미한 빛 속에서는 수없이 **물살 흩어지**면서

흩어 놓은 인광만큼이나 그리움 끝없고
'흩어지면서'와 연결됨
마주 서면 아직도

㉤ 등불을 켜고 어디론가 가고 있는 돛배 한 척이 보인다
　　지도를 완성하겠다는 희망을 버리지 않고 다시 길을 떠남　▶3연: 가족에 대한 그리움과 목적지를 향해 가는 배의 모습

　　　　　　　　　　- 김명인, 〈김정호의 대동여지도〉 -

* 갑: 바다 쪽으로, 부리 모양으로 뾰족하게 뻗은 육지.

* 해제
이 작품은 조선 후기 대동여지도를 만든 고산자 김정호의 삶을 상상하여 쓴 시이다. 김정호는 이전에 편찬된 지도들을 집대성하여 조선의 국토 정보를 사람들이 실용적으로 이용할 수 있도록 평생에 걸쳐 노력을 기울인 인물로 알려져 있다. 시인은 김정호가 지도를 완성하겠다는 일념으로 바다 끝까지 홀로 걸으며 느꼈을 고단함과 외로움, 두고 온 가족에 대한 미안함과 그리움 등을 상상하여 노래하고 있다.

● 확인 문제

[1-3] (가), (나)에 대한 설명이다. 맞으면 ○, 틀리면 ✕표 하시오.

1 (가)에는 화자가 박수근 화백의 그림을 보면서 여러 생각을 하는 시적 상황이 드러나 있다.

2 (가)의 화자는 다른 사람에게 들은 이야기를 전하는 것처럼 표현하고 있다.

3 (나)의 '길게 걸쳐진 검은 구름 떼'는 시각적 이미지로 볼 수 있다.

[4-6] (가), (나)와 관련하여 빈칸에 들어갈 적절한 내용을 쓰시오.

4 (가)의 화자는 박수근을 '□□□'라고 평가하고 있다.

5 (나)의 '평생의 마음 안팎으로 띄워 올린 별빛'은 □□를 완성하겠다는 희망이다.

6 (나)의 '□□□□ □□ □□'는 화자의 외로운 처지를 비유한 것이다.

확인 문제 정답	1 ○　　2 ○　　3 ○　　4 멋쟁이　　5 지도　　6 폐선된 목선 하나

01

(가)와 (나)의 공통점으로 가장 적절한 것은?

① 공간의 이동에 따라 정서의 변화를 나타내고 있다.

② 의문의 형식을 활용하여 청자에게 질문을 던지고 있다.

③ 화자가 지난 삶을 떠올리며 자기 자신을 성찰하고 있다.

④ 현재형 어미를 활용하여 작품에 현재성을 부여하고 있다.

⑤ 어둠과 밝음의 이미지를 대비하여 긍정적인 인식을 드러내고 있다.

유형	작품 간의 공통점 파악

☑ 헷갈린 선지 선택

①	②	③	④	⑤

☑ 정답으로 선택한 이유

☑ 오답을 선택한 이유

02

㉠~㉤에 대한 설명으로 적절하지 않은 것은?

① ㉠: 작품의 제목을 고려한다면, 화자인 '나'는 대동여지도를 만든 김정호이다.

② ㉡: 지도를 완성하기 위해 끊임없이 떠돌아다녀야 했던 화자의 고충이 드러난다.

③ ㉢: 지도를 만들겠다는 화자의 목표가 사람들에게 환영받지 못했음을 드러낸다.

④ ㉣: 화자가 가족에 대해 느끼는 미안함과 그리움이 해소되었음을 의미한다.

⑤ ㉤: 화자가 앞으로도 지도 완성을 위해 노력할 것임을 암시한다.

유형	시구의 의미 파악

☑ 헷갈린 선지 선택

①	②	③	④	⑤

☑ 정답으로 선택한 이유

☑ 오답을 선택한 이유

03

<보기>를 참조하여 (가), (나)를 감상한 내용으로 적절하지 <u>않은</u> 것은?

보기

선생님: 시인은 누군가가 남긴 흔적을 바탕으로 그 사람의 삶에 대해 상상한 바를 형상화하고는 합니다. (가)는 서민들의 삶을 소재로 인간의 선함과 진실함을 그리려 했던 화가 박수근의 그림을 보면서, 가난했던 그의 삶에 관해 떠올린 생각을 표현한 작품입니다. (나)는 대동여지도를 만든 김정호의 삶을 상상하여 표현한 작품입니다. 조선 후기 지리학자 김정호는 사실적이고 실용적인 지도를 제작하고자 하였는데, 당시 지도를 만드는 일은 그다지 환영받지 못하는 일이었습니다. 이 점에 주목하여 시인은 비유법을 사용해 지도를 만드는 과정에서 김정호가 겪었을 고난이나 고독을 그리고 있습니다. 이러한 관점에서 (가), (나)를 감상해 볼까요?

학생: _____

① (가)에서 화자가 '마당에 널린 빨래를 걷어다 개어놓'는 장면을 떠올리는 것은 박수근의 삶을 상상하는 시적 상황을 나타낸 것입니다.

② (가)에서 화자가 '그가 가지고 갔을 가난이나 그리움 같은 것은 다 무엇이 되어 오는지' 궁금해한 것은 박수근의 가난했던 삶과 관련이 있습니다.

③ (나)에서 '헤진 발바닥의 / 무슨 감발에 번진 피얼룩'은 대동여지도를 만들기 위해 김정호가 겪었던 고난을 형상화한 것입니다.

④ (나)에서 '모래벌'에 '덩그렇게 뜬' '폐선된 목선 하나'는 대동여지도를 만들면서 김정호가 겪었을 고독한 처지를 비유한 것입니다.

⑤ (나)에서 '희미한 빛 속에서' '물살'이 '흩어지'는 것은 대동여지도를 만드는 일이 별로 환영받지 못했다는 사실과 관련이 있습니다.

04

박수근 화백 그림을 바라보는 화자의 태도와 유사한 것으로 적절한 것은?

① 더우면 꽃 피고 추우면 잎 지거늘
　　솔아 너는 어찌 눈서리를 모르는가.
　　구천(九泉)에 뿌리 곧은 줄을 글로 하여 아노라.

② 내일이나 모레나 그 어느 즐거운 날에
　　나는 또 한 줄의 참회록을 써야 한다.
　　그때 그 젊은 나이에
　　왜 그런 부끄런 고백을 했던가

③ 그대는 반짝거리면서 하늘 아래에서
　　간간이 / 자유를 말하는데
　　우스워라 나의 영은 죽어 있는 것이 아니냐

④ 산에는 꽃 피네 / 꽃이 피네
　　갈 봄 여름 없이 / 꽃이 피네
　　산에 / 산에 / 피는 꽃은
　　저만치 혼자 피어 있네

⑤ 대학 노트를 끼고 / 늙은 교수의 강의를 들으러 간다.
　　생각해보면 어린 때 동무들 / 하나, 둘, 죄다 잃어버리고
　　나는 무얼 바라 / 나는 다만, 홀로 침전하는 걸까?

05 　서답형 문제

(가)에서 청각적 이미지를 나타내는 시어를 찾아 2어절로 쓰시오.

정답 및 해설 p.32

핵심정리

※ 다음 글을 읽고, 물음에 답하시오.

가

바지랑대* 끝 더는 꼬일 것이 없어서 끝이다 끝 하고
_{나팔꽃 줄기의 상황을 본 화자의 짐작 ①}
다음 날 아침에 나가 보면 나팔꽃 줄기는 허공에 두 뼘은 더 자라서
□: 화자의 짐작이 거듭해서 빗나가는 상황을 부각함
꼬여 있는 것이다. 움직이는 것은 아침 구름 두어 점, 이슬 몇 방울
『 』: 화자의 짐작이 틀림   정적인 분위기
더 움직이는 바지랑대는 없을 것이었다
나팔꽃 줄기의 상황을 본 화자의 짐작 ②
그런데도 다음 날 아침에 나가 보면 덩굴손까지 흘러나와

허공을 감아쥐고 바지랑대를 찾고 있는 것이다
나팔꽃 줄기를 의인화함
이젠 포기하고 되돌아올 때도 되었거니 하고
나팔꽃 줄기의 상황을 본 화자의 짐작 ③
다음 날 아침에 나가 보면 가냘픈 줄기에 두세 개의 종까지 매어 달고는
은유법→ 나팔꽃의 꽃봉오리 두세 개
아침 하늘에다 은은한 종소리를 퍼내고 있는 것이다
11행의 '푸른 종소리'와 연결됨   ▶1~9행: 예상과 달리 멈추지 않고 뻗어 나가는 나팔꽃 줄기
이젠 더 꼬일 것이 없다 없다고 생각되었을 때
앞으로는 희망이 남아 있지 않다고 느낄 때
우리의 아픔도 더 한 번 길게 꼬여서 ㉠ 푸른 종소리는 나는 법일까.
『 』: 시련을 극복하고 성장함   ▶10~11행: 나팔꽃 줄기로부터 깨달은, 시련을 이겨 내는 삶의 참된 가치

- 송수권, 〈나팔꽃〉 -

* 바지랑대: 빨랫줄을 받치는 긴 막대기.

나

이를테면 수양의 늘어진 **가지가 담을 넘**을 때
제약을 넘어 미지의 영역에 도달하는 것을 의미함
그건 수양 가지만의 일은 아니었**을 것이다**
수양 가지 혼자 이룬 것은 아님
얼굴 한번 못 마주친 애먼 **뿌리**와
가지와 뿌리는 닿아 있지 않음   ○: 가지가 담을 넘도록 도와준 내적 요인
잠시 살 붙였다 적막히 손을 터는 **꽃**과 **잎**이
꽃과 잎은 가지에 달렸다가 떨어짐
혼연일체 믿어 주지 않았다면
□: '~을 것이다'의 반복으로 리듬감을 형성함
가지 혼자서는 한없이 떨기만 했**을 것이다**
담을 넘을 용기를 내지 못했을 것   ▶1연: 가지가 담을 넘을 수 있게 하는 내적인 원동력

한 닷새 내리고 내리던 고집 센 **비**가 아니었으면
의인화
밤새 정분만 쌓던 도리 없는 **폭설**이 아니었으면
의인화   △: 가지가 겪는 시련이자 담을 넘게 한 외적 요인
담을 넘는다는 게
가지에게는 그리 신명 나는 일이 아니었**을 것이다**
긍정적 인식 → 시련을 극복하는 과정에서 신명이 남
무엇보다 가지의 마음을 머뭇 세우고

담 밖을 가둬 두는
담을 넘어야 만날 수 있는 세상
저 금단의 담이 아니었으면
장애물인 동시에 가지가 도전 의식을 갖게 한 대상
『담의 몸을 가로지르고 담의 정수리를 타 넘어
『 』: 자유를 얻는 행위

가 송수권, 〈나팔꽃〉

* 주제

끊임없이 뻗어 나가는 나팔꽃을 보며 깨달은 삶의 가치

* 구성

1~9행	예상과 달리, 멈추지 않고 뻗어 나가는 나팔꽃 줄기
10~11행	나팔꽃 줄기로부터 깨달은, 시련을 이겨 내는 삶의 참된 가치

* 해제

이 시는 나팔꽃 줄기가 뻗어 나가는 모습을 보고 깨달은 삶의 교훈을 노래한 작품이다. 화자는 이제 더는 휘감고 뻗어 나갈 데가 없어서 그만 자랄 것이라고 생각했던 나팔꽃 줄기가 굽히지 않는 의지로 허공을 향해 뻗어 나가며 바지랑대를 찾고 기어이 예쁜 꽃까지 피우는 것을 본 뒤, 우리의 삶도 한계 상황에서 슬픔과 절망을 이겨 낼 때 진정 가치 있는 결과를 만들어 낼 수 있는 거라는 깨달음을 얻는다. 시구의 반복을 통해 시간의 경과를 드러내고, 공감각적 이미지를 통해 추상적 내용을 구체적으로 형상화했다는 특징이 있다.

나 정끝별, 〈가지가 담을 넘을 때〉

* 주제

가지가 담을 넘는 과정과 의미

* 구성

1연	가지가 담을 넘을 수 있게 하는 내적인 원동력
2연	가지가 담을 넘을 수 있게 하는 외부의 시련들
3~4연	가지에게 담이 지니는 의미와 가치

* 해제

이 시는 수양의 늘어진 가지가 담을 넘는 과정과 그 의미를 통해 제약을 넘어서서 미지의 영역에 도달하기 위한 용기와 협력의 가치를 탐구하는 작품이다. 화자는 '~은/이 아니었을 것이다', '~아니었으면', '~못했을 것이다'와 같은 부정적 진술들을 활용하여 가지가 담을 넘는 데에 원동력이 되어 준 존재들을 부각하면서, 심지어 가지에게 장애물로 작용했을 것들, 즉 비나 폭설, 그리고 담 자체마저도 가지가 신명 나게 담을 넘는 시도를 하는 데에 도움이 되었을 것이라고 긍정적으로 해석하고 있다.

담을 열 수 있다는 걸,

수양의 늘어진 가지는 꿈도 꾸지 못했을 것이다
담이 있었기 때문에 담을 넘을 꿈을 꾸게 됨   ▶ 2연: 가지가 담을 넘을 수 있게 하는 외부의 시련들

그러니까 『목련 가지라든가 감나무 가지라든가
『 』: 가지가 담을 넘는 식물들을 열거하여 대상의 범위를 확장함
줄장미 줄기라든가 담쟁이 줄기라든가』

가지가 담을 넘을 때 가지에게 담은

무명에 획을 긋는

도박이자 도반*이었을 것이다
어형의 유사성을 이용함   ▶ 3~4연: 가지에게 담이 지니는 의미와 가치
- 정끝별, 〈가지가 담을 넘을 때〉 -

* 도반(道伴): 함께 도를 닦는 벗.

● 확인 문제

[1-4] (가), (나)에 대한 설명이다. 맞으면 ○, 틀리면 ×표 하시오.

1 (가)의 화자는 나팔꽃 줄기를 통해 깨달음을 얻었다.

2 (가)는 시구의 반복을 통해 시간의 경과를 나타내고 있다.

3 (나)의 화자는 가지에 대한 부정적인 인식을 드러내고 있다.

4 (나)는 유사한 성격의 시어들을 열거하고 있다.

[5-6] (가), (나)와 관련하여 빈칸에 들어갈 적절한 내용을 쓰시오.

5 (가)는 나팔꽃의 꽃봉오리를 '☐'에 비유하여 표현하고 있다.

6 (나)의 '☐'은 장애물이면서 도전의 대상이다.

확인 문제 정답	1 ○ 2 ○ 3 × 4 ○ 5 종 6 담

01

(가)와 <보기>의 화자의 공통된 주장으로 가장 적절한 것은?

> **보기**
>
> 상한 갈대라도 하늘 아래선
>
> 한 계절 넉넉히 흔들리거니
>
> 뿌리 깊으면야
>
> 밑둥 잘리어도 새순은 돋거니
>
> 충분히 흔들리자 상한 영혼이여
>
> 충분히 흔들리며 고통에게로 가자
>
>   － 고정희, 〈상한 영혼을 위하여〉

① 자연의 질서에 순응하며 살아야 한다.

② 자연 앞에서 인간은 허무함을 느낄 수밖에 없다.

③ 주어진 시련을 극복함으로써 새롭게 성장할 수 있다.

④ 진정한 자아를 찾기 위해서는 자기 성찰이 필요하다.

⑤ 부정적 현실을 극복하려면 공동체 의식을 가져야 한다.

02

<보기>를 고려하여 (나)를 감상한 내용으로 적절하지 않은 것은?

> **보기**
>
> (나)는 수양 가지가 담을 넘는 과정을 상상하며 시상을 전개하고 있는데, 특히 주변의 따뜻한 응원과 믿음이 가지에게 얼마나 큰 힘이 되는지를 이야기하고 있다. 또한 장애물마저도 수양 가지의 도전을 자극하는 계기가 되었다는 점을 강조한다. 이를 통해 시인은 시련을 이겨 낸 결과보다 그 과정에 더욱 주목하며, 이런 태도로 살아가는 이들이 세상에 많이 있다는 것을 독자에게 전달한다.

① 화자는 '~을 것이다'라는 진술을 통해 수양 가지가 '담을 넘'는 과정을 상상하며 내용을 전개한다.

② '뿌리', '꽃', '잎'은 '가지' 주변에서 응원과 믿음을 주는 조력자의 역할을 하고 있다.

③ '비'와 '폭설'은 '가지'에게 있어 '담을 넘'는 행위에 대한 도전을 자극하는 존재이다.

④ '목련 가지', '감나무 가지' 등은 수양 가지의 경쟁자로서 '담을 넘'도록 자극을 주는 존재이다.

⑤ '도박'은 미지의 영역에 도달하기 위해 '담을 넘'는 행위의 성공이 보장되지 않는다는 의미이다.

03

(가)와 (나)의 공통점으로 가장 적절한 것은?

① 설의적 표현을 사용하여 화자의 생각을 전달하고 있다.

② 감탄사를 사용하여 화자의 고조된 감정을 나타내고 있다.

③ 가정적 표현을 통해 화자가 주목하는 상황을 부각하고 있다.

④ 대상을 의인화하여 삶의 자세에 대한 깨달음을 드러내고 있다.

⑤ 청각적 이미지를 활용하여 대상의 부정적 이미지를 긍정적으로 전도하고 있다.

04

㉠에 해당하는 것과 동일한 형식의 심상을 활용한 것으로 가장 적절한 것은?

① 얼룩백이 황소가 / 해설피 금빛 게으른 울음을 우는 곳

② 아버지의 침상 없는 최후의 밤은 / 풀벌레 소리 가득 차 있었다.

③ 꽃가루와 같이 부드러운 고양이의 털에 / 고운 봄의 향기가 어리우도다

④ 온 몸에 햇볕을 받고 깃발은 부르짖고 있다. / 보라, 얼마나 눈부신 절대의 표백인가.

⑤ 큰 어둠 가운데 홀로 밝은 불 켜고 앉아 있으면 모두 빼앗기는 듯한 외로움 / 한 포기 산꽃 이라도 있으면 얼마나 위로이랴

05

서답형 문제

<보기>에서 설명하고 있는 시구를 (가)에서 찾아 쓰시오.

보기

• 시간의 경과를 나타내는 반복적 표현임.
• 화자의 짐작이 거듭해서 빗나감을 드러냄.

유형 시구의 기능 파악

☑ 정답으로 선택한 이유

IV

고전산문

1강 이야기꾼 오물음 · 이야기 주머니

정답 및 해설 p.33

핵심정리

가 작자 미상, 〈이야기꾼 오물음〉

* 주제
이야기꾼 오물음의 뛰어난 이야기 솜씨

* 전체 줄거리
이야기꾼 오물음은 옛이야기를 잘하여 두루 재상가에 출입을 했다. 큰 재산을 지닌 종실 노인 하나가 연로하였음에도 성품이 인색하여 자손들에게 재산 분배를 할 기색이 없었다. 그 종실 노인이 오물음을 불러 이야기를 청하자 오물음은 이야기 하나를 꾸며 내어 들려주었는데, 이야기의 내용인즉 인색한 삶을 살면서 이승에서 막대한 재산을 축적한 어떤 사람이 죽음에 이르자 한 푼도 가져가지 못하고 빈손으로 이승을 떠나더라는 것이었다. 종실 노인은 그 이야기가 자신을 일깨우려는 것임을 깨닫고 그동안 자신의 태도를 반성하고 생각과 행동을 고쳤다.

* 해제
이 작품은 흔히 '이야기꾼 오물음'으로 불리는 문헌 설화로서 《청구야담》에 실려 있다. 자수성가하여 큰 부자가 되었지만 인색하고 아집이 강해 자신이 가진 것을 남에게 베풀거나 나눠 주는 법이 없는 어느 종실 노인을 재담가인 오물음이 재치 있는 이야기로 일깨워 주었다는 것이 주된 내용이다.

* 등장인물

오물음	옛 이야기를 잘하기로 유명한 재담꾼으로, 종실 노인의 인식을 변화시키기 위해 이야기를 꾸며 내어 들려줌.
종실 노인	천성이 인색하여 재산이 많아도 남에게 주기를 싫어하지만, 오물음의 이야기를 듣고 자신의 태도를 반성함.

* 작품의 서사 구조

[외화]
큰 부자이지만 인색한 종실 노인

↓

[내화]
〈이동지의 이야기〉
큰 부자도 죽으면 결국 빈손으로 돌아감.

↓

오물음의 이야기를 듣고 자신의 인색함을 고치고 재산을 가족과 주위 사람들에게 나누어 줌.

※ 다음 글을 읽고, 물음에 답하시오.

가

서울에 오씨(吳氏) 성을 가진 사람이 있었다. 그는 옛이야기를 잘하기로 유명하여 두루 재상가의 집에 드나들었다.

그는 식성이 오이와 나물을 즐겼다. 때문에 사람들이 그를 오물음이라 불렀다. 대개 '<u>물음</u>'이란 익힌 나물을 이름이요, 오씨와 오이가 음이 비슷한 때문이었다.
<small>'오물음'의 이름의 유래</small>

한 종실(宗室)*이 연로하고, 네 아들이 있었다. 물건을 사고팔기로 큰 부자가 되었지만 천성이 인색하여 추호도 남 주기를 싫어할 뿐 아니라 여러 아들에게조차 <u>재산을 나누어 주지 않고 있었다.</u> 더러 친한 벗이 권하면,
<small>종실 노인의 지나친 인색함</small>

"내게도 생각이 있노라."

고 대답할 뿐 세월이 흘러도 차마 ㉠재산을 나누어 주지 못하였다.

하루는 그가 오물음을 불러 이야기를 시켰다. 오물음이 마음속에 한 꾀를 내어 옛이야기를 지어서 했다.
<small>오물음이 옛이야기를 지어내어 들려줌으로써 종실 노인의 인식 변화를 유도함</small>

장안 갑부에 이동지란 이가 있었습니다. 이분이 부귀 장수하고 아들을 많이 낳아서 사람들이 늘 '상팔자'라고 불렀습니다. 그런데 이동지가 가난해서 고생하다
<small>오물음이 종실 노인을 풍자하기 위해 만들어 낸 가공의 인물 / 썩 좋은 팔자</small>
가 자수성가하여 부가옹(富家翁)이란 말을 듣게 되었기 때문에, 성질이 인색하였
<small>부잣집의 늙은 주인</small>
으며 비록 자식 형제에게도 닳아진 부채 한 개 주는 법이 없었습니다. 죽음에 임박해서 곰곰이 돌이켜 보니, 세상만사가 모두 허사이고, 자기는 오직 재물 재(財)자 한 자에 일평생 종이 되어서 얽매인 셈이었습니다. 병석에서 생각해 보고 생각해 볼수록 이제는 어쩔 도리가 없는 일이었습니다. 그래서 여러 자식들을 불러 유언하기를,

"내 평생, 고생고생하여 재물을 모아 이제 부자가 되었구나. 그런데 지금 황천 길을 떠나는 마당에 백 가지로 생각해 본들 한 개 물건도 가져갈 도리가 없구나. 지난날 재물에 인색했던 일이 후회스럽다. 명정이 앞을 서니 상엿소리가 구
<small>죽은 사람의 관직과 성씨 따위를 적은 깃발</small>
슬프고, 공산에 낙엽 지고 밤비 내리는 쓸쓸한 무덤 속에서 비록 한 푼 돈인들
<small>사람이 없는 산중</small>
쓸 수가 있겠느냐. 내 죽어 염습(殮襲)하여 입관할 제 두 손에 악수(幄手)*를 끼
<small>시신을 씻긴 뒤 수의를 갈아입히고 염포로 묶는 일</small>
우지 말고, 관 양편에 구멍을 뚫어 내 좌우 손을 그 구멍 밖으로 내놓아 길거리 행인들로 하여금 내가 <u>재물을 산같이 두고 빈손으로 돌아감</u>을 보도록 하여라."
<small>죽은 뒤에는 생전 자신이 모았던 재산을 가져갈 수 없음</small>
하고 이내 운명했답니다.

이동지 가족은 후에 자식들이 감히 유언을 어기지 못하고 그대로 시행했답니다. <u>소인이 아까 노상에서 우연히 상행(喪行)을 만나 두 손이 관 밖으로 나왔음을</u>
<small>상여를 뒤따르는 행렬 / 이야기의 신빙성을 높이기 위해 실제 겪은 일처럼 꾸며냄</small>
<u>괴이하게 여겨 물어보았더니,</u> 곧 이동지의 유언이었습니다.

인지장사(人之將死)에 기언야선(其言也善)*이라더니, 과연 옳은 말입니다.

그 종실 노인이 듣고 보니 은연중 자기를 두고 한 이야기였다. 그리고 그의 말
에 조롱하는 뜻이 들었지만, 그 말은 이치에 타당하였다. 이에 즉석에서 깨닫는
바가 있어 오물음에게 상을 후하게 주어 보냈다.

그 이튿날 아침에 드디어 여러 자식 앞으로 재산을 나누고 일가 친구에게도 보
화를 흩어 주었다. 그러고는 산정에 들어앉아 거문고와 술을 즐기며 종신토록 금
전상의 말은 입에 올리지 않았다.

- 작자 미상, 〈이야기꾼 오물음〉 -

* 종실: 임금의 친족.
* 악수: 운명한 다음 날, 시신에 수의를 갈아입히고 시신을 이불로 쌀 때, 시신의 손을 싸는 헝겊.
* 인지장사에 기언야선: 〈논어〉에 나오는 말로, 사람이 죽으려 할 때는 그 말이 착하다는 뜻임.

그전에 참 대갓집이서 독선생을 앉혀 놓구 아들 공불 떡 시키는데 이놈이 공불
않어. 허재며는 자기 아버지하구 그 이웃 노인네하구 앉어서 옛날얘기를 하는데,
이놈이 공불 하면서도 이 얘기하는 것을 다 적는 거야. 적어선, 하룻저녁에 한마
디 들으면 하날 적어서 요걸 꼭 종이에다가 적어 가주군 요놈에 걸 봉해 가주군
주머닐 하나 맨들어서 거기다가 처넣구, 처넣구 한 게 삼 년 동안을 딱 그래다 보
니깐 ㉡ 주머니 세 개가 찼어요. 그러니깐 자기 방 대들보에다 딱 달아 놨지. 요
놈의 걸, 얘기 주머니를 보니깐 삼 년 동안을 저녁마다 한 개씩 집어넣었으니깐
얘기 주머니가 엄청나게 얘기가 많이 들어간 거예요. 주머니 세 개가 찼으니깐.

사 년째 되던 해에 장가를 가게 됐어요. 이런 동네서 살 꺼 같음 저기 홍천쯤으
로 장가를 가게 됐어요. 이런 영(嶺)을 하나 넘어가야 하는데 그전엔 왜 가마에다
이렇게 가야 되잖아요. 그런데 낼쯤 출발하게 되면 오늘쯤 자기 아버지가, 이제
하인들이 있으니깐, 하인더러 명령을 하는 거야.

"너는 내일 누구누구 가말 모시구, 누구는 손님 접대를 해라."

이렇게 참 정해 줬단 말야.

그런데 그 가마 모시구 그 샌님 도련을 모시구 영 넘어갈 그 종이, 참 동짓달인
데 **허깨눈이 밤에 갑짝시레** 이렇게 와서 눈을 씰러 그 도련님 방 문턱엘 이렇게
돌려 씰재니까, 그 방은 도련님은 없구 빈방인데, 얘깃소리가 중중중중 나더라
는 얘기예요. 그전 공부하던 방인데, '하, 도련님이 여기 안 기시는데 여기서 무
슨 얘깃소리가 이렇게 나는가?' 말여. 게서 귀를 이렇게 찌우 들으니깐, 아주 여
러 사람이 떠드는 게 **"이놈에 새끼가 우릴 주머닐 넣어 가두고 안 풀어놓는다."**
는 얘기야.

 작자 미상, 〈이야기 주머니〉

＊ 주제
이야기와 이야기하기의 본질적 특성

＊ 전체 줄거리
글공부하는 젊은 도련님이 이야기를 들으면 그것을
적어서 주머니에 넣어만 두고 남에게 전하지 않았다.
주머니에 갇힌 이야기들은 사악한 귀신이 되어 자신
들을 주머니에 가둔 도련님을 결혼 날에 죽이려고 계
획을 세운다. 도련님의 하인이 그 계획을 엿듣고는
결혼을 위해 떠나는 도련님을 따라나서고 귀신이 된
이야기들이 만들어 놓은 함정으로부터 도련님을 구
한다. 하인이 도련님에게 그간의 사정을 말하니, 도
련님이 이야기 주머니를 풀어 주어 이야기를 자유롭
게 만들어 주었다.

＊ 해제
이 작품은 흔히 '이야기 주머니'라고 불리는 구비 설
화이다. 여기에는 《한국구비문학대계》 2-2에 수록
된 박광철 구술본을 가져왔다. '이야기 주머니'는 이
야기와 이야기하기의 본질적 특성에 대한 내용의 메
타 설화이다. '이야기 주머니' 설화가 말하려는 바
들은 이야기는 반드시 다시 전해야 한다는 것이다.
이야기는 사람들 사이에서 끊임없이 전해지고 더해
지고 재구성되어야 이야기로서의 생명력을 유지할
수 있기 때문이다. 제시된 지문은 1980년 8월 11일.
박광철(강원도 춘성군 북산면)이 구술한 내용을 서대
석이 기록한 것이다.

＊ 등장인물

도령	공부를 게을리하며, 아버지와 이웃 노인에게서 들은 옛날 이야기를 종이에 적어 주머니에 넣어 놓음. 이로 인해 주머니에 갇힌 이야기들에게 해를 당할 위기를 겪음.
하인	젊은 도령이 결혼을 위해 산을 넘어가는 길에 동행하는 인물로, 이야기들의 작당을 듣고 도령을 구해냄.

＊ 메타설화

- '이야기의 이야기'를 의미함.
- 이야기하기가 갖는 본질적인 특성에 대한 문제를 제기함.

↓

〈이야기 주머니〉는 이야기에 관한 설화라는
점에서 메타설화에 해당함.

"그래니깐 이 새끼가 낼 저 고개 넘어 장갤 간다니까 낼 우리가 잡아야 된다."

이거지.

"우리 여레 이걸 잡아야 되는데……."

그래니깐 이런 토론이 많이 나오겠지. 응 귀신찌리라도.
(젊은 도련님)

"그럼 그걸 어떻게 잡아야 되느냐?"

그래니깐,

"내 말 들어라. 동지섣달에 이 고개 마루턱에다가 난데없는 **돌배**를 크다만 걸 하나를, 이렇게 잎이 피여 늘어지게 하고 돌배가 이렇게 매달리고 허면, 하 그 걸 먹을라고 앨 쓸 거다. 그래니깐 그놈의 걸 이렇게 떡 맨들어 놓으면 **새신랑이 오다 그거만 딱 처먹으면 죽을 테니깐 걸 해 놓자.**"
(결혼식 날 젊은 도련님이 지나가는 장소)

아, 요걸 그 가매바리* 모시구 갈 그 종놈이 들었단 얘기야. '도련님은 내가 **살려야겠다.**'는 결심을 먹었거든.
(이야기들의 계획을 엿들은 하인이 젊은 도련님을 구하기로 결심함)

[중략 부분 줄거리] 귀신이 된 이야기들의 계획을 엿들은 하인은 결혼을 위해 떠나는 도련님을 따라나서고, 귀신이 된 이야기들이 만들어 놓은 함정으로부터 도련님을 구한다.

그 얘길 쫙 했어.
(이야기들이 젊은 도련님을 해치려는 계획을 알게 된 하인이 젊은 도련님을 구한 이야기)

「"눈 씻러 이렇게 돌아가니깐 도련님 그 공부하던 방에서 서루 그 귀신들찌리 얘길 허는데 그날 가두구서 풀어 주지 않으니까 이걸 잡아야 되겠다구 그러면서 그 돌밸 만들어 놓구 그걸 먹음 죽게 이렇게 하자구., 그래서 내가 우정 그렇게 간 거라."
(「」: 과거에 일어난 일을 요약적으로 제시함)

이놈이 가만히 생각해 보니깐 그 얘기 주머니 생각이 나거던.

"아, 그래."

아, 그래선 참 자기 공부하던 방에 가 보니깐 대들보에다 얘기 주머니 세 개 이 렇게 똘똘 말아선 이렇게 주머니 속에 가뜩가뜩 채워 논 게 매달려 있거든. 아, 그래 이놈의 얘기 주머니를 갖다가선 **터쳐서 다 풀어 내보냈단** 말야. 그때 헤쳐
(젊은 도련님이 갇혀있던 이야기들을 풀어줌)
내보냈는데 겨우 나는 그놈엣걸 줏어듣다 보니깐 그저 한 반 주머니밖에 못 가졌 어요. 예, 이걸루 끝납니다.
(구술자가 이야기 안 사건에 개입함)

－ 작자 미상, 〈이야기 주머니〉 －

＊ 가매바리: 가마채.

[1-3] (가)에 대한 설명이다. 맞으면 ○, 틀리면 ×표 하시오.

1 '오물음'이라는 별명은 오물음이 자주 먹은 음식 때문에 붙은 별명이다.

2 오물음이 종실 노인에게 들려준 이야기는 오물음이 실제로 겪은 일이다.

3 종실 노인은 오물음의 이야기를 듣고 모욕을 느껴 오물음에게 응징을 가했다.

[4-6] (나)에 대한 설명이다. 맞으면 ○, 틀리면 ×표 하시오.

4 젊은 도련님은 낮에 글공부를 다 끝내고 밤에는 다른 사람들의 이야기를 수집했다.

5 귀신이 된 이야기들은 양반처럼 점잖은 말투로 젊은 도련님에게 복수할 계획을 궁리했다.

6 젊은 도련님은 귀신들의 위협을 물리치고 이야기 주머니를 영원히 봉인했다.

[7-10] (가), (나)와 관련하여 빈칸에 들어갈 적절한 내용을 쓰시오.

7 (가)에서 종실 노인은 자기가 가진 것을 너무 소중히 생각해서 자식에게도 □□을 나누어 주지 않고 있었다.

8 (가)에서 장안 갑부 이동지는 자신이 죽으면 관 양편에 구멍을 뚫은 다음 좌우 손을 그 밖에 내놓아 자신의 □□을 모두 에게 보여 주라 청했다.

9 (나)에서 처음 귀신이 된 이야기들의 동정을 눈치 챈 사람은 □□이었다.

10 (나)에서 귀신이 된 이야기들은 □□를 이용하여 젊은 도련님을 해치려 했다.

| 확인 문제 정답 | 1 ○ | 2 × | 3 × | 4 × | 5 × | 6 × | 7 재산 | 8 빈손 | 9 하인 | 10 돌배 |

01

유형 작품의 내용 이해

(가)에 등장한 인물에 대한 이해로 적절하지 않은 것은?

① 오물음은 이야기 속에 교훈을 담을 줄 아는 지혜롭고 재치 있는 인물이다.

② 종실 노인은 재물에 욕심이 많았으나 오물음의 이야기를 듣고 개과천선한다.

③ 이동지는 깨달음을 주기 위해 오물음이 종실 노인에 빗대어 만든 가상의 인물이다.

④ 종실 노인의 아들들이 재산을 물려받지 못한 이유는 우둔하고 결단력이 없어서이다.

⑤ 종실 노인이 오물음의 이야기를 듣지 못했다면 재산에 대한 집착을 버리지 못했을 것이다.

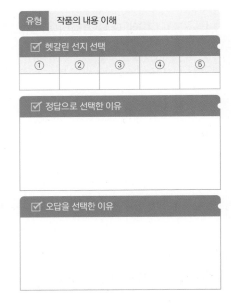

☑ 헷갈린 선지 선택

①	②	③	④	⑤

☑ 정답으로 선택한 이유

☑ 오답을 선택한 이유

02

유형 소재의 기능 파악

㉠과 ㉡에 대한 분석으로 가장 적절한 것은?

① ㉠은 물질 중심적 사고를, ㉡은 나눔의 미덕을 의미하는 소재이다.

② ㉠은 인물 간 갈등을 심화하는, ㉡은 인물 간 갈등을 해소하는 소재이다.

③ ㉠은 인물의 성격을 드러내는, ㉡은 사건 전개의 시발점이 되는 소재이다.

④ ㉠은 당대의 사회·문화적 배경이, ㉡은 인류 보편적 가치가 반영된 소재이다.

⑤ ㉠은 작중 전개에 따라, ㉡은 구술자의 가치관에 따라 인물에게 갖는 의미가 변화하는 소재이다.

☑ 헷갈린 선지 선택

①	②	③	④	⑤

☑ 정답으로 선택한 이유

☑ 오답을 선택한 이유

03

<보기>에서 드러난 관점에서 (나)를 이해한 내용으로 적절하지 않은 것은?

보기

〈삼국유사〉의 '도화녀비형랑설화'는 귀신에 대한 전통적인 인식 중 하나를 보여 주고 있다. 해당 설화에 등장하는 귀신은 밤에만 나타나서 행동하며, 사람이나 짐승 등으로 둔갑하는 능력을 지니고 있다. 또한, 특출한 초인적 능력을 지니고 있으나 신이하게 여겨지기보다는 괴이하게 여겨져 주술에 의해 다스려지거나 쫓겨나는 일이 대부분이다.

도화녀비형랑설화에서 등장한 귀신이 비형랑의 명에 따라 다리를 놓거나, 나랏일을 도울 자로 천거되었던 귀신 '길달'이 여우로 변해 도망쳤다가 비형랑에게 죽임을 당한 것이 그러한 인식을 드러낸다.

① '허깨눈이 밤에 갑짝시례' 내렸을 때, 하인이 귀신의 이야기를 엿듣게 된 것을 통해 귀신은 밤에 나타난다는 인식이 드러나고 있군.

② '이놈에 새끼가 우릴 주머닐 넣어 가두고 안 풀어놓는다'는 귀신의 말을 통해 도련님이 주술로 귀신을 봉인했다는 것을 알 수 있군.

③ '돌배'를 마련한 뒤, '새신랑이 오다 그거만 딱 처먹으면 죽을 테니깐 걸 해 놓자'는 귀신의 계획을 통해 귀신이 초인적 능력을 발휘하는 존재라는 인식이 드러나는군.

④ 하인이 귀신을 저지하는 대신 도련님을 함정에서 구하여 '살려야겠다'고 마음먹은 것은 귀신을 다스릴 주술적 능력이 없었기 때문이라고 유추할 수 있군.

⑤ 젊은 도련님이 귀신을 퇴치하는 대신 '터쳐서 다 풀어 내보'낸 것을 통해, 귀신을 쫓아내거나 억눌러야 한다는 인식이 변화한 것으로 볼 수 있군.

04 서답형 문제

<보기>의 내용과 관련된 문장을 (나)에서 찾아 쓰시오.

보기

구술 문화는 당시 사람들의 사고를 반영하곤 한다. 특히 대상을 관념적·추상적으로 이해하기보다는 구체적인 시·공간적 상황, 생활 경험의 맥락에서 이해하려는 경향을 나타내는데, 이를 통해 구술 문학이 구술자의 영향을 받는다는 것을 알 수 있다.

정답 및 해설 p.34

핵심정리

＊ 주제

인생무상에 대한 깨달음

＊ 전체 줄거리

세달사의 장원을 관리하던 승려 조신은 태수 김흔의 딸을 연모하게 되어 그녀와 인연을 맺게 되기를 소망한다. 그러나 몇 년 뒤 그녀에게 배필이 생기고 이에 욕망이 좌절된 조신은 슬피 울다 잠이 든다. 꿈속에서 만난 김 씨의 딸은 조신을 사모하여 찾아왔다고 말하고 두 사람은 부부의 연을 맺고 오십여 년의 세월을 보낸다. 하지만 그 세월 동안 조신의 가족은 가난으로 인해 유랑하며 비참한 삶을 살게 된다. 결국 김 씨의 딸은 조신에게 이별을 고하고 조신은 김 씨의 딸과 헤어져 길을 가다가 꿈에서 깨어나게 된다. 조신은 자신의 세속적인 욕망이 덧없는 것임을 깨닫고, 정토사를 세우고 수행에 정진한다.

＊ 해제

이 작품은 《삼국사기》에 수록된 신라 하대의 설화이다. 승려 조신이 태수 김흔의 딸과의 결연을 소망하나 꿈속 체험을 통해 자신의 세속적인 욕망이 헛된 것임을 깨닫고, '정토사'라는 절을 세우고 수행한다는 내용을 다루고 있다. 이 과정에서 '현실-꿈-현실'이라는 환몽(幻夢) 구조와 액자식 구성 방식이 드러나는데, 이는 인물이 깨달음을 얻게 된 과정을 보여 주며 동시에 '인생무상(人生無常)'이라는 작품의 주제 의식을 효과적으로 부각하는 기능을 한다. 이 작품은 '정토사'라는 절이 건립된 과정을 보여 주는 사찰 연기 설화라는 점, 혼란한 신라 하대의 상황을 반영한 작품이라는 점에서 그 의의가 있다.

＊ 등장인물

조신	승려임에도 세속적 욕망을 품었다가, 하룻밤 꿈을 통해 이러한 욕망의 허망함을 깨달음.
김흔의 딸	조신의 세속적 욕망을 상징함. 조신의 꿈 속에서 조신과 결혼하여 비참한 생활을 하며, 이를 통해 조신에게 욕망의 허망함을 깨닫게 함.

※ 다음 글을 읽고, 물음에 답하시오.

옛날 신라 시대 때, **세달사(世達寺)의 장원**이 **명주 날리군**에 있었다. 본사(本寺)에서는 승려 조신(調信)을 보내 장원을 맡아 관리하게 했다.

조신은 장원에 이르러 **태수 김흔(金昕)의 딸**을 깊이 연모하게 되었다. 여러 번 낙산사의 관음보살 앞에 나아가 남몰래 인연을 맺게 해 달라고 빌었으나 몇 년 뒤 그 여자에게 배필이 생겼다. 조신은 다시 관음 앞에 나아가 관음보살이 자기의 뜻을 이루어 주지 않았다고 원망하며 날이 저물도록 슬피 울었다. 그렇게 그리워하다 지쳐 얼마 뒤 선잠이 들었다. 꿈에 갑자기 김 씨의 딸이 기쁜 모습으로 문으로 들어오더니, 활짝 웃으면서 말했다.

"저는 일찍이 스님의 얼굴을 본 뒤로 사모하게 되어 한순간도 잊은 적이 없었습니다. 부모의 명을 어기지 못해 억지로 다른 사람의 아내가 되었지만, 이제 같은 무덤에 묻힐 벗이 되고 싶어서 왔습니다."

조신은 기뻐서 어쩔 줄을 모르며 함께 고향으로 돌아가 사십여 년을 살면서 자식 다섯을 두었다. 그러나 집이라곤 네 벽뿐이요, 콩잎이나 명아줏국 같은 변변한 끼니도 댈 수 없어 마침내 실의에 찬 나머지 가족들을 이끌고 사방으로 다니면서 입에 풀칠을 하게 되었다. 이렇게 10년 동안 초야를 떠돌아다니다 보니 옷은 메추라기가 매달린 것처럼 너덜너덜해지고 백 번이나 기워 입어 몸도 가리지 못할 정도였다. 강릉 해현령(蟹縣嶺)을 지날 때 열다섯 살 된 큰아들이 굶주려 그만 죽고 말았다. 조신은 통곡하며 길가에다 묻고, 남은 네 자식을 데리고 **우곡현(羽曲縣)**—지금의 우현(羽縣)—에 도착하여 길가에 띠풀로 엮은 집을 짓고 살았다. 부부가 늙고 병들고 굶주려 일어날 수 없게 되자, 열 살 난 딸아이가 돌아다니며 구걸을 했다. 그러다가 마을의 개에 물려 부모 앞에서 아프다고 울며 드러눕자 부모는 탄식하며 하염없이 눈물을 흘렸다. 부인은 눈물을 씻더니 갑자기 말했다.

"내가 처음 당신을 만났을 때는 얼굴도 아름답고 꽃다운 나이에 옷차림도 깨끗했습니다. 맛있는 음식은 한 가지라도 당신과 나누어 먹었고, 따뜻한 옷감은 몇 자라도 당신과 함께 해 입었습니다. 집을 나와 함께 산 50년 동안 정분은 가까워졌고 은혜와 사랑은 깊었으니 두터운 인연이라고 할 수 있습니다. 그러나 몇 년 이래로 쇠약해져 병이 날로 더욱 심해지고 굶주림과 추위도 날로 더해 오는데, 곁방살이에 하찮은 음식조차 빌어먹지 못하여 이 집 저 집에서 구걸하며 다니는 부끄러움은 산과 같이 무겁습니다. 아이들이 추위에 떨고 굶주려도 돌봐 줄 수가 없는데, 어느 겨를에 사랑의 싹을 틔워 부부의 정을 즐기겠습니까? 젊은 날의 고왔던 얼굴과 아름다운 옷

[A]

음도 풀잎 위의 이슬이 되었고, 지초와 난초 같은 약속도 회오리바람에 날리는 버들솜이 되었습니다. 「당신은 내가 있어서 근심만 쌓이고, 나는 당신 때문에 근심거리만 많아지니, 곰곰이 생각해 보면 옛날의 기쁨이 바로 근심의 시작이었던 것입니다. 당신이나 나 어째서 이 지경이 되었는지요. 여러 마리의 새가 함께 굶주리는 것보다는 짝 잃은 난새가 거울을 보면서 짝을 그리워하는 것이 낫지 않겠습니까? 힘들면 버리고 편안하면 친해지는 것은 인정상 차마 할 수 없는 일입니다만 가고 멈추는 것 역시 사람의 마음 대로 되는 것이 아니고, 헤어지고 만나는 데도 운명이 있는 것입니다. 이 말에 따라 이만 헤어지기로 합시다."

조신이 이 말을 듣고 기뻐하여 각기 아이를 둘씩 나누어 데리고 떠나려 하는데 아내가 말했다.

"저는 고향으로 향할 것이니 당신은 남쪽으로 가십시오."

그리하여 조신은 이별을 하고 길을 가다가 꿈에서 깨어났는데 희미한 등불이 어른거리고 밤이 깊어만 가고 있었다.

아침이 되자 수염과 머리카락이 모두 하얗게 세어 있었다. 「조신은 망연자실하여 세상일에 전혀 뜻이 없어졌다. 고달프게 사는 것도 이미 싫어졌고 마치 백 년 동안의 괴로움을 맛본 것 같아 세속을 탐하는 마음도 얼음 녹듯 사라졌다. 그는 부끄러운 마음으로 부처님의 얼굴을 바라보며 깊이 참회하는 마음이 끝이 없었다. 돌아오는 길에 해현으로 가서 아이를 묻었던 곳을 파 보았더니 돌미륵이 나왔다. 물로 깨끗이 씻어서 가까운 절에 모시고 서울로 돌아와 장원을 관리하는 직책을 사임하고 개인 재산을 털어 **정토사(淨土寺)**를 짓고서 수행했다. 그 후에 아무도 조신의 종적을 알지 못했다.

다음과 같이 논평한다.

"이 전을 읽고 나서 책을 덮고 지난 일을 곰곰이 돌이켜 보니, 어찌 반드시 조신의 꿈만 그러하겠는가? 지금 모든 사람이 인간 세상의 즐거움을 알아 기뻐하면서 애를 쓰지만 특별히 깨닫지 못할 뿐이다."

따라서 노래를 지어 경계한다.

「즐거운 시간은 잠시뿐 마음은 어느새 시들어
남모르는 근심 속에 젊던 얼굴 늙었네.」
다시는 좁쌀밥 익기를 기다리지 말지니,
바야흐로 힘든 삶 한순간의 꿈인 걸 깨달았네.
몸을 닦을지 말지는 먼저 뜻을 성실하게 해야 하거늘

[B]

173

홀아비는 미인을 꿈꾸고 도적은 장물을 꿈꾸네.
○: 세속적 욕망에 집착하는 사람들
어찌 가을날 맑은 밤의 꿈으로

때때로 눈을 감아 청량(淸凉)의 세계에 이르는가.

- 작자 미상, 〈조신의 꿈〉 -

● 확인 문제

[1-4] 윗글의 내용에 대한 설명이다. 맞으면 ○, 틀리면 ✕ 표 하시오.

1 조신은 승려임에도 자신의 세속적인 소원이 이뤄지지 않자 며칠을 울었다.

2 꿈속에서 조신과 조신의 부인은 여러 곳을 떠돌다 늙자, 병을 얻어 움직이기 힘들어졌다.

3 꿈속에서 조신은 조신의 부인이 이별을 청하자 화를 내며 거부했다.

4 조신의 이야기를 전한 서술자는 이별의 슬픔을 주제로 한 노래를 남겼다.

[5-8] 윗글의 내용과 관련하여 빈칸에 들어갈 적절한 내용을 쓰시오.

5 조신은 꿈에서 자신이 좋아하던 태수 김흔의 ☐과 재회하게 된다.

6 꿈속에서 조신의 부인은 처음의 기쁨이 지금의 ☐☐을 만들었다고 말한다.

7 조신은 ☐☐☐☐에게 세속적인 욕망과 관련된 소원을 빌었다.

8 돌미륵을 얻은 조신은 개인 재산을 털어 ☐☐☐를 지었다.

확인 문제 정답	1 ○	2 ○	3 ✕	4 ✕	5 딸	6 근심	7 관음보살	8 정토사

01

유형 | 서술상의 특징 파악

[A]에 대한 설명으로 적절하지 <u>않은</u> 것은?

① 고통스러운 현재의 삶과 대조되는 과거의 삶을 언급하고 있다.

② 가난으로 인한 비참한 현실을 열거하여 비극성을 강화하고 있다.

③ 중국의 고사를 인용하여 불교적 깨달음을 효과적으로 전달하고 있다.

④ 운명론적 사고관에 입각하여 상대를 설득하며 자신의 주장을 펼치고 있다.

⑤ 비슷한 문장구조의 반복을 통해 리듬감을 형성하고 구조적 안정감을 부여하고 있다.

☑ 헷갈린 선지 선택

①	②	③	④	⑤

☑ 정답으로 선택한 이유

☑ 오답을 선택한 이유

02

유형 | 외적 준거에 따른 작품 감상

<보기>를 바탕으로 윗글을 이해한 내용으로 적절하지 <u>않은</u> 것은?

보기

설화는 구비 문학의 일종으로 각 민족 사이에 전승되어 오는 신화, 전설, 민담 따위를 아울러 이르는 말이다. 신화는 고대인의 사유나 표상이 반영된 신성한 이야기로, 영웅의 사적, 민족의 태고 등의 역사를 주로 다룬다. 반면 전설은 어떤 공동체와 관련된 내력이나 유래, 개인의 체험 등을 특정 지역의 자연물에 얽힌 사연과 연결하여 전개한다. 특히 신을 중심으로 이야기가 전개되는 신화와는 달리 전설은 평범한 인간을 중심으로 이야기가 전개된다는 특징을 갖는다. 전설 속 사건은 대체로 신빙성을 부여하기 위해 구체적인 지명이나 인명을 사용하거나, 해당 전설을 뒷받침하는 증거물을 제시함으로써 전설의 정당성을 획득하고자 한다.

① '세달사의 장원'이 '명주 날리군'에 있다는 것은 설화의 근거로 삼을 수 있는 구체적 증거물에 해당하며 이야기의 정당성을 획득할 수 있는 요소로 볼 수 있다.

② '태수 김흔의 딸'과 같은 구체적 인명과 '우곡현'과 같은 지명의 언급은 지역에서 구전되어 내려오는 이야기의 신빙성을 높이고 있다고 볼 수 있다.

③ 꿈에서 깨어난 조신이 꿈속에서 큰아들을 묻은 곳을 찾아가 '돌미륵'을 발견한 것을 통해 승려 조신이 비범한 능력을 지녔음을 알 수 있다.

④ 조신이 지은 '정토사'는 조신의 이야기가 단순한 설화에 그치지 않고 실재하는 이야기임을 뒷받침하는 증거물로 기능한다.

⑤ 초월적 신이 아닌, 인간 조신을 중심으로 이야기가 전개된다는 점에서 전설의 특징을 가지고 있음을 보여 주고 있다.

☑ 헷갈린 선지 선택

①	②	③	④	⑤

☑ 정답으로 선택한 이유

☑ 오답을 선택한 이유

03

<보기>를 참고하여 윗글을 감상한 내용으로 적절하지 <u>않은</u> 것은?

보기

　　이 작품은 '현실-꿈-현실'의 환몽(幻夢) 구조로 이루어져 있다. 현실 세계에서 몽중 세계로 들어가는 것을 입몽, 꿈에서 현실 세계로 돌아오는 것을 각몽이라고 하는데, 이때 현실 세계는 작품의 외화에 해당하며, 몽중 세계는 작품의 내화에 해당한다. 작품은 이러한 액자식 구성을 활용하여 세속적 욕망이 보잘것없는 것임을 방증하며, 불교적 가르침을 효과적으로 전달하고 있다.

① 승려 신분인 조신이 김흔의 딸과 결연을 소망하는 것과 이러한 소망의 좌절은 외화의 이야기에 해당하며, 현실 세계의 이야기이겠군.

② 꿈에서 깬 조신이 꿈속에서 얻은 깨달음을 바탕으로 참회하고자 한 것은 외화의 이야기에 해당하며, 각몽 이후 불교적 자각을 이룬 것으로 볼 수 있겠군.

③ 김흔의 딸이 조신을 찾아와 부부의 연을 맺고자 하는 것은 현실 세계에서 이루지 못한 조신의 욕망이 투영된 결과이며, '꿈'은 조신의 욕망이 성취되는 공간이겠군.

④ '아침이 되자 수염과 머리카락이 모두 하얗게 세어 있었'던 것은 꿈속에서 체험한 경험과 현실 세계가 연결되어 있음을 보여 주며, 세속적 욕망의 덧없음을 깨닫게 하는군.

⑤ 꿈속에서 가난으로 인해 걸식하고 유랑하며 고통스러운 삶을 체험한 것은 현실 세계에서 승려로서 품어서는 안 되는 욕망을 실현한 조신에게 꿈속 세계에서 내려진 형벌이군.

04 서답형 문제

<보기>의 빈칸에 들어갈 말을 [B]에서 찾아 쓰시오.

보기

　　홀아비와 (　　　　)은/는 입몽 전의 조신과 유사한 태도를 보이는 인물이다.

정답 및 해설 p.35

※ 다음 글을 읽고, 물음에 답하시오.

공방(孔方)*의 자는 관지(貫之)*다. 그의 선조는 옛날에 수양산에 은거하여 동굴에서 살았는데, 일찍 세상으로 나왔지만 쓰이지 못했다. 비로소 황제(黃帝) 때에 조금씩 쓰였으나, 성질이 강경하여 세상 일에 매우 단련되지 못했다. 황제가
<u>관상을 보는 사람을 불러 그를 살피게 하니</u>, 관상 보는 사람이 자세히 보고 천천히
_{대장장이}
말하기를 <u>"산야(山野)에서 이루어졌기 때문에 거칠어서 사용할 수 없지만, 만약 임금님의 쇠를 녹이는 용광로에서 갈고 닦으면 그 자질은 점점 드러나게 될 것입니다.</u> 임금이란 사람을 사용할 수 있는 그릇이 되도록 만드는 자리이니, 임금님께
_{돈의 주조 과정}
서 완고한 구리와 함께 버리지 마십시오."라고 했다. <u>이로부터 세상에 나타나게 되었다.</u> 이후 난리를 피하여, 강가의 숯 화로로 이사를 해 가족을 이루고 살았다.
_{세상에 돈이 유통되기 시작함}

공방의 아버지인 천(泉)은 주나라의 태재(太宰)*로, 나라의 세금을 담당했다.
_{전한 말에 왕망이 주조한 동전을 의미}
㉠ <u>공방의 사람됨은 겉은 둥그렇고 가운데는 네모나며, 세상의 변화에 잘 대응</u>
_{① 돈의 모양에 대한 묘사, ② 돈이 지닌 이중성}
<u>했다.</u> 공방은 한나라에서 벼슬하여 홍려경(鴻臚卿)*이 되었다. 당시에 오나라 임금인 비(濞)가 교만하고 분수 넘침이 지나쳐 권력을 마음대로 행사했는데, 공방이 비를 도와 이익을 취했다. 호제(虎帝) 때에 나라가 텅 비고 창고가 텅 비게 되
_{한나라 광무제} _{백성을 부유하게 하는 직책}
었는데, 호제가 이를 걱정하여 공방을 부민후(富民侯)로 임명했다. ㉡ <u>그 무리인</u>
_{소금, 철, 돈이 모두 상업에서 중요한 역할을 담당했음} _{공방을 존경했기 때문 → 소금과 철보다 돈이 더 중요했음을 드러냄}
<u>염철승(鹽鐵丞)* 근(僅)과 함께 조정에 있었는데, 근이 항상 공방을 가형(家兄)이</u>
<u>라고 부르고 이름을 부르지 않았다.</u> ㉢ <u>공방은 성질이 탐욕스럽고 염치가 없었</u>
_{돈에 대한 욕심이 많은 사람들을 우회적으로 비판}
<u>는데, 이미 국가의 재산을 총괄하면서 자모(子母)* 경중을 저울질하는 것을 좋아</u>
<u>했다.</u> 공방은 국가를 이롭게 하는 것에는 도자기와 철을 주조하는 것만 있는 것이 아니라면서,「백성들과 함께 조그만 이익을 다투고, 물가를 올리고 내리고, 곡
_{「」: 돈으로 인한 폐해 – 돈에 대한 작가의 부정적 인식이 반영됨}
식을 천대하고, 화폐를 귀중하게 여겼다. 그리하여 백성들이 근본을 버리고 끝
_{백성들이 농업을 천시하고 상업을 중요하게 생각하도록 만들었음}
을 좇도록 하고, 농사짓는 것을 방해했다.」당시에 간관들이 자주 상소를 올려 공방을 비판했지만, 호제가 이를 받아들이지 않았다. ㉣「<u>공방은 교묘하게 권세 있</u>
_{돈의 성질 – 권력과 결탁하기 쉬움} _{「」: 돈과 권력이 합쳐져 사회가 문란해졌음을 풍자}
<u>는 귀족들을 섬겨, 그 집을 드나들면서 권세를 부리고 관직을 팔아 관직을 올리</u>
_{매관매직(賣官賣職)}
<u>고 내리는 것이 그의 손바닥 안에 있었다. 공경들이 절개를 꺾고 공방을 섬기</u>
<u>니, 곡식을 쌓고 뇌물을 거두어 문권(文券)*과 서류가 산과 같이 쌓여 가히 셀 수</u>
_{과장법을 통해 부정부패를 강조}
<u>가 없었다.</u>」㉤「공방은 사람을 대하고 물건을 대할 때 현인과 불초한 것을 가리지
_{「」: 공방의 속물적 근성}
않고, 비록 시장 사람이라고 하더라도 재산이 많으면 그와 사귀었으니, 소위 시장 바닥 사귐이란 이런 것을 말한다.」공방은 때로는 동네의 나쁜 소년들을 따라다니면서 바둑을 두고 격오(格五)*를 일삼았다. 그러나 승낙을 잘했기 때문에, 당시 사람들이 이를 두고 <u>"공방의 말 한마디는 무게가 금 백 근과 같다."</u>라고 했다.
_{공방의 권세가 매우 높았음}

원제(元帝)가 즉위하자 공우(貢禹)가 글을 올려 「<u>"공방이 오랫동안 바쁜 업무에</u>
_{공방의 행동을 비판하는 인물} _{「」: 돈의 유통을 막아야 함을 주장}

* 주제
돈의 폐해에 대한 경계와 비판

* 전체 줄거리
공방의 선조는 수양산 동굴에 은거하다 황제 때에 와서 조금씩 쓰이게 되었고, 공방의 아버지인 천은 주나라의 태재가 되어 나라의 세금을 담당하였다. 공방은 그 생김새가 밖은 둥글고 안은 네모나며, 세상의 변화에 잘 대응하였다. 공방은 한나라의 홍려경이 되었음에도 오나라 비를 도와 이익을 취하는 등 성질이 탐욕스러웠으며, 돈을 중하게 여기고 곡식을 천하게 여겨 백성들이 근본을 버리게 하였고 농사짓는 것을 방해하였다. 공방은 원제 때 공우의 글로 관직에서 쫓겨났음에도 불구하고 반성하지 않았으며, 훗날 당나라와 남송 시절에 그의 제자들이 다시 쓰였으나 그 폐단이 드러나고 천하를 어지럽혔다고 하여 쫓겨난 후 그의 제자들 역시 다시 쓰이지 않게 되었다. 공방의 아들인 윤은 경박하여 세상의 욕을 먹었고, 수형령이 되었음에도 장물죄가 드러나 사형을 당했다. 이에 사신은 공방과 그의 무리들로 인해 세상이 어지러워졌다며, 뒷날의 근심을 막기 위해서라도 공방의 무리들을 모두 없앴어야 했다고 주장한다.

* 해제
이 작품은 고려 무신 집권기 때의 문신인 임춘이 돈을 의인화하여 지은 가전으로 '공방'은 엽전을 달리 이르는 말이다. 공방이 생겨난 유래와 공방의 생김새, 그리고 공방이 정계에 진출한 후 사회에 미친 악영향 등을 전의 형식을 차용하여 전달함으로써 재물에 대한 탐욕을 경계하고 있다. 작가인 임춘은 돈으로 인해 인간이 그릇된 길에 빠지게 되어 사회의 폐단이 생긴다는 점에서 공방을 없애 그 후환을 막았어야 했다고 주장하고 있는데, 이를 통해 돈에 대한 임춘의 비판 의식을 엿볼 수 있다.

* 등장인물

공방	처세에 능하며 탐욕스럽고 염치가 없음. 권세 있는 귀족들을 섬기고 이익에 따라 행동하며 매관매직으로 사회를 혼란하게 만듦.
공우	공방의 행동을 비판하는 글을 올려 공방이 관직에서 쫓겨나게 함.
사신	작가를 대변하는 인물로 공방에 대해 부정적인 입장을 보임. 공방에 대한 평가로 글을 마무리함.

＊ 가전체

교훈을 전달하거나 인간 세태의 풍자를 위해 인간이 아닌 사물을 의인화하여 허구적으로 전(傳)의 형식을 빌려 쓴 작품을 의미한다. '가계(家系)－행적－논평'의 서사 구조를 지닌다.

＊ '공방(돈)'에 대한 작가의 인식

긍정적 인식
당나라 때의 '유안'이 국가 재정을 위해 공방의 계책을 이용하고자 함. → 나라의 국정 운영을 위해서는 돈이 필요함을 인지하고 이러한 점에서 돈이 지닌 긍정적 가치를 인정하고 있음.

↕

부정적 인식
• 성질이 탐욕스럽고 염치가 없음. • 백성들이 농사가 아닌 상업을 하도록 이끎. • 권세와 부귀를 잘 섬김. → 권력과 결탁하여 인간의 탐욕과 비리를 부추기는 폐해의 원인이므로 없애야 함.

＊ 서술 방식의 특징

• '도입－전개－논평'의 3단
  └ 도입: 공방의 내력과 가계
     전개: 공방의 행적과 몰락
     논평: 공방의 행적에 대한 비판
• 일대기적
• 순차적
• 전기적

＊ 작품에 드러난 풍자 대상

돈에 대한 인간의 모습	• 돈을 탐하는 욕심 많고 더러운 모습 • 몰염치한 모습 • 돈을 위해 절개를 굽히는 모습 • 권세와 부귀를 좇는 모습
돈으로 인한 사회상	• 뇌물과 매관매직이 만연하게 된 사회 • 농사보다 돈을 중요시 여겨 농사를 버리고 장사를 하게 되는 사회

매달려 농사의 중요한 근본에는 힘쓰지 않고 다만 전매의 이익에만 힘을 썼습니다. 그리하여 나라를 좀먹고 백성들에게 해를 입혀 공사가 모두 피곤하게 되었으며, 뇌물이 난무하고 공적인 일도 청탁이 있어야만 처리됩니다. '지고 또 탄다. 그러면 도둑이 온다.'라고 한 《주역(周易)》의 명백한 가르침도 있으니, 바라건대 공방의 관직을 파면해 탐욕과 비루함을 징계하십시오."라고 했다. 그때 마침 권력을 잡은 사람 중 곡량(穀梁)의 학(學)으로 관료가 된 사람이 있었는데, 변방에 대한 대비책을 세우는 데 군비가 부족했기 때문에 공방의 일을 미워하여 공우의 편을 들었다. 그러자 원제가 공우의 요청을 받아들였다. 그리하여 공방은 관직에서 쫓겨났다. 공방이 문하의 사람들에게 말하기를, "나는 전에 임금님을 만나, 임금님이 나라를 잘 다스리도록 교화하여 장차 나라의 경제가 넉넉해지고 백성들의 재산이 풍부해지도록 했다. 이제 조그마한 죄로 내쫓김을 당했다. 그러나 등용되고 쫓겨나는 것은 나에게는 이익도 손해도 없다. 다행스럽게도 남은 목숨이 끊어지지 않고 실오라기처럼 살았으니, 앞으로 입이 묶여 말을 하지 못해도 세상에 몸을 붙이고 살아갈 것이다. 부평초처럼 이리저리 떠돌면서 강회(江淮)의 별장으로 되돌아가 약야계(若冶溪) 위에서 낚싯대를 드리우고, 고기를 잡고 술을 사서 민상(閩商), 해고(海賈)와 함께 술 배를 타고 떠다니면서 남은 생애를 마칠 것이다. 비록 천종(千鐘)의 녹(祿)과 오정(五鼎)＊의 음식이 있다고 해도, 내가 어찌 그것 때문에 이러한 삶과 바꾸겠는가? 그렇지만 시간이 지나면, 나의 계책은 반드시 다시 일어날 것이다."라고 했다.

(중략)

당나라가 일어나자 유안(劉晏)이 탁지판관(度支判官)이 되었는데, 당시 국가의 재정이 넉넉하지 못했다. 그리하여 유안이 공방의 계책을 사용하여 국가 재정을 이롭게 하도록 하자고 건의했다. 이에 관한 내용은 《당서(唐書)》〈식화지(食貨志)〉에 실려 있다. 그런데 공방이 죽은 지 오래되어, 그의 문도들도 사방으로 흩어졌다. 그리하여 공방의 문도들을 수소문하고 일으켜 다시 기용했다. 그 결과 공방의 계책이 개원(開元)·천보(天寶) 연간에 크게 실시되었고, 공방에게는 조의대부 소부승(朝議大夫少府丞)이라는 벼슬이 추증되었다. 송나라 신종(神宗) 때에 왕안석(王安石)이 국정을 담당하면서, 여혜경(呂惠卿)을 끌어들여 정치를 보좌하도록 하고 청묘법(靑苗法)＊을 사용했다. 그래서 세상이 소란해지고 크게 곤궁해졌다. 소식(蘇軾)이 청묘법의 폐단을 적극적으로 비판하고 그 법을 모두 배척하려고 하다가, 오히려 모함에 빠져 쫓겨나게 되었다. 이런 일이 있은 뒤, 조정의 선비들은 감히 말을 하지 않았다. 오직 사마광(司馬光)이 재상(宰相)이 되어 청묘법을 폐지하자고 요청하고 소식을 천거해 발탁하니, 공방의 무리들이 점점 쇠퇴하고 다시는 융성해지지 못했다. 공방의 아들 윤(輪)은 됨됨이가 경박하여 세상

사람들로부터 비난을 받았다. 뒤에 윤이 수형령(水衡令)*이 되었지만, 불법으로 물건을 취득한 것이 발각되어 죽임을 당했다.

사신(史臣)은 다음과 같이 논평한다.

가전의 특징 → 마지막 부분에 사신의 평이 들어감

「다른 사람의 신하가 된 사람이 두 마음을 품고 큰 이익을 좇는다면 이 사람은

「」: 돈에 대한 작가의 부정적 인식을 직접적으로 드러냄 　세속적 욕망을 품고 사사로운 이익을 좇는 사람

과연 충신인가? 공방이 때를 잘 만나고 좋은 주인을 만나 정신을 모아서 정중한 약속을 맺었고, 생각지도 못한 많은 사랑을 받았다. 당연히 이로운 일을 생기게 하고 해로운 것을 제거하여 은덕을 갚아야 하지만, 비를 도와 권력을 마음대로 하고 마침내 자신의 무리들을 심었다. 공방의 이러한 행동은 충신은 경계 바깥의 사귐은 없다는 말에 위배되는 것이다. 공방이 죽고 그의 무리들이 다시 송나라에서 기용되어 권력자에게 아부하고 올바른 사람들을 모함했었다. 비록 길고 짧은 이치가 하늘에 있다고 해도 원제가 공우의 말을 받아들여 한꺼번에 공방의 무리들을 죽였다면, 뒷날의 근심을 모두 없앨 수 있었을 것이다. 다만 공방의 무리들을 억제하기만 하여 후세까지 그 폐단을 미치게 했으니, 어찌 일보다 말이 앞서는 사람은 항상 믿지 못할까를 근심하지 않겠는가?」

– 임춘, 〈공방전〉 –

* 공방: '엽전'을 달리 이르는 말. 엽전의 가운데 네모난 구멍이 있으므로 이렇게 이름.
* 관지: '꿰다'는 뜻. 돈을 꿰미로 만들기 때문에 '꿸 관'자를 써서 '관지'라 함.
* 태재: 중국 은나라·주나라 때에, 천자를 보좌하던 벼슬.
* 홍려경: 외국에서 방문한 사신을 접대하는 관직.
* 염철승: 소금과 쇠를 가리키는 의인화된 관직 이름.
* 자모: 원금과 이자를 가리킴.
* 문권: 땅이나 집 따위의 소유권이나 그 밖의 권리를 증명하는 문서.
* 격오: 옛날 놀이로, 지금의 주사위 놀이와 비슷함
* 오정: 소, 양, 돼지, 물고기, 순록을 담아 제사 지내는 다섯 개의 솥을 의미하지만, 이 글에서는 맛있는 음식을 뜻함.
* 청묘법: 왕안석이 시행한 신법의 하나로, 농촌에 낮은 이자의 자금을 융통하여 가난한 농민을 보호하려고 했던 법.
* 수형령: 세금 관계 업무를 담당하는 관직.

* 가전체의 탄생

중국과의 문화 교류가 무르익고
과거 제도가 시행되어 한문학이 융성

지배층에서 한자를 이용한
기록 문학 발전

유교적 가치관을 바탕으로
객관적인 사물과 인간의 생활을 중시한
신진 사대부 등장

문벌 귀족을 대체하여
신진 사대부가 문학을 주도

무신 정변 몽골 침입 등의
혼란스러운 고려 후기 상황

행위의 옳고 그름을 우회적으로
논평하는 가전체 탄생

[1-7] 윗글의 내용에 대한 설명이다. 맞으면 ○, 틀리면 ✕ 표 하시오.

1 공방의 아버지와 공방은 서로 다른 나라에서 벼슬 생활을 했다.

2 공방은 윤리 의식 없이 권세를 이용해 자신의 이득을 챙겼다.

3 공방은 나라의 유력 가문과 결탁하여 부정한 방식으로 많은 부를 축적했다.

4 공우는 나라가 제대로 돌아가기 위해서는 농사 대신 새로운 분야를 개척해야 한다고 생각했다.

5 공방은 죽은 뒤 완전히 잊혀 다시는 재평가되지 않았다.

6 사마광이 청묘법 폐지를 주장한 이후 공방과 관련된 모든 것들이 쇠퇴했다.

7 사신은 공방의 행적이 배은망덕하며 큰 폐단을 만들어 냈다고 평가했다.

[8-10] 윗글의 내용과 관련하여 빈칸에 들어갈 적절한 내용을 쓰시오.

8 관상을 보는 사람은 공방이 ☐☐☐ 에서 수련해야 잘 될 것이라 말했다.

9 당나라의 ☐☐ 은 국가의 재정을 충당하기 위해 공방의 계책을 실시했다.

10 공방의 아들 ☐ 은 벼슬을 했으나 불법으로 물건을 취득한 것이 발각되어 죽임을 당했다.

확인 문제 정답	1 ○	2 ○	3 ○	4 ✕	5 ✕	6 ○	7 ○	8 용광로	9 유안	10 윤

01

㉠~㉤에 대한 설명으로 적절하지 <u>않은</u> 것은?

① ㉠: 돈의 모양을 묘사함으로써 처세에 능한 공방의 이중적 면모를 부각하고 있다.

② ㉡: 당시 산업에 있어 돈과 철이 모두 중요한 수단이었음을 드러내며, 돈과 결탁하여 위세를 떨치고자 하는 관리들의 기대를 반영하고 있다.

③ ㉢: 돈을 벌기 위해 체면을 가리지 않았던 당대 사람들의 모습을 우의적으로 드러내고 있다.

④ ㉣: 돈이 권력과 쉽게 결탁할 수 있음을 지적하며, 과장법을 통해 부정부패한 현실을 드러내고 있다.

⑤ ㉤: 이해관계에 따라 사람을 사귀는 공방의 모습을 통해 기회주의적이며 속물적인 근성을 보여 주고 있다.

02

<보기>를 바탕으로 윗글을 감상한 내용으로 적절하지 <u>않은</u> 것은?

보기

고려 중기 설화문학은 가전체의 수법에 의해 소설에 가까운 형태를 갖추게 되었고, 고려 말 사물에 대한 객관적 인식을 중요시했던 신흥 사대부들에 의해 가전체 문학이 본격적으로 등장하게 되었다. 가전체 문학이란 입전 대상을 사물에서 찾아 인격을 부여하고, 의인화를 통해 사물의 일대기를 허구적으로 구성한 산문을 일컫는다. 이때 작가는 사물의 일대기를 빌려 당대 사회의 문제점을 지적하고, 개인적인 주장이나 생각을 표출하기도 한다.

① 권세를 부리거나 충신의 법도에 어긋나는 삶을 경계해야 함을 공방의 일대기를 통해 드러내고 있군.

② 공방이 탄핵을 받아 쫓겨난 이후 공방의 무리들이 점점 쇠퇴해졌다는 점을 통해 돈에 대한 비판적 인식을 고수하고 있군.

③ 사람이 아닌 공방을 의인화 기법을 통해 구체화하여 공방에 대한 비판과 풍자의 강도를 올리고 문제 의식을 드러내고 있군.

④ 작가의 목소리를 대변하는 인물을 등장시킴으로써 돈으로 생기는 후환을 막기 위해 돈의 유통을 막아야 한다고 주장하고 있군.

⑤ 공방의 행적을 중국 왕조의 순서에 따라 통시적으로 나열하여 당대 사회상을 제시하고, 돈으로 말미암은 문제들을 역사적으로 고찰하고 있군.

03

윗글에 대한 설명으로 가장 적절한 것은?

① 공방의 조상들은 태초부터 그 쓰임을 인정받아 관직에 나가 위세를 드러냈다.
② 공방은 자신이 지은 사소한 죄를 반성하고 유유자적하며 살 것을 다짐하였다.
③ 공방은 백성들이 농사의 중요한 근본이 아닌 전매의 이익에 힘쓰도록 이끌었다.
④ 당시 백성들은 공방의 권세가 높았음을 알지 못하였기에 공방의 말을 신뢰하지 못하였다.
⑤ 공방의 아들은 사마광을 통해 권세를 회복하였으나, 민중의 지지를 받지 못하여 유배당하였다.

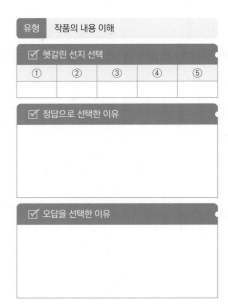

04

윗글의 인물에 대한 설명으로 적절하지 않은 것은?

① 호제는 나라의 창고가 텅 빈 것을 걱정하여 공방을 불러 이를 해결하고자 하였다.
② 공우는 공방으로 인해 발생하게 될 폐해를 예상하고, 중국의 고사를 인용하여 공방을 파면하고자 하였다.
③ 왕안석은 청묘법을 시행하여 국정 문제를 해결하고자 하였으나, 이 정책으로 인해 당대 사회의 혼란은 더욱 가중되었다.
④ 유안은 재정 문제의 어려움을 해결하기 위해 공방의 지혜를 이용하고자 하였으나, 이 당시에는 돈이 유통되지 않았기에 어려움을 겪었다.
⑤ '곡량의 학으로 관료가 된 사람'은 공방으로 인해 백성들이 상업에만 몰두하게 되면서 군비가 부족하게 된 일을 계기로 공우의 요청을 지지하였다.

05 서답형 문제

<보기>의 빈칸에 들어갈 구절 2문장을 윗글에서 찾아 쓰시오.

> **보기**
>
> '공우'가 '_____' (이)라고 말한 것은 군자의 지위에 있으면서 천한 사람의 행실을 하는 자는 자신뿐 아니라 다른 이들에게도 피해를 줄 수 있기 때문에 이를 경계하고 권력과 재물을 탐하는 '공방'의 행동을 비판하기 위함이다.

정답 및 해설 p.36

핵심정리

※ 다음 글을 읽고, 물음에 답하시오.

할미가 말하기를,

"마침 공자를 만나러 오는 길이었나이다. 숙향이라는 이름을 가진 사람이 세

명 있으니, 공자께서 마음대로 선택하소서." / 했다.

이생이 반가워하며 묻기를,

"어디 사는 누구이며, 나이는 각각 몇 살이나 되나이까?"

（이생이 동명이인 중에서 자기가 찾고 있는 숙향을 구별해 내고자 함）

하니 할미가 대답했다.

"하나는 간의태부 진담의 딸로 열여덟 살이요, 하나는 병부 상서 왕건의 딸로

열네 살이며, 하나는 빌어먹는 아이로 열여섯 살인데 자기 어버이가 누군지 자

세히 모르더이다. 제가 공자를 위해 세 곳에 기별하니, 두 곳에서는 기꺼이 응

（권문세가의 딸들인 숙향）

답했나이다. 그러나 빌어먹는 아이는 응답하지 않고 이르기를 ㉠ '내 배필이

（이생이 찾고 있는 숙향）

될 분은 요지에서 옥가락지의 진주를 가진 사람이니, 그 진주를 보고 난 뒤에

야 몸을 허락하리라.' 하더이다."

（천상계에서 인연을 맺었던 상대를 기다리고 있는 숙향의 마음을 할미가 대신 전함）

이에 이생이 듣고 크게 기뻐하며 말하기를,

㉡ "그 아이가 바로 월궁소아로소이다. 요지에 갔을 때 제게 반도를 주던 선녀

의 진주를 얻어 왔나이다."

（천상계에서 맺은 인연의 증표인 진주를 통해 자신이 찾고 있는 사람임을 확인함）

하고 방 안으로 들어가 제비알만 한 진주를 두 손으로 받들고 나와 할미에게 공손

히 드리면서 말했다.

（인연의 증표）

"할머니는 저를 위해 이것을 그 아이에게 가져다주고, 날짜를 잡아 기별해 주

소서. 혼사에 쓸 것은 제가 다 마련하리다."

할미가 응답하고 돌아와 숙향에게 진주를 보여 주니, 숙향이 보고 눈물을 흘리

며 말했다.

"이것은 본래 내 진주가 분명하오니, 이제는 할머니 마음대로 하소서."

（숙향이 인연의 증표를 확인한 후 할미에게 혼사 추진을 맡기게 됨）

다음 날 할미가 이생에게 가서 말했다.

"어제 주신 진주가 그 아이의 것이 분명하다 하여 그 아이를 데려다가 집에 두

었나이다. 그러나 ㉢ 얼굴이 너무 추하고 몹쓸 병이 들어 공자의 배필로 삼기

（혼사 추진의 제한 사항 ①-숙향과의 혼인을 위한 이생의 의지와 진정성을 확인하기 위함）

에는 불가능할 듯하옵니다. 공자께서 지금은 연분이 중하다고 하시어 혼사를

추진하고 계시지만, 그 아이를 보시면 눈앞에 두시지 못할 것이옵니다. 그렇게

되면 그 아이는 다른 데로 시집가지도 못하고, 젊은 것이 평생 혼자 늙으면서

도리어 공자를 원망할 것이니, 일이 참으로 난처하나이다."

이생이 말하기를,

"할머니께서는 무슨 말씀을 그토록 심하게 하시나이까? 숙향 낭자가 병든 것

도 모두 저 때문에 그리된 것인데, 제가 어찌 숙향 낭자를 박대하오리까?"

---

* **주제**

고난과 시련의 극복을 통한 운명적 사랑의 성취

* **전체 줄거리**

송나라 때 김전은 명산에 지성을 들여 어렵게 얻은 딸 숙향을 피난길에 잃는다. 부모와 헤어진 숙향은 장 승상의 수양딸이 되어 큰 사랑을 받으며 지내지만 이를 시기한 악한 여종 사향의 모함으로 장 승상 댁에서 쫓겨나게 된다. 숙향은 죽으려고 포진강 물에 몸을 던지기도 하고, 갈대밭에서 화재를 만나 죽을 위기에 처하기도 하지만 초월적 존재들의 도움으로 살아나고 이화정에서 술을 파는 할미를 우연히 만나 그녀와 함께 살게 된다. 한편, 숙향과 마찬가지로 지상으로 적강한 이선은 천상의 운명에 따라 노력 끝에 숙향과 만나고 부모 몰래 성례를 치른다. 하지만 이를 알게 된 이선의 아버지 이 상서는 노하여 낙양 수령 김전에게 숙향을 죽이라고 명령한다. 김전은 숙향이 자신의 딸인 줄도 모르고 숙향을 문초한다. 그러나 이화정 할미와 청삽사리의 도움으로 숙향은 이 상서 부부로부터 며느리로 인정받는다. 이선은 과거에 장원 급제하고 숙향과 재회하여 화목하게 지내게 되고 숙향은 친부모인 김전 부부와 만난다. 이후 이선은 선약을 구해 병들어 죽게 된 황태후를 살린 공으로 초나라 왕이 되고 숙향과 행복하게 살다가 천상으로 돌아간다.

* **해제**

이 작품은 국문본과 한문본이 모두 전하는 조선 시대의 소설로 '이화정기(梨花亭記)'라고도 한다. 소설 속 남녀 주인공은 원래 선인들이었지만 천상에서 지은 죄로 인해 지상으로 적강(謫降)하여 인간으로 환생한 뒤 여러 가지 시련을 겪게 된다. 하지만 위기를 겪을 때마다 천상계의 도움으로 시련을 모두 극복하고 천생연분으로 부부의 연을 맺은 후 행복한 삶을 살다가 천상계로 복귀한다. 이러한 내용을 고려하면 애정 소설로 분류할 수 있으나, 서사의 구성을 보면 주인공 숙향이 고귀한 혈통을 타고 태어나고, 고아가 되어 온갖 시련과 고난을 겪지만 이를 극복한 뒤 행복한 삶을 살아가게 된다는 영웅의 일대기 구조를 따른다는 특징을 지닌다. 〈춘향전〉을 비롯한 다른 고전 소설 작품에 〈숙향전〉의 인물과 내용이 빈번하게 언급되는데, 이를 통해 〈숙향전〉의 인기가 상당하였음을 짐작할 수 있다.

* 등장인물

숙향	천상에서 적강한 월궁소아. 명문가인 김전의 외동딸로 태어나 온갖 고초를 겪은 후 이선과 결혼하여 행복한 삶을 누리다가 다시 천상으로 돌아감. 신분의 차이를 넘어서는 순수한 사랑을 추구함.
이선	천상에서 적강한 인물. 숙향과 결혼하여 행복한 삶을 누리다가 천상으로 돌아감. 유교적 이념인 인간의 애정 승리라는 주제를 전달함.
할미	숙향의 조력자. 숙향이 장 승상 댁에서 쫓겨난 이후 같이 살면서 숙향이 어려움에 처할 때마다 도움을 줌. 숙향을 거둬 키우는 모습과 이선을 돕는 모습에서 따뜻한 마음이 드러남.
여 부인	이선의 고모. 이선과 숙향의 혼인을 도움.

* 〈숙향전〉에 드러난 세계관

```
천생연분의
운명론적 세계관
        ↓
```

숙향과 이선의 결연	당대 현실에서의 남녀 결연
• 신분의 격차를 극복한 결연 • 남녀의 자유로운 교제에 의한 부모의 허락 없는 결연	• 신분제 질서에 따른 결연 • 유교적 가부장제에 따른 부모의 허락에 의한 결연

↔

```
반봉건적 세계관        봉건적 세계관
        ↓
    민중의 내재된
    욕망을 보여 줌.
```

* 〈숙향전〉의 갈래적 성격

애정 소설	숙향과 이선의 사랑 이야기
적강 소설	천상의 선인과 선녀가 지상계로 내려와 고난을 겪으며 천상의 인연을 이룸.
영웅 소설	숙향의 생애가 영웅의 일대기 구조를 취함. (고귀한 혈통으로 출생 → 고난 → 조력자 만남→ 다시 겪는 위기 → 위기 극복과 성취)

하니 할미가 말했다.

"그 아이가 또 말하기를 '혼례의 예를 갖추지 않으면 결혼할 수 없다.' 하더이다."

<u>혼사 추진의 제한 사항 ②-숙향과의 혼인을 위한 이생의 의지와 진정성을 확인하기 위함</u>

"배필을 맞이하면서 어찌 예를 갖추지 않겠습니까?"

"그러면 공자의 부모님께 말씀드리고 혼례를 행하려 하시나이까?"

이에 이생이 말하기를,

ⓔ "우리 부모님께서 너무 걱정하실까 봐 지금은 아뢰지 못하오나, 고모님께 말씀드려 예법에 따라 혼례를 행하리다."

<u>혼사의 장애를 피하기 위해 이생이 제안한 방법</u>

하니 할미가 허락하며 말했다.

"그러면 이달 14일에 신부 집에 예물을 보내고, 15일에 혼례를 행하사이다."

이생이 우선 황금 오백 냥을 주며 말하기를,

"할머니께서 가난하여 혼사에 쓸 비용이 없을 것이니, 우선 이것을 가져다가 보태어 쓰소서."

하니 할미가 웃으면서 말하기를,

"내가 비록 가난하지만 이번 혼례 비용은 알아서 마련할 터이니, 이것은 두었다가 공자의 살림살이에 보태소서."

하고 가져가지 않더라.

한편 이생의 고모는 좌복야 여홍의 부인이라. 어린 나이에 일찍 과부가 되었으며, 자식이 없는 탓에 이생을 친아들처럼 사랑했다. 이생이 고모 댁에 가니 여 부인이 말하기를,

<u>삼사에 속한 정이품 벼슬</u>

"밤에 ⓐ 이상한 꿈을 꾸어서 너를 불러 물어보고자 했는데, 마침 잘 왔도다."

<u>꿈의 기능-미래의 일을 미리 보여 줌</u>

하거늘 이생이 묻기를,

"무슨 꿈이었나이까?"

하니 여 부인이 대답했다.

「"꿈에서 용을 타고 광한전에 올라가니 한 선녀가 이르기를 '내가 사랑하는 소아를 그대에게 주나니, 며느리로 삼으라.' 하거늘, 깨어 보니 남가일몽이라. 아무래도 네가 아름다운 아내를 얻을 것 같구나."」

<u>「 」: 꿈을 통해 현실을 해석함 → 꿈과 현실을 연결</u>

이생이 고모에게 숙향의 일과 할미의 말을 자세히 아뢰니, 여 부인이 탄식하며 말했다.

「"네 부친의 성품이 남달라서 결코 의지할 데 없는 미천한 사람을 며느리로 삼을 리 없으니, 이 일을 어찌하리오?"」

<u>「 」: 혼사 장애 사항-부친의 반대</u>

이에 이생이 아뢰기를,

ⓜ "제가 비록 죽을지언정 숙향을 버리고 다른 데로는 장가들지 않겠나이다."

<u>이생의 확고한 혼사 의지 → 천생연분을 이루려 함</u>

하니 여 부인이 말했다.

「"네가 과거에 급제하여 벼슬이 높아지면 두 부인을 얻어도 될 것이다. 지금 상

<u>「 」: 이생과 숙향이 혼인을 맺을 수 있는 방안 제시</u>

서가 서울에 가고 없으니, 이번 혼인은 내가 주관하고 다음 혼인은 네 부친이 주관하면 되리라."

"고모님께서 제 소원을 풀어 주소서."

<u>숙향과의 혼인</u>
"네 집에서 알면 틀림없이 이 혼사를 막을 것이니, 너는 집에 들어갔다가 보름날 나와서 할미 집으로 가거라. 신부 집에 갈 예물은 내가 잘 차려서 보내마."

이에 이생이 기쁜 마음으로 돌아와 보름날이 되기를 기다리더라.

이때 여 부인이 생각하기를,

「'숙향이 늙은 할미 집에 있다 하니, 살림살이가 변변치 못하리라.'
『 』: 가난한 숙향을 배려하여 혼사를 준비하는 여 부인
하고 예물을 잔뜩 준비해 보냈다.」

이윽고 신부 집에 예물을 싣고 갔던 하인이 돌아오니 여 부인이 묻기를,

"그 집이 상민의 집이라 하던데, 살림살이가 어떻더냐?"

하니 종들이 여쭙기를,

"소인들이 두루 혼사를 많이 구경했지만, 그 집처럼 살림살이가 거룩한 집은 처음 보았나이다."

하니 여 부인이 매우 기뻐하더라.

어느덧 보름날이 되었다. 이생이 고모님께 하직 인사를 올리고 새신랑의 차림새를 갖추어 할미 집에 가니,
햇볕을 가리기 위해 치는 포장
「구름 같은 차일이 하늘 높이 솟아 있고 안개 같은 병풍이 겹겹이 둘려 있었다.
『 』: 할미 집에 대한 묘사 → 비현실적, 천상계의 모습
사방에는 장막과 깔개 등이 화려하게 빛났으며, 색색의 그림으로 수놓은 휘장과 기구 등 온갖 것이 인간 세상에서는 보지 못하던 것들이었다. 좌우에 서 있는 손님들 역시 모두 요지연에서 본 선관과 선녀 같았다.」 이생이 허리를 굽혀 맞절하면서 낭자를 바라보니, 과연 요지에서 반도를 주던 선녀가 분명했다.

– 작자 미상, 〈숙향전〉 –

* **〈숙향전〉 속 영웅의 일대기 구조**

고귀한 혈통	명문가의 외동딸로 태어남.
고난	어린 시절 전쟁으로 부모와 이별
조력자와의 만남	장 승상 댁, 초월적 존재들의 도움으로 위기 극복
다시 겪는 위기	• 장 승상 댁 여종 사향의 모함 • 스스로 죽으려고 함. • 이선과의 혼인을 알게 된 이선의 부모에게 목숨을 위협받음.
위기 극복과 성취	이선과 결혼하여 행복하게 살다가 다시 천상으로 돌아감.

* **소재의 의미**

진주	• 이선과 숙향을 맺어주는 매개체 • 숙향이 이선에 대해 확신을 갖게 되는 계기

[1-7] 윗글의 내용에 대한 설명이다. 맞으면 ○, 틀리면 ✕표 하시오.

1 할미가 소개해 준 세 명의 숙향 중 한 명만 신분이 비천했다.

2 할미는 숙향에게 진주를 보여 주지 않고 자신이 가지기로 했다.

3 이생은 숙향이 몹쓸 병에 든 것이 자기 잘못이라고 생각했다.

4 이생은 부모에게 숙향과 혼인할 것이라는 사실을 알리지 않고 혼인을 진행했다.

5 할미는 이생과 숙향의 혼인을 위해 황금 오백 냥을 빌려 왔다.

6 여 부인은 이생에게 숙향과의 혼인을 인정받으려면 벼슬길에 오르라고 조언했다.

7 이생의 고모는 숙향과 할미의 처지를 생각해서 많은 양의 예물을 준비했다.

[8-10] 윗글과 관련하여 빈칸에 들어갈 적절한 내용을 쓰시오.

8 이생은 숙향이 할미에게 전한 말을 듣고는 기뻐하며 ☐☐를 보여 주었다.

9 이생의 ☐☐는 꿈을 통해 이생이 아름다운 아내를 얻을 것이라고 예상했다.

10 이생은 숙향과 맞절을 하면서 숙향이 전에 만난 ☐☐임을 확신했다.

| 확인 문제 정답 | 1 ○ | 2 ✕ | 3 ○ | 4 ○ | 5 ✕ | 6 ○ | 7 ○ | 8 진주 | 9 고모 | 10 선녀 |

01

윗글에 대해 이해한 내용으로 적절하지 않은 것은?

① '빌어먹는 아이'는 이생이 찾고 있는 숙향이다.

② 이생은 동명이인 중에서 숙향을 구별해 내고자 한다.

③ 숙향은 증표를 확인한 후 할미에게 혼사 추진을 맡기고 있다.

④ 이생의 고모는 이생의 부친이 혼사를 반대할 것으로 생각한다.

⑤ 여 부인은 이생과 숙향의 혼사를 준비하며 가난한 숙향을 무시한다.

☑ 헷갈린 선지 선택

①	②	③	④	⑤

☑ 정답으로 선택한 이유

☑ 오답을 선택한 이유

02

ⓐ에 대한 설명으로 적절한 것은?

① 이생의 무의식이 반영된 것으로 과거를 통찰하는 기회를 제공한다.

② 현실에서 불가능한 일을 실현하고자 하는 이생의 소망과 기원을 반영한다.

③ 숙향과 이생의 혼인을 추진하고자 하는 여 부인의 내재된 욕망을 보여 준다.

④ 숙향의 신분을 밝히며 장차 일어날 미래 예지적인 일을 상징적으로 표상한다.

⑤ 현실과 반대되는 상황을 제시하여 앞으로 일어날 갈등 상황을 예견하는 역할을 한다.

☑ 헷갈린 선지 선택

①	②	③	④	⑤

☑ 정답으로 선택한 이유

☑ 오답을 선택한 이유

03

㉠~㉤에 대한 설명으로 적절하지 <u>않은</u> 것은?

① ㉠: 천상계에서 맺었던 인연을 이어나가고자 하는 숙향의 마음을 다른 인물이 대신 전하고 있다.

② ㉡: 증표를 통해 자신이 찾고자 하는 인물임을 확신하고 있다.

③ ㉢: 이생에게 거짓 정보를 전달하여 이생의 진정성을 시험하고 있다.

④ ㉣: 할미의 시험을 통과하지 못할 것이라고 생각하여 변명하고 있다.

⑤ ㉤: 숙향과 천생연분을 이루려는 이생의 확고한 의지를 확인할 수 있다.

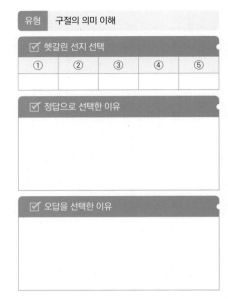

04

윗글의 서술상의 특징으로 적절하지 <u>않은</u> 것은?

① 사건을 시간의 흐름에 따라 서술하고 있다.

② 대화를 중심으로 구체적인 내용을 전개하고 있다.

③ 비현실적인 장면을 통해 초월적 분위기를 제시하고 있다.

④ 작품 밖의 서술자가 인물의 심리와 행동을 서술하고 있다.

⑤ 대립적인 인물을 제시해 주인공의 초월적 능력을 보여 주고 있다.

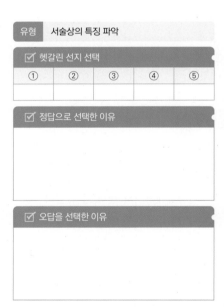

05 서답형 문제

<보기>에서 설명하는 것을 윗글에서 찾아 쓰시오.

> **보기**
>
> • 이선이 숙향을 알아보게 한 소재
> • 숙향과 이선이 선계에서 인연을 맺었음을 알려주는 소재

정답 및 해설 p.37

※ 다음 글을 읽고, 물음에 답하시오.

집의 안채와 떨어져 있는, 바깥주인이 거처하며 손님을 접대하는 곳(사랑)　소매가 넓고 뒤 솔기가 갈라진 흰옷의 가를 검은 천으로 넓게 댄 옷

하루는 승상이 홀로 외헌(外軒)에 조용히 앉아 있는데, 홀연 갈건을 쓰고 학창의

방관주(방한림)　　　　　　　　　　　　　칡으로 만든 섬유를 재료로 하여 만든 두건

를 입은 사람이 대나무 지팡이를 짚고 승상 앞에 나타났다. 승상이 보니 그 사람

의 기골이 신선처럼 고상하고 우아하기에 놀라서 어찌할 줄 모르다가 황급히 의

관을 바로 하고 나아가 맞으며 말했다.

"귀한 손님께서 이렇듯 누추한 곳에 찾아오셨는데, 제가 미처 예의를 갖추지

정중하고 고상한 말투 – 방관주의 사려깊은 성격과 높은 기품을 보여 줌

못하고 오래 서 계시게 하여 부끄럽기 그지없나이다. 청컨대, 대청으로 올라오

소서."

그 사람이 허리를 굽히며 대답했다.

"저는 천산도사라고 하온데, 작은 술법으로 가끔 관상을 보곤 하나이다. 지나

자신의 재주를 겸손하게 표현함

가던 중 잠깐 들른 것이온데, 어찌 귀인께서 이렇듯 맞아주시리라 생각했겠나

이까?"

승상이 활짝 웃으면서 말했다.

"도인께서 신이한 재주를 가지신 듯하니, 제 얼굴도 보아주소서."

관상을 보는 것

도사가 한동안 승상의 얼굴을 지긋이 보고 있다가 대답했다.

"그대의 이마는 보름달처럼 넓고 팔자 눈썹은 높고 맑으니 비록 재주는 많으나 부

방관주의 능력과 과거에 겪을 일을 제시함

모를 일찍 여일 것이요, 코가 살지고 두 귀뺨은 희미한 복사꽃 같으니 출장입상

　　　　　　　　　　　　　　　　　　　　　　　　문무를 모두 갖춰 장수와 재상을 모두 지냄을 일컫는 말

(出將入相)하여 만인지상이 될 것이요, 두 눈이 가늘고 길며 흐르는 눈빛이 물결

황제를 제외한 모든 이들의 위에 있는 지위라는 뜻으로 승상을 가리킴

같으니 재기가 넘치고 지극히 귀하게 될 것이요, 입술이 단사(丹砂)를 찍은 듯

　　　　　　　　　　　　　　　　　　　　　　　붉은색 안료

얇으니 말주변은 소진(蘇秦)처럼 뛰어나고, 치아는 백옥처럼 희니 짐짓 나라를

중국 전국 시대의 유세가로 뛰어난 말솜씨를 지님

위태롭게 할 만큼 아름다운 얼굴이옵니다. 그러나 너무 아름답기에 도리어 부

　　　　　　　　　　　　　　　　　　　　　방관주는 여자와 결혼했기 때문

부의 즐거움이 없을 것이요, 이마에 사마귀가 하나 있으며 피부가 너무 맑고 빼

어나서 자녀가 없을 얼굴이요, 골격이 아담하고 풍치가 있으며 지저분하고 어

방관주의 아들 낙성은 양자기 때문

지러운 속세의 태(態)가 전혀 없으니 수명은 사십을 넘기지 못할 것이옵니다.

　　　　　　　　　　　　　　　　　　　　　　　　　　방관주의 단명을 예고함

반드시 오래지 않아 천궁(天宮)에서 옥제(玉帝)께 조회(朝會)하게 되리이다. 제

다가올 방관주 죽음과 그가 본래 천상계의 존재였음을 암시

가 본 승상의 관상을 사실대로 아뢰었으니, 당돌한 점이 있었다면 용서하소서."

말을 마친 도사는 한줄기 맑은 바람이 되어 사라져 버렸다. 다만 그가 앉아 있

도사가 신이한 존재임을 드러냄

던 자리에 꽃부채가 하나 놓여 있었다. 승상이 집어서 보니 도사의 글이었다. 그

도사가 일부러 두고 간 것

글에 이르기를,

"음양을 바꾸어 임금과 세상을 속였으니, 그에 대한 벌이 없지 아니하리로다.

방관주가 남장을 하여 자신이 여성임을 감추고 살아온 것을 의미

천궁에 있을 때 방자하게 호색하여 이승에서 부부의 즐거움을 끊은 것이니, 스

방관주가 천상계에서 저지른 죄로, 지상계로 적강한 이유가 드러남

스로 그 죄를 아는가? 물이 그릇에 차면 넘치고 영화가 지극하면 슬픔이 오는

핵심정리

＊ 주제

남성으로 살았던 여성 영웅 방관주의 일대기

＊ 전체 줄거리

명나라 태학사 충렬공 효유의 후예인 방씨 부부에게 자식이 없다가 노년에 일몽을 얻고 관주가 태어난다. 어려서부터 뛰어난 재주를 보였던 방관주는 스스로 남복하기를 청하고, 이에 방씨 부부는 딸이 바라는 대로 남장을 하게 하여 기른다. 일찍 부모를 여읜 뒤 방관주는 과거에 급제하여 한림학사가 된다. 영 공(영혜빙의 아버지)의 강권으로 영혜빙과 혼인하게 되는데 영혜빙이 영민하여 방관주가 여성임을 먼저 알고 평생지기(平生知己)가 되어 함께 지내기로 한다. 이후 형주 안찰사가 된 방관주는 우연히 낙성을 얻어 양자로 삼는다. 그리고 전쟁에 나아가 적에게 승리를 거두고 나라를 위기에서 구하는 등 혁혁한 공을 세우고 돌아와 부귀와 명예를 누리게 된다. 방관주가 마흔이 될 무렵, 도인이 나타나 그의 죽음을 예언하고 예언대로 병이 들어 죽음을 앞두게 되자 방관주는 자신이 여성임을 천자에게 밝히고 생을 마감한다.

＊ 해제

이 작품은 여성인 주인공 방관주가 남장을 하고 전쟁터에 나가 적을 무찌르기도 하고 가문의 원수에게 복수를 하기도 하는 등 여성 영웅 소설의 전형적인 모습을 보이면서도 여성끼리 혼인을 한다는 모티프가 삽입되어 다른 작품들과의 차이점을 보이고 있다. 방관주는 자신이 여성임을 감추기 위해, 영혜빙은 여성에게 억압적인 당시의 남녀 부부 관계에 대한 거부감에서 서로의 필요에 의해 부부로 살아가게 되는데, 특히 영혜빙의 내면 의식을 통해 당대 남녀 관계의 불합리함을 드러내고 있다는 점이 특이하다.

등장인물

방관주	일반적인 여성으로서의 삶을 거부하고, 성공한 남성의 삶을 추구함. 권위적인 남성의 모습을 보임.
도사	신이한 존재로, 방관주가 원래는 천상의 존재였음을 알려줌. 방관주가 다시 천상으로 되돌아갈 것을 암시함.
천자	승상이 여성임을 고백한 후에도 죄를 묻지 않는 인물로, 승상을 변함없이 높게 평가하며 업적을 치하함

〈방한림전〉의 구조

발단	• 영웅의 기상을 타고 남. • 여성이지만 남장을 하고 남자 행세를 하며 자람.
전개	• 어릴 적 부모를 잃음. • 과거에 장원 급제하여 한림학사가 됨.
위기	• 영혜빙과 혼인함. • 영혜빙과 지기가 되어 부부로 지냄. • 우연히 남자아이를 양아들로 얻게 됨.
절정	• 전쟁에 나가 공을 쌓고 승상이 됨. • 아들은 병부 상서가 됨.
결말	• 신이한 존재로부터 마흔을 넘기지 못할 것이라는 예언을 들음. • 병을 얻은 방관주는 천자에게 자신의 비밀을 고백함. • 방관주가 죽은 후, 영혜빙도 죽음.

중요 소재 의미

주표, 수염 → 방관주가 여성임을 드러내는 소재

것이 세상의 이치니라. 이제 옥제께서 옛 신하를 보고자 하시니, 원컨대 내년 삼월 초나흗날에 공을 다시 만나길 기약하노라."
방관주가 죄를 용서받아 다시 천상계로 돌아가게 되었음을 암시

하였더라.

(중략)

이후 승상의 병세가 더욱 위중해지니, 상서 내외는 망극하여 천지신명께 부친
앞에서 도사가 예언한 대로 일이 진행됨 / 양자인 낙성과 양혜빙
이 더 오래 살게 해 달라고 빌었다. 『천자께서도 어의를 보내어 승상의 병을 돌보
「」: 방관주를 아끼는 천자의 모습이 드러남
게 하고 약탕을 친히 달여 보내시는 등 걱정을 많이 하셨으나, 승상의 병이 조금도 차도가 없다는 소식을 듣고 더욱 슬프고 안타깝게 여기셨다.』 그러다가 승상을 다시 보지 못할까 염려해 친히 승상의 집에 이르시니, 승상이 병약한 몸을 움직여 조복(朝服)을 몸 위에 걸치고 어가(御駕)를 맞이했다. 천자께서 보시기에 승
관원이 조정에 나아가 하례할 때 입던 예복 / 임금이 타는 수레
상의 용모가 수척하고 호흡이 가빠 며칠도 지탱하지 못할 듯했다. 천자가 놀라서 용안이 참혹해지면서 구슬픈 눈물을 흘렸다. 승상의 손을 잡고도 슬픈 나머지 차마 말씀을 이루지 못하시니, 승상이 상서의 부축을 받고 일어나 임금께 감사의 인사를 올렸다. 또한 자기의 본색이 죽은 뒤에 알려진다면 그것은 임금을 속이는
본래의 빛깔이나 생김새, 여기서는 생물학적 성을 의미
일일 뿐 아니라 신하의 도리가 아니라고 생각해, 마음을 굳게 정하고 병든 몸을
방관주 자신이 여성임을 밝히기로 결심한 이유
억지로 일으키며 임금께 아뢰었다.

"신이 오늘 용안을 마지막으로 뵈옵게 되었기에 그간의 소회를 모두 말씀드리
자신의 죽음을 직감함
고자 하오니, 성상께서는 죽을죄를 지은 저를 용서하소서."
자신이 여성임을 속인 것

천자께서 물으셨다.

"경에게 무슨 소회가 있는가?"

승상이 귀밑으로 구슬 같은 눈물을 비 오듯 흘리고 오열하며 아뢰었다.
비유적 표현을 활용하여 상황을 과장되게 표현함

[A]
『"신은 본래 여자입니다. 일찍 부모가 돌아가시고 어린 생각에 가문이 망할
「」: 요약적 제시-방관주가 과거 내력을 요약하여 제시함
까 염려하고 있었는데, 신이 열두 살 되던 해 폐하께서 널리 인재를 구하신
방관주가 남장을 하게 된 이유
다는 소식을 듣고 구경하려고 나왔다가 폐하의 성은을 입사와 오늘에 이르게 되었으나, 그간 신의 본색을 차마 아뢰지 못했사옵니다. 또한 영 공이 강
자신이 여성임을 말하지 못함 / 영혜빙의 아버지
요하기에 부득이 영녀와 인연을 맺게 되었습니다. 영녀는 처음부터 신의 본
영혜빙
색을 알고서도 성품이 괴이하여 발설하지 않았나이다. 그리하여 신과 영녀
영혜빙은 방관주가 여성임을 알면서도 이를 남에게 말하지 않음
는 한낱 지기가 되어 다른 사람의 시비를 피한 지 오래되었사옵니다. 오늘
자기의 속마음을 참되게 알아주는 친구
에 이르러 신이 천벌을 받아 황천에 가게 되었기에 그간의 소회를 모두 아뢰옵나이다. 낙성도 신의 친아들이 아니라 하늘이 내려 주신 것을 신이 기른 것이옵니다. 마침내 죽기에 이르러 더 이상 폐하를 속일 수가 없어 실상을 모두 아뢰옵고, 또한 신이 규중의 여자인데도 몸을 함부로 드러내 예법을 흩뜨렸기에 감히 팔뚝 위의 주표*를 보여 드린 후 폐하와 세상을 속인 죗값을 청하고자 하나이다."』

승상이 말을 마치고 넓은 소매를 걷어 올려 옥처럼 고운 팔뚝의 주표를 드러내
어람(御覽)하시기를 기다렸다. 천자께서는 전혀 뜻하지 않게 승상의 참된 사정을
듣고 매우 놀라시더니, 이내 기쁜 얼굴로 크게 칭찬하여 말씀하셨다.

"오늘 경의 실상을 들으니 놀랍고도 기특하다. 「경은 어질면서도 기이한 사람
이도다. 규중 여인의 지혜가 어찌 이 같으리오? 규중의 연약한 몸이 이토록 지
혜와 용기가 뛰어나고 굳세어 적진을 대할 때마다 신출귀몰하며 싸움마다 이
길 줄 누가 알았겠는가?」 짐은 경의 신체와 용모에 부족함이 없다고 생각했지
만 오직 키가 다른 신하들에 비해 작고 수염이 없는 것을 이상하게 여기긴 했
도다. 그러면서도 망연히 깨닫지 못해 경의 인륜을 온전하게 지켜 주지 못했으
니, 이는 짐이 어리석고 사리에 밝지 못한 탓이로다. 백 번 뉘우치고 천 번 애
달파할지라도 누구를 원망하리오? 경은 안심하고 하루빨리 자리에서 일어나
길 바라노라. 짐은 마땅히 저버리지 아니하리라. 주표를 보지 않을지라도 어찌
경의 절개를 모르겠는가?"

그러시더니, 승상의 일을 더욱 기이하게 여기며 천자가 재삼 승상을 위로하셨다.

– 작자 미상, 〈방한림전〉 –

* 주표: 여자의 팔에 꾀꼬리의 피로 문신한 자국. 동정을 잃으면 없어진다고 옛사람들은 생각했다
고 함.

[1-6] 윗글의 내용에 대한 설명이다. 맞으면 ○, 틀리면 ✕표 하시오.

1 승상은 자기 앞에 홀연히 나타난 도사를 정중하게 맞이했다.

2 도사는 승상이 지저분하고 어지러운 면이 없어서 일찍 죽을 것이라 말했다.

3 도사가 남긴 글은 승상이 천상계의 존재였음을 보여 준다.

4 승상의 주변인들은 승상이 죽을 것이라는 사실을 알고 그를 떠났다.

5 천자는 승상을 직접 만나 그 몰골을 보고는 눈물을 흘렸다.

6 승상은 죽기 전까지도 자기 아들이 친아들이 아니라는 사실을 아무에게도 말하지 않았다.

[7-10] 윗글의 내용과 관련하여 빈칸에 들어갈 적절한 내용을 쓰시오.

7 승상 앞에 나타난 천산도사는 승상의 ☐☐을 봐주며 과거를 맞추고 미래를 예언했다.

8 도사의 글에 의하면 승상은 천상에서 ☐☐의 죄를 지었다.

9 승상은 죽기 전에 숨겨왔던 사실을 밝히며 자신이 ☐☐을 흩트렸다고 말했다.

10 천자는 승상이 키가 작고 ☐☐이 없는 것을 기이하게 여겼다.

| 확인 문제 정답 | 1 ○ | 2 ○ | 3 ○ | 4 ✕ | 5 ○ | 6 ✕ | 7 관상 | 8 호색 | 9 예법 | 10 수염 |

01

윗글의 서술상 특징으로 가장 적절한 것은?

① 빈번한 장면 전환으로 사건 전개에 속도감을 더하고 있다.
② 주인공이 서술자로 등장하여 자신의 경험을 서술하고 있다.
③ 시대적 배경을 간략히 제시하여 사건의 전모를 구체화하고 있다.
④ 등장인물 간의 대화를 중심으로 갈등이 본격적으로 심화되고 있다.
⑤ 인물의 외양을 구체적으로 묘사하여 인물의 운명을 암시하고 있다.

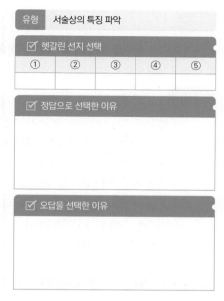

02

윗글의 내용에 대한 설명으로 적절한 것은?

① 천자는 승상의 모든 비밀을 듣고 난 이후 자신을 속인 것에 대해 분노하였다.
② 천자는 승상의 외모가 보통 남자와 다르다는 것을 통해 여자임을 눈치채고 있었다.
③ 영 공과 승상의 부인은 본래 승상이 여자였음을 알고 있었음에도 혼인을 추진하였다.
④ 승상은 자신의 본색이 죽은 뒤에 알려지는 것이 두려워 천자에게 비밀을 털어놓았다.
⑤ 도사는 의도적으로 글을 남겨 승상이 어떠한 이유로 지상계로 내려오게 되었는지 밝히고 있다.

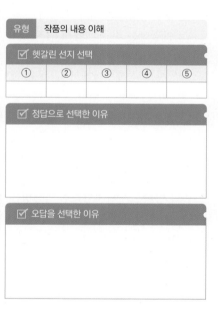

03

<보기 2>는 '방관주'의 정체를 알아챈 '영혜빙'의 독백 중 일부이다. <보기 1>의 관점에서 이를 이해한 내용으로 적절하지 <u>않은</u> 것은?

보기 1

〈방한림전〉의 주인공은 방관주이나, 우리는 그가 남성을 모방하는 삶을 살아가는 모습에서 그가 과연 당대 여성의 욕구를 제대로 반영한 인물인지를 의심해보아야 할 것이다. 방관주는 당대 여성으로서 억압당하는 현실을 겪지 않고, 오히려 남성으로 출세해 높은 벼슬에 이른다. 다시 말하자면 그의 남장은 당대 남성이 지녔던 출세의 꿈과 더 가까이 닿아 있는 것이다.

이에 반해, 이해관계가 맞아떨어져 그와 결혼한 영혜빙은 상당히 파격적인 인물로 이해될 수 있다. 방관주가 여성임을 알아챈 영혜빙은 결혼을 파하지 않고 겉으로는 부부 관계를 유지하나, 기존의 억압적인 부부 관계에 거부감을 가지고 지기로 지내기를 제안한다. 비록 작중에서는 방관주보다 비중이 덜한 인물로 그려지지만 현대적인 관점에서는 더 진보적인 인물로 평가될 여지가 있는 것이다.

보기 2

내가 보건대, 방 씨는 얼굴이 맑고 깨끗하며 행동거지가 단정하고 엄숙하여 일세의 기남자라 할 만하다. 이런 영웅 같은 여자를 만나 평생 동안 지기(知己)가 되어 부부의 의리와 형제의 정을 맺어 일생을 마치는 것이 나의 소원이었다. 나는 본래 남편에게 사랑받는 아내가 되어 그의 통제를 받고, 눈썹을 그리며 남편의 환심을 사려고 아첨하는 것을 괴롭게 여겨 왔다. 그래서 평소 금슬우지(琴瑟友之)와 종고지락(鍾鼓之樂)을 원하지 않았는데, 뜻밖에 이런 일이 생겼구나. 이를 어찌 우연이라 하리오? 반드시 하느님께서 내 뜻을 헤아리신 것이리라. 평생 남편을 위해 수건과 빗을 관리하는 것은 졸렬하고 구차한 일인데, 그보다는 방 씨와 인연을 맺어 지기(知己)로 평생을 함께하는 것이 더 낫지 않겠는가?

① 영혜빙은 방관주와 같은 처지에 놓였다고 해도 남장을 하지는 않았겠군.

② 〈방한림전〉이 현대적으로 재창작된다면 방관주는 남장을 하지 않았을 수도 있겠군.

③ 만약 방관주가 남자였다면 영혜빙은 방관주와 맺어지게 된 것을 달가워하지 않았겠군.

④ 남성으로서의 삶을 살다 간 방관주와 달리 영혜빙은 여성으로서 자신의 바람을 이루었군.

⑤ 방관주와 만나지 못했다면 영혜빙은 자신의 삶을 평생 수치스러운 것으로 여기며 살았겠군.

04

[A]에 대한 설명으로 적절한 것은?

① 미괄식 화법으로 본론을 가장 뒤에서 언급하고 있다.

② 비유적 표현을 통해 자신의 죄책감을 드러내고 있다.

③ 사회적 배경을 근거로 자신의 행적에 대한 상대의 이해를 구하고 있다.

④ 상황을 과장하여 설명함으로써 상대방에게 감정적 동요를 불러일으키고 있다.

⑤ 자신의 생애를 요약적으로 서술하여 그간 밝히지 못했던 사실을 모두 알리고 있다.

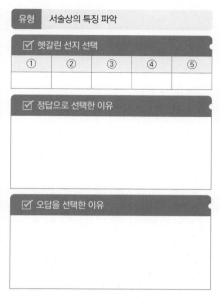

유형　서술상의 특징 파악

☑ 헷갈린 선지 선택

①	②	③	④	⑤

☑ 정답으로 선택한 이유

☑ 오답을 선택한 이유

05　서답형 문제

<보기>의 ⓐ, ⓑ에 들어갈 말을 윗글에서 찾아 쓰시오.

보기

　윗글에는 방관주가 여성임을 드러내는 소재 두 가지가 나온다. (　ⓐ 　)은/는 방관주가 지닌 것으로, 방관주는 이를 직접 천자에게 내보인다. (　ⓑ 　)은/는 방관주가 지니지 않은 것으로, 천자는 이 때문에 평소 방관주에게서 이상함을 느꼈다.

유형　소재의 기능 파악

☑ 정답으로 선택한 이유

정답 및 해설 p.38

핵심정리

＊ 주제
권선징악과 충효 사상의 고취

＊ 전체 줄거리
화욱은 심 씨, 요 씨, 정 씨 세 명의 부인을 두었는데, 심 씨는 아들 화춘을 낳고, 요 씨는 딸 화빙선을 낳고 일찍 죽으며, 정 씨는 아들 화진을 낳는다. 화욱은 맏아들인 화춘이 변변치 못하다고 생각하며 화진을 편애하는데, 이러한 화욱의 처사로 인해 심 씨와 화춘은 불만을 갖고 화진을 미워한다. 화욱이 죽자 심 씨와 화춘은 온갖 방법을 동원하여 화진과 그의 아내들을 학대한다. 화진이 과거에 급제하여 벼슬을 하게 되지만 화춘의 무고로 인해 귀양을 가게 되고, 화진의 아내들도 억울하게 누명을 쓰고 쫓겨나게 된다. 귀양을 간 화진은 병법을 배운 후 백의종군하여 해적을 토벌하고, 남쪽 지방의 어지러움도 모두 평정한다. 이에 황제가 화진에게 높은 벼슬을 내리고, 심 씨와 화춘은 개과천선하게 된다. 이후 쫓겨났던 화진의 아내들도 돌아와 화목한 가정을 이룬다.

＊ 해제
작품의 제목인 '창선감의록'은 '착한 행실을 세상에 드러내고 의로운 일에 감동받는 이야기'라는 뜻으로 이 작품은 조선 시대에 널리 읽혔던 가문 소설이다. 사대부 가문에서 일어나는 가족들 사이의 갈등을 중심으로 형제간의 우애와 권선징악의 주제 의식을 드러내고 있다. 이 작품에 등장하는 인물들은 선한 사람과 그렇지 않은 사람, 현명한 사람과 어리석은 사람으로 뚜렷하게 구분되며, 이들이 겪는 갈등은 유교적 이념인 '효'와 '열'의 실천을 중심으로 인물의 성격에 따라 다양하게 전개된다. 한편 이 글에서는 진채경이 겪는 고난과 극복 과정을 다루고 있는데, 진채경과 혼인을 약속한 윤여옥은 훗날 화진의 부인이 되는 윤 소저의 동생이다. 이처럼 이 작품에서는 주인공인 화진과 관련된 인물이 겪는 갈등과 그 해결 과정을 통해서도 유교적 이념을 드러내고 있다.

＊ 등장인물

진채경	아름다운 용모에 효심이 깊음. 담력과 지혜가 있어 위기에 처했음에도 슬기롭게 헤쳐 나감.
조문화	간신인 엄숭의 양아들. 권력을 이용해 남을 괴롭히는 이기적인 성격으로, 자신의 아들을 채경과 혼인시키려 함.
진 공	진채경의 아버지. 권력의 압박에도 굴하지 않는 성격이나, 자신 때문에 딸이 희생했다는 것을 알고 자책함.

※ 다음 글을 읽고, 물음에 답하시오.

<small>충신을 모해하고 조정의 정치를 어지럽히고 있는 간신</small>

이전에 진 공이 병부에 있을 때였다. 엄숭의 양아들 조문화가 진 공의 딸 채경<small>군사에 관한 일을 맡아보던 관청</small>이 아름답다는 말을 듣고 자기 아들과 혼인시키려고 청혼을 했는데, 공이 매정하게 사양하며 물리친 일이 있었다. 「조문화는 크게 분개한 나머지 엄숭에게 청탁하<small>엄숭이 간신이기 때문에 조문화의 청을 거절함</small>여 진 공을 산서성 노안부의 제독으로 좌천시켰다. 그런 후 다시 양석을 시켜 진 <small>「 」: 조문화의 청을 무시한 결과로 받은 보복</small>공이 태원전(太原錢) 삼천만 냥을 사사로이 착복하였다고 무고한 후, 금의옥에 <small>명나라 때 황제의 직속으로 형벌을 담당했던 기구</small>가두고 온갖 음모로 죄를 얽어매었다.」

조문화는 부인과 채경이 서울의 옛집으로 돌아왔다는 말을 듣고는 부인의 친척 오라버니 오 낭중을 불러 말했다.

"진형수의 죄로 보자면 죽어 마땅하지만, 내가 입만 한 번 벙긋하면 구해 줄 수도 있소. 허나 지난번에 진형수는 나를 심히 업신여기며 우리 집의 청혼을 딱<small>조문화가 무소불위의 권력을 누리고 있음</small>잘라 거절했었지. 그러니 지금 내가 원수를 은혜로 갚을 수는 없지 않소? 「들자<small>개인적 감정으로 권력을 남용</small>니 그대가 진형수와는 친척 간이라고 하니 진형수가 살아서 감옥 문을 나오는 걸 보고 싶다면 나를 위해 그 딸에게 이 말을 전하시오. 그 딸이 만약 효녀라면 틀림없이 어찌해야 하는지 알 것이오."<small>「 」: 채경에게 권도로써 효를 실천할 것을 강요함</small>

오 낭중은 원래 권세 있는 사람을 두려워하며 그저 '네네' 하기만 하는 위인이<small>오 낭중의 성격을 직접적으로 서술함</small>라서 손을 모으고 공손하게 말을 들었다. 그리고 바로 오 부인을 찾아가 그 말을 전해 주었다. 그러자 부인이 몹시 화를 내며 말했다.

"조문화 그놈이 감히 내 딸을 모욕하다니!"

채경이 분연히 아뢰었다.

「"옛날 효녀 중에는 사형에 처해진 아버지의 죄를 대신하여 스스로 관가의 <small>한나라의 효녀인 제영을 가리킴</small>노비가 된 이도 있고, 또 몸을 팔아서 부모의 장례를 치른 이도 있습니다. 저의 몸과 머리카락, 피부는 모두 부모님이 주신 것입니다. 지금 아버님이 [A] 무거운 형벌을 받으시게 되었는데, 자식으로서 모욕인지 아닌지를 따질 겨를이 있겠습니까?」<small>「 」: 채경의 말하기 방식 − ① 역사적 인물을 언급하며 조문화의 청을 받아들이는 근거를 제시함
② 부모와 자식 간의 도리를 언급하며 자신의 선택에 대한 이유를 제시함</small>

평소에 딸이 옥처럼 맑고 서릿발처럼 깨끗한 마음을 지녔다고 생각하고 있던<small>오 부인이 정도로 효와 열을 실천하지 않는 것에 안타까움을 느끼는 이유</small>부인은, 채경의 이 말을 듣고 경악한 나머지 아무 말도 할 수가 없었다. 그러다가 한참 뒤에 눈물을 흘리며 탄식했다.

"총계정에서 학을 보고 읊었던 시가 앞날을 예언하는 말이 되었으니 참으로 슬<small>과거 채경이 윤여옥의 아버지인 윤 시랑에게 지은 시를 일컬음</small>프구나. 「내가 어떻게 네 마음을 의심하겠느냐? 하지만 딸을 죽이고 아비를 살<small>「 」: 비교할 만한 상황을 제시하며 자신의 생각을 전달하는 오 부인</small>리면 살아난 아비의 마음이 어떻겠느냐? 옛사람의 말에 '내기에 황금을 건 사람은 분별력이 흐려진다'고 했다. 지금 내 마음이 황금을 내기에 건 사람과 같<small>〈장자〉〈달생〉에 있는 '기와를 위해 일하는 사람은 정교하고 갈고리를 위해
일하는 사람은 꺼리고, 황금을 위해 일하는 사람은 마음이 어지럽다'를 인용</small>

을 뿐이겠느냐? 너는 잘 생각해서 결정하거라."

채경은 조금도 거리낌 없이 직접 오 낭중에게 혼인을 허락하겠다고 했다. 오 낭중이 크게 기뻐하면서 조문화에게 이 사실을 알리자, 조문화는 미칠 듯이 기뻐했다. 다음 날 조문화가 다시 엄숭에게 청탁을 넣으니, 천자는 진 공을 죽이지는 않고 운남으로 귀양을 보냈다.
『』: 채경의 의도대로 진행되는 사건

진 공이 옥에서 나오자 부인과 채경이 붙들고 통곡하는데, 진 공은 강개한 모습으로 길게 탄식할 따름이었다.

『내가 미리 기미를 알아차려 벼슬을 그만둘 것을, 우유부단하게 지체한 탓에
『』: 진 공은 조문화가 채경에게 자신의 아들과의 혼인을 강요한 일과 채경이 조문화의 청을 들어준 것을 모르고 있음
이 같은 몹쓸 일을 당했으니 누구를 원망하겠소. 그렇지만 틀림없이 죽을 목숨을 폐하께서 너그러이 용서하셨으니 이 또한 천지신명이 보살핀 덕이오."

그러자 부인이 흐느끼며 조문화와 혼사하기로 한 일을 말했다. 진 공은 화가 치밀어서 머리털이 모두 곤두섰다.

"내가 차라리 처형당해 버려지는 시체가 될지언정 어찌 차마 도적놈과 사돈을 맺은 사람이라는 불명예를 견디겠소? 게다가 『우리 딸은 세 살 때부터 이미 윤
진 공은 엄숭과 조문화를 부정적으로 생각함
여옥과 약혼하여 지금 열한 해가 지났는데, 대장부라면 어떻게 자식을 팔아 목
『』: 진 공은 자신 때문에 채경이 윤여옥과의 혼인 약속을 지키지 못하는 것을 부끄럽게 여김
숨을 구하겠소?"

채경이 편안한 낯빛으로 아버지께 말씀드렸다.

"상황이 급박하다 보니 소녀가 경솔하게도 미리 허락을 하였습니다. 이미 깨진 그릇이니 말한들 어쩔 수 없습니다. 또한 세상일이 다 나름대로 살아날 방도가
여성임에도 불구하고 자신의 문제를 주체적으로 해결하는 채경의 모습이 드러남
있습니다. 아버님께서는 소녀를 걱정하지 마세요."

이렇게 말하고는 태연한 기색이었다. 진 공은 기가 막혀 하늘만 바라볼 뿐이었다. 그러다가 다시 가만히 생각해 보았다.

『딸아이는 아장아장 걸을 때부터 남다른 담력과 꾀가 있었지. 지금 하는 말과
『』: 진 공이 채경의 말을 따르기로 한 이유
행동거지를 보니 틀림없이 자신의 몸을 온전히 할 수 있는 ㉠ 기발한 계획이 있는 게야. 그냥 그 뜻을 따르고 지켜봐야겠다.'

[중략 부분 줄거리] 채경의 계획을 듣고 안심한 진 공 부부는 채경에게 자신들을 따라오지 말고 오빠가 머물고 있는 회남으로 갈 것을 당부하며 운남으로 귀양길을 떠난다.

진 공과 부인이 떠나자, 채경은 방으로 돌아와 누워 밤낮으로 흐느껴 울었다. 조문화의 하인이 끊임없이 와서 혼인을 재촉했다. 채경은 유모를 시켜 말을 전하
혼인을 서두르고 싶은 조문화의 뜻을 전달함
게 했다.

『이제 막 부모님과 헤어지니 마음이 먹먹합니다. 수십 일 정도 지내고 마음이
『』: 혼인을 미루기 위한 채경의 전략 ① - 부모님과 헤어졌으니 마음을 진정시킬 시간이 필요하다고 함
좀 진정된 뒤에야 혼인을 할 수 있겠습니다."』

* 가문 소설

개념	가문 간의 갈등이나 가족 구성원 사이에서 일어날 수 있는 문제를 다룬 조선 시대의 소설 장르
형성 배경	• 임진왜란, 병자호란 이후 혼란스러운 사회상에서 지배 질서가 흔들림. • 위태로운 사회에서 가문의 번영을 위해 노력함.
특징	• 대하 소설처럼 분량이 방대함. • 충·효·열 사상을 중심으로 가문의 번영과 재건을 내용으로 함. • 애정, 혼사 문제와 함께 전쟁 상황에서 전공을 올리는 내용이 포함됨. • 대부분의 작가가 알려져 있지 않음.
의의	• 전통적 사고 방식과 근대 개화 의식의 결합 • 고대 소설과 근대 소설 사이의 연결 고리 • 염상섭의 《삼대》, 박경리의 《토지》 등의 현대 소설로 계승

* 채경이 지은 한시

사람들 놀랄까 큰 울음은 그쳤지만
삼청(三淸)에 이를 날개 어이 없으리
다만 왕자진과 약속 있어
밤마다 구산에서 만리 밖을 그리네

시적 화자	학
시적 상황	삼청에 올라갈 수 있지만, 왕자진과의 약속을 지키기 위해 올라가지 않고 구산에서 왕자진을 기다리는 상황
화자의 정서	그리움

↓

시의 효과	오 부인은 마지막 구절이 조문화로 인해 채경과 윤여옥의 만남이 순조롭지 않을 것을 예언한 것이라 생각함.

* 작품 속 악인(惡人)의 특징

보통 악인의 악행이 드러나게 되는 방식은 선인이 악인의 잘못을 밝혀내는 것과 악인들끼리 갈등이 일어나면서 죄가 드러나는 것인 두 가지 방법이다. 〈창선감의록〉에서는 악인들끼리의 갈등으로 인해 악인들의 잘못이 드러난다.
악인들의 악행이 드러나고 나서도 전부 처벌받는 것이 아닌, 몇 명의 악인들은 개과천선하여 구제받는 것도 〈창선감의록〉 속 악인의 특징이다.

조문화의 하인이 돌아가서 채경의 말을 전했다. 아들이 안달이 나서 조급해하자 조문화가 말했다.

"사람의 마음이면 그럴 수밖에 없으니 원하는 대로 해 주자꾸나. 그 아이는 이미 손안에 든 바나 진배없으니 조금 혼인을 늦춘다고 어디로 가겠느냐?"

낭중취물(囊中取物)

네댓새 후에 조문화는 계집종을 보내 채경이 어떤지 살펴보게 했다. 채경은 머리카락으로 얼굴을 가린 채 이불을 뒤집어쓰고 신음하고 있다가 가냘픈 목소리로 유모를 불러 말했다.

「」: 혼인을 미루기 위한 채경의 전략
②-꾀병을 부리며 사람의 출입을 삼가 달라고 말함
③-부친을 구해 준 은혜를 기억하고 있음을 상기하여 조문화를 안심시킴

「"내가 슬픈 일을 겪고 마음이 상한 뒤끝에 심한 감기에 걸렸네. 마음을 편안히 먹고 몸조리를 잘해서 하루라도 빨리 몸이 완쾌되어야 아버님을 살려 주신 은혜를 갚을 텐데, 바깥 사람이 너무 자주 오가니 마음이 불편하네."」

계집종이 돌아가 이 말로 아뢰자 조문화가 기뻐하며 말했다.

「"그 아이가 참으로 효성도 지극하고 은혜를 아는구나, 지금 그 뜻대로 해서 성

「」: 채경의 전략에 속아 넘어가는 조문화

을 돋우지 말자꾸나. 이후로는 매일 문밖에서 안부만 묻고 함부로 집 안으로 들어가지 마라."」

다시 열흘이 지나자 채경은 「부모님의 행차가 이미 멀어졌겠다 헤아리고, 유모

「」: 혼인을 미루기 위한 채경의 전략 ④-행색을 바꾼 후 마을을 떠남

와 몸종 운섬을 데리고 짐을 가볍게 꾸린 후, 남자 옷을 입은 채 밤에 한 마리 나귀를 타고 회남으로 떠났다.」

다음 날 아침 조문화의 하인이 와서 보니, 집이 텅 비어 있고 사람 흔적이 없었다. 크게 놀라고 이상하여 같은 골목에 사는 사람에게 물었다.

「"저 집 아가씨가 어디로 갔소?"

「」: 조문화의 하인이 원하는 답을 주지 않는 마을 사람들의 태도가 드러남

그 사람이 퉁명스럽게 답했다.

"아가씨인지 아줌씨인지, 그런 사람 난 모르오."

하인이 하릴없이 돌아가서 조문화에게 알렸다. 조문화 부자는 눈이 휘둥그레지고 입이 딱 벌어진 채 서로 쳐다만 볼 뿐 아무 말도 못 했다.

예상하지 못한 상황에 당황함

– 조성기, 〈창선감의록〉 –

[1-7] 윗글의 내용에 대한 설명이다. 맞으면 ○, 틀리면 ✕ 표 하시오.

1 엄숭의 양아들 조문화는 진 공의 딸 채경이 아름답다는 소문을 듣고 채경과 결혼하고자 했다.

2 오 낭중은 조문화의 말을 듣고 분개하여 자리를 박차고 나왔다.

3 아버지가 위험에 처했단 사실을 알게 된 채경은 제자리에 있지 못하며 초조함을 드러냈다.

4 채경이 혼인을 허락했으나 조문화는 엄숭에게 청탁을 넣어 진 공의 목을 잘라 본보기를 삼았다.

5 진 공은 자신이 죽는 한이 있어도 채경이 억지로 혼인하는 것이 싫었다.

6 조문화가 하인을 시켜 채경의 집에 가 혼인을 재촉하자 채경은 직접 조문화와 대면해 혼인을 수십 일 정도 미루자고 말했다.

7 채경은 부모님이 멀리 갔다는 사실을 알고는 집을 비우고 자신도 떠났다.

[8-10] 윗글의 내용과 관련하여 빈칸에 들어갈 적절한 내용을 쓰시오.

8 조문화는 진 공의 행동에 크게 분개하여 그가 삼천만 냥을 사사로이 착복했다는 명목을 붙여 ☐☐했다.

9 오 부인은 '내기에 ☐☐을 건 사람은 분별력이 흐려진다'는 옛말을 들어 채경에게 진정할 것을 요구했다.

10 채경은 이미 세 살 때부터 ☐☐☐과 혼인을 약속한 상태였다.

| 확인 문제 정답 | 1 ✕ | 2 ✕ | 3 ✕ | 4 ✕ | 5 ○ | 6 ✕ | 7 ○ | 8 무고 | 9 황금 | 10 윤여옥 |

01

윗글에 대한 설명으로 적절하지 <u>않은</u> 것은?

① 사건이 평면적으로 구성되어 있다.

② 인물들 간의 대화로 사건이 진행되고 있다.

③ 작품 밖의 서술자가 이야기를 서술하고 있다.

④ 시대적 배경을 제시하여 사실성을 부여하고 있다.

⑤ 괴이한 요소를 사용해 신비로운 분위기를 더하고 있다.

유형	서술상의 특징 파악

☑ 헷갈린 선지 선택

①	②	③	④	⑤

☑ 정답으로 선택한 이유

☑ 오답을 선택한 이유

02

[A]에서 알 수 있는 채경의 말하기 방식으로 적절한 것은?

① 선택이 가능한 여러 방안을 제시한다.

② 청자와 자신의 관계를 이용하여 명령한다.

③ 청자에 대한 자신의 감정을 드러내면서 자신을 변호한다.

④ 여러 견해의 장단점을 비교한 후 자신의 주장을 결정한다.

⑤ 역사적 인물에서 자신의 주장을 뒷받침하는 근거를 찾아 말한다.

유형	인물의 심리, 태도 파악

☑ 헷갈린 선지 선택

①	②	③	④	⑤

☑ 정답으로 선택한 이유

☑ 오답을 선택한 이유

03

<보기 1>과 <보기 2>를 참고하여 윗글을 감상한 내용으로 적절하지 <u>않은</u> 것은?

유형   외적 준거에 따른 작품 감상

보기 1

정도(正道)	권도(權道)
올바른 길. 또는 정당한 도리	목적 달성을 위하여 그때그때의 형편에 따라 임기응변으로 일을 처리하는 방도
일정하고 불변적인 행위규범을 가짐.	상황성을 전제로 함. 그때마다 다른 행위 양식으로 나타남.

☑ 헷갈린 선지 선택

①	②	③	④	⑤

☑ 정답으로 선택한 이유

☑ 오답을 선택한 이유

보기 2

　유교에서는 사회의 질서를 확립하기 위해 나라에 대한 충성을 뜻하는 충과 함께 효와 열을 강조했다. 효는 부모에 대한 효도를, 열은 지조와 절개를 지키는 것을 뜻한다. 조선은 성리학을 국가 이념으로 받아들이면서 이들을 중요한 덕목으로 여겼고, 그에 따라 민중들의 삶에서 꼭 지켜야 할 기준이 되었다.

① 채경은 상황에 맞추는 권도로 효와 열을 실천했다.
② 진 공은 조문화에게 권도를 사용해 자식의 열을 지켜주고 있다.
③ 오 부인은 채경이 평소에 정도로 효와 열을 실천한다고 생각했다.
④ 조문화는 오 낭중을 통해 채경에게 권도로 효를 실천할 것을 요구한다.
⑤ 진 공은 자신으로 인해 채경이 정도로 열을 지키지 못해 부끄러움을 느낀다.

04

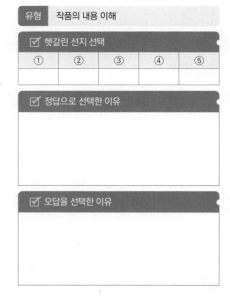

㉠의 내용으로 적절하지 <u>않은</u> 것은?

① 진 공이 벼슬을 그만두고, 오빠가 있는 회남에 일찍 도착하는 것

② 채경이 부모님과 헤어진 후, 자신의 심정을 내세워 혼인을 미루는 것

③ 부모님이 안전해졌다는 생각이 든 후, 차림을 바꾸어 마을을 떠나는 것

④ 채경이 병에 걸렸다고 말하며 빠른 회복을 위해 사람들의 출입을 막는 것

⑤ 채경의 아버지를 구해주었다는 사실을 잊지 않음을 채경이 조문화에게 상기시키는 것

---

05   서답형 문제

유형   소재의 기능 파악

☑ 정답으로 선택한 이유

<보기>에서 설명하는 대상을 윗글에서 찾아 쓰시오.

> 보기
>
> • 조문화가 진 공에게 정치적 계략을 사용한 원인
> • 조문화가 진 공을 구해주는 대가로 채경에게 요구한 것

정답 및 해설 p39

핵심정리

 홍세태, 〈김영철전〉

＊ 주제
전쟁에 끌려다닐 수밖에 없는 민중의 고초와 애환

＊ 전체 줄거리
광해군 때 명나라의 요청으로 후금과의 싸움에 동원된 김영철은 후금에 패하고 포로로 잡혀 죽을 위기에 처한다. 이때 후금 장수 아라나가 영철을 살려 자신의 집이 있는 건주로 데려간다. 영철은 아라나의 주선으로 혼인도 하고 두 아들도 얻게 된다. 고향을 그리워하던 영철은 전유년 등 명나라 사람들과 함께 목숨을 걸고 등주를 향하게 되는데, 다시 이곳에서 전유년의 여동생과 결혼하여 자식 둘을 얻는다. 이후 조선의 외교 사절의 일원을 만나 14년 만에 고국 땅을 밟게 된다. 고향의 가족들과 재회한 김영철은 조선의 여인과 결혼하여 아들 넷을 두고 살아가지만 후금의 구원병으로 명과의 전쟁에 세 번이나 참전하게 된다. 영철은 네 아들과 함께 산성을 지키며 살다가 84세의 나이로 세상을 떠난다.

＊ 해제
이 작품은 조선 광해군 때의 인물인 김영철의 파란만장한 일생을 드러내며 전쟁 속에서 고통받는 백성들의 모습을 제시한 한문 소설이다. 17세기 동아시아 삼국, 즉 조선－명나라－후금(훗날의 청나라)의 관계가 잘 드러나는 작품으로 전쟁 속에서 하층민이 겪는 어려움과 고통을 다루고 있다.

＊ 등장인물

김영철	전쟁으로 인해 고달픈 생애를 산 인물로, 삶의 터전이 여러 번 바뀜. 고향인 조선에 돌아와서도 타국에 두고 온 가족을 그리워했으며, 죽을 때까지 일하다가 84세에 죽음.
아라나	포로로 잡혔던 영철을 구하고 자신의 제수와 결혼시켜 영철의 정착을 도움. 영철에게 배신당한 뒤 영철을 위협함.
유림	영철과 아라나의 갈등을 중재함.

※ 다음 글을 읽고, 물음에 답하시오.

가

[앞부분 줄거리] 아버지와 함께 전쟁에 참전한 영철은 후금 장수 아라나의 포로가 되어 건주에서 8년 가까이 살며 두 아들을 얻지만, 아들들을 두고 명나라 등주로 도망친다. 등주에서
_{명청 교체기, 청(후금)과 명의 전쟁이라는 역사적 사실을 배경으로 함}
6년을 지내며 다시 두 아들을 얻은 영철은 고향 사람을 만나 그의 도움을 얻어 간신히 조선으로 돌아온다. 고향에서 다시 가정을 꾸린 영철은 조선의 군대가 후금의 구원병으로 명나라와의
_{조선이 청에 항복한 후 청의 군대를 지원하는 구원병을 보내게 됨}
전쟁에 동원되었을 때, 임경업 밑에서 종사하게 된다. 이때 임경업이 명나라 장수에게 조선과 명나라 두 군대가 서로 상해를 끼치지 말자는 내용의 편지를 보낸다.
_{명을 청보다 가깝게 느끼는 의식(숭명반청 사상)이 드러남}

명나라 장수가 **편지**를 읽고 몹시 기뻐하며 영철에게 은 30냥과 베 20필을 선물로 내리고 답장을 써 주었다. 돌아오는데 불빛 속에서 한 사람이 나타나더니 영철의 손을 잡고 말했다.

"자네가 이곳에 어찌 왔나?"

자세히 보니 바로 전유년이었다. 영철은 경황없는 중에 놀랍기도 하고 기쁘기
_{명나라 사람, 영철이 명에서 지낼 때 자신의 동생과 영철을 결혼시킴}
도 하여 대뜸 처자식 소식부터 묻고는, 선물로 받은 베 20필을 전유년에게 주며
_{명나라에 두고 온 가족들을 걱정함}
말했다.

"가지고 가서 아내와 자식에게 전해 줘요."

돌아와 배를 대니 날이 밝아왔다. 영철은 임경업에게 편지를 전해 주었는데,
_{명나라 장수가 쓴 답장}
임경업이 미처 편지를 뜯어보기도 전에 갑자기 **오랑캐 두 사람**이 말을 달려 왔
_{후금의 군인들을 오랑캐라 칭함 → 명을 우대하고 청을 경시하는 작가의 태도가 반영됨}
다. 임경업은 즉시 편지를 숨겼다. 오랑캐 두 명이 배에 오르더니 임경업의 목을 움켜잡고 말했다.
_{후금의 군사들이 조선군을 함부로 대했음이 드러남}

"너희 쪽 작은 배가 적진에서 오는 것을 봤다. 내통하고 온 것이 분명하다."

임경업을 위협하여 옷과 신발을 벗기고, 배에 탄 병사들의 옷도 모두 벗겨 샅샅이 수색했지만 아무것도 나오지 않았다. 오랑캐들이 배에 있는 두 병사를 보고 자백하라며 추궁하자 병사들은 이렇게 말했다.

"물을 긷기 위해 갔었습니다."

오랑캐들이 성이 나서 임경업에게 두 병사의 목을 베라고 했다. 임경업은 소교에게 눈짓을 해 다른 섬에 가서 목을 베게 했다. 소교는 즉시 검을 거꾸로 잡고
_{자신의 부하들을 살리기 위해 신호를 줌}
내리쳐 목을 베는 시늉을 해 보이고는 자기 코를 때려 검에 피를 묻힌 뒤 돌아와
_{오랑캐를 속이기 위한 소교의 행동}
오랑캐에게 보여 주었다. 오랑캐는 그제야 돌아갔다.

이날 임경업은 명나라 군대와 전투를 벌였다. 명나라 군대가 앞으로 밀고 나와 우리 군대를 포위하자 우리 군대는 총알 없는 총을 쏘고 명나라 군대는 화살촉이
_{'조선과 명 두 군대가 서로 상해를 끼치지 말자'라는 약속을 지키려고 함}
빠진 화살을 쏘아 댔다. 이렇게 한참을 싸우며 밀고 밀리기를 세 차례나 반복했

*⟨김영철전⟩에 담긴 민중의 고통

명나라와의 관계		후금과의 관계
전란으로 인한 비극적인 개인의 삶	+	무책임하고 무능한 위정자에 대한 비판

⬇

- 민중의 시각에서 사건 서술
- 위정자에 대한 비판적인 태도
- 평범한 사람이 전쟁으로 인해 겪은 고통을 사실적으로 서술

*김영철의 생애

후금 (북쪽 건주)	• 열아홉 살에 명나라의 연합군으로 참전함. • 후금의 장수 아라나의 포로가 되어 건주로 끌려감.
탈출	다른 사람들과 함께 아라나의 천리마를 타고 도망침.
명나라 (남쪽 등주)	• 아라나에게서 함께 도망친 전유년의 집에서 삶. • 전유년의 누이동생과 결혼함. • 득달과 득길, 두 아들을 낳음.
고향으로 돌아옴.	조선에서 온 연생을 만나 그가 귀국하는 배에 몰래 타서 돌아옴.
조선 (고국)	• 가족과 친척이 다 흩어지고 남은 재산이 없음. • 이군수의 딸과 결혼함. • 전쟁이 계속되며 후금의 구원병으로 여러 번 전쟁에 참여하게 됨. • 조선에서 네 명의 자식을 낳았으나 자식이 자신과 같은 고통을 겪을까봐 두려워하며 지냄.
말년	• 군역 면제를 위해 예순이 넘은 나이에도 자모산성을 방비하는 일을 맡음. • 이십여 년간 성을 지키다 84세 되던 해에 죽음.

⬇

- 전쟁으로 인한 김영철의 고달픈 생애를 강조함.
- 평범한 백성의 삶과 고통에 주목함.
- 당시 현실 상황을 드러냄.

다. 그러다 명나라 군대가 쇠갈고리를 우리 배에 걸고 육박해 오자, 우리 군사들 중에 이것이 미리 약속된 행동임을 모르던 이들이 사태가 위급함을 보고 실탄을 장전해 총을 쏘기 시작했다. 결국 일부 명나라 군사들이 목숨을 잃게 되자 명나라 군대는 포위를 풀고 돌아갔다.

_{전쟁이 진행되면서 명과의 밀약이 이행되지 않음}

7월에 명나라 군대와 오랑캐 군대는 대치 상태를 풀었다. 오랑캐는 다시 임경업으로 하여금 정예병을 선발하여 금주로 가서 겨울을 지내고 조선으로 돌아가게 했다.

_{영철이 조선으로 돌아갈 수 있게 됨}

신사년에 유림이 군대를 이끌고 금주에 갈 때 영철은 또 종군하게 되었다. 오랑캐 측에서는 아라나를 진중에 보내 군사 업무를 의논하게 했다. 아라나가 진중에서 영철을 보고는 이렇게 꾸짖었다.

_{국가 간의 전쟁이 계속되면서 영철이 연이어 전쟁에 나가게 됨}
_{영철이 후금의 포로가 되었을 때, 영철을 살려주고 건주에서 지내도록 도와준 인물}

"나는 네게 세 가지 큰 은혜를 베풀었다. 네가 참수형을 받아야 할 처지였을 때 죽음을 모면하게 한 것이 그 하나다. 네가 두 번이나 도망가다 잡혔지만 죽이지 않고 풀어 준 것이 그 둘이다. 내 제수를 너의 아내로 주고 네게 건주의 집안 살림을 맡긴 것이 그 셋이다. 하지만 너는 세 가지 용서받기 어려운 죄를 지었다. 목숨을 살려 주고 거두어 기른 은혜를 생각지 않고 재차 도망간 것이 첫 번째 죄다. 네게 말을 기르게 했을 때 나는 진심으로 네게 부탁했건만 너는 도리어 명나라 놈들과 짜고 배신했으니, 이것이 두 번째 죄다. 도망가면서 내 천리마를 훔쳐 갔으니, 이것이 세 번째 죄다. 네가 도망간 건 그리 한스럽지 않다만, 내 천리마를 잃은 것은 너무도 한스러워 지금까지도 마음이 아프다. 내 반드시 네 목을 베리라!"

_{『』: 과거에 아라나가 영철에게 베푼 세 가지 은혜를 나열함}
_{『』: 과거에 영철이 아라나에게 지은 세 가지 죄를 나열함}
_{영철이 명나라 등주 지역으로 도망간 사건에 대하여 처벌하려 함}

그러고는 휘하 기병을 시켜 영철을 포박하게 했다. 사태가 급박하게 돌아가자 영철이 큰 소리로 외쳤다.

"말을 훔쳐 달아난 죄는 제게 있지 않습니다. 그건 명나라 놈들이 한 짓입니다. 당시에 그놈들의 계획을 따르지 않았다면 그 아홉 명이 저를 베는 건 손바닥을 뒤집는 것처럼 쉬운 일이었습니다. 주공께서는 사정을 잘 헤아려 주십시오!"

_{건주에서 도망친 것은 인정하지만, 천리마를 훔친 죄는 인정하지 않고 있음}
_{죄를 짓게 된 이유를 명나라 군사들에게 돌림}

아라나는 영철의 말을 듣지 않았다. 유림이 아라나를 달래며 말했다.

"영철이 죄를 짓긴 했습니다만, 공께서 예전에 살려 주셨으면서 지금 죽인다면 끝까지 덕을 베풀지 못하시는 게 되고 맙니다. 제가 영철의 죄에 대한 대가를 후히 치르고자 하니 은덕을 온전히 하시기 바랍니다."

_{유림이 아라나의 화를 누그러뜨리고 설득하기 위해 한 말}

그러고는 가는 잎담배 200근을 죗값으로 치렀다.

이때 득북이 오랑캐 군중에 있었는데, 아라나가 영철에게 말했다.

_{후금 건주 지역에서 지낼 때 얻은 아들}

"네 아들을 보고 싶지 않은가?"

즉시 득북을 불러오게 했다. 부자가 마주 보고 눈물을 흘리니, 진중에서 이 광경을 본 모든 이들이 슬퍼하며 한숨을 내쉬었다. 이로부터 득북은 매일 술과 밥,

_{헤어졌던 부자의 재회}
_{전쟁 상황에서 느끼는 보편적인 인류애}

반찬과 과일을 차려 와 영철을 대접했다. 영철은 귀한 과일은 유림에게 먼저 올
_{영철의 충심이 드러남}
리고, 물러 나와 여러 사람들과 함께 음식을 먹었다.

　이때 오랑캐가 금주를 포위했다. 명나라에서는 10만 군사를 구원병으로 보내
_{명나라의 시대가 끝나가고 청나라의 시대가 오고 있음을 드러내는 사건}
오랑캐와 싸움을 벌였으나 대패하고 말았다. 유림은 영철을 홍타이지에게 보내
축하 인사를 하게 했다.
_{청 태종 숭덕제 → 실존 인물을 등장시켜 신뢰성을 부여함}

(중략)

　영철은 의상, 득상, 득발, 기발 네 아들을 두었는데, 자신이 종군하며 겪은 고
_{조선에 돌아온 이후 다시 결혼하여 얻은 아들들}
통을 늘 생각하며 자식들이 같은 고통을 겪을까 두려워했다. 무술년에 조정에서
_{계속되는 전쟁으로 인해 조선 백성들의 고통이 끊이지 않았음}
자모산성을 고쳐 쌓으며 성을 방비할 병사를 모집했는데, 이에 응한 사람은 군역
을 면해 주었다. 영철이 즉시 네 아들과 함께 성으로 들어가 살았으니, 이때 이미
_{영철과 네 아들이 성에서 살게 된 이유}
영철의 나이 예순이 넘었다.

　영철은 가난 속에서 하릴없이 늙어 가며 가슴속에 불평하는 마음이 일어날 때
마다 성 위에 올라가 북쪽으로 건주를, 남쪽으로 등주를 바라보았다. 그러고 있
_{북쪽 건주(청)와 남쪽 등주(명)에 두고 온 처자식을 떠올림}
노라면 서글픈 생각에 눈물이 떨어져 옷깃을 적셨다. 영철은 언젠가 사람들에게
이런 말을 한 적이 있다.

　"내가 아무 잘못도 없는 처자식을 저버리고 와 두 곳의 처자식들로 하여금 평
생을 슬픔과 한탄 속에서 살게 했으니, 지금 내 곤궁함이 이 지경에 이른 게 어
찌 하늘이 내린 재앙이 아니겠는가! 하지만 타국에 떨어져 살다 끝내 부모의
나라로 돌아왔으니 또한 한스러이 여길 게 뭐 있겠나?"
_{건주와 등주 지역에서 13년 넘게 살다 간신히 고국으로 돌아온 자신의 상황을 이름}

　영철은 20여 년간 성을 지키다가 84세 되던 해에 죽었다.
_{영철의 생애를 서술함}

- 홍세태, 〈김영철전〉 -

나

　〈김영철전〉에는 조선 백성 김영철의 전쟁 체험과 고향의 가족과 재회하기 위
_{〈김영철전〉의 제재}
한 고달픈 인생 역정이 담겨 있다. 17세기 초 만주 일대에서 후금(청나라)과 명,
_{시대적·역사적 배경}
조선은 군사적으로 충돌한다. 이때 강홍립의 군대가 명나라 군대를 지원하기 위
해 출정했다가 후금에 투항하는 '심하 전투'가 벌어졌는데, 이 전쟁에 동원된 김
영철은 후금의 포로가 된 후 명나라를 거쳐 조선으로 돌아오는 과정에서 13년이
_{후금과 명에서의 생활을 모두 경험함}
넘는 세월을 보낸다. 김영철은 간신히 고국에 돌아온 후에도 후금의 지시를 따라
야 하는 조선의 구원병으로 명나라와의 전쟁에 연이어 동원되고 죽을 때까지 전
쟁터를 떠나지 못한다. 〈김영철전〉에는 후금을 하나의 국가로 인정하지 않고 오
_{전쟁으로 인해 고단한 조선 백성들의 삶을 드러냄}
랑캐로 낮추어 보거나 명나라와 협력하여 후금과 싸워야 한다고 주장하는 조선
_{후금을 오랑캐로 칭함}　　　　　　　　　　_{명과의 전쟁을 피하려 함}
인들의 모습이 나타난다. 이는 작가 또한 당시 조선인들이 가지고 있던 '숭명반
청 사상'에서 크게 벗어나지 못했음을 보여 주는 것이다. 이러한 태도에는 당시
의 국제 정세를 제대로 파악하지 못한 시대착오적인 측면이 강하게 드러난다.

＊ 〈김영철전〉에 반영된 당대의 인식

- 명나라는 '명'이라 지칭하지만, 후금은 '오랑캐'라
고 부름.
- 명나라에는 친화적인 태도를 보이지만, 후금에는
적대적으로 행동함.

➡ 숭명반청 사상

명나라와의 관계	후금과의 관계
• 전쟁에서 조선과 명나라가 서로 공격하지 않겠다는 밀약을 맺음. • 실제 전투에서 총알 없는 총, 화살촉이 빠진 화살을 사용하여 서로의 피해를 줄임.	• 오랑캐 둘이 구원병으로 온 임경업을 다그치며 몰아붙임. • 오랑캐의 장수인 아라나가 권력을 이용해 조선의 병사인 영철을 죽이려 함.

나 〈김영철전〉의 역사적 배경과 상황 인식

＊ 주제

17세기 명청 교체기를 마주하는 조선 백성의 고달픔
과 당시 지배층의 인식적 한계

＊ 해제

〈김영철전〉은 17세기 초 후금과 명나라, 조선이 군
사적으로 충돌하던 시기를 배경으로 창작된 소설로,
조선 백성 김영철의 전쟁 체험과 인생 역정을 다루고
있다. 〈김영철전〉에는 후금을 하나의 국가로 인정하
지 않고 낮추어 보는 당시 지배층들의 인식이 나타나
는데, 이는 후금(청나라)이 동북아의 신흥 강국으로
자리 잡던 당시의 국제 정세를 제대로 파악하지 못한
측면이 강하다.

[1-7] (가)에 대한 설명이다. 맞으면 ○, 틀리면 ×표 하시오.

1 임경업과 명나라 장수는 영철을 통해 편지를 주고받았다.

2 후금의 병사는 영철이 명나라와 내통한다는 가짜 정보를 듣고는 임경업을 위협했다.

3 임경업의 군사들은 전투 중에 한 발의 총도 쏘지 않았다.

4 영철은 아라나를 여러 번 배신한 일로 죽을 뻔했다.

5 영철은 자기 자식인 득북을 오랑캐라며 무시했다.

6 영철은 홍타이지에게 명나라 군대를 물리친 것을 축하하는 인사를 했다.

7 영철은 다른 곳에 두고 온 처자식을 그리워했으나 성에 들어간 뒤로는 만나지 못했다.

[8-10] (가)와 관련하여 빈칸에 들어갈 적절한 내용을 쓰시오.

8 소교는 부하를 살리기 위해 목을 베는 시늉만 하고, 검에는 ☐에서 난 피를 묻혀 돌아왔다.

9 ☐☐은 아라나에게서 영철을 구해주기 위해 잎담배 200근을 죗값으로 치렀다.

10 영철은 네 아들과 함께 ☐☐☐☐에 들어가 죽을 때까지 살았다.

| 확인 문제 정답 | **1** ○ | **2** × | **3** × | **4** ○ | **5** × | **6** ○ | **7** ○ | **8** 코 | **9** 유림 | **10** 자모산성 |

01

(가)의 서술상의 특징으로 적절한 것은?

① 시간의 흐름에 따라 사건이 진행된다.

② 전기적 요소를 활용하여 인물의 업적을 부각한다.

③ 인물의 과거 회상을 통해 사건에 진실성을 부여한다.

④ 작품 속의 서술자가 제3의 인물로 등장하여 사건을 사실적으로 전달한다.

⑤ 인물의 외양과 행동을 자세히 서술하여 인물의 성격을 간접적으로 제시한다.

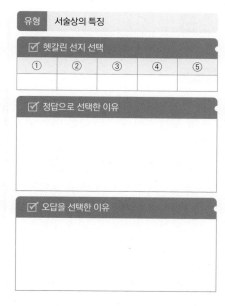

02

총알 없는 총의 서사적 기능으로 가장 적절한 것은?

① 조선 군대가 병장기 면에서 명나라보다 우세함을 보여 준다.

② 조선 군대와 명나라 군대가 싸우는 척하는 상황임을 나타낸다.

③ 조선이 명나라를 따라 전쟁에 참여할 마음이 없었음을 보여 준다.

④ 명나라 군대가 조선 군대의 상황을 알고 기습하는 계기를 제공한다.

⑤ 명나라 군대와 후금 군대의 대립이 길어져 물자가 부족해진 상황을 의미한다.

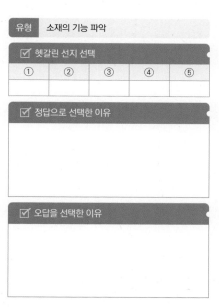

<보기>는 〈최척전〉의 줄거리이다. 윗글과 <보기>를 비교한 것으로 적절하지 <u>않은</u> 것은?

보기

최척과 옥영은 결혼을 약조한 사이였으나 최척이 임진왜란으로 인해 징집돼 소식이 끊긴 사이 옥영은 다른 이와 억지로 결혼하게 될 처지에 놓이지만 가까스로 벗어난다. 이후 최척과 옥영이 재회하고, 둘은 결혼하여 몽석을 낳는다. 그러나 머지않아 정유재란이 발발하여 최척은 가족들과 흩어지고 몇 년 뒤, 안남에서 옥영과 재회하여 중국에서 둘째 아들 몽선을 얻는다. 이듬해 최척은 후금을 치기 위한 명나라 군으로 출전하나 포로로 잡히고, 그 뒤 마찬가지로 조선군으로 출전했다 포로로 잡힌 몽석과 재회한다. 이후 그들은 수용소를 탈출해 극적으로 가족들과 상봉하게 되고, 단란한 삶을 누리게 된다.

① 영철과 최척 모두 외적의 침략으로 고통을 겪었다.
② 영철과 최척 모두 전쟁으로 가족과 헤어지게 되었다.
③ 영철과 최척 모두 전쟁 포로로 잡혔다 가족과 상봉한 경험이 있다.
④ 영철은 여러 여성과 결혼을 올렸으나, 최척은 옥영과 백년해로하였다.
⑤ 여러 나라를 배회하며 전쟁을 겪은 영철과 달리, 최척은 조선에서만 전쟁을 겪었다.

| 유형 | 작품 간의 공통점, 차이점 파악 |

☑ 헷갈린 선지 선택

①	②	③	④	⑤

☑ 정답으로 선택한 이유

☑ 오답을 선택한 이유

04

(나)를 참고하여 (가)의 인물들을 이해한 내용으로 적절하지 않은 것은?

① 득북은 영철이 후금에서 살던 당시에 얻은 아들로, 아버지와 전쟁에서 재회하는 모습을 통해 전쟁의 슬픔을 드러낸다.

② 임경업은 명나라 장수에게 전쟁에 관한 편지를 보내며, 이는 명을 청보다 가깝게 느끼는 의식이 남아있음을 드러낸다.

③ 소교는 스스로를 때리는 계책으로 부하들을 살리는 인물로, 오랑캐로부터 다양한 방법을 통해 나라를 지키는 조선의 모습을 상징한다.

④ 유림은 아라나의 화를 누그러뜨리고 영철을 살려주는 인물로, 이를 통해 명나라도 조선과 협력 관계를 유지할 필요가 있었음을 드러낸다.

⑤ 아라나는 자신을 배신한 영철을 전쟁터에서 마주하게 되어 복수하려고 하는 인물로, 영철이 고국에 돌아오는 상황이 순조롭지 않았음을 보여 준다.

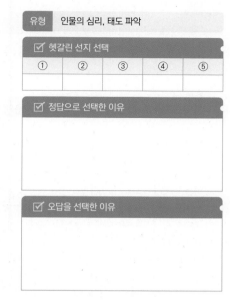

☑ 헷갈린 선지 선택

①	②	③	④	⑤

☑ 정답으로 선택한 이유

☑ 오답을 선택한 이유

05 서답형 문제

<보기>에서 설명하는 소재를 윗글에서 찾아 3음절로 쓰시오.

보기

김영철에 대한 아라나 장군의 원한을 깊게 함.

☑ 정답으로 선택한 이유

정답 및 해설 p.40

핵심정리

* 주제
하층민 광문의 인품을 통해 바라본 조선 후기의 세태

* 전체 줄거리
광문은 종루 저잣거리의 거지이다. 그는 거지 패거리의 우두머리로 추대되지만 모두 구걸하러 나간 사이 소굴을 지키다가 병든 아이가 죽은 일로 의심을 받아 소굴에서 쫓겨난다. 광문은 어느 집으로 들어가다가 도둑으로 오해받아 집주인에게 붙잡히는데 집주인이 도적이 아님을 알고 새벽에 광문을 풀어 주자 그는 곧장 거지들이 버린 죽은 아이의 시체를 수습하여 장사를 지내 준다. 이를 목격한 집주인은 그를 의롭게 여겨 후하게 대우하다가 부자가 운영하는 약국에서 일할 수 있게 추천한다. 그러던 중 약국에서 돈이 없어지는 사건이 벌어지자 광문은 또 의심을 받게 된다. 광문의 결백이 밝혀지자 부자는 광문의 정직함을 널리 알리고, 이 일로 광문은 서울 안에서 유명해진다. 광문이 빚보증을 서 주면 담보 없이도 돈을 빌릴 수 있을 만큼 광문은 사람들로부터 신의를 얻었으며, 마흔이 넘도록 장가를 가지 않고 가진 재산도 없었지만, 욕심 없이 살았다. 그럼에도 사대부들에게는 도도하기만 한 기생 운심을 춤추게 할 만큼 사람들을 즐겁게 해 주었기에 사대부들마저 광문과 벗을 맺었다.

* 해제
이 작품은 조선 후기에 연암 박지원이 지은 한문 단편 소설로 《연암집》 '방경각외전'에 실려 있다. 작품에서 주인공 광문은 비천한 거지이지만 순수하고 인정이 있으며, 정직하고 훌륭한 인격을 갖춘 인물로 그려진다. 연암은 광문을 통해 당시 세속적인 욕망에 사로잡혀 권모술수를 행하기에 여념이 없는 양반 사회를 은근히 풍자하고 있는데, 이는 새로운 시대에는 신분이나 지위보다는 인간적이면서 성실하고 신의 있는 사람이 필요하다는 작가의 의식을 부각, 강조한 것이라 할 수 있다. 이 과정에서 작가는 조선 후기의 사회상을 생생하게 묘사하고 있어서 이 소설은 사실주의적 면모가 강한 작품으로도 그 가치를 높게 평가받고 있다.

※ 다음 글을 읽고, 물음에 답하시오.

광문(廣文)이라는 자는 거지였다. 일찍이 종루(鍾樓)의 저잣거리에서 빌어먹고 다녔는데, 거지 아이들이 광문을 추대하여 패거리의 우두머리로 삼고, 소굴을 지키게 한 적이 있었다. 하루는 날이 몹시 차고 눈이 내리는데, 거지 아이들이 다 함께 빌러 나가고 그중 한 아이만이 병이 들어 따라가지 못했다, 조금 뒤 그 아이가 추위에 떨며 숨을 몰아쉬는데 그 소리가 몹시 처량하였다. 광문이 너무도 불쌍하여 몸소 나가 밥을 빌어 왔는데, ㉠병든 아이를 먹이려고 보니 아이는 벌써 죽어 있었다. 거지 아이들이 돌아와서는 광문이 그 애를 죽였다고 의심하여 다 함께 광문을 두들겨 쫓아내니, 광문이 밤에 엉금엉금 기어서 마을의 어느 집으로 들어가다가 그 집 개를 놀라게 하였다. 집주인이 광문을 잡아다 꽁꽁 묶으니, 광문이 외치며 하는 말이,

"나는 날 죽이려는 사람들을 피해 온 것이지 감히 도적질을 하러 온 것이 아닙니다. 영감님이 믿지 못하신다면 내일 아침에 저자에 나가 알아보십시오."

하는데, 말이 몹시 순박하므로 집주인이 내심 광문이 도적이 아닌 것을 알고서 새벽녘에 풀어 주었다. 광문이 고맙다는 인사를 하고는, ㉡떨어진 거적을 달라 하여 가지고 떠났다. 집주인이 끝내 몹시 이상히 여겨 그 뒤를 밟아 멀찍이서 바라보니, 거지 아이들이 시체 하나를 끌고 수표교(水標橋)에 와서 그 시체를 다리 밑으로 던져 버리는데, 광문이 다리 속에 숨어 있다가 떨어진 거적으로 그 시체를 싸서 가만히 짊어지고 가, 서쪽 교외 공동묘지에다 묻고서 울다가 중얼거리다가 하는 것이었다.

이에 집주인이 광문을 붙들고 사유를 물으니, 광문이 그제야 그전에 한 일과 어제 그렇게 된 상황을 낱낱이 고하였다. 집주인이 내심 광문을 의롭게 여겨, 데리고 집에 돌아와 의복을 주며 후히 대우하였다. 그리고 마침내 광문을 약국을 운영하는 어느 부자에게 천거(薦擧)하여 고용인으로 삼게 하였다.

오랜 후 어느 날 그 부자가 문을 나서다 말고 자주자주 뒤를 돌아보다, 도로 다시 방으로 들어가서 자물쇠가 걸렸나 안 걸렸나를 살펴본 다음 문을 나서는데, 마음이 몹시 미심쩍은 눈치였다, 얼마 후 돌아와 깜짝 놀라며, 광문을 물끄러미 살펴보면서 무슨 말을 하고자 하다가, 안색이 달라지면서 그만두었다. 광문은 실로 무슨 영문인지 몰라서 날마다 아무 말도 못 하고 지냈으며, 그렇다고 그만두겠다고 말할 수도 없었다.

그 후 며칠이 지나, 부자의 처조카가 ㉢돈을 가지고 와 부자에게 돌려주며,

"얼마 전 제가 아저씨께 돈을 빌리러 왔다가, 마침 아저씨가 계시지 않아서 제멋대로 방에 들어가 가져갔는데, 아마도 아저씨는 모르셨을 것입니다."

하는 것이었다. 이에 부자는 광문에게 너무도 부끄러워서 그에게,

주인에게 의심을 받고도 기분 나쁜 내색을 하지 않고 묵묵히 일한 광문을 높이는 말

"나는 소인이다. 장자(長者)의 마음에 상처를 주었으니 나는 앞으로 너를 볼 낯
이 없다."
광문을 의심한 것에 대해 미안해하고 부끄러워하는 부자

하고 사죄하였다. 그러고는 알고 지내는 여러 사람들과 다른 부자나 큰 장사치들에

게 광문을 의로운 사람이라고 두루 칭찬을 하고, 또 여러 종실(宗室)의 빈객(賓客)
임금의 친족   귀한 손님

들과 공경(公卿) 문하(門下)의 측근들에게도 지나치리만큼 칭찬을 해 대니, 공경 문
벼슬이 높은 사람들 문객이 드나드는 권세 있는 집

하의 측근들과 종실의 빈객들이 모두 이야깃거리를 만들어 밤이 되면 자기 주인에

게 들려주었다. 그래서 두어 달이 지나는 사이에 사대부까지도 모두 광문이 옛날
                    광문의 인품이 널리 퍼짐

의 훌륭한 사람들과 같다는 이야기를 듣게 되었다. 그 당시에 서울 안에서는 모두,

전날 광문을 후하게 대우한 집주인이 현명하여 사람을 알아본 것을 칭송함과 아울
                                광문의 인성을 올바로 파악

러, 약국의 부자를 장자(長者)라고 더욱 칭찬하였다.

이때 돈놀이하는 자들이 대체로 머리꽂이, 옥비취, 의복, 가재도구 및 가옥·전
   대부업   돈을 빌릴 수 있을 만큼 값이 나가는 물건들

장(田庄)·노복 등의 문서를 저당 잡고서 본값의 십분의 삼이나 십분의 오를 쳐서

돈을 내주기 마련이었다. 그러나 광문이 빚보증을 서 주는 경우에는 담보를 따지
                      광문이 신용을 널리 인정받음

지 아니하고 천금(千金)이라도 당장에 내주곤 하였다.

광문은 사람됨이 외모가 극히 추악하고, 말솜씨도 남을 감동시킬 만하지 못하

며, 입은 커서 두 주먹이 들락날락하고, 만석희(曼碩戲)를 잘하고 철괴무(鐵拐舞)
                              인형극의 한 종류   춤의 한 종류

를 잘 추었다. 우리나라 아이들이 서로 욕을 할 때면, "니 형은 달문(達文)이다."

라고 놀려 댔는데, 달문은 광문의 또 다른 이름이었다.

「광문이 길을 가다가 싸우는 사람을 만나면 그도 역시 옷을 홀랑 벗고 싸움판에
「 」: 광문이 재치를 발휘해 사람들의 싸움을 그만두게 만듦 → 지혜로움

뛰어들어, 뭐라고 시부렁대면서 땅에 금을 그어 마치 누가 바르고 누가 틀리다는

것을 판정이라도 하는 듯한 시늉을 하니, 온 저자 사람들이 다 웃어 대고 싸우던

자도 웃음이 터져, 어느새 싸움을 풀고 가 버렸다.

광문은 나이 마흔이 넘어서도 머리를 땋고 다녔다. 남들이 장가가라고 권하면,
                        미혼을 나타냄

하는 말이,

"잘생긴 얼굴은 누구나 좋아하는 법이다. 그러나 사내만 그런 것이 아니라 비

록 여자라도 역시 마찬가지다. 그러기에 나는 본래 못생겨서 아예 용모를 꾸밀
상대 여성의 입장을 생각하고 배려함, 역지사지 → 남녀평등 의식   광문이 장가갈 생각이 없는 이유

생각을 하지 않는다."

하였다. ㉣남들이 집을 가지라고 권하면,

"나는 부모도 형제도 처자도 없는데 집을 가져 무엇하리. 더구나 나는 아침이
                        일정한 거처 없이 떠도는 삶 → 재산에 대한 욕심이 없음

면 소리 높여 노래를 부르며 저자에 들어갔다가, 저물면 부귀한 집 문간에서
                      자유분방한 삶

자는 게 보통인데, 서울 안에 집 호수가 자그마치 팔만 호다. 내가 날마다 자리

를 바꾼다 해도 내 평생에는 다 못 자게 된다."

하였다.

서울 안에 명기(名妓)들이 아무리 곱고 아름다워도, 광문이 성원해 주지 않으
          유명한 기녀

면 그 값이 한 푼어치도 못 나갔다.

예전에 궁중의 우림아(羽林兒), 각 전(殿)의 별감(別監), 부마도위(駙馬都尉)의
_{궁궐 호위를 맡은 근위병} _{지방의 벼슬아치} _{임금의 사위}
ⓜ 청지기들이 옷소매를 늘어뜨리고 운심(雲心)의 집을 찾아간 적이 있다. 운심
은 유명한 기생이었다. 대청에서 술자리를 벌이고 거문고를 타면서 운심더러 춤
을 추라고 재촉해도, 운심은 일부러 늑장을 부리며 선뜻 추지를 않았다. 광문이
_{줏대 있고 도도한 운심}
밤에 그 집으로 가서 대청 아래에서 어슬렁거리다가, 마침내 자리에 들어가 스스
로 상좌에 앉았다. 광문이 비록 해진 옷을 입었으나 행동에는 조금의 거리낌도
없이 의기가 양양하였다. 눈가는 짓무르고 눈곱이 끼었으며 취한 척 구역질을 해
_{추하지만 가식 없는 모습}
대고, 헝클어진 머리로 북상투를 튼 채였다. 온 좌상이 실색하여 광문에게 눈짓
_{겉모습만 보고 부정적으로 판단함}
을 하며 쫓아내려고 하였다. 광문이 더욱 앞으로 나아가 무릎을 치며 곡조에 맞
춰 높으락낮으락 콧노래를 부르자, 운심이 곧바로 일어나 옷을 바꿔 입고 광문을
_{광문의 인품을 알아보았기 때문}
위하여 칼춤을 한바탕 추었다. 그리하여 온 좌상이 모두 즐겁게 놀았을 뿐 아니
_{다양한 계층의 사람들과 어울린 광문}
라, 또한 광문과 벗을 맺고 헤어졌다.

-박지원, 〈광문자전〉 -

[1-6] 윗글의 내용에 대한 설명이다. 맞으면 ○, 틀리면 ✕표 하시오.

1 광문은 거지 아이들의 우두머리가 되었다가 쫓겨난 적이 있다.

2 광문을 자신이 숨게 도와준 집주인 몰래 거적을 훔쳐서 도망쳤다.

3 광문은 연고 없는 아이의 장례를 치러주며 인간으로 해야 할 도리를 최대한 다하려 하는 사람이었다.

4 광문은 자신은 행동을 높이 인정해 주는 사람 덕에 약국에서 일하기 시작했다.

5 부자, 장사치, 사대부 할 것 없이 서울 전역에서 광문을 훌륭한 사람이라 얘기했다.

6 광문은 결혼은 물론 재산에 대해서도 크게 개의치 않는 성품의 소유자였다.

[7-10] 윗글의 내용과 관련하여 빈칸에 들어갈 적절한 내용을 쓰시오.

7 거지 아이들은 무심하게도 죽은 아이를 □□ 밑에 던져버렸다.

8 부자는 광문을 의심했으나, 사실 돈을 가져간 사람은 부자의 □□□였다.

9 돈 빌려주는 사업을 하는 사람들도 광문이 □□□을 서면 완전히 신뢰했다.

10 광문의 춤사위는 유명하고 도도한 □□인 운심의 마음을 움직였다.

01

윗글에 대한 설명으로 적절하지 않은 것은?

① 당시 양반 사회를 간접적으로 비판하고 있다.

② 인물의 외양을 희화화하여 그 인물을 풍자하고 있다.

③ 서술자의 말을 통해 인물의 성격을 직접적으로 드러내고 있다.

④ 여러 일화를 통해 중심인물의 성격과 가치관을 구체적으로 드러내고 있다.

⑤ 출생은 천하지만 비범한 인물을 주인공으로 내세워 주제 의식을 부각하고 있다.

| 유형 | 서술상의 특징 파악 |

☑ 헷갈린 선지 선택

①	②	③	④	⑤

☑ 정답으로 선택한 이유

☑ 오답을 선택한 이유

02

㉠~㉤에 대한 이해로 적절하지 않은 것은?

① ㉠의 죽음으로 광문은 오해를 사서 무리에서 쫓겨나게 된다.

② ㉡은 자비롭고 관용 있는 광문의 인간미를 드러나게 하는 소재이다.

③ ㉢은 광문에 대한 부자의 오해를 해소하는 계기가 된다.

④ ㉣은 광문과 같이 세속적인 가치에 큰 의미를 두지 않는 인물들이다.

⑤ ㉤은 외적인 가치를 중시하는 인물이었으나, 광문의 인품에 감화된다.

| 유형 | 소재의 기능 파악 |

☑ 헷갈린 선지 선택

①	②	③	④	⑤

☑ 정답으로 선택한 이유

☑ 오답을 선택한 이유

03

윗글을 읽고 당대의 세태에 대해 추론한 내용으로 적절하지 않은 것은?

① 어려서부터 동냥으로 빌어먹는 아이들이 있었다.

② 정직함과 의로움은 당시에도 높이 평가되는 미덕이었다.

③ 고위층의 권력을 등에 업고 호가호위하는 이들이 존재했다.

④ 춤과 노래 실력이 출중했던 명기들은 사회적 지위를 보장받았다.

⑤ 돈의 사회적 영향력이 커지면서 현물보다 화폐의 가치가 높아졌다.

| 유형 | 작품의 내용 이해 |

☑ 헷갈린 선지 선택

①	②	③	④	⑤

☑ 정답으로 선택한 이유

☑ 오답을 선택한 이유

04

<보기>를 참고하여 윗글을 감상한 내용으로 적절하지 <u>않은</u> 것은?

보기

"저 '엄 행수'라는 자는 시골의 천한 늙은이로 일꾼같이 하류 계층에 처하여 부끄러운 일을 행하는데도 불구하고, 선생님께서는 자꾸 그의 덕을 칭찬하면서 '선생'으로 부르고, 마치 머지않아 벗으로 사귀고자 청하시려는 듯합니다. 제자인 저로서는 매우 부끄럽게 생각하오니, 이제 선생님 문하를 떠나려 합니다." (중략)

"그렇지만 엄 행수는 아침에 밥 한 그릇만 먹고도 기분이 만족해지고, 저녁에도 한 그릇뿐이지. 남들이 그에게 고기를 먹으라고 권하면, '목구멍에 내려가면 나물이나 고기나 마찬가지로 배부른데, 왜 맛있는 것만 가리겠소?' 하면서 사양했다네. 또 남들이 새 옷을 입으라고 권하면, '넓은 소매 옷을 입으면 몸에 익숙지 않고, 새 옷을 입으면 길가에 똥을 지고 다니지 못할 게 아니오?' 하면서 사양했다네. (중략) 그러나 그가 먹을거리를 장만하는 방법은 지극히 향기로웠으며, 그의 몸가짐은 지극히 더러웠지만 그가 정의를 지킨 자세는 지극히 고항(高抗)했으니, 그의 뜻을 따져 본다면 비록 만종의 녹을 준다고 하더라도 바꾸지 않을 걸세."

- 박지원, 〈예덕선생전〉

① 엄 행수는 광문과 마찬가지로 사회적으로 경시되는 하류층에 속한 인물이군.
② 엄 행수와 광문을 통해 인간적이면서 성실하고 신의 있는, 새로운 인물상을 제시하는군.
③ 엄 행수는 세속적인 이익이나 가치관에 얽매이지 않고 제 뜻을 지키는 점에서 광문과 같은 인품의 소유자이군.
④ 엄 행수는 검소함의 미덕을 꾸준히 실천하는 인물로, 광문과 마찬가지로 당대에 높이 평가되는 덕목을 갖춘 인물이군.
⑤ 엄 행수가 남이 싫어하는 일을 마다하지 않고 하는 것과 달리, 광문은 다른 사람과의 관계를 중시하여 일의 우선순위를 정하는 인물이군.

05　서답형 문제

<보기>의 빈칸에 들어갈 말로 적절한 것을 쓰시오.

보기

（　　　）은/는 평범한 인물로 기존 소설의 재자가인(才子佳人)형 인물에서 탈피한다. 이를 통해 새로운 시대에 필요한 새로운 인간상을 제시하며, 위선적인 사대부 계층을 풍자한다.

정답 및 해설 p.41

핵심정리

＊주제

위기를 극복하는 지혜의 중요성, 허욕에 대한 경계 / 무능하고 부패한 지배층에 대한 풍자 / 임금에 대한 충성

＊전체 줄거리

병이 든 동해 용왕은 토끼의 생간이 신효하다는 고명한 세 의원의 말을 듣고 자라에게 토끼의 간을 구해 오라고 명한다. 육지에서 토끼를 만난 자라는 온갖 감언이설로 토끼를 속여 용궁으로 데려온다. 용왕이 토끼를 죽이라고 명령하자 토끼는 꾀를 내어 간을 육지에 두고 왔다고 거짓말을 하며 위기에서 벗어난다. 이후 자라와 함께 육지에 도착한 토끼는 용왕의 미련함을 지적하고 자라는 하릴없이 돌아간다. 한참 살아 돌아온 기쁨을 누리던 토끼는 독수리에게 잡혀 또다시 위기에 처하게 된다. 하지만 토끼는 다시 한번 꾀를 내어 독수리로부터 벗어난다.

＊해제

이 작품은 《삼국사기》의 〈구토지설〉 등을 근원 설화로 삼아 판소리 사설로 연행되다 소설로 정착된 판소리계 소설이다. 〈토공전〉, 〈토생전〉, 〈별주부전〉등 120여 종의 이본이 존재하는 이 작품은 동물들을 내세워 당대 사회를 우의적 기법으로 풍자한 우화 소설이기도 하다. 이 작품에서는 개인의 욕망을 위해 토끼의 희생을 강요하다가 토끼의 꾀에 넘어가는 어리석은 용왕의 모습을 통해 부패하고 무능한 지배층을, 용왕의 인정을 받기 위해 토끼를 속이는 자라의 모습을 통해 그릇된 충성심을 지닌 관리를 비판하고 있다. 아울러 자신의 허욕으로 인해 위기를 겪다가 꾀로 이를 극복해 내는 토끼를 통해 허욕에 대한 경계와 위기를 극복하는 지혜의 중요성을 역설하며, 지배층의 횡포를 극복해 내는 서민층의 모습을 보여 주고 있다. 이처럼 이 작품은 인물들의 관계를 통해 다양한 주제 의식이 드러나고 있다는 점이 특징이다. 또한 공간의 이동에 따라 위기와 이를 극복해 내는 기지가 드러나고 있다는 점, 한자어와 비속어, 고사성어와 속담, 과장된 표현과 비유적 표현 등이 활용되고 있다는 점이 특징이다.

※ 다음 글을 읽고, 물음에 답하시오.

[앞부분 줄거리] 병이 든 동해 용왕이 토끼의 생간이 약이 된다는 얘기를 듣고 토끼를 잡아올 신하를 찾는다. 이에 자라는 용왕의 병을 치료하기 위해 나서고, 육지로 올라와 토끼를 만난다.

「토끼는 쌩긋쌩긋 웃으며 말했다.
└ : 자신을 속여 용궁에 데려가려는 자라의 속셈을 눈치채지 못하는 토끼

"내 형을 보니 시체(時體) 사람은 아니로다. 의량이 넓고 위인이 관후하니 남을
　　　　　　　그 시대의 풍습이나 유행

속이지 않을 것 같소. 나같은 부생(浮生)을 좋은 곳에 천거하니 감격하기 측량
　　　자라의 말을 믿음　　덧없는 인생

없으나 수부에 들어가서 벼슬하기가 쉬울쏘냐."
　　　　　　수궁에서 벼슬을 하기 어려울 것이라고 생각함

자라는 이 말을 듣고 속으로 웃으며 생각했다.

'요놈, 인제야 속았구나.'

자라는 흔연히 대답했다.

「"그대가 오히려 경력이 적은 말이로다. 역산에서 밭을 가시던 순임금도 당요(唐堯)
└ : 용궁에 가면 높은 벼슬(수군절도사)에 오를 수 있다고 거짓말을 하여 토끼를 속이고 있음　　　　중국의 요임금

의 천자 위(位) 수선(受禪)하고, 위수에서 고기 낚던 강태공도 주문왕의 스승 되
　　　　　임금의 자리를 물려받고　　　　　　　　　'형'을 친근하게 부르는 말

고, 산야에서 밭 갈던 이윤(伊尹)도 탕임금의 아형(阿兄) 되고, 표모(漂母)에게
　　　　중국 은나라의 전설상의 인물, 이름난 재상으로 탕왕을 보좌해 하나라의 걸왕을 멸망시키고 선정을 베푼 인물　　　　빨래하는 나이 든 여자

밥 빌던 한신도 한 태조의 대장이 되었으니, 수부나 인간이나 발전하기는 마찬
　　　　　　　　　　　　　　　　　　　　　　　　　　　앞길이 열려 세상에 나섬

가지라. 이런고로 밝은 임금이 신하를 가리고 어진 신하가 임금을 가리나니 우
　　　　　　　　　　　　　　　　　　　　　용왕의 인재 등용 방식을 높이 평가하는 자라

리 대왕께서는 한 가지 재능과 한 가지 지조가 있는 선비라도 벼슬 직책을 맡기

시는지라. 이렇기 때문에 나같이 재주 없는 인물도 주부 일품 자리에 외람히 올
　　　　　　　　　　　　　　　　　　　　자신을 겸손하게 표현함

랐거늘, 하물며 그대같이 고명한 자격이야 수군절도사는 떼어 놓은 당상이지.

또한, 신수 좋은 얼굴을 능연각(凌煙閣)＊에 걸어 두고 춘추에 빛나는 이름을 죽

백(竹帛)에 드리우리니, 이것이 기남자(奇男子)의 보배로운 영광이라. 이 어찌
　　　　　　　　　　　　　재주와 슬기가 남달리 뛰어난 남자

아름답지 않겠소. 토끼 가문 중에 시조(始祖)되기는 아무 염려 없는지라."」
　　　　　　　　　　　　　　　토끼의 허영심을 자극함

토끼 웃으며 말했다.

"형의 말은 그럴듯하나, 어젯밤 꿈이 불길해 꺼림칙하도다."

자라가 말했다.

"내가 젊어서 해몽하는 법을 약간 배웠으니 그대의 몽사를 들려주오."

토끼는 어젯밤 꿈 이야기를 했다.

"칼을 빼서 배에 대고 몸에 피 칠을 하니 아마도 좋지 못한 정상을 당할까 염려되오."
　　　　　　　　　　　　　토끼가 용궁에 가서 죽을 위기에 처하게 됨을 암시함

자라는 토끼를 책망하며 말했다.

「"아주 좋은 몽사를 가지고 공연히 고민하는구려. 배에 칼을 댔으니 칼은 금이
└ : 토끼를 속이기 위해 토끼의 흉몽을 길몽으로 풀이함

라 금띠를 띨 것이요, 몸에 피 칠을 했으니 홍포(紅袍)＊를 입을 징조라. 이 어찌

공명할 길몽이 아니겠소? 장자의 나비 된 꿈은 달관의 꿈이요, 공명의 초당 꿈

은 선각의 꿈이라. 그 외에 꿈이라 하는 것은 무비관몽(無非觀夢)＊이요, 개시허

몽(皆是虛夢)＊이로다. 오직 그대의 꿈은 몽사 가운데 제일이니 수궁에 들어가

면 만인 위에 거한다는 것이니 어찌 아니 좋을쏜가."

토끼는 점점 곧이듣고 희색이 만면해 말했다.
자라의 해몽을 신뢰하고 있음

"노형의 해몽하는 법이 귀신 아니면 도깨비라 할 만하오. 소강절 이순풍이 다
판수 점쟁이의 조상으로 섬기는 맹인신의 하나
시 살아온들 이보다 더할쏜가. 아름다운 몽조가 이미 나타났으니 내 부귀 어디
꿈을 통해 부귀를 얻을 것이라고 확신함
가랴. 떼어 놓은 당상은 좀이나 먹지. 하지만 만경창파를 어찌 득달하오?"
일이 확실하여 조금도 틀림이 없다는 말　　　*수궁까지 갈 방법을 고민함*

"그대는 조금도 염려 마오. 내 등에만 오르면 순식간에 득달할 터이니, 그런 걱
정은 행여 하지도 마소."

토끼가 크게 기뻐하며 말했다.

「천만뜻밖에 그대 같은 군자를 만나 어두운 곳을 떠나 밝은 곳으로 가게 되었으
육지　　　　　　　　*수궁*
『』: 수궁에 가면 수군절도사가 될 수 있다는 자라의 속임수에 넘어가 용궁으로 향하게 되는 토끼
니 이는 하늘이 도우심이라. 성인이 성인을 안다 했으니, 나 같은 영웅을 형 같
자신과 자라를 모두 영웅으로 높여 말함
은 영웅이 아니면 어찌 능히 알리오? 형이 아니었다면 나는 헛되이 산중에서 늙
을 뻔했고, 나 아니었다면 수중 백성들은 어진 관원을 만나지 못할 뻔했도다.」
수궁에서 벼슬을 할 것이라고 생각함

(중략)

날이 저물어 잔치가 파하자 용왕이 토 처사에게 말했다.

"토공이 과인의 병만 낫게 하면 천금상에 만호후를 봉하고 부귀를 한가지로 누
토끼에게 간을 가지고 오라고 요구하는 용왕
릴 것이니 속히 나아가 간을 가져오라."

토끼가 취한 중에 '한 번 속기도 원통하거든 두 번 속을까?' 하고 혼잣말을 했다.

"대왕은 염려 마시옵소서. 대왕의 은혜를 만분지일이라도 갚고자 하오니 급히
토끼는 자신의 간이 육지에 있다고 거짓말을 함
별주부를 같이 보내어 소신의 간을 가져오게 하옵소서."

이튿날 왕에게 하직하고 별주부의 등에 올라 만경창파 큰 바다를 순식간에 건
용왕을 속이고 무사히 육지로 돌아온 토끼
너 육지에 내리자 토끼가 자라에게 말했다.

"내 너의 다리뼈를 추려 보내고 싶지만 용서하노니 「너의 용왕에게 내 말 전해
자신을 속인 자라에 대한 분노를 표출하는 토끼　　　　　『』: 토끼가 자신의 꾀에 속은 용왕의 어리석음을 조롱하고 있음
라. 세상 만물이 어찌 간을 임의로 꺼냈다 넣었다 하리오. 신출귀몰한 나의 꾀
토끼의 지혜와 용왕의 어리석음이 대조되고 있음
에 너의 미련한 용왕이 잘도 속았다 해라.」"

자라가 하릴없이 뒤통수 툭툭 치고 무료히 회정(回程)하니 용왕의 병세와 별주
달리 어떻게 할 도리가 없이　　*돌아오는 길에 오름*
부의 소식을 다시 알 길이 없더라.
서술자가 개입하여 용왕과 자라의 후일담을 전함

「토끼는 별주부를 보내고 희희낙락하며 너른 들에서 이리 뛰고 저리 뛰며 흥에
『』: 토끼의 심리-지혜를 발휘하여 용궁에서 살아서 돌아온 일에 대해 기뻐함
겨워 말했다.

"인제 살았구나. ㉠ 수궁에 들어가서 배 째일 뻔했는데 내 꾀로 살아 돌아와서
예전 보던 만산 풍경 다시 보고, 옛적 먹던 산의 열매며 나무 열매 다시 먹을
줄 알았더냐."

한참 이렇게 노닐 적에 난데없는 독수리가 살 쏘듯이 달려들어 사족을 훔쳐 들
토끼를 위협하는 새로운 존재의 등장
고 ㉡ 반공에 높이 나니 토끼의 위급이 경각에 달했다.

토끼는 스스로 생각했다.

* 토끼전의 역사

원숭이와 악어가 나오는 교훈적인 인도 설화가 기원

↓

설화가 불경에 흡수되어 동양으로 전파

↓

우리나라에도 들어와 《삼국사기》에 기록됨. → 그만큼 민간에도 퍼졌을 것

↓

곧바로 판소리계 소설이 됨.

↓

설화의 골격은 변하지 않았으나, 풍자성과 해학성이 주가 되어 사회적인 의미가 생김.

* 판소리계 소설

판소리계 소설
판소리 사설이 독서물로 전환되면서 이루어진 소설

판소리계 소설의 특징	
구비 문학 기원	다양한 설화를 바탕으로 구전되던 이야기가 기록되어 여러 이본이 있음.
운문체	판소리의 영향으로 운문과 산문이 혼용되어 있음.
문체의 이중성	양반층의 언어과 평민의 언어가 혼재되어 나타남.
서술자의 개입	서술자가 작품 속에 직접 끼어들어 자신의 목소리나 의견을 표출함.

* 우화

우화
인간 이외의 존재에 인간의 감정을 부여하여 사람처럼 행동하게 함으로써 교훈을 주려는 설화

우화의 특징
• 친숙하고 귀여운 동물을 캐릭터로 사용해 거부감을 줄임. • 주인공들이 전형적인 성격을 가짐. 예 여우-교활, 늑대-탐욕, 사자-용기 • 꼭 동식물이 아니더라도 주인공이 될 수 있음. • 인격이 부여된 존재들은 인간을 대신하여 인간이 할 수 없는 민감한 이야기나 행동을 하고 평가당함. • 인간 사회에 대한 풍자와 비판이 자유로움.

'간을 달라 하던 용왕은 좋은 말로 달랬는데 이 미련하고 배고픈 독수리는 무

『」: 위기의 상황에서 또다시 지혜를 발휘하는 토끼

슨 수로 달래리오.'

토끼는 창황망조(蒼黃罔措)*한 중에 문득 한 꾀를 내어 말했다.

"여보, 수리 아주머니! 내 말 좀 잠깐 들어 보오. 아주머니 올 줄 알고 몇몇 달

독수리를 위해 양식을 모았다고 거짓말을 함

경영해 모은 양식이 쓸데없어 한이니, 오늘 이렇게 늦게나마 만났으니 어서 바

삐 갑시다."

"무슨 음식이 있다고 감언이설로 날 속이려 하느냐? 나는 수궁 용왕이 아니거

토끼가 용왕을 속인 일을 알고 있는 독수리

든 내 어찌 너한테 속을쏜가?"

"여보, 수리 아주머니! 토진(吐盡)*하는 정담 들어 보시오. 사돈도 이리할 사돈

이 있고 저리할 사돈이 있다함과 같이 수부의 왕은 아무리 속여도 다시 못 볼

용왕

사이지만 우리는 종종 서로 만날 사이거늘 어찌 감히 속이겠소. 건넛마을 이

토끼와 독수리는 육지에서 살고 있는 존재이기 때문임

동지가 납제(臘祭)* 사냥하느라 나를 심히 놀래기로 그 원수 갚기를 생각하터

짐승이 새끼를 낳거나 까는 첫째 번. 또는 그 새끼

니, 금년 정이월에 그 집 맏배 병아리 사십여 수를 둘만 남기고 다 잡아 왔소.

독수리가 일용할 양식이 많이 있음을 드러냄

또 제일 긴한 용궁에 있던 꾀주머니도 내게 있으니, 아주머니는 듣도 보도 못

신기한 물건이라고 말하고 있으나 사실은 형체가 없는 토끼의 꾀를 의미함

한 물건이오니 가지기만 하면 조화가 무궁하지만 내게는 다 부당한 물건이오.

꾀주머니가 자신에게는 필요하지 않으나 독수리에게는 필요할 것이라고 설득함

아주머니에게는 모두 긴요한 것이니 나와 함께 어서 갑시다. 음식 도적은 매일

잔치를 한대도 다 못 먹을 것이고 꾀주머니는 가만히 앉았어도 평생을 잘 견디

게 해 주니 어찌 아니 좋겠소?"

미련한 독수리가 솔깃해하며 말했다.

서술자의 개입

"아무려나 가 보세."

독수리가 토끼의 처소 찾아가니, 바위 아래로 들어갈 때 조금만 놓아 달라고

독수리에게서 도망치기 위함

토끼가 부탁하자 독수리가 말했다.

"조금 놓아주다가 아주 들어가면 어쩌나?"

토끼를 의심하는 독수리

토끼가 대답했다.

"그러면 조금만 늦춰 주오."

『독수리 생각에 '조금 늦춰 주는 거야 어떠하리' 하고 한 발로 반만 쥐고 있었더

『」: 토끼가 꾀를 부려 독수리를 속이고 위기에서 벗어남

니 토끼가 바위 아래로 점점 들어가다가 톡 채치며 말했다.

"바로 요것이 꾀주머니지."

– 작자 미상, 〈토끼전〉 –

* 능연각: 중국 당나라 때에, 개국 공신 24명의 초상을 그려 걸었던 누각.

* 홍포: 조선 시대에, 삼품 이상의 벼슬아치가 입던 붉은색의 예복이나 도포.

* 무비관몽: 꿈으로 보이지 않는 것이 없음.

* 개시허몽: 모두가 헛된 꿈이라는 뜻.

* 창황망조: 너무 급하여 어찌할 수가 없음.

* 토진: 간과 쓸개를 다 토한다는 뜻으로, 실정(實情)을 숨김없이 다 털어놓고 말함을 이르는 말.

* 납제: 납일(臘日)에 한 해 동안 지은 농사 형편과 그 밖의 일들을 여러 신에게 고하는 제사.

[1-7] 윗글의 내용에 대한 설명이다. 맞으면 ○, 틀리면 ✕표 하시오.

1 자라는 옛날의 사례를 들며 경험이 없는 토끼가 벼슬할 수 있음을 믿게 했다.

2 토끼는 전날 밤에 꾼 꿈이 꺼림칙해서 자라를 따라가는 게 맞는지 고민했다.

3 토끼는 용궁에 가기 전부터 자신의 능력을 자신했다.

4 육지로 돌아온 토끼는 빈손으로 돌아갈 자라를 안타까워했다.

5 토끼가 자신이 살던 곳으로 돌아오자 독수리가 이를 맞이하며 나무 열매로 귀환을 축하했다.

6 토끼는 독수리와 자주 볼 사이니까 거짓말을 할 이유가 없다고 말했다.

7 독수리는 토끼를 의심했지만 결국 자기 발에서 놓치고 말았다.

[8-10] 윗글의 내용과 관련하여 빈칸에 들어갈 적절한 내용을 쓰시오.

8 자라는 토끼가 　　　의 영광을 얻고 가문의 시조가 되기에 충분하다고 말했다.

9 토끼는 자라가 흉몽을 　　으로 해석한 것에 속아넘어갔다.

10 토끼는 독수리에게 자신의 집에 　　　 사십여 마리가 있다고 말했다.

확인 문제 정답	1 ○ 2 ○ 3 ○ 4 ✕ 5 ✕ 6 ○ 7 ○ 8 기남자 9 길몽 10 병아리

01

윗글과 같은 글의 특징으로 적절하지 <u>않은</u> 것은?

① 같은 줄거리를 가진 여러 이본이 존재한다.

② 한 대목 안에서 열거를 사용하여 장면을 극대화한다.

③ 자기 고백적 성격을 바탕으로 작가의 개성이 뚜렷하게 나타난다.

④ 서술자가 직접 개입하여 사건의 상황이나 인물의 성격에 대해 평가한다.

⑤ 양반층이 사용하는 한자어와 서민층이 사용하는 비속어가 함께 사용된다.

02

㉠과 ㉡에 관련된 인물의 행동으로 적절하지 <u>않은</u> 것은?

① 자라는 충성심 때문에 ㉠을 떠나 토끼의 꿈을 해몽하게 됐다.

② 토끼는 처음에는 우려하였으나 부귀를 얻기 위해 ㉠으로 가게 됐다.

③ 자라는 ㉡에서 겪은 실패로 인해 토끼의 분노를 듣게 됐다.

④ 독수리는 ㉠에서 벌어진 일을 이미 알고 ㉡에서 대처하려 했다.

⑤ 토끼는 ㉠과 ㉡ 모두에서 자신의 목숨을 위협으로부터 지켜내야 했다.

03

<보기>는 윗글을 읽고 인물마다 발견할 수 있는 주제를 정리한 것이다. ⓐ~ⓔ에 관한 설명으로 적절하지 <u>않은</u> 것은?

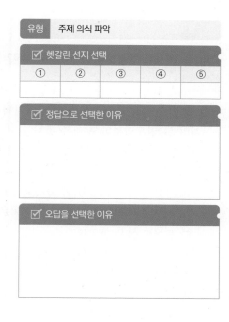

보기

- 용왕
1. 개인의 욕망을 위해 피지배층의 희생을 강요하는 탐욕스럽고 부패한 지배층에 대한 비판
2. ⓐ 무능하고 어리석은 지배층에 대한 비판

- 자라
1. ⓑ 그릇된 충성심을 지닌 신하에 대한 비판
2. 무능하고 어리석은 지배층에 대한 비판

- 토끼
1. ⓒ 허욕에 대한 경계
2. ⓓ 위기를 극복하는 지혜의 중요성

- 독수리
1. ⓔ 약자를 위협하는 강자에 대한 비판
2. 허욕에 대한 비판

① ⓐ는 간을 꺼내놓고 다닐 수 있다는 토끼의 말을 믿는 용왕의 모습에서 발견할 수 있다.

② ⓑ는 토끼의 호통을 듣고 홀로 용궁으로 돌아가는 자라의 모습에서 발견할 수 있다.

③ ⓒ는 벼슬을 쉽게 얻을 수 있다는 자라의 꼬임에 넘어간 토끼의 모습에서 발견할 수 있다.

④ ⓓ는 죽음의 위협에서 벗어나기 위해 말로 강자들을 현혹하는 토끼의 모습에서 발견할 수 있다.

⑤ ⓔ는 토끼를 먹이로 삼기 위해 순식간에 달려드는 독수리의 모습에서 발견할 수 있다.

04

<보기>와 윗글의 공통점으로 적절한 것은?

유형　작품 간의 공통점 파악

☑ 헷갈린 선지 선택

①	②	③	④	⑤

☑ 정답으로 선택한 이유

☑ 오답을 선택한 이유

보기

　　장끼가 끝끝내 고집을 굽히지 아니하니 까투리는 할 수 없이 물러났다. 그러자 장끼란 놈 얼룩덜룩한 꽁지를 펼쳐 들고 꾸벅꾸벅 고갯짓하며 조금씩 조금씩 콩을 먹으러 들어가는구나. 반달 같은 혓부리로 콩을 꽉 찍으니, 갑자기 덫 두 개가 뒹굴어지며 머리 위에 치는 소리, 와지끈 뚝딱 푸드득 푸드득 꼼짝없이 치었구나.

　　이 꼴을 본 까투리가 기가 막히고 앞이 아득하여,

　　"저런 광경 당할 줄 몰랐던가. 남자라고 여자 말 잘 들어도 집안 망치고, 여자 말 안 들어도 몸을 망치네."

하면서, 넓은 자갈밭에 머리 풀어 헤치고 당글당글 뒹굴면서 가슴 치고 일어나 앉아 잔디 풀을 쥐어뜯어 가며 애통해하고, 두 발을 땅땅 구르면서 성을 무너뜨릴 듯이 매우 원통해 한다.

　　　　　　　　　　　　　　　　　　　　　　　　　　　　　　　　　　- 작자 미상, 〈장끼전〉

① 동물을 주인공으로 어리석은 인물의 행태를 비판하고 있다.
② 상대방을 속이기 위해 역사적 인물들의 사례를 나열하고 있다.
③ 슬픔을 느끼는 인물의 행동을 과장하여 극적으로 표현하고 있다.
④ 등장인물이 위기를 극복하고 지혜를 획득하는 과정을 보여 주고 있다.
⑤ 등장인물의 행위를 의성어·의태어를 사용해 생동감 있게 표현하고 있다.

05　서답형 문제

유형　소재의 기능 파악

☑ 정답으로 선택한 이유

<보기>에서 설명하는 단어를 윗글에서 찾아 쓰시오.

보기

　　실제 형체가 없는 대상으로, 위기에서 벗어나기 위해 토끼가 꾸며 낸 계책을 가리키는 소재

정답 및 해설 p.42

※ 다음 글을 읽고, 물음에 답하시오.

〈아니리〉 옥황상제께서 사해용왕을 불러 명일 출천대효 심청이가 인당수에 빠
하늘이 낸 효자라는 뜻으로, 지극한 효자나 효성을 이르는 말
동서남북에 있다는 네 바다의 용왕 **공양미 삼백석을 받고 인당수에 몸을 바치는 심청**
질 테니 수궁으로 고이 모시라는 엄명이 지엄하니 사해용왕이 명을 듣고 백옥
신선이 타는 옥가마
교자를 등대하여 그 시를 과연 기다릴 제 과연 옥 같은 낭자가 훌연히 물에
미리 준비하고 기다림
들거늘, 고이 받들어 교자 위에 앉힌 후에, 용궁으로 들어가는데

〈엇모리〉 천지가 명랑허고 일월이 초초하니, 천상선관 선녀들이 심 낭자를 보
차림새나 모양이 말쑥하고 깨끗하니
랴 하고 좌우로 벌려 있다.「태을진 학을 타고 안기생은 난을 타고 적송자 구
심청을 기다리는 천상선관 선녀들의 모습을 요약적으로 제시함
름 타고 갈선옹은 사자 타고, 청의동자 홍의동자 쌍쌍이 모였는디 서왕모 마
「」: 천상선관 선녀들이 심청을 보러 모인 장면을 극대화하여 구체적으로 나열함
고선녀 남악부인 모셨는데 팔선녀 시위하여 고운 얼굴 고운 의단 향기가 이
상하다.「수궁풍악을 시작할 제 왕자진의 봉피리 니나노 나노 불고, 곽처사
「」: 심청을 맞기 위해 음악과 음식을 준비하는 장면을 극대화하여 구체적으로 나열·묘사함
죽장고 정저꿍 정꿍, 석련자의 거문고는 스리랑 둥덩둥, 장자방 옥퉁소 떳띠
루 띠루, 헌파 북소리 두리둥퉁 둥둥, 혜강의 해금소리 고가그가고가, 능파
사 보허사 곁들여 노래할 제, 낭자한 풍악소리 수궁이 진동하며 별유천지 세
계로. 노경골이 위량이며, 인광이 여일이요, 집어린이 작와하니 서기가 반
공이라*. 응천상지 삼광이요, 비인간지 오복이라*. 산호주렴 대모병풍 광채
찬란하고 동으로 바라보니 삼백 척 부상가지 일륜홍이 어리었고 남으로 바
해가 걸린 봉나무 가지
라보니 요지풍광 푸른 물에 대붕이 훨훨 날아, 서으로 바라보니 약수 삼천리
서왕모가 놀던 연못의 바람과 빛
일쌍 청조가 날아든다. 북으로 바라보니 중련이 놀라난디 벽도화 붉었다. 음
식을 들이는디 세상 음식이 아니로다. 자하주 천일주를 인포로 안주 놓고 호
기린의 고기로 만든 포
로병에 옥잔 감로수를 놓았다. 한가운데 삼천벽도가 덩그렇게 고여 있다. 옥
삼천 년에 한 번 열린다는 복숭아
황상제의 어명이라 사해용왕 하회에 각각의 시녀를 보내 조석으로 시중할
제 행여나 부족함이 있을까 조심이 각별터라.」

(중략)

〈중모리〉 그때에 옥황상제께서 사해용왕을 불러 각기 하교를 내리신다. 심청
심청이 다시 육지로 돌아가게 됨 **임금이 내린 명령**
이 방년에 들어가니 인당수로 환송하라. 분부가 지엄하니 사해용왕 명을 듣
이십 세 전후의 한창 젊은 꽃다운 나이
고 청이를 환송한다. 꽃봉 속에 심 소저를 모시고 양대 시녀 시위하여 조석
공양 찬수 등물을 싣고 인당수에 가 번득 떴다. 천지조화요 용왕님의 징험이
라, 바람이 분들 흘러가며 비가 온들 요동하리, 오색 채운이 어리여 주야로
둥덩둥덩 떠 있을 제 남경 갔던 선인들은 억십만금 퇴를 내어 고국으로 돌아
간다. 북을 두리둥 둥둥 어이야 어이야 어이야 어허 어그야 어이야 어허 어
그야 인당수를 당도하여 제물을 장만하여 심 소저 혼을 불러 낭혼제를 지내
는구나. 넋이야 넋이로다 흉노족에 시집가던 왕소군의 넋도 아니요 당상의

핵심정리

＊ 주제
아버지의 눈을 뜨게 한 심청의 효심

＊ 전체 줄거리
태어나자마자 어머니를 여읜 심청은 맹인 아버지 심
학규의 정성스러운 보살핌으로 자라난다. 어려서부
터 동냥을 하며 아버지를 모시던 심청은 공양미 삼백
석을 시주하면 눈을 뜰 수 있다는 스님의 말에 시주
를 약속한 아버지의 이야기를 듣고, 자신의 몸을 팔
아 공양미를 바치고 인당수에 몸을 던진다. 옥황상제
의 명을 받은 사해용왕은 출천대효 심청을 용궁으로
모셔 가 정성스럽게 대접한다. 옥황은 심청을 꽃봉오
리에 태워 현실 세계로 돌려보내고, 남경 선인들은
자신들이 발견한 꽃봉오리를 송 천자에게 바친다. 송
천자는 꽃봉오리 속에서 나온 심청을 황후로 삼고 황
후가 된 심청은 맹인 잔치를 열어 심 봉사를 황궁으로
로 초청한다. 심봉사는 황궁에서 심청을 만난 후 두
눈을 뜨게 되며 행복한 결말로 사건이 마무리된다.

＊ 해제
이 작품은 현재까지 전해지는 판소리 다섯 마당 가운
데 하나로, 효녀 심청이 맹인 아버지 심학규의 눈을
뜨게 하기 위하여 인당수에 몸을 던졌다가 돌아와 황
후가 되어 아버지를 다시 만나는 내용을 담고 있다.
심청의 탄생과 성장 과정, 심 봉사의 사고와 시주 약
속, 아버지의 약속을 지키기 위해 남경 선인들에게
팔려 가는 심청의 이야기, 인당수에 빠져 용궁에 간
이야기, 황후가 되고 맹인 잔치를 열어 아버지를 다
시 만나는 이야기 등으로 구성된다. '효행 지은 설화'
등을 바탕으로 삼고 있으며, 〈심청전〉이라는 고전소
설로도 변용된다.

＊ 등장인물

심청	아버지를 위해 목숨을 버릴 만큼 효성이 지극함. 인당수에 빠지지만, 옥황상제와 용왕에 의해 구출되어 송 천자와 결혼함. 황후가 되어 아버지를 다시 만난 뒤 아버지의 눈을 뜨게 함.
송 천자	송나라의 왕으로, 꽃 속에서 심청을 발견한 뒤 심청을 황후로 책봉함.

* 이원적 공간

용궁(비현실)
• 천상 선관 선녀들이 모여 심청을 환영하고 대접함. • 사해용왕이 시녀를 보내 심청을 시중들게 함.

↕

궁궐(현실)
• 황후를 잃은 송 천자와 심청이 만나는 공간 • 심청이 송 천자의 아내가 됨.

* 작품의 배경 사상

• 눈먼 아버지의 눈을 뜨이기 위해 뱃사람들에게 인당수의 제물로 자신을 팔아 공양미 삼백 석을 마련함. • 황후가 된 심청을 만난 아버지 심 봉사의 눈이 떠짐.	→ 유교(효 사상)
인당수에 빠진 심청이 옥황상제와 용왕의 도움을 받아 환생함.	• 불교 (인과응보, 윤회 사상) • 도교 (옥황상제)

↓

〈심청전〉은 유·불·도의 사상을 바탕으로 창작됨.

* 장면의 극대화

개념	장면에서 기대되는 효과를 최대화하기 위해 문학적 장치를 극대화하는 판소리의 내용 전개 방식
표현 방식	• 특정 인물이 장면에 따라 전혀 상이한 인물처럼 행동함. • 이야기 전개와 관계없어 보이는 또 다른 이야기가 끼어듦. • 특별한 부분에서 짧은 어구들이 장황하게 나열됨.

* 외기러기의 역할

• 심청의 슬픔과 괴로움 환기
• 편지를 전함.
• 주체와 그리움의 대상 연결

백발부친 감은 눈을 뜨랴 하고 생죽음을 하였으니 가련하고 불쌍한 것이 심 소저의 넋이로구나, 넋이라도 왔거드면 많이 흠향하옵소서, 영좌도 울고 적자도 울고 격군 화장*들이 울음을 운다.

〈아니리〉 눈물짓고 한곳 바라보니 난데없는 꽃 한송이가 인당수에 가 번뜻 떴거늘, 선인들이 괴히 여겨 그 꽃을 운전하여 뱃장 안에 올려놓으니 크기가 수레 같고 향취 진동커늘, 고국에 돌아와 수다한 재물을 다 같이 분배할 제, 도사공은 재물을 마다하고 그 꽃을 차지하여 후원의 정한 곳에 든든히 심었더니 이때 마침 송 천자께서 황후 붕어하신 후 간택일을 아니하시니, 화초를 심어 놓고 각 새들을 길들일 제

[A]

〈중중모리〉 화초도 많고 많다. 「팔월 부용의 군자용 만당추수 홍련화, 암향부동 월황혼 소식 전턴 한매화, 진시유랑 거후재는 붉어 있다 복송꽃화, 구월구일의 용산음 소축신 국화꽃, 삼천 제자를 강론을 하니 행단춘풍의 살구꽃, 이화만지 불개문하니 장신궁 중의 배꽃이요. 천태산 들어가니 양변에 작약이라, 원정부지 이별을 하니 옥창오견의 앵도화, 촉국한을 못 이기어 제혈하던 두견화, 이화, 노화, 계관화, 홍국, 백국, 사계화, 동원도리 편시춘 목동요지 행화촌, 월중단계 무삼경 달 가운데 계수나무, 백일홍, 영산홍, 왜철쭉, 진달화, 난초, 파초, 오미자, 치자, 감과, 유자, 석류, 능금, 포도, 머루, 으름, 대추, 각색 화초, 갖은 향과 좌우로 심었는디, 향풍이 건듯 불면 나비 새 짐생덜이 찍찍 울어 노닌다.」

〈아니리〉 남경 갔던 선인들이 이 소문을 듣고 인당수 건진 꽃을 황제전으로 진상하니, 천자 괴히 여기사 상고하는 선인들을 기특타 칭찬하시고 무창의 태수로 제수하신 후에 별궁 시녀로 그 꽃을 운전하여 황극전에 심어 놓으니 크기가 수레 같고 향취 진동커늘 천자님이 사랑하사 그 꽃 이름을 지으시되, 서천서역 연화꽃이 떨어져 해상으로 떠오르는 듯하니 그 꽃 이름을 강선화라 이르시고 날로 보내실 제

〈진양조〉 일일은 천자님이 화계 배회하실 적에 명월은 만정하고 미풍은 부동이라. 강선화 꽃봉이 언뜻 요동하더니마는, 무슨 소리가 두런두런 사람 소리가 들리거늘, 천자님이 괴히 여겨, 가차이 들어가 꽃봉오리를 열고 보니, 꽃 같은 한 소저가 문밖을 나오려다 다시 몸을 움츠리더니 동정이 없는지라, 천자님이 괴히 여겨, 가차이 들어가 꽃봉오리를 열고 보니 꽃 같은 한 소저

가 앉았는데, 양개 시녀가 시위하였거늘
양쪽에 각각

〈아니리〉 시녀 내려 복지하여 여짜오되, 첩은 본시 남해 용궁 시녀온데 상제의 명을 받자옵고 해상으로 떠왔나이다. 천자 괴히 여기사 별궁 시녀로 그 꽃을 운전하여 내궁에 모신 후에 묘당에 물으시니, 문무 제신이 주달하되, 황후
임금에게 아뢰되
승하하심을 상천이 아시옵고, 인연을 보냈사오니 황후를 봉하소서.
심청이 황후로 책봉됨

[B]
〈중중모리〉 일관 시켜 택일하여 꽃봉 속의 심청이를 황후로 봉하시니, 국가의 경사가 되야 만조 제신들은 산호만세 부르고 억조창생 만민들 격양가 일삼을 제, 심 황후 입궐이 된 연후 당년부터 풍년이 들어 요순천지 다
요임금과 순임금이 덕으로 천하를 다스리던 태평한 시대인 '요순시대'를 의미함
시 되고 선강직거*가 되었더라.

〈아니리〉 황후는 되었으나 만단 생각이 부친뿐이로다. 하루는 심신이 산란하
여러 가지나 온갖   심 봉사를 향한 심청의 효심
여 옥난간에 빗겨 설 제

□: 부친을 그리워하는 심청의 정서를 심화하는 매개체
〈진양조〉 추월은 만정하고 산호주렴에 비추어 들고 실솔은 슬피 울어 나유 안
귀뚜라미   비단 휘장
에 흩어질 적 청천의 ㉠ 외기러기는 월하에 높이 떠서 뚜루루루루루루 끨룩 울음을 울고 나니 심 황후 기가 막혀 오느냐 저 기력아 너 어디로 행하느냐 소중랑
한나라 때 흉노에 사신으로 갔다 붙잡힌 사람
북해상에 편지 전턴 기러기냐, 방으로 들어와 편지를 쓰려 할 제 한 자 쓰고 눈물짓고 두 자 쓰고 한숨을 지으니 눈물이 떨어져 글자가 모두 수묵이 되고 언어가 도착*이로구나, 편지 적어 손에 들어 먼 산을 바라보니 기러기는 간 데없고 창망한 구름 밖에 별과 달만 밝았구나, 심 황후 기가 막혀 편지를 던지고 울음을 운다.

– 작자 미상, 〈심청가〉 –

* 노경골이 위량이며~서기가 반공이라: '늙은 고래 뼈가 대들보이며 빛이 해와 같고, 비늘로 기와를 하니 상서로운 기운이 공중에 있다.'라는 뜻으로, 맥락상 '인간 세계와 전혀 다른 별천지 수궁의 모습'을 표현한 것임.
* 응천상지 삼광이요, 비인간지 오복이라: '천상의 해, 달, 별의 빛에 응하고 인간의 오복을 갖추었다.'라는 뜻임.
* 격군 화장: 격군은 '사공의 일을 돕던 수부', 화장은 '배에서 밥 짓는 일을 맡은 사람'을 뜻함.
* 선강직거: '신선이 내려온 좋은 일의 증거이자 사례'라는 뜻으로, 심청이 황후가 된 것이 여러모로 좋은 일임을 강조하는 말임.
* 도착: 뒤바뀌어 거꾸로 됨.

* 편지의 역할

주인공의 심리와 성격을 드러냄.
↓
'부친에 대한 효심' 강조

* 판소리의 장단

진양조	가장 느린 장단. 전개가 느슨하고 애절한 장면에 활용
중모리	조금 느린 장단. 사연을 서술하는 대목이나 서정적 장면에 활용
중중모리	중모리와 자진모리 사이의 장단. 춤추거나 활보하는 등 흥겨운 장면에 활용
자진모리	비교적 빠른 장단. 연이어 벌어지는 사건을 서술하는 장면에 활용
휘모리	가장 빠른 장단. 극적이나 긴박한 장면에 활용

[1-5] 윗글의 내용에 대한 설명이다. 맞으면 ○, 틀리면 ✕표 하시오.

1 심청은 용궁에 가서 화려한 풍악을 듣고 귀중한 음식으로 대접을 받았다.

2 사해용왕은 심청을 꽃 안에 넣어 물 위로 올려보냈다.

3 천자가 꽃봉오리를 열자 그 안에는 심청이 혼자 홀연히 앉아있었다.

4 천자는 심청을 황후로 받아들이려 했으나 신하들은 신분을 이유로 반대했다.

5 심청은 황후가 됐음에도 아버지 생각에 기쁘지 않았다.

[6-10] 윗글의 내용과 관련하여 빈칸에 들어갈 적절한 내용을 쓰시오.

6 ☐☐☐에 빠진 심청이는 옥황상제의 도움으로 무사히 용궁으로 들어가게 된다.

7 남경에 갔던 선인들은 고국으로 돌아가다 심청을 위해 ☐☐☐를 지냈다.

8 천자는 커다란 꽃에 '☐☐☐'라는 이름을 붙였다.

9 심청이 황후가 되자 곧 ☐☐이 들어 요순천지가 다시 온 듯 했다.

10 심청은 ☐☐☐☐ 소리를 듣고 편지를 써 아버지에게 전하려 했다.

확인 문제 정답	1 ○	2 ○	3 ✕	4 ✕	5 ○	6 인당수	7 낭혼제	8 강선화	9 풍년	10 외기러기

01

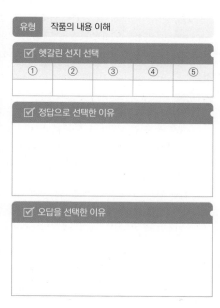

윗글의 내용에 대한 이해로 적절하지 않은 것은?

① 심청이 타고 있었던 꽃을 바친 상으로 선인들은 벼슬을 하사받았다.

② 심청의 효심은 초월적 세계의 존재와 지상계의 존재 모두를 감동시켰다.

③ 심청을 황후로 봉하는 결정에 신하들과 백성들 모두 긍정적인 반응을 보였다.

④ 심청을 태운 꽃은 사해용왕의 도움으로 인당수에 도착한 후 다른 곳으로 떠내려가지 않았다.

⑤ 심청은 처음에 꽃 안에서 나오려고 했으나 이를 괴이하게 여긴 천자의 제지로 다시 안으로 들어갔다.

02

[A]와 [B]에 대한 설명으로 가장 적절한 것은?

① [A]는 주변 인물의 말을 빌려, [B]는 옛 고사를 활용하여 상황을 효과적으로 서술하고 있다.

② [A]는 인물의 행동을 통해, [B]는 서술자의 주관적 평가를 통해 작품의 주제를 강조하고 있다.

③ [A]는 장황한 소재 나열을 통해, [B]는 요약적 제시를 통해 장면과 관련한 정보를 제공하고 있다.

④ [A]는 시간의 흐름에 따라, [B]는 과거의 사건을 서술하여 인물에 대한 긍정적 인식을 드러내고 있다.

⑤ [A]는 공간적 배경과 소재를 묘사하여, [B]는 인물들의 반응을 통해 환상적인 분위기를 조성하고 있다.

03

<보기>는 윗글과 관련된 설화이다. <보기>와 비교하여 윗글을 감상한 내용으로 가장 적절한 것은?

보기

〈효녀 지은 설화〉: 지은은 어려서 아버지를 여의고 홀어머니를 모시기 위하여 나이가 서른이 넘도록 결혼을 하지 않았다. 그러나 집안 사정이 좋지 않아, 결국 어머니를 위해 쌀 몇 섬에 자기 몸을 종으로 팔았다. 마침 이 장면을 목격한 화랑이 그 효성에 감격하여 곡식과 옷을 보내어 주었고, 그 이야기를 들은 왕 또한 그들에게 곡식과 집을 하사해 주어 잘 살도록 해 주었다.

〈거타지 설화〉: 신라 진성 여왕의 아들 양패가 당나라에 배를 타고 사신으로 가던 때에, 거타지도 활 쏘는 사람으로 뽑혀 함께 가게 되었다. 사신 일행들은 당나라로 가는 도중 풍랑을 만나게 되는데, 양패는 풍랑을 잠재울 제물로 거타지를 섬에 남기고 떠난다. 홀로 남은 거타지 앞에 서해용왕이 나타나 자신의 가족들을 해치는 중을 활로 쏘아달라고 부탁하고, 다음날 거타지가 그 중을 활로 쏘아 맞히니, 중은 늙은 여우로 변하여 땅에 떨어져 죽는다. 서해용왕은 보답으로 자신의 딸을 거타지에게 아내로 주고, 두 마리 용에게 명령하여 거타지를 사신 일행의 배로 다시 돌아가게 해 주었다.

① 지은과 달리 심청은 부친을 봉양하기 위한 목적으로 황제와 결혼했군.

② 거타지와 달리 심청은 초월적 존재의 청탁을 들어주지 않고도 그 성품 덕분에 귀한 대접을 받는군.

③ 지은과 심청 모두 자신을 희생하여 부친을 위한 효를 실천하고자 했군.

④ 지은과 심청 모두 효심에 감격한 왕 또는 황제의 도움으로 신분 상승을 이루는군.

⑤ 거타지와 심청은 모두 타인의 결정에 의해 제물이 되었으나, 전기적인 방식으로 환생하게 되었군.

04

㉠의 기능에 대한 설명으로 적절하지 않은 것은?

① 심청과 부친을 편지로 연결하는 매개체의 기능을 하고 있다.

② 부친을 만나지 못하고 있는 심청의 괴로움을 심화시키고 있다.

③ 심청이 잠들지 못하는 가을밤의 쓸쓸한 분위기를 부각하고 있다.

④ 순간의 희망이 사라진 심청에게 슬픔과 허망함을 느끼게 하고 있다.

⑤ 심청이 효를 완전히 이루지 못하고 있는 상황을 드러내어 작품 전체의 주제를 다시 환기하고 있다.

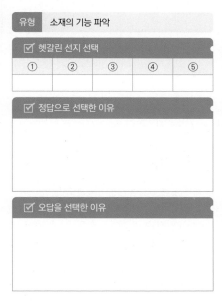

☑ 헷갈린 선지 선택

①	②	③	④	⑤

☑ 정답으로 선택한 이유

☑ 오답을 선택한 이유

05   서답형 문제

☑ 정답으로 선택한 이유

<보기>의 ⓐ, ⓑ와 유사한 소재를 윗글에서 찾아 쓰시오.

보기

여섯 명의 공주를 자녀로 둔 불라국의 왕은 일곱째 태어난 아기까지 공주임을 알게 되자 일곱 번째 공주인 바리공주를 옥함에 넣어 강물에 띄워 버린다. 바리공주는 석가세존의 지시를 받은 비리공덕 할멈과 비리공덕 할아범에게 구출되어 양육된다. 바리공주가 15세가 되었을 때 왕이 병에 들었는데, 왕의 꿈에 청의동자가 나타나 병을 고치려면 바리공주를 찾아 신선 세계의 ⓐ 약수를 구해 먹어야 한다고 이른다. 이에 바리공주는 서천에 당도하여, 무상 신선의 요구대로 9년간 노동을 하고 자식까지 낳아준 뒤 비로소 약수를 얻는다. 돌아오는 길에 왕과 왕비의 상여를 맞닥뜨린 바리공주는 약수를 통해 죽은 왕과 왕비를 되살린다. 이 공적으로 바리공주는 그 공적으로 죽은 자를 저승으로 인도하는 ⓑ 오구 신이 되고 남편 무상 신선과 아들들도 각각 신이 된다.

정답 및 해설 p.43

핵심정리

*** 주제**

이승의 존재인 강림이 주어진 과업을 완수하고 저승 차사로 자리 잡기까지의 내력

*** 전체 줄거리**

자신의 세 아들이 단명하리라는 예언을 듣고 버물왕은 고승의 도움을 받아 아들들을 살리려 한다. 하지만 세 아들은 금기를 어겨 과양생처에게 살해되고 이어 과양생처의 세 아들로 환생하나 한날한시에 갑자기 죽는다. 과양생처가 탄원서를 올려 김치 원님에게 해결을 요구하자 원님은 강림을 저승으로 보내 염라왕을 잡아 오게 한다. 강림은 큰부인과 길보수꾼(이원사자)을 비롯한 여러 조력자들의 도움을 받아 저승 연추문에 도달하고 염라왕을 붙잡아 그로부터 이승 방문을 약속받는다. 이승을 방문한 염라왕의 재판으로 세 아들은 부활하고 과양생처 부부는 처형된다. 염라왕은 강림의 능력을 높이 여겨 저승으로 데려가고, 강림은 동방삭을 저승으로 데려오라는 염라왕의 명령을 성공적으로 수행해 마침내 저승 차사로 자리 잡는다.

*** 해제**

이 작품은 이승의 존재인 강림이 이승에서 받은 과업과 저승에서 받은 과업을 차례로 수행하고, 그 과정에서 자승 여행을 성공적으로 완수하면서 염라왕에게 그 능력을 인정받아 마침내 저승차사로 자리 잡기까지의 내력을 기술한 무속 신화이다. 강림은 이승의 존재였다가 결국 신적인 존재로 변하는데 강림의 존재 전환을 가능하게 하는 핵심적인 사건은 저승 여행이다. 강림의 저승 여행은 이승과 저승으로 구획된 세계 간의 경계를 넘어 이승과 저승 사이의 소통을 실현하고자 하는 인간의 의지를 투영한 것으로 이해된다. 제시된 지문은 안사인이 구연한 내용을 기록한 것이다.

*** 등장인물**

강림	원님의 명을 받고 저승에 가게 되며, 주변의 도움을 받아 고난을 극복함. 까마귀에게 일을 맡기는 허술함도 보이나 재치를 발휘해 동방삭을 잡아내고 인간 차사로 임명받음.
이원사자	인정에 이끌려 강림을 도움. 저승의 일을 잘 알고 있음.
까마귀	강림 대신 일을 처리하다 그르치고 처벌을 받음.
동방삭	3천 년을 살면서 차사들을 물리쳤으나, 결국 강림에게 잡혀가게 됨.

※ 다음 글을 읽고, 물음에 답하시오.

[앞부분 줄거리] 자신의 세 아들이 단명하리라는 예언을 듣고 버물왕은 고승의 도움을 받아 아들들을 살리려 한다. 하지만 세 아들은 금기를 어겨 과양생처에게 살해되고, 이어 과양생처의 세 아들로 환생하나 한날한시에 갑자기 죽는다. 과양생처가 탄원서를 올려 김치 원님에게 해결을 요구하자 원님은 강림을 저승에 보내 염라왕을 잡아 오게 한다.
> 강림의 저승 여행의 계기-김치 원님이 부여한 과제(염라왕 잡아오기)

"나는 저승 염라왕을 잡으러 갑니다."

"아이고, 이승 동관님아, 이게 무슨 말입니까? 저승을 어떻게 갈 수 있습니까? 검은 머리가 백발이 되도록 걸어 보십시오. 저승을 갈 수 있는지. 못 가는 법입니다."

이 말을 들은 ㉠ 강림이는,

"저승 동관님아, 나의 갈 길인 저승길을 인도나 시켜 주십시오."

애원하니, ㉡ 이원사자*가 생각하여 보니 남의 음식을 공짜로 먹어서는 목 걸리는 법이라,
> 저승 동관님(=저승사자) 강림이 이원사자에게 준 음식, 강림이 이원사자의 도움을 받을 수 있게 된 계기

"이승 동관님아, 저의 저승길 인도대로 저승을 가 보십시오. 땀적삼* 있습니까?"
> 강림 이원사자의 역할-강림이 저승에 갈 수 있도록 돕는 조력자

"예, 있습니다."

"삼혼(三魂)을 불러들이거든 혼정(魂情)으로나 저승 초군문(初軍門)을 가 보십시오. 모렛날 사오시(巳午時)면 염라왕이 아래쪽 말잿자부 장자 집의 외딸아기
> 사람의 마음에 있는 세 가지 영혼 영혼 오전 9시~오후 1시 큰 부자

가 신병이 들어서 전세남굿*을 받으러 내려설 것이니, 초군문에 적패지(赤牌
> 몸에 생긴 병

紙)를 붙였다가 한두 번, 세 번, 네 번, 다섯 번째 가마가 도달하면 염라왕이 탄 가마이니 염라왕을 잡아 보십시오. 저승 초군문에 가기 전에 헹기못에 도달하거든 헹기못 가에 보면, 인간에서 제명에 못죽어 남의 명에 죽은 사람들이 저승도 못 가고 이승도 못와서 슬프게 울고 있을 것입니다. 동관님이 헹기못 가에 당하면, '나도 데리고 가십시오. 나도 데리고 가십시오.' 하며 동관님 쾌자
> 소매가 없고 등솔기가 허리까지 트인 옛 전투복

섶을 잡을 것이니, 그때는 전댓귀의 떡을 자잘하게 부수어서 동서로 뿌리고 보
> 전대(돈이나 물건을 넣어 허리에 매거나 어깨에 두르도록 만든 자루)의 모서리

면 저승 초군문에 붙어질 것입니다. 동관님아, 저승 증표나 갖고 있습니까?"

"아이고, 못 가졌습니다."

㉰ "이거, 무슨 말입니까? 저승 증표가 없으면 저승을 가도 돌아올 수 없습니다."

강림이가 손뼉을 치면서,

"내 일이로구나!"

가만히 생각하여 보니,

"큰부인 이별하여 나올 때. 저승 초군문에 가기 전에 급한 대목을 당하거든 '허리
> (강림의) 큰부인의 역할-강림이 저승에 갈 수 있도록 돕는 조력자

에 채워 준 명주 전대를 세 번 털면 알 도리가 있으리다.' 하던데, 이것도 급한
> 조력자로서 큰부인의 신비한 능력을 보여 주는 말

대목이로구나."

하여 전대 허리띠를 세 번 털어 보니 동심결(同心結)*, 불삽(黻翣)*, 운삽(雲翣)*이 다르륵하게 떨어집디다. 이원사자가,

"이게 저승 증표입니다."

<small>강림의 큰부인이 챙겨 준 동심결, 불삽, 운삽</small>

<u>그때 낸 법으로 우리 인간 사람도 죽으면 동심결 불삽 운삽을 하여 품기는 법</u>

<small>큰부인이 강림의 전대 허리띠에 동심결, 불삽, 운삽을 넣어준 이야기 → 죽은 이를 묻을 때 그 세 가지를 함께 넣어주는 장례 관습의 유래담</small>

<u>입니다.</u>

저승 이원사자가 강림의 땀적삼을 벗겨서,

"강림이 보오, 강림이 보오."

삼혼을 불렀더니, 강림의 삼혼은 저승 포도리청 호안성을 지나가 헹기못을 가 보니, 헹기못 가에 앉은 사람들이,

"오라버님, 날 데리고 가십시오."

"형님, 날 데리고 가십시오."

"조카, 동생아, 나도 데리고 가거라. 나도 데리고 가거라."

관대 섶을 불끈 잡아가니, 강림이 전댓귀의 떡을 꺼내어 자잘하게 끊어서 동서

<small>옛날 벼슬아치들이 입던 관복   앞서 이원사자가 조언한 대로 행동함</small>

로 흩뿌리니 저승못 간 사람들이 배고픈 김에 떡을 주워 먹으려고 관대 섶을 놓아버린다. 강림이는 눈을 질끈 감아서 헹기못으로 빠지고 보니 저승 연추문에 붙

<small>저승으로 진입하는 통로의 기능을 하는 장소</small>

어집디다.

(중략)

강림이는 저승에 갔는데, ㉢ 염라대왕이 '인간 사람 여자는 70, 남자는 80이 정명으로 차례차례 저승으로 와라.'라는 적패지를 붙여 두고 오라는 분부를 받아

<small>날 때부터 정해진 운명</small>

강림이가 인간 세상에 오는데, 길이 힘들어서 길옆에 앉아 있더니, 까마귀란 짐 승이 까옥까옥하면서

"형님아, 그 적패지를 내 앞날개에 붙여 주십시오. 인간 세상에 가 붙여 두고 오겠습니다."

적패지를 까마귀에게 주었더니 앞날개에 달아서 인간 세상에 날아오다 보니, 말 죽은 밭에서 말을 잡고 있습디다. ㉣ 까마귀는 앉아서 말 피 한 점을 얻어먹고 가려고 까옥까옥 울다 보니, 말 잡던 백정이 말발굽을 끊어 잡아 던졌는데, 자기를 향해 쏘는가 하여 까마귀는 앞날개를 벌려 날았더니 적패지는 도록히 떨어집디다. 담구멍에 있던 백구렁이는 <u>적패지를 옴찍 먹어 버리니, 그때 낸 법으로 뱀</u>

<small>사실이 아니라 믿음이나 통념임에도 그 유래를 설명함</small>

<u>은 죽는 법이 없고, 아홉 번 죽어도 열 번 환생하는 법입니다.</u>

까마귀는 옆에 보니, 솔개 놈이 앉아 있으므로,

"내 적패지 달라. 까옥."

"안 보았다. 뺑고로록."

<u>그때 낸 법으로 지금도 까마귀와 솔개는 만나면 서로 원수지간이 되어 서로 싸</u>

<small>적패지를 놓고 까마귀와 솔개가 다툰 이야기 → 까마귀와 솔개가 만나면 서로 싸우는 자연 현상의 유래를 설명함</small>

<u>우는 법입니다.</u>

* **강림의 과업**

이승	저승
김치 원님	염라왕
염라왕 잡아 오기	동방삭 잡아 오기

두 과업을 성공적으로 수행함.

↓

저승 차사가 되어 반신적 존재로 격상함.

* **유래담**

유래담
사물이나 일이 생겨난 바에 관한 이야기

〈차사본풀이〉의 유래담

저승 증표	저승에 가기 위해 저승 증표인 동심결, 불삽, 운삽을 가지고 감. ➡ 죽은 이를 묻을 때 동심결, 불삽, 운삽을 함께 넣어 주게 됨.
뱀	떨어진 적패지를 백구렁이가 삼킴. ➡ 뱀이 절대 죽지 않고 아홉 번 죽어도 열 번 환생한다는 믿음을 설명함.
솔개	적패지를 잃고 주변에 있던 솔개에게 까마귀가 적패지를 달라며 시비를 걸어 다투게 됨. ➡ 까마귀와 솔개가 만나면 서로 싸우게 됨.
적패지	인간의 수명은 원래 여자 70, 남자 80이었으나 까마귀의 실수로 수명이 뒤섞여 버림. ➡ 남녀노소를 막론하고 죽음이 찾아오게 됨.
까마귀	적패지를 잃어버린 죄로 곤장을 맞게 됨. ➡ 까마귀가 아장아장 걷게 됨.
동방삭	차사를 물리치고 죽지 않고 살던 동방삭이 결국 강림에 의해 저승으로 가게 됨. ➡ 사람이 유한한 삶을 살게 됨.

본풀이
신의 일대기나 근본에 대해 풀이하는 것으로, 서사무가라고도 부름.

특징	• 무속의식, 굿을 하면서 무당이 청중들 앞에서 악기 반주에 맞추어 구연 • 무당이 자신의 굿장단에 맞추어 앉아서 구송하는 '구송창'과 반주에 맞춰 판소리처럼 추임새를 곁들이며 청중에게 흥미롭게 이야기를 전달하려는 '연희창'으로 나뉨. • 특히 제주도의 본풀이가 다채롭게 발달되어 있어 주목을 요함. • 여러 구비문학의 요소들이 결합하면서 만들어진 것으로 추정함.

* 동방삭

동방삭
중국 고대, 전한의 무제 시대의 인물

생애	• 무제가 즉위하여 인재를 찾자 글을 올려 스스로 추천함. • 성격이 좋고 말솜씨가 뛰어나 우스갯소리를 자주 했음. • 문장의 대가로 정치에 대한 바른 소리를 함. • 기인으로 여겨지다 62세에 세상을 떠남.
전설	• 서왕모의 복숭아를 훔쳐 먹어서 장수하게 됨. • 그래서 오래 사는 사람을 '삼천갑자 동방삭'이라고 부르게 됨.

까마귀는 인간 세상에 날아와,

"아이 갈 데 어른 가십시오. 어른 갈 데 아이 가십시오. 부모 갈 데 자식 가십시오. 자손 갈 데 조상 가십시오. 조상 갈 데 자손 가십시오."

이렇게 말해 버리니 순서 없이 누구나 죽어 가게 된 것입니다. 까마귀가 궂게
〔수명을 적은 염라대왕의 적패지를 까마귀가 실수로 잃어버린 이야기 → 사람들이 죽는 순서가 일정치 않은 자연 현상의 유래를 설명함〕
울면 나쁜 법입니다. 『아침 까마귄 아이 죽을 까마귀, 낮 까마귄 젊은 사람 죽을
〔『 』: 까마귀가 흉조로 여겨지는 사례들을 열거함〕
까마귀, 오후의 까마귄 망년 노인 죽을 까마귀, 지붕 꼭대기에서 우는 까마귄 상인 죽을 까마귀, 중간 지붕에서 우는 까마귄 중인 죽을 까마귀, 아래 지붕에서 우는 까마귄 하인 죽을 까마귀, 소리가 듣기 싫은 까마귀는 싸움 날 까마귀, 동으로 앉아 우는 까마귀는 양식 없는 집에 손님이 들어올 까마귀, 서쪽으로 앉아 우는 까마귄 소문 기별 올 까마귀, 초저녁 까마귀는 화재 날 까마귀, 밤중 까마귀는 역적 도모하여 살인 날 까마귀.』

저승 초군문이 아이 어른 할 것 없이 가득하고 보니, 최판관이,
〔까마귀의 실수가 초래한 결과〕
"어째서 차례차례 오라고 했는데 아이 어른이 다 왔느냐?"

강림이에게 문초를 하니, 강림이는 까마귀를 잡아 문초를 하는데, 적패지는 말
〔죄나 잘못을 따져 묻거나 심문함〕
죽은 밭에 들어가서 잃어버렸다고 한다. 보릿대 형틀에 묶어 밀대 곤장으로 까마귀 아랫도리를 때리니, 그때 낸 법으로 까마귀는 갈아 놓은 밭을 걷는 모양으로
〔강림이 까마귀를 곤장으로 때려 벌을 준 이야기 → 까마귀의 걸음새의 유래담〕
바로 걷지 못하고 아장아장 걷게 되었습니다.

강림이에게 염라왕이 분부를 하되,

"동방삭이를 잡자고 하여 차사를 보내는데, 아이 차사가 가면 어른이 되고, 어른 차사가 가면 아이가 되어도 잡아 오지를 못하니 어떤 일인고? 네가 동방삭이 있는 데 가서 동방삭이를 잡아 오면 한 달을 놀려주마."
〔염라왕이 일을 시키는 대신 강림에게 주는 보상〕
"어서 그건 그리하십시오."

강림이가 그 마을에 내려서서 검은 숯을 시내 방천에서 발강발강 씻고 있더니,
〔냇물이 넘쳐 들어오는 것을 막기 위해 쌓은 둑〕
ⓜ 동방삭이가 넘어가다가,

"넌 어떤 일로 숯을 앉아 씻느냐?"

"그런 것이 아니라, 검은 숯을 백 일만 씻고 있으면 하얀 숯이 되어 백 가지 약
〔강림이 동방삭을 속이기 위해 지어낸 거짓말〕
이 된다고 해서 씻고 있습니다."
〔동방삭은 본래 중국의 역사적 인물이지만 중국과 우리나라의 설화에서는 3천 갑자(18만 년)나 산, 수명이 가장 길었던 인물로 이야기 됨〕
ⓝ "이놈아, 저놈아, 내가 동방삭이 3천 년을 살아도 그런 말 들어 본 바가 없노라."

강림이가 방긋 웃으면서 옆에 찼던 홍사 줄을 내놓고 동방삭이 몸을 결박하니,
〔붉은 실로 만든 끈〕
"어떤 차사가 와도 나를 잡을 차사는 없더라마는 동방삭이 3천 년을 살다 보니 강림의 손에는 잡히는구나. 어서 저승엘 가자."

염라왕에게 바쳤더니 염라왕이,

"강림이 똑똑하고 역력하니 사람 잡는 인간 차사로 들어서라."
〔강림이 염라왕이 준 과업을 성공적으로 수행해 저승 차사로 좌정하게 됨〕

그 후로 강림은 사람을 잡아가던 인간 차사가 되었습니다.

– 작자 미상, 〈차사본풀이〉 –

* 이원사자: 저승사자의 이름.
* 땀적삼: 땀받이 적삼. 죽은 후 혼을 부르는 '삼혼 부르기'를 할 때 적삼을 들고 부름.
* 전세남굿: 병자가 죽기 전에 살려 주기를 비는 굿 이름.
* 적패지: 붉은 천에 저승으로 가야 할 자의 이름을 쓴 것.
* 동심결: 두 고를 내어 맞쥐어 매는 매듭. 염습할 때 띠를 매는 매듭에 씀.
* 불삽: 발인 때에, 상여의 앞뒤에 세우고 가는 제구. '亞' 자 형상을 그린 널조각에 긴 자루가 달려 있음.
* 운삽: 발인 때에, 영구(靈柩)의 앞뒤에 세우고 가는, 구름무늬를 그린 널판.

---

* 염라대왕

염라대왕
죽은 이의 영혼을 다스리고 생전의 행동을 심판하는 지옥의 왕

기원	인도 신화에서 인간 중 최초로 죽음을 경험한 후 저승을 다스리게 된 야마
전래	• 불교와 섞여 동양에 전래됨. • 관념과 섞여 지옥의 열 명의 왕, 시왕 신앙이 생겨 열 명의 왕 중 다섯 번째 왕이 됨.
특징	• '업경'이라는 거울을 통해 생전에 지은 죄를 모두 다시 비춰 죄인을 문초함. • 죄인의 혀를 집게로 뽑는 발설 지옥을 관장함.

● 확인 문제

[1-6] 윗글의 내용에 대한 설명이다. 맞으면 ○, 틀리면 ✕표 하시오.

1 저승 동관은 저승에 가고 싶다는 강림의 청을 최대한 도와줬다.

2 인간이 제명에 죽지 못하면 저승도 이승도 못 가고 울며 떠돌게 된다.

3 강림이 저승 증표를 낸 것이 장례 관습의 유래가 됐다.

4 까마귀에 의해 뱀과 솔개는 서로 원수지간이 되었다.

5 강림은 적패지를 제대로 붙이지 못해 형틀에 묶여 곤장을 여러 대 맞았다.

6 강림은 어떤 차사도 잡지 못해 3천 년을 산 동방삭을 잡아 인간 차사가 되었다.

확인 문제 정답	1 ○ 2 ○ 3 ○ 4 ✕ 5 ✕ 6 ○

01

유형 인물의 심리, 태도 파악

㉮와 ㉯에 나타난 말하기 방식으로 가장 적절한 것은?

① ㉮는 상대에게 일어날 일을 걱정하고 있고, ㉯는 비속어를 사용해 상대에게 친근감을 드러내고 있다.

② ㉮는 자신보다 낮은 상대에게 높임말을 쓰면서 상대를 배려하고 있고, ㉯는 자기 능력을 과장하여 자랑하고 있다.

③ ㉮는 짐짓 너스레를 떨면서 상대에게 아부하고 있고, ㉯는 상대를 얕잡아보며 상대의 말을 헛소리로 치부하고 있다.

④ ㉮는 자신이 상대를 도와줄 수 없음에 안타까워하고 있고, ㉯는 자신의 지식에 비추어 새로운 정보를 받아들이고 있다.

⑤ ㉮는 법도를 어기면 일어나게 될 일에 대해 예고하고 있고, ㉯는 자신을 과시하며 다른 사람의 말이 거짓이라 반박하고 있다.

☑ 헷갈린 선지 선택

①	②	③	④	⑤

☑ 정답으로 선택한 이유

☑ 오답을 선택한 이유

02

유형 외적 준거에 따른 작품 감상

<보기>를 바탕으로 윗글을 이해한 내용으로 적절하지 않은 것은?

보기

19세기 이전까지 학자들은 대부분의 신화를 두 가지 영역에 대한 설명을 담고 있는 이야기라고 보았다. 하나는 자연 현상이고, 다른 것은 역사이다. 원시 사회의 인류는 천문 현상이나 삶과 죽음과 같은 자연 현상에 관심을 가졌다. 그리고 그들은 일반적으로 자연 현상에 인격을 결부하는 설명을 선호했다는 것이다. 한편, 20세기 초의 인류학자 말리노프스키는 원시사회에서 신화가 실제로 어떻게 기능하는가에 대해 관심을 가졌다. 그에 의하면 신화는 도덕이나 규범을 지켜야 하는 이유, 의례 수행의 필요성, 사회에 내재한 신앙이 왜 진실로 이해되는지를 보여 주는 실용적인 사료(史料)였다. 즉, 신화는 이처럼 다양한 것들을 정당화하는 설명이 담겨 있는 이야기로 이해할 수 있다.

① 까마귀의 특징적인 걸음새의 원인을 까마귀가 신화 속에서 받은 처벌로 규명하고 있군.

② 사람의 수명이 똑같지 않고 제각각인 이유를 까마귀가 적패지를 잃어버린 일화를 통해 정당화하고 있군.

③ 장례를 지낼 때 쓰는 제구인 동심결과 불삽, 운삽의 유래를 강림이 저승으로 향하는 일화를 통해 설명하고 있군.

④ 인간인 강림이 죽음을 관장하는 저승의 차사가 되었다는 것은 인간은 어떤 식으로든 죽음을 피할 수 없다는 사실을 증명하는군.

⑤ 뱀이 죽지 않고, 죽어도 다시 살아난다는 것은 사실이 아닌 당대의 통념임에도 신화로써 증명한 것은 다양한 것을 정당화하는 신화의 특성이 반영된 것이군.

☑ 헷갈린 선지 선택

①	②	③	④	⑤

☑ 정답으로 선택한 이유

☑ 오답을 선택한 이유

03

윗글의 내용에 대한 이해로 가장 적절한 것은?

① 헹기못 가에 앉아 있던 사람들은 제 명에 죽지 못한 강림의 친지들이다.
② 이원사자는 염라대왕의 명을 따르기 위해 강림의 저승 여행을 돕기로 한다.
③ 강림은 까마귀에게 업무를 맡겨 저승에 혼란을 일으켰으나 처벌받지 않았다.
④ 큰부인이 강림에게 준 물건들은 장례 관습에서 사용됐기 때문에 저승 증표로서 기능하였다.
⑤ 동방삭은 오랜 세월을 홀로 방랑하다 사는 것에 흥미를 잃어 자발적으로 강림에게 잡혀갔다.

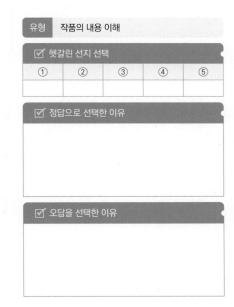

04

㉠~㉤에 대한 설명으로 적절하지 <u>않은</u> 것은?

① ㉠은 뛰어난 재주로 여러 시험을 통과하고 신적인 존재가 되는 인물이다.
② ㉡은 개인적 양심과 규율 사이에서 갈등하다 개인적 양심을 따르는 인물이다.
③ ㉢은 자신의 권위로 다른 이들을 억압하고 자기 잇속만 챙기는 교활한 인물이다.
④ ㉣은 욕심으로 일을 그르치고 그 잘못에 대한 책임으로 처벌받는 인물이다.
⑤ ㉤은 수많은 이들을 좌절시켰지만, 결국 주인공의 뛰어난 능력에 승복하는 인물이다.

05 `서답형 문제`

<보기>에서 설명하는 대상을 윗글에서 찾아 쓰시오.

> **보기**
>
> 저승사자는 사람이 죽을 때가 되면 죽을 사람의 이름이 적힌 이것을 수명을 관장하는 마을의 수호신, 본향당신에게 주어 수명이 다 됐는지 확인한 다음 데려갈 사람의 집에 간다. 〈차사본풀이〉에는 인간이 태어난 순서대로 저승에 가지 않는 이유를 설명하기 위해 이것이 등장한다.

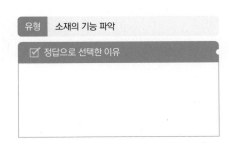

MEMO

MEMO

능률
EBS 수능특강
• • •

변형 문제
559제 문학(상)

펴 낸 이 | 주민홍
펴 낸 곳 | 서울특별시 마포구 월드컵북로 396(상암동) 누리꿈스퀘어 비즈니스타워 10층
㈜NE능률 (우편번호 03925)
펴 낸 날 | 2023년 3월 31일 초판 제1쇄
전   화 | 02 2014 7114
팩   스 | 02 3142 0356
홈 페 이 지 | www.neungyule.com
www.iap2000.com
등 록 번 호 | 제 1-68호
정   가 | 19,000원

NE 능률 IAPBOOKS
아이에이피북스

고객센터

교재 내용 문의 : https://iap2000.com/booksinquiry
제품 구매, 교환, 불량, 반품 문의: 02-2014-7114
☎ 전화문의는 본사 업무시간 중에만 가능합니다.

능률
EBS 수능특강

변형 문제
문학(상)

559제

정답 및 해설

정답 및 해설

Contents

1강 **여승**

빠른 정답 체크   본문 | 12

01 ②   **02** ②   **03** ②   **04** 해설참조

01 ②

정답해설

화자는 재회한 '여승'을 보며 '여승'이 걸어온 삶의 궤적을 떠올린다. 또한 2연에서 '여승'이 되기 전의 '여인'이 딸 아이를 때리며 우는 모습을 '가을밤같이 차'다고 표현하며, 4연에서 '여인'이 '여승'이 되기 위해 머리를 깎은 날을 '산꿩도 섧게 울은 슬픈 날'이라고 표현하는 것으로 보아 대상에 대한 화자의 애상적 어조가 드러난다고 할 수 있다.

오답해설

① 윗글은 '여승'이 된 '여인'의 삶을 비교적 짧고 간결한 어조로 표현하고 있다. 또한 윗글은 화자에 대한 다층적 이해를 돕는 것이 아닌, 대상이 처한 상황에 대한 이해를 돕고 있으므로 적절하지 않다.

③ 윗글의 화자는 '여승'이 된 '여인'을 만나며 그 '여인'과 '평안도의 어느 산 깊은 금점판'에서 만났던 과거를 회상하고 있으나, 이를 통해 화자가 자신을 돌아보며 반성적 태도를 보이고 있지는 않다.

④ 윗글에서는 반어적 표현을 사용하고 있지 않으며, '여승'과 화자가 처한 억압적 공간에 대한 반감을 드러내고 있지 않다.

⑤ '여인'이 '여승'이 된 데에는 빈곤한 삶을 살 수밖에 없었던 일제 강점기라는 시대적 이유가 있다. 그러나 윗글의 화자는 '여승'을 통해 일제 강점하에 가족과 헤어지고 시련과 고난을 겪는 민중들의 슬픔에 공감하고 있는 것일 뿐, 이를 통해 독자로 하여금 당대 사회 현실에의 참여를 독려하고 있지 않다.

02 ②

정답해설

ⓒ의 '불경'은 현재 '여인'이 불교에 귀의하여 '여승'으로 살고 있는 상황을 반영하여 시적으로 표현하기 위해 사용된 소재일 뿐, 화자의 관심사가 불교와 관련되었음은 알 수 없다.

오답해설

① ⓐ은 산속에 살며 세속에서 벗어난 '여승'의 현재 모습을 후각적 심상을 활용하여 보여 주는 것이다.

③ ⓒ은 고난과 슬픔을 '가을밤'에 비유함과 동시에 울음을 '차게 울었다'라는 공감각적 심상으로 표현함으로써 '여인'의 감정을 감각적으로 표현하고 있다.

④ ⓓ은 실제로는 어린 딸이 죽게 된 비극적인 사건을 딸이 꽃을 좋아해 돌무덤으로 따라갔다며 낭만적으로 미화하고 있으며, 이를 통해 더 큰 비애감을 자아낸다.

⑤ ⓔ의 '산꿩'은 '섧게 울'음으로서 '여인'이 '여승'이 되는 날의 서러운 감정을 이입하는 대상이다.

03 ②

정답해설

〈보기〉에서 '여승'의 과거를 알고 있는 '나'의 눈에 비친 '여승'은 아직 속세의 괴로움과 고뇌를 완전히 떨쳐내지 못한 모습으로 형상화되고 있다고 하였다. 따라서, '쓸쓸한 낯'이나 '눈물방울과 같이'라는 표현은 화자인 '나'의 입장에서 '여승'이 '여인'의 삶을 살아갈 때 생긴 고통의 흔적에서 완전히 벗어나지 못했다는 생각이 드러나는 표현으로 볼 수 있다.

오답해설

① 윗글의 '여승'은 일제 강점기의 현실 속에서 고통을 겪은 민중을 대표하는 인물이다. 그러나 '나'는 화자 자신으로, '여승'에게 연민의 감정을 느끼고 있을 뿐, '여인'과 같이 일제 강점기의 현실 속에서 고통을 겪은 민중에 해당한다고 볼 수 없다.

③ '여인'은 돌아오지 않는 '지아비'를 십 년이 되도록 기다렸다는 점에서 재회를 소망하고 있다고 볼 수 있다. 그러나 이는 일제 강점기로 인해 가족 공동체가 붕괴되는 것에 대한 안타까움을 극대화한 것이지, 희망을 잃지 않는 민중의 모습을 보여 주는 것이 아니다.

④ '섶벌', '도라지꽃', '산꿩'은 자연물에 해당하지만, 이들을 통해 현실의 고통을 초월한 불교적 공간에 대한 열망을 형상화한 것은 아니다. '섶벌'은 사라진 '지아비'를 비유한 생물이고, '도라지꽃'은 죽은 '딸'이 좋아했던 꽃이며, '산꿩'은 '여인'의 슬픔을 감정 이입하는 대상이다.

⑤ '돌무덤'은 딸의 죽음을 표현한 것으로, 고향을 떠난 '여인'의 슬픔이 응축된 장소가 아닌, 가족 공동체가 붕괴된 '여인'의 상황을 보여 주는 것이다.

04

정답

눈물방울

빠른 정답 체크

본문 | 16

01 ① **02** ③ **03** ④ **04** 해설참조

01 ①

정답해설

(가)의 '샛별 지자'는 시각적 심상, '찬 이슬'은 촉각적 심상으로 이른 아침 논밭으로 일하러 가는 화자의 상황을 드러내고 있다. (나)의 '개 짖는' 소리, '잎 지는 소리'는 청각적 심상으로 임의 귀환을 기다리는 화자의 상황을 드러내고 있다. (다)의 '콧노래', '긴 소리 짧은 소리'는 청각적 심상으로 화자가 관찰하고 있는 일꾼이 휴식을 취하는 상황과 일을 마치고 귀가하는 상황을 드러내고 있다. 따라서 (가)~(다)는 모두 감각적인 표현을 사용하여 특정 상황을 표현하고 있으므로 적절하다.

오답해설

② (가)와 (나)의 화자는 특정한 청자에게 말을 건네는 대화적인 어투를 사용하고 있으나, (다)의 화자는 '~하더라'라고 하며 관찰 대상의 행동을 전달하고 있을 뿐, 청자에게 말을 건네고 있지 않다.

③ (가)~(다) 모두 화자와 자연물을 동일시하고 있지 않다.

④ (가)에서는 '시절이 좋을손'이라고 하며 삶에 대한 만족을, (나)에서는 '날 속일 줄 어째오'라고 하며 개에 대한 원망을 직접적으로 드러내고 있으나, (다)의 화자는 관찰자의 시선에서 농촌 일꾼의 하루 일과를 보여 주고 있기 때문에 화자 자신의 정서가 드러난다고 보기 어렵다.

⑤ (다)는 점심부터 저녁까지의 대상의 모습을 드러내고 있으나, (가)에서는 '샛별 지자'라고 하며 이른 아침에, (나)에서는 '명월'이라고 하며 늦은 밤에 한정된 대상의 모습을 보여 주고 있다.

02 ③

정답해설

(다)의 화자는 '~하더라'라는 서술어를 사용하여 자신이 관찰한 대상의 모습을 전달하고 있음을 드러내고 있다. 따라서 (다)에서 '김 매고', '낫 갈아 허리에 차고' 깊은 산속으로 들어가고 있는 것은 화자가 아닌, 화자가 관찰하고 있는 다른 대상이므로 일하는 화자의 행동을 나열하고 있다는 설명은 적절하지 않다.

오답해설

① 농사일을 하고 다시 일을 하러 가는 일꾼의 하루를 구체적으로 드러내고 있다.

② '-고', '갈아' 등의 같은 소리를 반복하여 운율감을 형성하고 있다.

④ 일꾼의 모습을 분주하게 표현하면서도 식사 후 휴식을 취하며 콧노래를 불고 졸기도 하는 한가로운 모습을 함께 드러내고 있다.

⑤ '석양이 재 넘어갈 제'는 '저녁의 햇빛이 고개를 넘어가는 때'를 의미하는 표현으로, 자연 현상을 활용하여 해가 저물어 가는 시간임을 드러내고 있다.

03 ④

정답해설

(나)의 화자는 자신을 착각하게 만든 '저 개'에게 원망을 드러내고 있으며, 〈보기〉의 화자는 임을 대동강 건너편으로 떠나게 한 '사공'에게 원망을 드러내고 있다. 그러나 (나)와 〈보기〉에서 이별이라는 문제를 발생시킨 근본적인 주체는 '임'이라고 해석할 수 있으므로 적절하다.

오답해설

① 〈보기〉의 '대동강'은 임과 화자의 사이를 가로막는 장애물의 역할을 하지만, (나)의 '시비'는 화자가 있는 공간과 관련된 소재로 화자와 임 사이를 막는 장애물에 해당하지 않는다.

② (나)의 '임'은 화자가 기다리는 대상이지만, 〈보기〉의 '네 각시'는 사공의 아내로 화자가 질투하는 대상이 아닌, '사공'에 대한 원망을 드러내기 위한 대상이다.

③ 〈보기〉의 '건너편 꽃'은 화자가 생각하는 임이 귀하지 않는 원인에 해당하지만, (나)의 '잎 지는 소리'는 개가 짖었던 원인으로, 화자가 임이 왔다고 착각하게 된 직접적인 원인이라고 볼 수 없다. 화자가 착각하게 된 직접적인 원인은 '개 짖는 소리'이다.

⑤ (나)의 '추풍낙엽'은 개가 짖었던 원인이고, 〈보기〉의 '가는 배'는 임과 화자의 사이를 멀어지게 한 소재이다. 따라서 두 소재 모두 임의 현재 상황과 관련 있는 소재에 해당하지 않는다.

04

정답

아이야 시절이 좋을손 옷이 젖다 관계하랴

3강 원미동 시인

빠른 정답 체크

본문 | 20

01 ② **02** ③ **03** ④ **04** 해설참조

01 ②

정답해설

'나'는 몽달 씨의 시를 듣고 눈물을 흘렸지만, 시 자체에 대해서는 '전혀 슬픈 것 같지 않았'다고 하였다. '나'가 눈물을 흘린 것은 시가 슬퍼서가 아니라 몽달 씨가 처한 상황 때문이라고 할 수 있으므로 적절하지 않다.

① '나'는 계속해서 몽달 씨에게 김 반장이 나쁜 사람이라는 것을 인정하라고 말했지만, 몽달 씨는 그것을 무시하고 자신의 태도를 유지하려 했으므로 적절하다.

③ '나'는 원래 김 반장을 '누구보다도 씩씩하고 재미있는 사람'이라고 생각했지만, 김 반장이 몽달 씨의 도움 요청을 무시한 이후로 '나'는 김 반장을 '나쁜 사람'이라고 여기게 되었으므로 적절하다.

④ '나'는 '나'에게 웃기는 소리도 해 주고 쭈쭈바를 주기도 했던 김 반장이 갑자기 퉁명스러워진 것을 김 반장이 좋아했던 '나'의 언니인 선옥이 언니가 이모의 옷가게를 도와준다고 서울로 떠났기 때문이라고 보았으므로 적절하다.

⑤ '나'는 마을 사람들이 정신이 살짝 이상하다는 이유로 몽달 씨를 무시하고 있다는 것을 알고 있지만, 그것과 상관없이 몽달 씨와 자신이 '엄연히 친구'라고 생각하고 있으므로 적절하다.

02 ③

ⓒ에서 '나'는 김 반장이 자신에게 잘 대해 줬다가 그러지 않게 된 이유가 자신의 언니 때문이라는 것을 알고 있지만 모른 척하고 있다. 이는 '나'가 상황을 잘 이해하고 굳이 그것을 캐내려 하지 않는 조숙하고 눈치 빠른 아이라는 것을 보여 주지만, '나'의 이익을 위한 행동이라고는 볼 수 없다.

① ⊙에서는 몽달 씨가 무시당하는 이유가 단순히 그가 '약간 돌았기' 때문이라고 설명하고 있으며, 이를 통해 마을 사람들이 타인을 함부로 무시하고 얕보는 사람들이라는 점을 보여 주고 있다.

② ⓛ에서 고흥댁 아줌마는 새살림을 차린 아버지 집에 얹혀사는 몽달 씨를 '팔불출이'라며 무시하고 있지만, '나'는 '아들이 아버지와 함께 사는 것이 왜 바보짓이라는 건지 알 수가 없었다'라고 말하며 고흥댁 아줌마의 말을 이해하지 못하고 있음이 드러난다. 이는 아직 어린 나이인 '나'가 어른들의 세계를 충분히 이해하지 못하고 있음을 보여 주는 것이다.

④ ⓔ에서 몽달 씨의 달라진 눈빛을 묘사함으로써 몽달 씨가 그날 밤에 벌어진 일을 모르는 척할 뿐, 사실은 제대로 알고 있다는 것을 암시한다.

⑤ ⓜ에서는 말줄임표를 사용하여 '나'가 하고 싶은 말을 끝까지 하지 못하고 있음을 표현하고 있다. 이는 '나'가 몽달 씨가 홀로 감내하려는 것을 보고 느낀 답답함과 안타까움을 효과적으로 드러내기 위함으로 볼 수 있다.

03 ④

〈보기〉에 따르면 1980년대 당시 지식인들은 국가의 이유 없는 폭력으로 자신의 뜻을 펼치지 못하고 고통과 슬픔을 인내하였다. 이에 따라 '김 반장은 나쁜 사람'이라는 나의 평가에 몽달 씨가 '못 들은 척 팔뚝만 문지르'며 '나'의 말에 대한 공감을 보류하는 것은 자신에게 행해진 폭력을 감내하고자 하는 지식인의 모습을 드러낼 뿐, 폭력에 적응하여 분별력을 잃어버린 소극적 면모를 드러낸다고 볼 수 없다.

① 몽달 씨가 '약간 돌'은 행동을 하며 이웃들로부터 바보 취급을 받게 된 것을 〈보기〉와 관련짓는다면, 시대의 폭력으로 인해 지식인으로서의 뜻을 펼치지 못하고 희생당한 지식인의 모습을 상징적으로 보여 주는 것이라 볼 수 있다.

② 〈보기〉에 따르면 당대 사회에는 국가에 의한 폭력이 만연했음을 알 수 있다. 윗글의 작가는 이러한 상황 속에서 폭력을 모른 척하는 이웃들을 작품 속에서 드러내고자 하였고, 윗글의 김 반장은 도움을 요청하는 몽달 씨를 자신의 안위를 위해 모른 척하였다. 이를 통해 시대의 폭력 앞에서 침묵하는 이기적인 소시민의 모습이 드러나며, 방관자적 태도를 취하는 이들을 작품을 통해 비판하고 있다.

③ 〈보기〉에 따르면 작가는 7살의 순수한 어린아이인 '나'의 시선을 빌려 국가의 이유 없는 폭력과 이를 모른 척하는 소시민들의 모습을 폭로하고 있다. 따라서 '나'가 불량배들로부터 폭력을 당하는 몽달 씨를 보고도 지나친 김 반장에 대해, '나쁜 사람'이라고 평가한 것은 폭력 앞에서 침묵하는 소시민의 이기적 면모를 비판한 것이라 볼 수 있다.

⑤ 윗글의 '은사시나무'는 시대의 폭력에서 외면당하는 몽달 씨와 동일시되는 대상으로, 몽달 씨의 상황을 암시한다. 따라서 시 속 '은사시나무'를 통해 사회 구조의 억압 속에서 아무것도 하지 못하고 속으로 고통을 인내할 수밖에 없었던 지식인의 현실을 보여 준다고 볼 수 있다.

04

박해받는 순교자

01 ③

정답해설

영영이 집으로 들어서려는데 집안의 분위기가 평소와 달라 이상한 생각이 들어, 머뭇거리고 감히 집 안으로 발을 들여놓지 못하고 있었으므로 적절하다.

오답해설

① 회산군이 죽은 이후, 장원에 급제한 김생은 행차하던 길에 회산군 댁을 발견하고 의도적으로 취한 척하여 회산군 댁에 들어가게 된다. 이후 회산군 댁에서 영영과 재회하게 되므로, 김생과 영영이 우연히 재회한 것이 아니라, 김생의 의도가 반영된 결과라고 볼 수 있다.

② 영영은 김생과의 첫 만남에서 술잔을 받기는 하였으나 불쾌함을 느끼었다. 따라서 처음부터 호감을 느꼈다는 것은 적절하지 않다.

④ 회산군 댁 부인이 집으로 김생을 들인 것은 광대의 재주를 함께 즐기고자 한 것이 아니라 술에 취해 쓰러져 있는 김생을 돕기 위함이므로 적절하지 않다.

⑤ 김생은 초조하고 불안한 마음에 답답함을 참지 못하고 일어나 부채로 대들보를 치며 노파에게 김생을 기다리는 애타는 마음을 드러내고 있다. 따라서 차분하게 기다리며 앉아 있었다는 것은 적절하지 않다. 또한 노파의 조언은 이러한 행동 이후에 나오게 되므로 적절하지 않다.

02 ②

정답해설

[A]에서 노파는 영영이 늦게 집에 왔다는 점을 지적하며 집안으로 빨리 들어올 것을 요구하고 있다. 또한 김생의 정체를 의도적으로 숨기고 김생과 영영의 만남을 유도하고 있으므로 적절하다.

오답해설

① [A]에서 부모님의 제사에 늦어 자신이 이미 제사를 지냈다고 말하는 부분에서 유교적 덕목인 효를 거론하고 있다고 볼 수 있으나, 노파가 영영의 생각에 동조하고 있지는 않으므로 적절하지 않다.

③ [A]에서 노파는 영영에게 술상을 차려 도련님을 대접할 것을 요구하고 있으나, 영영에게 함께할 것을 권유하는 건 [A] 부분 이후에 해당한다.

④ [A]에서 노파는 자신이 처한 현재의 상황에 대해 호소하는 부분은 드러나 있지 않다.

⑤ [A]에서 상대방이 예측 가능한 결과를 제시하여 문제를 해결하기 위한 방안을 모색하고 있지 않다.

03 ③

정답해설

㉠은 김생과 재회한 영영이 남긴 편지이다. 따라서 ㉠에는 김생과 이별한 후에 영영의 슬픈 마음을 담은 내용이나 김생을 그리워한 자신의 모습을 담은 내용, 혹은 김생을 사랑하는 영영의 마음을 담은 내용이 있다고 해석할 수 있다. 그러나 '추강(秋江)에 밤이 드니~'는 한적한 가을 강의 풍경 속에서 욕심 없이 자연을 즐기는 화자의 모습을 담고 있는 시조로 ㉠에 담길 법한 내용으로 볼 수 없다.

오답해설

① 임에 대한 그리움의 내용을 담은 시조이므로 ㉠의 내용으로 예측할 수 있다.

② 임과 오랫동안 함께하고 싶은 마음을 그리고 있는 시조이므로 ㉠의 내용으로 예측할 수 있다.

④ 임에 대한 그리움과 슬픔의 마음을 표현한 시조이므로 ㉠의 내용으로 예측할 수 있다.

⑤ 임과 이별한 슬픔을 표현한 시조이므로 ㉠의 내용으로 예측할 수 있다.

04

정답

차

01 ③

정답해설

홍 기자는 광부가 매장된 사건을 취재하다가 주변에 김창호가 있는 것을 보고 즉석에서 김창호를 인터뷰한 것이지, 데려온 것이 아니다. 따라서 홍 기자가 광부가 매장된 사건을 취재하는 데 도움을 얻기 위해 김창호를 멀리서 데려왔다는 진술은 적절하지 않다.

오답해설

① 김창호는 홍 기자가 자신을 무시하는 태도를 보이자 '여보시오, 아무리 그래도 날 이렇게 그럴 수 있소?'라고 불만을 표하며, 자신이 영부인이나 서울시장과 만났던 사람이라 말한다.

② 김창호는 모두의 관심이 사라진 곳에서 '하늘로 가자!'라고 하며, 이번에는 땅속이 아닌 하늘로 가서 사람들의 관심을 끌 거라고 말한다.

④ 강원도 정선군 동민 광업소에서 일어난 사고는 빠르게 구조 활동이 이루어졌고 취재 역시 금세 끝나 버렸으므로, 16일간 굴속에 갇혀 있어야 했던 김창호의 경우보다 큰 이슈가 되지 않았다고 판단할 수 있다.

⑤ 홍 기자는 매스 커뮤니케이션에 관한 논문을 읽느라 김창호가 먼저 말을 걸기 전까지 김창호가 온 것을 알지 못했다.

02 ②

정답해설

[A]에서 홍 기자는 김창호에 대한 대중들의 관심이 사라지게 된 상황이기 때문에 '나 지금 바쁜데…….'라고 말하며 김창호의 방문을 귀찮아한다. 그런데 [B]에서 다시 광산 매몰 사고가 일어나자 취재에 도움이 될 수 있는 김창호를 치켜세워준다. 이로 보아, 홍 기자는 오로지 자신에게 이득이 되는지 안 되는지에 따라서 사람의 가치를 평가한다는 것을 알 수 있다.

오답해설

① 홍 기자가 "이런 걸 특종이라구 취재하다니, 자, 갑시다."라고 말한 것을 통해, 홍 기자는 특종이 될 사건만을 주목하고 있음을 알 수 있다. 다른 기자들이 자기보다 먼저 특종을 차지할까 전전긍긍하고 있지는 않다.

③ 홍 기자는 인부들이 바로 구출되자 사건이 싱겁게 끝났다고 말하고 있다. 이를 통해 광부 구조 작업이 지연될수록 사건을 더 다룰 수 있고, 특종이 될 수 있기 때문에 홍 기자가 원하는 상황이 만들어짐을 알 수 있다. 그러나 홍 기자가 뒤에서 구출 작업을 방해하는 모습은 나타나지 않는다.

④ 홍 기자가 매스 커뮤니케이션의 부족한 점을 지적한 논문을 읽은 것은 맞지만, 이를 보완하려 하는 모습은 나타나지 않는다.

⑤ [A]에서 홍 기자는 자신이 더는 유명인이 아니라는 것을 모르고 도움을 청하는 김창호를 귀찮아하고 있을 뿐, 그의 상황을 안타깝게 여기고 있지 않다.

03 ②

정답해설

〈보기〉에 따르면, 윗글은 자기 과시·책임 회피·이익 획득에 치중하는 각계 인사가 등장한다. ⓛ은 사고의 희생자를 영부인이나 서울시장 같은 고위직 인사들이 만나는 경우를 말하는 것인데, 이는 책임을 회피하는 것이 아니라, 사고의 희생자를 만나 격려하는 모습을 보여 주어 정치적 이익을 획득하려는 것에 가깝다고 할 수 있다. 따라서 ⓛ이 책임 회피를 위해 겉으로만 번지르르하게 굴었던 고위 인사를 비판하고 있다는 진술은 적절하지 않다.

오답해설

① 〈보기〉에 따르면, 윗글은 1967년에 구봉광산 125m 땅속에 매몰됐던 광부 양창선 씨를 구조했던 사건을 바탕으로 만들어졌다. 따라서, ㉠에서 말하는 매몰됐던 광부 김창호는, 실제 사건을 기초로 하여 구성된 인물이다.

③ 〈보기〉에 따르면, 윗글에는 생명의 존엄보다 비용에 민감한 세태가 반영되어 있다. ㉢은 이미 한 번 일어났던 사건과 거의 비슷한 사고가 또 벌어진 것인데, 이는 사고의 원인을 제대로 해결하지 않고 넘어간 탓에 유사한 사건이 다시 발생한 것으로 볼 수 있다. 따라서 이미 일어났던 사건과 비슷한 사건이 또 일어난다는 점에서 생명의 존엄성이 무시되고 있다는 진술은 적절하다.

④ 〈보기〉에 따르면, 윗글의 매스컴은 사고의 문제점보다는 특종에 더 큰 관심을 보이고 있다. ㉣은 생각보다 구조가 빠르게 진행되어 특종이 되지 못하자 관심을 거두는 언론의 행태를 가리킨다. 따라서 원인을 규명하기는커녕 일찍 구조되어 특종이 될 수 없다는 이유로 언론의 관심이 멀어지고 있다는 진술은 적절하다.

⑤ 〈보기〉에 따르면, 윗글은 소시민의 삶의 비극을 묘사하고 있다. 이는 단순히 언론에 이용당해 성공한 사람이 가치가 없어지자 내쳐지고 좌절했음에도, 또다시 언론을 통해 남들의 관심을 받고자 하는 ㉤에서 두드러진다. 따라서 매스컴에 이용당하고 버려졌음에도 다시 매스컴에 종속될 수밖에 없는 소시민의 비극을 보여 준다는 진술은 적절하다.

04

정답

논문

6강 관용은 자기와 다른 것, 자기에게 없는 것에 대한 애정입니다

빠른 정답 체크   본문 | 36

01 ⑤   02 ①   03 ③   04 해설참조

01 ⑤

정답해설

윗글의 글쓴이는 실제 경험과 이스탄불의 역사적 사건을 활용하여 편견을 깨고 관용의 가치를 추구해야 함을 강조하고 있다.

오답해설

① 윗글은 자연의 변화가 아닌 건축물과 유적지를 감상하고 깨달은 점을 말하고 있다.

② 윗글에서 글쓴이는 이중의 장벽이라는 강자의 논리가 우리의 생각과 가치관을 제약하고 있다고 비판적으로 인식하고 있으나, 우화를 활용하고 있지 않다.

③ 윗글은 실제 체험에서 보고 들은 것들과 관련된 주관적인 자신의 생각과 깨달음을 전달하고 있다.

④ 윗글에서는 '소피아 성당'의 외적인 모습과 역사적 사건 등을 제시하고 있어 대상을 다각도로 관찰하고 있다고 파악할 수 있다. 그러나 대상에 대한 부정적 인식이 아닌, 긍정적 인식을 보이며 바람직한 삶의 자세를 제시하고 있다.

02 ①

정답해설

'이중의 장벽'은 대상의 실체를 가로막고 있는 심리적인 거리감 또는 심리적인 장벽으로, 글쓴이가 문화에 대한 종속적인 사고방식을 형성한 데 영향을 끼친 것이다. 따라서 물리적 거리라는 설명은 적절하지 않다.

오답해설

② '마호메트 2세'는 콘스탄티노플의 문명을 간직한 소피아 성당의 파괴를 금지한 인물로, 오늘날 이스탄불이 공존과 대화의 도시로 거듭날 수 있게 한 인물이라 할 수 있다.

③ '합창'은 블루 모스크에 방문한 글쓴이가 99개의 빛줄기를 마주하고 동서양의 문화가 조화를 이루는 광경을 비유한 것으로, 관용과 공존의 역사가 담긴 문화를 의미한다.

④ '풍선'은 내면에 잠재된 관용을 깨달은 글쓴이의 내면이 더욱 성숙해진 상태를 빗대는 말이다.

⑤ '멀고 먼 여정'은 내면에 잠재된 관용을 파악하고 이를 실천하기 위해 노력하는 과정을 빗대어 표현한 말이다.

03 ③

정답해설

글쓴이는 이스탄불을 여행하면서 '우리들은 저마다 자기의 내면 깊숙한 곳'에 '자기에게 없는 것'과 '자기와 다른 것들에 대한 애정'을 간직하고 있다는 것을 깨달았다고 하였고, 이스탄불은 다른 문화에 대한 관용과 존중을 포용하는 곳이라 할 수 있다. 따라서 '자기와 다른 것들에 대한 애정'은 차이를 존중하고 포용하는 관용의 정신을 의미하므로 글쓴이가 '자기와 다른 것들에 대한 애정'으로 인해 터키의 문화유산의 가치를 제대로 인식하지 못하였다는 감상은 적절하지 않다.

오답해설

① 글쓴이는 이스탄불과 콘스탄티노플에 대해 '아득한 거리감과 무지'를 느낀 이유를 자신의 머릿속에 내재된 '이중의 장벽' 때문이라 여겼다. 글쓴이에 따르면 이중의 장벽은 '우리 역사의 곳곳에 세워져 있는 벽'으로, '우리의 의식에 각인된 문화 종속성'을 가리킨다 하였으므로 이는 우리의 의식을 제약하고 결국에는 스스로를 왜소하게 만든 원인에 해당한다고 볼 수 있다.

② '이슬람의 이러한 전통'은 다른 문화에 대한 관용을 보여 준 마호메트 2세로부터 이어진 것으로, 관용과 다른 문화에 대한 존중과 관련된 것으로 터키가 많은 나라의 문화유산을 간직한 나라임을 스스로 자부하는 배경이 되었다.

④ 글쓴이는 인간은 저마다 자기와 다른 것들에 대한 애정을 간직하고 있다고 하였으나, 이러한 내면의 애정이 관용과 화해로 개화할 수 없었던 것은 '인류사가 달려온 험난한 도정' 때문이라 하였으므로 적절하다.

⑤ 글쓴이는 '당신'이 나를 이스탄불로 부름으로써 '관용과 공존의 역사'를 보여 주었다고 생각하였고, 이러한 '관용과 공존의 역사'는 그동안 인류가 타인에 대한 이해는 물론 자기 자신에 대한 깊은 성찰도 없이 가파른 길을 숨 가쁘게 달려왔던 지난날을 돌이키며 이를 성찰하게 하고 있으므로 적절하다.

04

정답

㉮: 이스탄불, ㉯: 유럽

7강 보리피리

빠른 정답 체크   본문 | 41
01 ④   02 ③   03 ①   04 해설참조

01 ④

정답해설

윗글에서 화자는 '고향', '꽃 청산', '인환의 거리', '방랑의 기산하' 등 여러 공간을 상상하지만, 실제로 이동하고 있는 것은 아니다. 따라서 공간의 이동을 통해 화자의 정서가 변화하는 과정을 드러내고 있다는 진술은 적절하지 않다.

오답해설

① 윗글은 홀로 방랑하는 자의 고독과 슬픔, 그리움에 대해 전체적인 어조를 유지한 채 화자가 그리워하는 대상을 압축적으로 제시하고, '그리워'라는 담담하고 간결한 표현을 사용하고 있다.

② 비슷한 글자 수가 반복되고, 그것이 겉으로 드러나는 외재율을 사용함으로써 민요풍의 정서와 가락을 형성하고 있다.

③ '보리피리 불며', '그리워', '피-ㄹ 닐리리'를 반복하여 운율감을 형성하고 있다.

⑤ 모든 연의 마지막에 '피-ㄹ 닐리리'라는 음성 상징어를 반복적으로 사용하여 그리움과 정한의 시적 정서를 강화하고 있다.

02 ③

'꽃 청산'은 화자의 어린 시절에 대한 긍정적인 인식이 담긴 시어이다. 또한, 화자의 어린 시절이 힘들었는지는 알 수 없다.

오답해설

① '보리피리'는 화자가 내면의 향수와 고통을 소리를 통해 승화하고, 표현하게 해주는 대상이다.
② '봄 언덕'은 고향을 떠올릴 때 화자가 생각하는 곳으로, 긍정적인 분위기를 환기한다. 따라서 봄 언덕은 화자에게 고향을 떠올리게 하는 소재이며, 고향에 대한 화자의 긍정적 인식을 드러낸다.
④ '인간사'는 화자가 아닌 평범한 사람들에게서 벌어지는 모든 일을 통틀어 말하는 것으로, 화자는 '인간사'를 '그리워'한다고 표현함으로써 평범한 삶에 대한 동경을 직접적으로 드러내고 있다.
⑤ '방랑의 기산하'는 방랑이 여러 공간을 거쳐 계속됐다는 의미로, 화자의 방랑이 오랜 세월과 많은 장소를 거쳐 계속됐음을 드러내고 있는 시어이다.

03 ①

정답해설

〈보기〉에 따르면, 작가가 일제 강점기에 처음 나병에 걸려 고통을 겪은 것은 맞지만, 이것이 일제에서 비롯됐거나 민족적인 문제라고 생각했다는 서술은 없다. 따라서 화자는 '보리피리'를 일본에 의해 피해받았던 우리 민족의 한을 달래는 물건이라기보다는, 나병으로 고통받아 방랑길을 나선 자신의 고통을 달랠 수 있는 물건으로 여겼을 것이다.

오답해설

② 〈보기〉에 따르면, 작가의 작품은 나병이라는 절망적인 상황을 바탕으로 하면서도 그것이 감상이나 원망으로 흐르지 않고 객관성을 유지하는 특징이 있다. 윗글의 화자 역시 '피-ㄹ 닐리리'라는 소리로 자신의 고통을 승화시킬 뿐, 누군가를 탓하고 있지 않다는 사실을 확인할 수 있다.
③ 〈보기〉에 따르면, 작가는 17세에 처음 나병에 걸렸다. 따라서 시의 화자가 생각하는 '어린 때'는 나병에 걸리기 전 평범하고 건강했던 시절을 떠올리게 하는 시간으로 보는 것이 적절하다.
④ 〈보기〉에 따르면, 작가는 나병이 악화되어 일을 그만두었으며, 병을 치료하기 위해 재산을 탕진한 뒤 방랑길에 올랐다. 즉, 화자가 '인환의 거리'를 그리워한 것은 병 때문에 안정적으로 살수 없게 된 자신의 처지 때문이므로 화자가 '인환의 거리'를 그리워한 것은 주변 사람들과 어울리기 힘든 자신의 상태 때문이라는 진술은 적절하다.
⑤ 〈보기〉에 따르면, 화자는 나병 때문에 방랑을 시작하게 됐다. 윗글에는 작가와 같이 방랑하는 화자가 등장하므로 화자가 '눈물의 언덕'을 떠돈 것은 어디에도 머무를 수 없었던 작가의 경험과 깊은 연관이 있을 것이다.

04

정답

고향

01 ⑤

정답해설

'~하신다면', '~한다면'과 같이 상황을 가정하며 조건을 제시하고, 이에 따른 결과를 제시하여 궁극적으로 '나라 안의 태평'을 기원하고 있다.

오답해설

① (가)에서는 대화의 형식을 사용하고 있지 않다.
② (가)에서는 대조적인 시어가 나타나고 있지 않다. 또한 현재 상황에 대한 긴장감을 확인할 수 없다.
③ (가)에서는 '이 땅을 버리고 어디로 가리'라고 하며 백성들의 판단을 인용하여 나라 안이 유지되기 위한 조건을 우회적으로 제시하고 있다고 볼 수 있으나, 고사를 인용하고 있지는 않다.
④ (가)에서는 '아아'라고 하여 감탄사의 역할을 하는 낙구가 제시되어 있으나, 이는 시상을 전환하여 화자의 정서 변화를 일으키고 있지는 않다.

02 ③

정답해설

(가)는 왕과 신하, 백성을 가족 구성원에 빗대어 표현함으로써 임금과 신하가 부모처럼 자식인 백성을 돌보아야 한다는 화자의 의도를 파악할 수 있고, (나)는 나라를 나무와 물에, 나라의 시련은 바람과 가뭄, 나라의 번영은 꽃과 열매에 비유함으로써 조선 왕조의 창업을 송축하고 후대 임금에게 조언하고 있으므로 (가)와 (나) 모두 유추적 사고를 통해 화자의 의도를 드러내고 있다.

오답해설

① 구체적인 공간이 드러나는 것은 (가)가 아닌 (나)로, (나)의 '한수북'을 통해 조선의 도읍지인 한양을 나타내고 있다.
② 유교 사상을 바탕으로 민중에게 교훈을 전달하고 있는 것은 (나)가 아닌 (가)다. (가)는 유교적 정치 이념에 근거하여, 나라의 질서를 안정시키기 위해 임금, 신하, 백성 모두가 각자의 자기 본분에 충실해야 함을 말하고 있다.

④ (나)에서는 '님금하'라고 하며 후대의 임금을 지칭하여 말하고 있으므로 청자가 표면에 드러나 있으며, 화자는 노출되어 있지 않다. 또한 (가)에서는 청자와 화자가 모두 표면에 등장하고 있지 않으므로 적절하지 않다.

⑤ (나)에서는 후대의 임금에게 '경천근민'의 자세를 가져야 함을 직설적으로 제시하고 있다고 볼 수 있으나, 대상에 대한 예찬의 태도를 보이고 있지는 않다. (가) 역시 논리적이고 직설적인 어법을 사용하여 나라가 태평하기 위한 방법들을 드러내고 있으나, 대상에 대한 예찬적 태도는 나타나고 있지 않다.

03 ④

정답해설

(나)의 화자는 '천세 우희 미리 정ᄒᆞ샨 한수 북'이라고 하며 조선의 건국이 천대 전에 미리 정해진 일이었음을 드러내며 조선 건국의 정당성을 드러내고 있다. 그러나 화자는 청자가 '경천근민'해야 나라가 더욱 굳건해질 수 있으며, 중국 하나라의 고사를 인용하여 조상의 공덕만을 믿지 말고, 백성을 위해 부지런히 일해야 함을 당부하고 있다. 이는 화자가 청자인 후대 임금에게 임금으로서 가져야 할 자세와 통치 방향을 제시하며 '복년이 ᄀᆞ업'는 나라를 만들어야 함을 권계하고 있는 것이다. 따라서 청자의 노력보다 하늘의 뜻을 통해 '복년이 ᄀᆞ업'는 나라를 만들 수 있을 것이라고 주장했다는 진술은 적절하지 않다.

오답해설

① (가)의 화자는 백성을 '먹여 다스려' 백성들이 '이 땅을 버리고 어디로 가리'라고 말한다면 '나라 안이 유지'된 것으로 보았다. 이는 (가)의 화자가 궁극적으로 지향하는 나라가 안정된 '태평'의 상태이자, 화자가 추구하는 이상과 가치인 임금과 신하와 백성이 각자 맡은 본분에 충실한 상태이다.

② (가)의 화자는 '임금답게 신하답게 백성답게' 행동하는 것이 나라의 안정을 추구하기 위한 집단적 가치이자 이상이며, 이는 곧 계층 간의 명분을 바로 세우는 것이 나라를 태평하게 만드는 것임을 드러내고 있다.

③ (나)의 '불휘 기픈 남ᄀᆞᆫ ᄇᆞ르매 아니 뮐씨 곶 됴코 여름 하ᄂᆞ니'는 기초가 튼튼한 나라는 시련에도 나라가 발전하고 번영한다는 뜻으로 이를 통해 조선 건국의 정당성과 합리성을 담보하고 민심의 안정을 추구하고 있는 것으로 볼 수 있다.

⑤ (나)의 화자는 '경천근민 ᄒᆞ샤사 더욱 구드시리이다'라고 하며 청자인 '님금', 즉 후대의 임금에게 이러한 자세가 나라의 안정을 가져올 것을 당부하고 있다. 따라서 '경천근민'은 화자가 작품을 통해 청자에게 전달하고자 하는 이상과 가치라고 볼 수 있다.

04

정답

성신

---

01 ④

정답해설

ⓔ에서는 '남의 찬 도시락을 훔쳐 먹어야 했던 우리의 가난한 이웃'인 기표와, '진정으로 배고파 보지 못한 우리들'을 나누어 표현하고 있다. 이는 기표를 제외한 반 아이들이 기표보다 상대적으로 우위에 있음을 드러냄과 동시에 기표를 동정받아야 할 대상으로 전락시키기 위한 발언이라고 해석할 수 있다.

오답해설

① 기표와 관련된 일임에도 기표가 상관할 일이 아니라고 말하며 기표를 무시하고 있다.

② 지금도 재수파가 기표를 무서워하고 있을 것이라는 '나'의 생각이 틀렸다는 것을 말함과 동시에 앞으로의 상황에 대한 형우의 예측을 파악할 수 있다.

③ '나'는 형우가 기표네 가정 사정에 이야기하는 이유가, 신화적 존재로 군림해 온 기표의 허상을 폭로하고 빈곤을 이용하여 기표를 끌어내리기 위해서라고 추측하고 있다.

⑤ 반 아이들은 형우의 말을 사뭇 숙연한 자세로 귀를 기울이며 듣고 있으며, 자신들이 자신들이 몰랐던 기표의 가난과 재수파의 선행을 듣고는 깊은 감동을 받았다. 이를 통해 반 아이들은 형우가 전달한 내용을 그대로 믿고 있음을 파악할 수 있다.

02 ③

정답해설

[A]에서 형우는 재수파가 기표에게 돈을 바쳐온 것을 어려운 처지인 기표를 돕기 위한 것으로 미화하여 반 아이들이 재수파를 '훌륭한 정신의 소유자'라고 인식하게끔 하고 있다. 따라서 형우는 인물을 새로운 관점에서 바라봄으로써 반 아이들의 재수파에 대한 인식을 변화시키고 있다.

오답해설

① [A]에서는 미래에 일어날 일을 예측하고 있는 것이 아니라, 과거에 일어난 일을 토대로 반 아이들이 기표와 재수파에 대한 인식을 변화하게끔 유도하고 있다.

② [A]에서는 질문의 형식으로 형우의 견해를 밝히고 있지 않다.

④ [A]에서 형우는 반 아이들에게 재수파에 대해 '진정 아름다운 우정이 어떤 것인가를 보여' 준 친구이며 '사회에서 구원받지 못한 가난을 우정으로써 구원하려 한 그들이야말로 훌륭한 정신의 소유자', '협동과 봉사−기여 정신의 산증인'이라고 언급하고 있으나, 이를 통해 상대방의 의견에 동조하고 있지는 않다.

9

⑤ [A]에서는 재수파가 기표에게 돈을 모아 바친 일화를 언급함으
로써 재수파 친구들을 '훌륭한 정신의 소유자'라고 주장하고 있
으나, 이는 상대방의 의견을 비판하기 위해 활용된 것은 아니다.

03 ⑤

정답해설

형우가 재수파들의 기표에 대한 복종을 순수한 선의로 미화한 것
은, 기표를 신화적 존재에서 동정받아야 하는 초라한 존재로 전락
시켜 기표를 제압하기 위함이다. 〈보기〉를 고려할 때, 이는 독재 정
권의 비가시적인 형태의 폭력을 상징적으로 드러내기 위함이라고
파악할 수 있다.

오답해설

① 담임 선생님과 형우는 위선을 활용하여 기표를 제압하려고 하고
있다. 〈보기〉를 고려할 때, 위선은 비가시적이고 합법적인 형태
의 폭력에 해당한다. 따라서 형우가 기표와 관련된 일을 '담임
선생님과 의논한' 것은 기표의 물리적인 폭력을 합법적으로 제
압하기 위함이라고 해석할 수 있다.
② 재수파 아이들은 기표를 '악마', '자신의 피를 빨아먹고 사는 흡
혈귀'라고 평가하고 있으며, 이는 기표의 폭력적이고 악랄한 성
정을 드러낸다. 따라서 기표는 보이는 그대로의 물리적이고 가
시적인 폭력을 행하는 인물이라고 볼 수 있다.
③ 형우가 '기표네 가정 형편을 반 아이들한테' 폭로한 것은 기표의
빈곤을 이용하여 기표를 제압하기 위해서이다. 〈보기〉를 고려
할 때, 이는 교실을 지배하는 폭력의 형태가 점차 가시적인 폭
력에서 비가시적인 폭력의 형태로 변화하는 모습을 드러내고
있다고 해석할 수 있다.
④ 〈보기〉에 따르면 권력을 획득하고 유지하는 과정에서 폭력은 권
력과 밀접한 관계를 맺은 후에는 물리적인 형식으로 나타나기
도 하지만, 비가시적 형식으로 나타나기도 한다고 하였다. 따라
서 기표의 권력을 무력화시키기 위한 형우의 위선적인 언행은
폭력과 밀접한 관계를 맺은 후에 나타나는 비가시적인 형태의
폭력이라고 해석할 수 있다.

04

정답

ⓐ: 기표, ⓑ: 반 아이들

1강 공무도하가 · 헌화가 · 수나라 장수 우중문에게 보내는 시

빠른 정답 체크 본문 | 58

01 ③ **02** ③ **03** ④ **04** 해설참조

01 ③

정답해설

(가)에는 '건너지 마오'에서, (다)에는 '그만두길 바라겠소'에서 하오체를 활용하여 청자에게 구체적 행위를 요청하고 있다.

오답해설

① (가)의 '물'은 공간적 배경이자 화자가 염려하는 것이지, 화자가 감정을 이입하는 대상이 아니다.

② (나)와 (다)에는 모두 구체적인 지명이 제시되어 있지는 않다. (나)의 '자줏빛 바위 가'는 공간적 배경일 뿐 구체적 지명이라고 보기는 어렵다.

④ (가)의 화자는 '임'의 죽음으로 인한 비탄에 빠져 있고, (다)의 화자가 반어적 표현을 사용하여 청자의 행동 변화를 요구하고 있다. 그러나, (가)와 (나)에는 반어적 표현이 드러나 있지 않고, (나)와 (다)에는 내적 갈등이 드러나 있지 않다.

⑤ (가)와 (나)에서는 유사한 통사 구조가 반복되는 구절을 찾기 어려우며 대상에 대한 연민의 태도도 드러나 있지 않다. (다)에서는 대구법을 활용하고 있으나, 이는 대상을 연민하는 것이 아니라 희롱하려는 의도로 사용됐다.

02 ③

정답해설

(나)의 '자줏빛 바위 가'는 시의 공간적 배경이면서 암소를 둘 만한 곳이고, (다)의 '지리'는 청자를 치켜세워주기 위해 사용된 소재이다. 따라서 (나)의 '자줏빛 바위 가'와 (다)의 '지리'는 화자의 불우한 상황을 드러내는 공간적 배경이 아니다.

오답해설

① (가)의 '그 물'은 화자와 '임'을 멀어지게 하는 소재로 이별의 의미가 담겨 있고, (나)의 '꽃'은 화자가 기꺼이 대상에게 바치려는 것으로 애정의 의미를 담고 있다.

② (가)의 '건너셨네'는 임이 자신의 말을 듣지 않고 물을 건너 이별하게 된 상황에 대한 한탄이고, (나)의 '바치오리다'는 청자에게 꽃을 주어 자신의 마음을 전달하고자 하는 의지를 담고 있다.

④ (나)의 '놓게 하시고'는 대상이 원한다면 가지고 있는 암소를 두고 화자를 위해 노력할 수 있음을 드러내고, (다)의 '이미 높으니'는 공을 인정해 상대의 행동을 바꾸기 위한 표현이다.

⑤ (가)의 '가신 임을 어찌할꼬'는 이미 물에 빠져 죽은 임에 대한 체념의 태도가 드러나고, (다)의 '그만두길 바라겠소'는 이미 아는 것이 많고 이룬 것이 많은 상황을 인식하고 그만둘 것을 권하는 화자의 요구가 담겨 있다.

03 ④

정답해설

배경 설화를 고려할 때, (가)의 '물'은 죽음을 통해 화자와 임의 재회를 돕는 매개체로 볼 수 있다. 상징을 고려할 때, (나)의 '꽃'은 화자로 설정된 신적 존재와 인간으로 설정된 시적 대상을 연결하는 매개체라고 볼 수 있다.

오답해설

① (가)의 3행은 '물에 빠져 돌아가시니'라는 구절로, 임이 이미 죽었다는 체념의 정서가 표면적으로 드러나고 있다.

② (나)가 집단 간의 화합과 축복을 이루려 한다는 것은 개인적 서정시가 아닌 종교적 작품으로 해석할 때 나타나는 의미이다.

③ (다)의 사회적 상황을 고려할 때, 반어적 표현에서 드러나는 화자의 당당함과 여유로움을 느낄 수 있다. 따라서 (다)의 화자가 자신과 비교되는 대상에 대한 절망과 체념을 노래하고 있다고 할 수 없다.

⑤ (나)의 상징을 고려할 때, 집단 간의 화합과 축복을 다루는 종교적 작품으로 해석할 수 있고, 그에 따라 집단의 염원이 담긴 주술적 성격이 있을 수 있다. 그러나 (다)는 사회적 상황을 고려할 때, 을지문덕 개인의 당당함과 여유로움이 드러나지 집단의 염원은 드러나지 않는다.

04

정답

(다)

2강 동동 · 황계사

빠른 정답 체크 본문 | 62

01 ⑤ **02** ④ **03** ⑤ **04** ④ **05** 해설참조

01 ⑤

정답해설

(가)에서는 '아으 동동다리'와 같은 후렴구의 반복을 통해 운율감을 형성하고 있고, (나)에서는 '이 아해야 말 듣소', '지어자 좋을시고'와 같은 후렴구의 반복을 통해 운율감을 형성하고 있다.

오답해설

① 시어의 대조를 통해 화자의 처지를 강조하고 있는 것은 (가)에 해당한다. (가)의 〈정월 노래〉에서는 '냇물'과 '나'의 처지를 대조하여, 〈4월 노래〉에서는 '꾀꼬리 새'와 '녹사님'을 대조하여 화자의 외로움을 고조시키고 있다.

② (나)는 〈구운몽〉을 인용한 표현을 사용하지만, (가)는 다른 작품을 인용한 표현이 나타나지 않는다.

③ (가)와 (나) 모두 청유형 어조를 사용하여 화자가 이루고자 하는 바를 간접적으로 드러내고 있지 않다.

④ (나)에서는 제3의 인물인 '아해'를 청자로 내세워 화자가 느끼는 현재의 심정을 호소하고 있으나, (가)에서는 구체적인 청자를 설정하여 화자의 처지를 드러내고 있지 않다.

02 ④

정답해설

㉠은 정월이 되어 얼었다 녹았다 하지만, 화자는 여전히 임 없이 혼자 지내고 있다. 즉, ㉠은 화자와 대조되어 화자의 외로움을 심화시키는 소재로 기능하고 있다. ㉡은 화자의 기원의 대상으로, 화자는 밝은 달빛으로 임의 안전을 확인하고 싶어 한다. 즉, ㉡은 임을 향한 화자의 그리움이 투영된 대상으로 기능하고 있다.

오답해설

① ㉠과 ㉡ 모두 대상에게 느끼는 화자의 부정적 감정을 표출하기 위해 사용된 수단으로 볼 수 없다.

② ㉠과 ㉡ 모두 화자의 처지와 동일시되는 대상에 해당하지 않는다.

③ ㉠은 임과 화자의 재회를 가로막는 대상이 아니다. ㉡은 화자의 소망이 투영되어 있으나, 임과 화자의 재회를 도와주는 대상으로는 볼 수 없다.

⑤ ㉠은 화자와 대비되는 존재로, 화자는 ㉠을 보며 임을 떠올리고 있으나 이를 통해 임과의 과거를 회상하고 있지는 않다. ㉡은 임의 안전을 확인하고 싶은 화자의 소망이 투영되어 있을 뿐, 임에 대한 화자의 원망을 고조시키고 있지는 않다.

03 ⑤

정답해설

〈8월 노래〉에서는 해당 월의 명절인 '가윗날'을 제시함으로써, 임과 함께 보내야 진정한 명절임을 드러내며 화자의 외로움과 임을 향한 그리움을 드러내고 있다. 그러나 이를 통해 임이 죽어 화자가 과부가 되었는지는 알 수 없으므로 적절하지 않다.

오답해설

① (가)의 각 연은 시작 부분에서 '정월', '이월', '사월', '팔월', '시월'이라고 해당 월을 제시함으로써 달의 순서에 따라 구성된 '월령체' 시가의 특징을 보여 주고 있다.

② 〈정월 노래〉에서는 화자의 처지를 한탄하고, 〈2월 노래〉에서는 임의 인품을 예찬하고, 〈4월 노래〉에서는 오지 않는 임을 그리워하며 원망하고 있다. 또한 〈8월 노래〉에서는 임을 그리워하고 있으나, 〈10월 노래〉에서는 임에게 버림받은 슬픔을 노래하고 있다. 이때 각 연의 서정적 자아가 여성인 것은 일치하지만, 연마다 나타나는 정서가 유기적으로 연결되어 있지는 않기 때문에 일관된 정서 표출로 보기 어렵다.

③ 〈정월 노래〉에서는 정월의 '냇물'이 얼었다 녹았다 하는 자연의 변화를 통해 이와 대조되는 화자의 처지를 호소하고 있으며, 〈2월 노래〉에서는 2월의 세시풍속인 연등회와 결부하여 높이 켜 있는 '등불'을 통해 임을 예찬하고 있다.

④ '사월'이 되면 돌아오는 '꾀꼬리 새'는 임과 대조되는 존재로, 화자의 외로움을 심화시키는 수단으로 기능한다.

04 ④

정답해설

(나)의 화자는 임이 오지 못하는 이유를 추측하며 '개가 짖어 못 오는가', '물이 깊어 못 오던가', '산이 높아 못 오던가'라고 말하고 있다. 그러나 '달'은 화자가 임이 계신 곳을 볼 수 있도록 임이 있는 곳을 비춰 달라고 기원하는 대상이기도 하지만, '달이 밝아 못 오던가'라고 말함으로써 화자가 추측하는 화자와 임을 가로막는 외부적인 장애물에 해당하기도 한다.

오답해설

① (가)의 '저며 놓은 보리수나무'는 (가)의 화자가 임으로부터 버림받았음을 암시하고, (나)의 '일조 낭군 이별 후에 소식조차 돈절하야'는 (나)의 화자가 임과 이별한 상황임을 직접적으로 드러내고 있으므로 적절하다.

② (가)의 높이 켜 있는 '등불'은 임의 훌륭한 인품을 상징한다. (가)의 화자는 임이 부재한 상황임에도 불구하고 임의 인품을 송축하고 있으므로 적절하다.

③ (나)의 화자는 '못 오던가', '아니 오더냐'와 같은 부정형과 의문형 어조를 반복적으로 사용하여 시상을 전개함으로써 임의 부재에 대한 화자의 절망감을 부각하고 있으므로 적절하다.

⑤ (나)의 화자는 '너는 죽어 황하수 되고 나는 죽어 도대선 되어'라고 말하며 현실에서는 불가능할 것이라 여겨지는 임과의 재회를 비현실적인 상황을 가정함으로써 임과 재회하고자 하는 화자의 소망을 드러내고 있으므로 적절하다.

05

정답

녹사님

01 ④

정답해설

(나)의 화자는 눈비를 맞아 흰 것 같지만 원래 검은 '까마귀'와 항상 밝은 '야광명월'을 대비하며, '야광명월' 같은 자신의 충절을 강조하고 있다. (라)에는 '푸른 하늘은 가을 든 산봉우리를 물들이려는 듯'에서 '푸른 하늘'이 '산봉우리'를 물들이려 한다며, 인격을 부여한 표현을 사용하고 있다. 따라서, (나)에서는 대비되는 소재를, (라)에서는 인격이 부여된 소재를 통해 시상을 심화하고 있다.

오답해설

① (다)의 화자는 '허여 센 사공'의 말을 인용하여 자신의 상황을 강조하고 있다. 그러나, (가)의 화자는 자신의 고독을 달래고 또 한탄하기 위해 물음의 방식을 사용하지 않았다.

② (가)에는 '삼경'이라는 시간적 배경을 드러내는 소재가 드러나 있으나, 시간의 흐름이 드러나 있지는 않다. (라)에는 풍경을 보는 화자의 시선이 이동하고 있으나 공간의 이동은 나타나지 않는다.

③ (나)에서 화자는 자신의 충절을 밝히고 있지만, 구체적으로 어떤 사람인지는 알 수 없다. (다)에서는 '허여 센 사공'이라는 구체적인 인물이 제시됐으나 그는 시의 청자가 아니라 화자의 감정과 행위에 객관성을 부여하는 소재로 보는 것이 적절하다.

⑤ (다)에는 역동적인 분위기를 자아내는 소재가 드러나지 않는다. (라)는 '갈대', '기러기', '벼 잎', '붕어'를 통해 역동적인 분위기를 자아내고 있다. 따라서, 역동적 분위기를 자아내는 소재를 사용한 것은 (라)이다.

02 ③

정답해설

ⓒ은 화자의 슬픈 처지를 부각하는 부분이다. 그런데 이와 달리 ⓔ에는 '농부'를 통해 농촌을 지향하고 해당 공간에 머무르려는 화자의 소망이 반영되어 있다. 따라서, ⓒ과 달리 ⓔ은 대상을 통해 특정 공간을 지향하려는 화자의 태도가 드러나 있는 표현이다.

오답해설

① ⓛ에는 부정적 상황에서도 충절을 지키겠다는 화자의 의지가 드러나 있으나, ㉠은 화자가 느끼는 감정을 표현하고 있다. 따라서 ㉠과 ⓛ 모두 현재 처한 상황을 극복하려는 화자의 의지가 담겨 있다는 진술은 적절하지 않다.

② ⓒ에는 '허여 센 사공'의 말을 통해 상황에 객관성을 부여하고 있으나, ⓛ은 타인의 발언과 상관없이 자신의 의지를 솔직하게 표현하고 있다.

④ ㉠과 ⓒ 모두 상황에 대한 화자의 감정이나 반응이 드러나거나 부각되고 있으나, 부정적인 전망이나 체념이 담겨 있는지는 알 수 없다.

⑤ ⓛ에는 화자가 지향하고자 하는 가치가 '일편단심'이라는 말에서 드러나 있지만 이를 대상과 공유하려는 태도는 찾아보기가 어렵다. 또한, ⓔ의 '농부'는 화자가 지향하고자 하는 가치를 공유하려는 대상이 아닌, 화자가 지향하고자 하는 가치를 제공할 수 있는 대상이다.

03 ⑤

정답해설

'구름'은 화자가 묘사하고 있는 공간인 '농촌'에 있는 소재이며 화자는 '집을 짓고 살고 싶다'고 말하며 해당 공간에 대한 긍정적인 태도를 드러내고 있다. 따라서, '구름'의 백색 이미지가 고독감을 유발한다고 보기 어렵다.

오답해설

① (가)의 '이화'와 '은한'은 모두 백색의 이미지를 통해 시의 배경을 구체적이고 감각적으로 전달하고 있다. 이는 대상을 구체적이고 감각적으로 전달하는 미장센 작업과 관련이 있다고 할 수 있다.

② (가)의 '다정'은 '이화', '월백'의 백색 이미지와 '자규'에서 새의 울음소리라는 청각적 이미지가 환기된 결과로 만들어진 애상적 분위기가 화자의 내면에 유발한 감정이라 할 수 있다.

③ (나)의 '야광명월'은 백색의 이미지, '밤'이라는 시간적 배경은 흑색의 이미지다. 이 둘은 서로 대비를 이루어 밤에도 밝은 '야광명월'처럼 '일편단심' 하려는 화자의 정서를 구체적, 감각적으로 부각하고 있다.

④ (다)에서 '허여 센 사공'은 백색 이미지로 작품의 분위기를 만들고 있으며, '푸른빛'이 없는 '물'은 화자의 슬픔을 부각하여 애상적 분위기를 자아낸다. 이를 통해 미장센 효과와 애상적 분위기를 유발하고 있다.

04

정답

임 향한 일편단심이야 고칠 줄이 있으랴

01 ④

정답해설

(나)와 (다)는 모두 봄의 이미지를 나타내는 시어인 '꽃'을 활용하고
있다. (나)는 임과 이별하는 화자의 부정적 상황과, (다)는 임에 대
한 그리움으로 슬퍼하는 화자의 상황과 '꽃'을 대비하여 애상적 이
미지를 불러 일으키고 있다.

오답해설

① (가)와 (나)는 청자로 설정된 제3자가 등장하지 않는다.
② (가)의 '천리로다', (다)의 '못하느냐' 등의 영탄적 표현이 나타날
뿐, 감탄사가 나타나지는 않는다.
③ (나)의 '꽃'은 시각적 이미지를 드러내며, (다)의 '꽃', '버들 위 꾀
꼬리'는 시각적 이미지, '울음'은 청각적 이미지를 드러낸다. 그
러나 감각의 전이가 나타난 시어는 찾아보기 어렵다.
⑤ (다)는 인물들의 대화 상황을 제시하고 있는 것이 아니라, 화자
의 내면을 독백의 어조로 표현하고 있다.

02 ③

정답해설

화자는 '꾀꼬리'의 '울음'이 자신의 귀에 '정이 있게 들'린다고 느꼈
는데, 이는 임에 대한 그리움에 슬퍼하고 있는 화자와 대비되며, 이
에 화자는 자신을 '새만도 못하'다고 표현함으로써 자신의 외로운
처지를 강조하고 있다.

오답해설

① '말'은 화자와 임의 이별을 재촉하는 대상으로 볼 수 있으나, 화
자가 연민의 시선으로 묘사한다고 보기는 어렵다.
② 화자는 임과의 이별 상황에서 다리를 저는 '나귀'로 인해 이별이
지연되고 있다고 인식함으로써 '나귀'를 긍정적으로 바라보고
있다. 이를 통해 임과의 이별을 지연시키려는 화자의 심정을 알
수 있으나 화자의 감정이 이입되었다고 보기는 어렵다.
④ '외기러기'는 화자의 소원을 들어주는 대상이라는 점에서 긍정
적 의미를 가질 수 있으나, 자신의 소식을 '임'에게 전달해 달라
고 화자가 부탁하는 대상일 뿐 임과의 만남에 함께하고자 하지
는 않는다.
⑤ '말', '나귀', '꾀꼬리', '외기러기' 모두 화자가 바라보고 있는 대상
으로 볼 수 있으나, '우리도 임 보러 바삐 가는 길'이라고 말하는
'외기러기'를 제외하고는 인격이 부여된 대상으로 보기 어렵다.

03 ⑤

정답해설

'빈방'은 임이 거주하는 공간이 아닌 화자가 거주하는 공간이다. 임
이 있는 공간은 '한양성'으로 화자가 임에게 자신의 소식을 전하고
싶어 하는 공간으로도 볼 수 있다.

오답해설

① (가)에서 '석양'은 시간의 경과를 나타내고, 화자가 가야 하는
'길'을 '천 리'라고 표현함으로써 임과의 거리감을 구체화하며
애상적 분위기를 고조시키고 있다.
② (가)의 화자는 '가는 날 잡지 말고 지는 해를 잡아라'라는 구절을
통해 불가능한 일을 실현하고자 하고 있다. 〈보기〉에 따르면 이
는 주관적 변용 기법에 해당하므로 임과 헤어지지 않으려는 화
자의 소망을 효과적으로 형상화하고 있다고 볼 수 있다.
③ '나귀'는 화자와 임을 이별하게 만드는 동물이다. 그러나 (나)의
화자는 나귀가 다리를 전 덕분에 임과의 이별이 지연된다고 생
각하여 원망의 대상으로 보지 않고, 오히려 임의 '눈물 적신 얼
굴'을 자세히 볼 수 있게 해 주는 긍정적인 대상으로 본다. 이는
일반적인 관점이 아닌, 화자의 시선에 부합하는 새로운 관점으
로 대상을 표현한 결과라고 할 수 있다.
④ (다)의 화자는 자신을 '사람들'이라는 복수형 시어로 표현함으로
써 개인의 정서를 일반적으로 확장하고 있음을 알 수 있다. 이
를 통해 단절의 상황에 대한 인간의 보편적인 정서를 나타내고
있으므로 적절하다.

04

정답

봄

01 ③

정답해설

〈제3수〉에서는 '가는 해를 잡아매어'라는 표현을 통해 추상적인 시
간의 흐름을 시각화하여 구체화하고 있다. 이는 '가는 해', 즉 흘러
가는 시간을 쇠로 만든 노끈에 매어 시간을 멈추게 한다는 불가능
한 상황을 상상함으로써 부모의 노화를 막고 싶은 화자의 소망을
드러낸 것이다.

① 설의적 표현을 사용하여 화자의 심정을 드러내는 것은 〈제4수〉의 종장에 해당한다. 〈제4수〉의 종장에서는 '뫼셔 논들 어떠리'라고 하며 '봉황'과 같은 효를 실천한 고사 속 선인들과 같이 어울리고 싶은 화자의 소망을 드러내고 있다.

② 〈제2수〉에서는 '왕상의 이어 잡고 맹종의 죽순 꺾어'라며 비슷한 어구를 반복해서 사용함으로써 운율감을 형성하고 있다고 볼 수 있으나, 시어를 반복적으로 제시하고 있지는 않으므로 적절하지 않다.

④ 〈제4수〉에서는 자연과의 교감을 통해 대상에 대한 화자의 인식 변화를 드러내고 있지 않다.

⑤ 앞부분에서 자연의 경관을 제시하고 뒷부분에서 화자의 정서를 그려내는 것은 선경후정의 방식에 해당한다. 〈제4수〉는 선경후정의 방식으로 시상을 전개하고 있지 않으므로 적절하지 않다.

02 ④

화자는 '군봉 모이신 데 외가마귀 들어오니 / 백옥 쌓인 데 돌 하나 같다마는'이라 하며 ㉠을 '백옥'에, ㉡을 '돌'에 대응함으로써 ㉡과 다르게 ㉠이 고귀한 존재임을 드러내고 있다.

① 화자는 자식으로서의 도리를 다하고자 하는 자기 자신을 ㉡이라 지칭하고 있다.

② 화자는 〈제4수〉의 종장에서 '뫼셔 논들 어떠리'라고 말하며 ㉠과 ㉡이 같이 어울릴 것을 제시하고 있다. 이때 ㉠은 〈제1수〉와 〈제2수〉에 등장한 고사 속 효를 실행한 선인들에 해당하고, ㉡은 화자가 자기 자신을 표현한 것이다. 따라서 화자가 ㉡에 대한 존경심을 드러낸다는 설명은 적절하지 않다.

③ 화자는 '봉황도 비조와 유이시니 뫼셔 논들 어떠리'라고 하며 ㉠과 ㉡이 사실은 같은 새의 종류이니 같이 어울릴 것을 제시하고 있다. 그러나 이는 '효'를 매개로 ㉠과 ㉡이 어울릴 수 있음을 드러내며, 화자 역시 '봉황'과 같은 인물들과 함께하려는 소망과 그들과 같이 봉양의 마음과 자세를 가질 것을 드러내는 것이지 ㉠과 ㉡이 함께 어울리는 미래에 대한 화자의 기대감을 드러내고 있는 것이 아니다.

⑤ 〈제2수〉를 바탕으로 ㉠과 ㉡을 이해한다면 ㉠은 고사 속 효를 실행한 선인들에 해당한다고 볼 수 있다. 또한 ㉡은 고귀한 존재와 함께 어울리고자 하는 대상으로, 고사 속 선인들처럼 효를 실천하고 싶은 화자 자신이라고 볼 수 있다. 따라서 ㉡을 그 선인들을 본받고자 하는 제자들을 가리킨다는 설명은 적절하지 않다.

03 ④

〈제3수〉의 '만균'은 큰 쇳덩이로, 화자가 '만균을 늘여 내'고 싶다 한 것은 '가는 해'를 잡기 위해서이다. 추상적인 시간을 의미하는 '가는 해'를 구체화하여 시간을 멈추게 함으로써 부모의 노화를 막고 싶은 화자의 소망을 드러낸 것이다. 따라서 돌아가신 부모님에게 효를 실천하고 싶다는 의지를 드러낸 것으로 볼 수 없다.

① 〈보기〉에 따르면 '육적'은 '귤'을 부모에게 드리고자 하였고, 윗글의 화자 역시 '조홍감'을 부모에게 드리고자 하였다. 그러나 〈제1수〉에서는 '품어 가 반길 이 없을새 그로 설워하나이다'라고 하며 부모의 부재로 인해 귤을 가져간다 한들 반길 이가 없음을 서러워하고 있으므로 적절하다.

② 〈제2수〉 종장에서 화자는 '일생에 양지 성효를 증자같이 하리라'라고 말하였다. '양지 성효'는 '어버이를 잘 보양하는 효성'이란 의미로, 이는 곧 〈제2수〉에서 인용한 고사 속 '왕상'과 '맹종' 같이 부모에게 효를 다 하기 위해 노력할 것을 다짐하고 있는 것임을 알 수 있다.

③ 〈제2수〉에서 화자가 '검던 머리 희도록 노래자의 옷을 입'는다는 것은 〈보기〉에 따르면 고사 속 '노래자'가 부모를 기쁘게 하기 위해 칠순이 되기까지 때때옷을 입었다는 것을 차용한 것으로, 이는 '노래자'와 같이 부모를 기쁘게 하기 위해 정성과 노력을 다할 것을 다짐하고 있는 것으로 볼 수 있다.

⑤ '가는 해를 잡아'맨다는 것은 시간을 멈추고자 하는 화자의 염원을 의미한다. 이는 불가능한 상황으로, 〈보기〉의 왕상이 겨울에 죽순이 나기를 바라는 점과 유사한 성격을 지니고 있다고 볼 수 있다.

04

1

빠른 정답 체크 본문 | 80

01 ④　　**02** ④　　**03** ⑤　　**04** 해설참조

01 ④

정답해설

'고국 송추를 꿈에 가 만져보고'는 화자의 그리운 심정이 담겨 있는 표현이나, 이는 임금이 아닌 고향과 부모님에 대한 심정을 나타낸 것이다. 윗글에서는 임이 있는 곳을 '고국 송추'가 아닌 '천상백옥경'과 '자청전'이라 밝히고 있으므로 적절하지 않다.

오답해설

① '오색운'은 화자가 임이 거처하는 '자청전'을 볼 수 없게 하는 것으로, 임금과 화자가 서로 볼 수 없는 상황을 말한다. 〈보기〉에 따르면 이는 정치적 모함 세력으로 인해 임금과 멀리 떨어져 임금을 볼 수 없게 된 화자의 상황을 반영한다고 볼 수 있다. 따라서 '오색운'은 임금과 화자를 서로 볼 수 없게 하는 부정한 세력이다.
② '십 년을 유락하니'는 십 년을 유배 생활로 떠돌아다녔다는 말로, 현재 유배 중인 화자의 상황을 반영하므로 적절하다.
③ 화자는 유배지에 있는 자신의 처지를 '한 눈이 먼 말'에 비유함으로써 억울함을 드러내고 있으므로 적절하다.
⑤ '하늘 같은 우리 임이 전혀 아니 살피시니'에서 '하늘 같은 우리 임'은 임금을 상징하는 말로 임금이 화자를 전혀 살피지 않아 안타까운 화자의 마음이 담겨 있으므로 적절하다.

02 ④

정답해설

시적 맥락을 고려한다면 '도깨비와 두억시니'는 화자가 부정적으로 생각하는 대상이므로 이를 화자의 심정이 담긴 상징물로 보는 것은 적절하지 않으며, 자연 친화적인 성격이 드러난다는 설명 또한 적절하지 않다.

오답해설

① '천문 구만리'는 화자가 임에게 가고자 함에도 갈 수 없는 이유로, 임과 화자의 공간적 거리감을 의미한다고 볼 수 있다.
② '흉중에 쌓인 말씀'은 화자의 억울한 심정이 담겨 있는 말로, 옥황상제의 앞에서 가서 하고자 하는 것이다. 따라서 화자의 억울함과 원통한 심정을 의미한다고 볼 수 있다.
③ 화자는 임을 위해 '백옥 같은 이내 마음'을 지키고자 하였으므로, 이는 임에 대한 충정과 사랑이라고 볼 수 있다.
⑤ '목란과 가을 국화'는 임이 취해 있는 향기로, 화자는 임이 그 향기 때문에 화자를 전혀 보아 주지 않는다고 말한다. 따라서 이는 임과 화자 사이의 방해물을 의미한다고 볼 수 있다.

03 ⑤

정답해설

윗글의 화자는 '오색실 이음 짧아 임의 옷은 못 하여도'를 통해 오색실이 짧아 임의 옷을 만들 수 없다고 하였다. 그러나 〈보기〉의 화자는 '원앙이 그려진 비단을 베어 놓고 오색실을 풀어 내어 금으로 만든 자로 재어서 임의 옷'을 지어냈다고 하였으므로 윗글과 〈보기〉모두 임에게 옷을 지어 선물한다는 설명은 적절하지 않다.

오답해설

① 윗글의 '약수 가려진 데 구름 길이 험하구나'를 통해, 〈보기〉의 '산인가 구름인가 험하기도 험하구나'를 통해 화자와 임의 사이를 방해하는 방해물이 등장함을 알 수 있다.
② 윗글은 '천상백옥경', '자청전' 등을 통해 임이 있는 곳을 천상의 공간으로 설정하고 있으며, 〈보기〉 또한 임과 화자가 '광한전'에 올라 있다가 화자 혼자 '속세'로 떨어졌다고 함으로써 임이 있는 곳을 천상의 공간으로 설정하였음을 알 수 있다.
③ 윗글과 〈보기〉는 모두 유배지에서 임금을 그리워하는 마음이 담겨 있다. 윗글은 '천상백옥경~갈동 말동'을 통해, 〈보기〉는 '황혼의 달~임이신가 아니신가'를 통해 임금을 그리워하는 화자의 마음을 알 수 있다.
④ 윗글에서 화자는 '두견새 넋'이 되어 '이화 가지 위에' 올라 앉아 임에게 자신의 마음을 전달하고자 하며, '저문 하늘 구름'이 되어 임이 거처하는 '자미궁'에 날아올라 '흉중에 쌓인 말씀'을 아뢰고자 한다. 〈보기〉 또한 '임의 옷'을 지어 임에게 보내려 함으로써 임에 대한 자신의 마음을 전달하고자 함을 알 수 있다.

04

정답

장안 어젯밤에 무서리 마구 내려

빠른 정답 체크 본문 | 85

01 ③　　**02** ⑤　　**03** ④　　**04** ①　　**05** 해설참조

01 ③

정답해설

〈보기〉에 따르면, 어머니가 딸에게 말하는 언술 구조(㉮)에 괴똥어미 이야기(㉯)가 삽입되어 있다는 점과, 괴똥어미라는 구체적 인물을 형상화했다는 점은 윗글이 계녀가 유형에 속하는 일반적인 작품과 구분되는 점이다.

① 〈보기〉에 따르면, 계녀가는 부모가 혼인하는 딸에게 주는 부녀자의 덕목에 대한 애정 어린 충고를 담고 있다. 이에 따라 '혼수범절 치행이야 다시 일러 어떠하리'는 부모가 혼인하는 딸에게 하는 말로 일반적인 계녀가의 특징에 해당하는 것으로 볼 수 있다.

② ㉯의 '저 건너 개똥어미 시집살이 하던 말을'은 언술 구조 안에 삽입되어 전환되는 구절로, 〈보기〉에 따르면 일반적인 계녀가와는 구분되는 특징이다.

④ ㉰의 '포진천물', '남용남식'은 청자인 딸이 경계해야 할 태도로, 어머니가 딸에게 주는 부녀자의 덕목에 대한 애정 어린 충고에 해당하므로 일반적인 계녀가의 특징으로 볼 수 있다.

⑤ ㉱의 '효봉구고', '순승군자', '동기우애', '지친화목'은 딸이 지향해야 할 태도로, 어머니가 딸에게 하는 애정 어린 충고이므로 일반적인 계녀가의 특징으로 볼 수 있다.

02 ⑤

윗글에서 청자는 '딸'이므로 청자에 대한 화자의 부정적인 인식은 찾아보기 어려우며, 음성 상징어도 사용되지 않았다.

① 화자인 어머니는 괴똥어미의 행동을 열거하여 괴똥어미에 대한 부정적인 인식을 드러내고 있다.

② '다시 일러 어떠하리'에서 의문의 형식을 사용하여 현재 유복한 상황에 대한 화자의 자부심을 드러내고 있다.

③ '저 건너~경계하마'를 통해 시적 대상이 딸에서 괴똥어미로 전환되고, 화자가 지향하는 가치인 부녀자의 덕을 반면교사로 삼아야 하는 존재인 괴똥어미를 통해 효과적으로 드러내고 있다.

④ '앉음앉음', '걸음걸음'에서 시어를 반복하여 운율감을 형성하면서, 괴똥어미에 대한 화자의 부정적인 태도를 드러내고 있다.

03 ④

'금강산 어찌 알고 구경한 이 둘째로다'에서는 노는 것을 좋아하는 괴똥어미의 모습이 드러난다.

① '제일 처음 시집올 제 가산이 만금이라 마당에 노적이요 너른 광에 금은이라'에서 알 수 있듯이, 괴똥어미가 신행 올 당시 가난한 처지였다는 내용은 적절하지 않다.

② '대단치마'가 중국에서 나는 비단의 하나로 만든 치마인 것은 맞으나, 이것이 당대 부녀자에게 금기시되었다는 설명은 윗글을 통해 알 수 없으며, '아까울사 대단치마 얼룩덜룩 흉악하다'는 몸가짐이 단정치 않았던 괴똥어미의 태도를 보여주는 것일 뿐 사회적 시선에 구애받지 않았던 괴똥어미의 자유로운 모습을 보여 주고 있다고 보기는 어렵다.

③ '백주에 낮잠'을 자고 '혼자 앉아 군소리'하는 행위는 '삼일을 지낸 후'의 괴똥어미의 모습으로, 오랜 시집살이에 대한 태도라고 볼 수 없다.

⑤ 괴똥어미는 부부의 금슬을 위해 '살풀이'를 하고, 병에 걸리지 않기 위해 '푸닥거리'를 한다. 이는 집안의 재산을 낭비하면서 미신의 힘으로 복을 받으려 하는 괴똥어미의 어리석은 행동을 가리키는 것이지, 집안의 화목을 도모하고자 했던 괴똥어미의 과거를 보여 주는 것이 아니다.

04 ①

[A]와 [B] 모두 대상의 과거 행적에 대한 비판적 태도를 드러내고 있지 않다. [A]에서는 화자인 어머니 자신의 과거를 떠올리고 있고, [B]에서는 청자인 딸에게 어머니의 과거를 본받으라는 말을 하고 있다. 따라서 적절하지 않다.

② [A]에서는 '너의 생전 유족하다'에서, [B]에서는 '너도 흡연 안 보았나', '너의 어미 살을 받아'를 통해 화자인 어머니가 청자인 딸을 직접적으로 지칭하고 있음을 알 수 있다. 또한 화자와 청자의 관계가 모녀 사이라는 점에서 어머니가 딸에게 자신의 과거와 앞으로 딸이 가져야 할 태도에 대해 친근하게 표현함을 알 수 있다.

③ [A]와 [B]의 청자는 모두 화자의 딸로, [A]에서는 신행 가는 청자의 모습을 그려내고, [B]에서는 청자가 처할 상황에 대한 훈계를 드러내고 있다.

④ [A]에서는 치행을 든든히 준비해 보낸 것에서 화자의 만족감을 드러내고, [B]에서는 '딸아 딸아 울지 말고 부디부디 잘 가거라' '명년 삼월 화류시에 모녀 상봉 하느니라'를 통해 헤어지는 딸에게 재회의 가능성을 제시하며 위로하고 있다.

⑤ [A]에서는 부유한 가세를 드러내는 동시에 화자의 신행 장면을 제시하고, [B]에서는 '그 모양'이 되어버린 괴똥어미를 경계하려는 태도를 보이며 청자가 가져야 할 덕목을 강조하고 있다

05

딸아

8강 일동장유가

빠른 정답 체크

본문 | 90

01 ①   **02** ②   **03** ③   **04** 해설참조

01 ①

정답해설

윗글은 여행의 체험을 가사의 형식에 담은 것으로 여행하면서 느낀 감상을 솔직하게 표현하고 있다.

오답해설

② 윗글은 가상의 인물이 아닌 글을 쓴 화자가 직접 서술하고 있다.
③ 윗글은 화자가 보고 느낀 감상과 감정을 솔직하게 드러내어 표현하고 있다.
④ 윗글은 시간의 흐름에 따라 화자가 부산에서 출발하여 일본으로 향하는 여정을 서술하고 있다. 따라서 역순행적 구성을 활용하고 있지 않으며, 이에 따른 과거의 모습이 등장하지 않는다.
⑤ 윗글의 57~63행에서 일본에 대한 적개심을 드러내고는 있지만, 의문형 종결 어미를 사용하지는 않았다.

02 ②

정답해설

[A]는 비유법과 과장법을 사용하여 폭풍으로 인해 변화된 배의 모습을 표현하고 있다. 따라서 [A]를 통해 알 수 있는 내용은 폭풍으로 인해 배가 변화되었다는 것이다.

오답해설

① [A]를 통해 화자와 일행이 떨어진 것을 알 수 없다.
③ [A]를 통해 화자의 여행 일정에 차질이 생겼음을 알 수 없다.
④ 윗글에서 바다의 풍경을 보고 감탄하는 부분은 '사면(四面)을 돌아보니 어와 장할시고'이다.
⑤ 윗글에서 화자는 자신의 감상과 견문을 밝히고 있을 뿐, [A]를 통해 고향을 떠나 외로워하는 화자의 정서를 알 수는 없다.

03 ③

정답해설

'여남은 구리 기둥 운소에 닿았구나'는 하늘에 닿을 듯한 구리 기둥의 위용을 과장되게 묘사한 것으로, 웅장한 건축물에 대한 화자의 감상이 담겨 있다. 따라서 화자가 소박한 풍경을 보았다는 것은 적절하지 않다.

오답해설

① '종사상'과 '중하관'은 각각 통신사의 수장과 하급 관원을 지칭하는 말이다. 따라서 '종사상'과 '중하관'이라는 단어를 통해 화자가 이들과 함께 외국으로 떠나는 사신임을 알 수 있고, 〈보기〉에서 사행가사는 사신으로 공식적, 비공식적 자격에 관계없이 외국을 여행하면서 듣고 본 경치와 느낌을 기록한 것이라고 하였으므로, 윗글은 화자가 외국을 여행하면서 듣고 본 경치와 느낌을 기록한 사행가사로 볼 수 있다.
② '여염도 왕왕 있고 흔할 손 대밭이다'는 화자가 여행을 하면서 본 일본의 모습으로, 화자의 견문이라 할 수 있다.
④ '왜황이 사는 곳이라 사치가 측량없다'는 말은 왜황이 사는 곳, 즉 왜성의 화려함이 지나치다고 평가하는 화자의 감상으로, 왜성에 대한 화자의 비판적 시각을 알 수 있다.
⑤ '왕화에 목욕 감겨 예의국 만들고자'에는 '개돼지 같은 비린 유'들이 있는 일본과 달리 '예의국'인 조선에 대한 자부심과 함께 문화적 우월감을 느끼는 화자의 모습이 나타나 있다.

04

정답

물속의 어룡들이 응당히 놀라리라

9강 견흥 · 방물가

빠른 정답 체크

본문 | 95

01 ②   **02** ④   **03** ⑤   **04** 해설참조

01 ②

정답해설

(가)의 화자는 청자에게 '비단 한 필'과 '반달 모양의 노리개'를 주고자 하며, (나)의 제2의 화자로 나타나는 남성은 제1의 화자인 여성에게 각종 방물, 세간 등을 주고자 한다. 이때 (가)와 (나)에서 언급된 소재들은 모두 시각적 심상을 활용하여 묘사되었으므로 적절하다.

오답해설

① 화자 간의 대화가 이루어지는 것은 여성 화자와 남성 화자가 등장하는 (나)에 해당한다.
③ (나)에서는 소재의 나열을 통해 이미지를 구체적으로 표현하고 있으나, 앞 구절의 끝 어구를 다음 구절의 첫머리에 이어 받아 표현하는 연쇄법이 나타나고 있지는 않다.
④ (가)와 (나) 모두 유사한 시행을 반복적으로 제시하여 (가)의 화자는 떠나는 임이 자신을 잊지 않기를, (나)의 화자는 이별의 상황에서 이별을 거부하고 임과 함께 하고자 하는 마음을 드러내

고 있다.

⑤ (가)에서는 과거로 거슬러 가는 구성, 혹은 과거로 갔다가 다시
현재로 돌아오는 역순행적 구성이 나타나고 있지 않다.

02 ④

정답해설

〈보기〉에 따르면 전통사회에서 여성들은 자아의식을 갖기 어려웠
으나, 허난설헌은 수동적이고 소극적이어야 했던 여성의 굴레를 벗
어나 여성 중심적 성 의식을 드러내었다. 이를 바탕으로 '길가에 버
리셔도 아깝지는 않지만'이라는 구절을 이해한다면, 이는 자신이
건넨 '반달 모양 노리개'를 다른 여성에게 주지 말 것을 능동적으로
요구하며 남성과 여성이 동등한 위치에 있음을 드러내는 것이지,
남편과의 이별을 대수롭지 않게 생각하는 것이 아니다.

오답해설

① 〈보기〉에 따르면 허난설헌은 수동적이고 소극적이어야 했던 여
성의 굴레를 벗어나 여성 중심적 성 의식을 드러내었다. 이러한
관점에 따르면 '아름다운 비단 한 필'은 임이 자신에 대한 지조
를 지키기를 바라는 허난설헌의 요구가 반영된 소재로 파악할
수 있으므로 적절하다.

② '오늘 아침'은 떠나는 임에게 화자가 '비단 한 필'을 건네는 시간
적 배경에 해당한다. 이를 바탕으로 화자는 남편에게 지조를 지
키라고 당부하고 있으므로 남편에 대한 적극적인 애정을 표출
하는 시간으로 볼 수 있다. 이는 당시 수동적이고 소극적이어야
하는 여성의 굴레에서 벗어나 적극적으로 자기 의사를 표현한
것으로, 자아의식을 표출한 시간으로 볼 수 있다.

③ '반달 모양 노리개'는 '아름다운 비단 한 필'과 같이 '나'가 임에
게 준 물건으로, 이는 임이 '나'와 혼인한 상태임을 잊지 않기를
바란다는 요구가 담긴 상징적 소재이다. 따라서 여성을 남성에
게 종속된 존재가 아닌 독립된 존재로 인식하며 상호 교감하는
동등한 위치에서 남성 역시 정조를 지킬 것을 요구하고 있는 것
으로 볼 수 있다.

⑤ 〈보기〉에 따르면 허난설헌은 여성의 투기가 금지되었던 사회적
인식에 구애받지 않았다. 이를 고려할 때, '새 여인 허리띠에만은
달아 주지 마세요'는 사회적 상황에 반하여 임이 다른 여인에게
노리개를 주는 것에 대한 우려를 드러내며 자신과 혼인한 상태임
을 잊지 말 것을 적극적으로 요구하고 있는 것이라고 볼 수 있다.

03 ⑤

정답해설

(나)에서는 이별의 대가로 제시한 사물들의 나열을 통해 당시 대중
들의 세속적인 욕망을 드러내고 있다. 반면, [A]는 이몽룡과 춘향
이 처한 상황과 대비되는, 기약없는 이별의 상황의 나열을 통해 재
회의 가능성을 제시하여 물질적 욕망이 아닌 신분을 초월한 사랑과
신의를 보여 주고 있다. 따라서 [A]에서 (나)와 달리 신의가 더 중요

함을 드러내고 있다는 것은 적절하다.

오답해설

① (나)와 [A] 모두 대상에 인격을 부여한 의인법은 사용되고 있지
않다.

② (나)에서는 '샛별 같은 쌍요강', [A]에서는 '장부의 맑은 마음 거
울 빛과 같은지라'에서 직유법을 찾아볼 수 있다. 그러나 (나)의
직유법은 맥락상 지조와 절개를 나타내는 표현이라고 보기 어
렵다.

③ 남성이 재회의 가능성을 제시하고 있는 장면이 [A]에서는 드러
나지만, (나)에서는 나타나 있지 않다.

④ [A]에서는 이몽룡과 춘향이 물건을 주고받으며 변함없는 사랑을
드러내지만, (나)에서 남성이 여성에게 제시한 물건은 이별을 위
한 수단일 뿐, [A]와 같은 의도를 담고 있지 않다. 이는 (나)가 당
시 물질적 가치를 중시하는 사회상을 반영한 것으로 볼 수 있으나
[A]의 기존 내용을 유지하고 있는 것이 아니므로 적절하지 않다.

04

정답

네 무엇을 달라고 하느냐. 네 소원을 다 일러라.

01 ⑤

정답해설

(나)의 '배꽃같이 바래워서 참외같이 올 짓고'에서는 비유적인 표현
을 사용하여 대상을 위한 화자의 노동을 시각적으로 묘사하고 있는
것이지, 화자를 위한 대상의 노력을 묘사하는 것이 아니다.

오답해설

① 화자는 '엄마'를 애타게 부르고 있는데, '북망산천 가시더니 오
늘에도 소식 없네'를 통해 화자의 '엄마'가 돌아가셨음을 알 수
있다. 따라서 화자는 부재하는 상황의 청자를 부름으로써 청자
인 '엄마'에 대한 안타까움과 그리움, 애절함을 드러내고 있으
므로 적절하다.

② 화자는 변함없이 청산을 유지하는 산천과, 나무를 하며 힘들게
살아가는 화자의 백발이 된 머리의 대비를 통해 자신의 처지를
한탄하고 있으므로 적절하다.

③ '올'과 '올뽕'은 동일한 음절을 가진 어휘로, 화자는 발음의 유사
성에 기초한 언어유희를 사용하여 베를 짜는 행위에 대한 심리
적 여유와 흥을 드러내고 있다고 볼 수 있다.

④ '짜궁짜궁'과 같은 음성 상징어를 사용하여 베를 짜는 과정을 생동감 있게 형상화하고 있으므로 적절하다.

02 ③

정답해설

(가)는 고달픈 삶을 살아가는 화자의 애환을 노래한 작품이며, 이러한 상황에서 화자는 '엄마'를 부르고, '냉수'를 찾고 있다. 또한 화자는 '~엄마요', '~냉수로구나'라고 하여 감탄형 어미를 사용하여 현재 자신이 처한 상황에 대해 한탄하고 있으므로 적절하다.

오답해설

① '진자리 마른자리'는 화자를 위한 '엄마'의 고생을, '북망산천'은 '엄마'가 돌아가셨음을 알 수 있는 시어이다. 따라서 이 두 공간은 모두 대상에 대한 화자의 그리움을 자아내기 때문에 화자가 다른 태도를 보인다는 것은 적절하지 않다.

② '가는 허리'와 '바늘'은 부재하는 대상인 '엄마'가 아닌, 화자 자신의 고달픈 삶을 형상화한 것이므로 적절하지 않다.

④ '삼간방'은 화자가 베를 짜는 행위가 이루어지는 공간이며 베를 짜는 행위에 대한 화자의 긍정적 인식이 담긴 공간인 것은 맞으나, 일상적인 행위가 이루어지는 공간이므로 초월적 공간으로 보기 어렵다.

⑤ '버선'은 가족들을 위한 화자의 정성이 담긴 소재이므로 연민의 태도는 찾아볼 수 없다.

03 ④

정답해설

'하늘에다 베틀 놓고 구름 속에 이매 걸어'는 평범한 인간과는 다른 초월적 인물을 연상하게 하는 구절이므로 고사를 인용한 부분으로 볼 수 있다. 이러한 점에서 살펴보면 이 구절은 직녀 설화를 차용하여, 자신을 직녀에 비유하며 노동의 상황에 대한 낭만을 드러내는 구절로 이해할 수 있다. 따라서 고달픈 상황의 정서를 직접적으로 드러내는 부분으로 볼 수 없다.

오답해설

① 〈보기〉에 따르면 (가)는 조선시대 남성 하층민의 삶을 민요로 표현한 것으로, 태어난 것에 대한 비애, 신분 차별 등을 담고 있다. (가)의 화자는 '어떤 사람 팔자 좋아 / 고대광실 높은 집에 부귀영화로 지내건마는'이라고 하며 자신의 고달픈 삶을 어쩔 수 없는 것으로 받아들이는 운명론적 사고관을 드러냄과 동시에 부귀영화를 누리는 사람에 대한 부러움을 드러내고 있다. 따라서 (가)의 화자는 신분 차별이라는 운명을 받아들이면서 자신의 처지를 한탄하고 있으므로 적절하다.

② (가)의 '산천초목으로 후려잡고 지게로 살러를 가노'를 통해 화자가 나무꾼임을 알 수 있으며, '후려잡고'라는 표현을 통해 화자가 자신의 처지에 대해 부정적 인식을 드러내고 있다. 〈보기〉

에 따르면 이는 일에 대한 괴로움을 표현한 것이다.

③ (나)의 '강릉 가서 날아다가 서울 가서 매어다가'는 대구법을 사용하여 베를 짜는 과정을 드러낸 것으로, 〈보기〉에 따르면 이를 통해 (나)가 베를 짜며 그 과정을 노래한 부녀자들의 민요임을 알 수 있다.

⑤ (나)의 '겹옷 짓고 솜옷 지어 우리 부모 드리겠네'는 화자가 베를 짜서 만든 결과물을 부모에게 드리고 싶다는 것으로, 노동의 고달픔 속에서도 단란한 가정의 모습을 드러내며, 〈보기〉에 따르면 유교적 이념을 드러내는 것으로 이해할 수 있다.

04

정답

버선

본문 | 104

| **11강** | 영립 · 원생원 · 청산리 벽계수야~ |

빠른 정답 체크

01 ③ 　**02** ③ 　**03** ④ 　**04** 해설참조

01 ③

정답해설

(나)는 표면적으로는 '원숭이', '쥐', '모기', '벼룩'에게 괴롭힘을 당하는 화자의 안타까운 처지를 전달하고 있으며, 이면적으로는 각 행의 마지막 세 글자가 각각 '원 생원', '서 진사', '문 첨지', '조 석사'라는 네 사람을 지칭하게 하여 자신을 푸대접한 마을 유지들을 동물에 빗대어 중의적으로 표현함으로써 그들을 풍자하고 있다. (다)는 표면적으로는 인생의 덧없음을 토로하며 자연에서 쉬어 갈 것을 권유하고 있으며, 이면적으로는 자연물이면서 어느 왕족의 별칭인 '벽계수'와, 마찬가지로 자연물이면서 작가인 황진이의 기명인 '명월'이라는 시어를 활용하여 벽계수에게 자신과 함께 풍류 생활을 즐길 것을 권유하고 있다.

오답해설

① (가)에는 시간의 흐름이 나타나지 않으며, (나)에는 '해', '황혼', '밤'이라는 시어에서 하루 동안의 시간의 경과를 확인할 수 있으나 이에 따른 화자의 태도 변화를 묘사하고 있지 않다.

② (다)의 '명월이 만공산하니 쉬어 간들 어떠리'에서 설의적인 표현을 사용하여 자연과 인생을 즐기며 살아가는 삶의 가치를 강조하고 있으나, (가)에는 설의적인 표현이 사용되지 않았다.

④ (가)의 '속세 사람 의관은 모두 겉치레이니'에서 속인들의 삶에 대한 화자의 부정적인 태도가 드러나고 있으나, 현재의 시점에서 회상 장면들을 나열하지는 않았다.

⑤ 청자에게 말을 건네는 어조를 통해 미래보다 현재를 우선시하는
화자의 태도를 드러내는 것은 (나)가 아닌 (다)이다.

02 ③

정답해설

이면적 의미에 주목한다면, (나)는 화자를 박대한 마을 유지들을 풍
자하는 내용이지, 현실 정치를 정면으로 비난하는 것은 아니다.

오답해설

① 표면적 의미에 주목한다면, (나)는 하루 종일 '원숭이', '쥐', '모
기', '벼룩'에 의해 고통을 겪는 화자의 고달픔과 애환을 그린 작
품이다.
② (나)는 표면적으로는 하루 종일 화자를 괴롭히는 여러 동물들을
나열하고 있고, 이면적으로는 지방 유지들을 동물에 빗대어 희
롱하고 있다. 따라서 표면적 의미에만 주목한다면 마을 유지들
을 조롱하려는 작가의 의도를 추론하기 어렵다.
④ 이면적 의미에 주목한다면, (나)는 화자를 박대한 마을 유지들을
하찮은 미물에 비유하며 풍자하고 웃음을 유발하고 있다.
⑤ 이면적 의미에 주목한다면, (나)는 청자인 마을 유지들이 자신들
의 행동에 부끄러움을 느끼게끔 했으므로 청자들이 자기 자신
을 반성하도록 유도했다는 점에서 의의가 있다.

03 ④

정답해설

시적 화자와 시인이 동일시되지 않았다면, (가)의 '누각'은 인생의
덧없음을 나타내는 공간이 아닌, 자연 속 풍류를 즐기는 공간에 해
당하며, (다)의 '청산리'는 인생무상의 태도를 보여 주는 것이 아닌
'벽계수'가 '수이 감을 자랑'하는 공간으로 볼 수 있다.

오답해설

① 시적 화자와 시인이 동일시되었다면, (가)의 화자는 김삿갓이고
(다)의 화자는 황진이이다. 이 맥락에서 (가)의 '사십 년'은 자신
의 조부를 비판하여 급제한 사실에 대한 참회의 시간으로 볼 수
있다. 또한 (다)의 '일도창해'는 표면적 의미로는 '한번 가서 바
다에 도달하면'으로 해석되며, 이면적 의미로는 '이곳을 떠나
다른 곳으로 간다면'으로 읽히므로, 청자인 벽계수의 입장에서
후회를 느끼게 되는 시간이 될 수 있다.
② 시적 화자와 시인이 동일시되었다면, (가)의 화자인 김삿갓은
(가)의 '온 하늘에 비바람 가득해도 나는 걱정 없네'를 통해 자신
의 삶에 자부심을 가지고 있음을 알 수 있다. 자신의 삶에 대해
떳떳한 김삿갓은 '목동'과 '어부'가 주로 삿갓을 쓴다는 점에 착
안해 자신의 삶을 이 두 대상에게 반영했다. 따라서, (가)의 '목
동'과 '어부'는 스스로에게 떳떳한 태도를 나타낸다고 말할 수
있다. 또한 (다)의 청자는 벽계수로, '수이 감을 자랑 마라'에는
'쉽게 흘러가는 것'을 자랑하는 청자에게 경고를 드러내는 시어
로 볼 수 있다.

③ 시적 화자와 시인이 동일시되었다면, (가)의 '걱정 없네'는 근심
이나 걱정에 얽매이지 않는 태도를 드러내는 것으로 화자의 내
적 갈등이 해소된 것으로 볼 수 있다. 또한 (다)의 '쉬어 간들 어
떠리'는 화자가 청자에게 권유하는 것이므로, 쉬어갈지 아니면
지나칠지에 대한 청자의 내적 갈등을 유발하는 것으로 볼 수
있다.
⑤ 시적 화자와 시인이 동일시되지 않았다면, (가)의 '달구경'은 시
적 화자가 술에 취하고 흥이 나면 하는 것으로, 자연을 완상하
는 모습을 드러내며, 풍류를 즐기고자 하는 화자의 태도가 담겨
있는 것으로 볼 수 있다. 또한 (나)의 '명월이 만공산'이라는 것
은 밝은 달을 즐기라는 시적 화자의 권유로, (가)처럼 풍류를 즐
기고자 하는 화자의 태도가 나타나 있는 것으로 볼 수 있다.

04

정답

명월

현대시

1강 거짓 이별 · 맹세

본문 | 112

빠른 정답 체크

01 ④　　02 ⑤　　03 ③　　04 ③　　05 해설참조

01 ④

정답해설

(가)의 '시들어 가는 두 볼의 도화가 부정한 봄바람에 몇 번이나 스쳐서 낙화가 될까요.'와 '회색이 되어 가는 두 귀밑의 푸른 구름이, 쪼이는 가을볕에 얼마나 바래서 백설이 될까요.'에서 각각 '도화'와 '푸른 구름'은 시간의 흐름에 따라 '낙화', '백설'로 변화하는 특성을 지닌다. 이를 통해 젊었던 화자가 임을 기다리다 늙어가는 과정을 표현하고 있으므로 적절하다.

오답해설

① (가)에서는 '머리'와 '마음', '피'와 '눈물'을 병렬적으로 배치하여 시간이 지나도 변치 않는 임에 대한 화자의 사랑을 드러내고 있으나, (나)에서 대조적인 시어를 병렬적으로 배치하는 부분을 찾을 수 없다.

② (가)에서 '회색이 되어가는 두 귀밑의 푸른 구름', '백설' 등을 통해 감각적 이미지를 활용하고 있으나, 이는 작품의 중심 소재를 묘사하는 것이 아니라 화자의 처지에 대한 안타까움을 효과적으로 드러내기 위한 것이다.

③ 불가능한 상황을 제시하는 것은 (나)이며, 이를 통해 현실의 모순성을 부각하는 것이 아니라 임에 대한 화자의 사랑을 강조하고 있다.

⑤ (가)에서는 '당신과 나와 이별한 때가 언제인지 아십니까.', '시들어 가는 두 볼의 도화가 무정한 봄바람에 몇 번이나 스쳐서 낙화가 될까요.' 등에서, (나)에서는 '뜨거운 가슴을 어찌하리야.', '내 무슨 자랑과 선물을 지니랴.' 등에서 의문을 나타내는 종결 어미를 반복하고 있다.

02 ⑤

정답해설

(가)의 화자가 희어 가는 '머리'와 달리 '마음'이 붉어진다는 것에서, 시간이 흘러도 임에 대한 화자의 사랑이 영원하다는 것이 드러난다. (나)의 화자가 '마음'이 가난하여 임을 위해 '자랑과 선물'을 줄 수 없다고 말하는 것에서 임을 위해 해줄 수 있는 것이 없는 화자의 안타까움이 드러난다.

오답해설

① ⓐ, ⓑ 모두 임에 대한 화자의 사랑을 드러내는 소재이다.

② ⓐ, ⓑ 모두 갈등을 유발하는 소재라고 볼 수 없다.

③ ⓐ, ⓑ 모두 임과 화자의 물리적 거리와는 관련이 없다.

④ ⓐ는 임에 대한 화자의 사랑을 의미할 뿐, 임을 위해 무엇이라도 하겠다는 의지가 드러나지는 않는다.

03 ③

정답해설

'창백한 꽃송이'에 '피'를 불어넣어 생명체를 살려내는 것은 화자의 희생적 태도를 나타내는 것이지, 임과 같은 절대적 존재가 되기를 추구하는 것이라 볼 수 없다.

오답해설

① 〈보기〉에 따르면, 한용운의 시에서 '당신'은 반드시 함께해야 할 절대적 존재이기 때문에 화자는 이별을 의지적으로 대한다고 하였다. 따라서 '나의 입술이 당신의 입술에 닿지 못하는 것'은 화자가 인식한 '당신'과의 이별 상황이며, 이를 '거짓 이별'이라 칭하는 것을 통해 화자와 임이 재회할 것을 확신하고 있다고 볼 수 있다.

② (가)의 화자는 '당신'과 화자의 상황을 '거짓 이별'이라 칭하며, '당신'과의 재회를 필연적으로 받아들이고 있지만, '한 해 두 해 가는 것이 얼마 아니 된다고 할 수가 없습니다.'를 통해 이별의 상황이 지속되는 것에 대한 고통을 드러내고 있으므로 적절하다.

④ 〈보기〉에서 조지훈은 '임'을 절대적인 존재로 인식하며, 그에 대한 사랑을 적극적으로 표현한다고 하였으므로 임에 대한 사랑이 '흰 뼈'가 '부활하여 다시 죽을 날'까지 계속된다는 것은 임에 대한 화자의 영원한 사랑을 적극적으로 표현하는 것이라 볼 수 있다.

⑤ (나)의 화자는 임을 '거룩한 일월'이라 칭함으로써 절대적 존재로 인식하고 있다. 또한 임의 '손길 앞에'서 우는 것을 통해 임에 대한 사랑의 감정을 주체하지 못하고 있다고 볼 수 있다.

04 ③

정답해설

[C]에서 화자는 '만년을 싸늘한 바위를 안고도' 임을 향한 '뜨거운 가슴'을 주체하지 못하고 있으므로 이는 임에 대한 화자의 사랑을 강조하는 것으로 볼 수 있다.

오답해설

① [A]에서 화자는 임을 기다리느라 '도화'가 '낙화'가 되고, '푸른 구름'이 '회색'을 지나 '백설'이 되는 시간을 보내고 있다. 이는 임을 기다리며 젊음을 잃고 늙어가는 화자의 한탄으로 볼 수 있다.

② [B]에서 '사랑의 언덕엔 사태가 나도 희망의 바다엔 물결이 뛰'논다는 표현을 통해, 임과 이별했으나 재회할 수 있을 것이라는 화자의 희망이 드러나고 있다.

④ [D]에서 임을 향한 화자의 지조와 절개를 의미하는 '피리'의 '아픈 가락'이 '구천'에까지 닿아 임에게 들리기를 바라는 모습을 통해, 화자가 임을 향한 자신의 그리움이 구천에 울려 퍼지길 소망하고 있음을 알 수 있다.

⑤ '미워하는 모든 것'을 다 잊은 상황에서 임을 향한 화자의 '붉은 마음'이 시간이 흘러 '숯'이 되고, 다시 '그 숯이 되살아 재 될 때까지' 계속될 것이라 하고 있으므로 임을 향한 화자의 일편단심이 드러난다고 볼 수 있다.

05

정답

이른바 거짓 이별이 언제든지 우리에게서 떠날 줄만은 알아요.

01 ①

정답해설

(가)의 '아우래비'는 '아홉 오라비' 또는 '아우 오래비'를 줄인 말로 볼 수 있으며, '오랩동생' 또한 '오래비'와 '동생'을 줄인 말로 볼 수 있다. 이를 통해 의도적으로 시어를 변형하여 리듬감에 변화를 주고 있는 것이다. 또한 (나)에서도 '비인'과 같은 시적 허용을 통해 리듬감에 변화를 주고 있으므로 적절하다.

오답해설

② (가)에서는 접동새의 울음소리를 흉내 낸 의성어 '접동'이, (나)에서는 밤나무가 서 있는 모습을 흉내 낸 '오뚝'과 같은 음성 상징어가 사용되고 있으나, 이를 활용하여 화자의 심리 변화를 드러내고 있지는 않다.

③ (가)에서 '옛날' 접동새 설화 속 누나의 죽음에 대해 말한 뒤, '야삼경 남 다 자는 밤이 깊으면' 울고 있는 접동새(누나의 환생)에 대해 말하고 있으므로 이를 시간의 흐름이라고 볼 수는 있으나, (가)의 '접동새'는 '이 산 저 산 옮아가'는 존재이므로 정적인 모습이 강조된다고 볼 수 없다. (나) 또한 '노을', '적막한 황혼'을 통해 작품의 시간적 배경을 알 수 있을 뿐, 시간의 흐름에 따른 시상 전개는 나타나지 않는다.

④ (가)에서는 '접동', '누나' 등을 반복하고 있으나, 시적 대상인 '누나'에 대해 관조적 태도, 즉 거리를 두고 바라보거나 감정을 절제하는 태도를 보이고 있지는 않다. (나) 역시 '동생', '무덤' 등의 단어를 반복하는데, 화자가 시적 대상인 '동생'에 대해 서러움을 느끼고 있기 때문에 관조적 태도를 드러낸다고 볼 수 없다.

⑤ (나)에서는 환한 '들국화'와 죽은 '누이동생'이 대비되어 '누이동생'을 그리워하는 화자의 슬픈 심정과 누이의 부재가 부각되고 있으나, (가)에서는 자연물 '접동새'와 화자의 처지가 대비된다고 볼 수 없다.

02 ③

정답해설

'누나라고 불러 보랴'라는 시행을 통해, ㉠은 화자가 호명하고자 시도했던 대상임을 알 수 있다. ㉡ 또한 '한줌 흙을 헤치고 나즉―이 부르면 함박꽃처럼 눈 뜰 것만 같아'라는 시구를 통해, 화자가 호명하고자 시도했던 대상임을 알 수 있으므로 적절하지 않다.

오답해설

① ㉠의 죽음은 '의붓어미 시샘에 죽었습니다'라는 시행을 통해 명시적으로 드러난다. 그러나 ㉡의 죽음은 '여윈 가지', '갈길을 못 찾는 영혼', '차단―한 비석', '흰 나비', '체온이 꺼져 버린' 등을 통해 주로 간접적으로 암시되고 있다.

② ㉠의 죽음은 '의붓어미'의 시샘이 원인이라고 볼 수 있으나, ㉡의 죽음의 원인은 시 속에서 명확하게 밝혀지지 않았다.

④ (가)의 화자와 ㉠의 개별적인 사연은 '접동새'와 관련된 우리나라의 설화와 관련이 있다. 즉, ㉠의 개별적인 사연이 일반적인 설화로 확장되었다고 볼 수 있다. 그러나 ㉡은 개별화된 사연에 그칠 뿐, 설화로 확장되고 있지 않으므로 적절하다.

⑤ (가)의 화자는 '오오 불설워'라고 말하며 서러움을 표출하고 있으며, '시새움에 몸이 죽은 우리 누나는 / 죽어서 접동새가 되었습니다'를 통해 억울하게 죽은 ㉠이 접동새로 환생하였음을 알 수 있다. 그러나 ㉡이 환생한 소재는 제시되어 있지 않다.

03 ⑤

정답해설

〈보기〉에 따르면 '한'은 어떠한 원인으로 인해 자신의 욕구나 의지가 좌절되었을 때 생겨나는 것이다. 그러나 (나)의 '물소리와 바람소리'는 '누이동생'의 부재를 실감하게 하여 화자가 서러움을 느끼게 하는 대상으로, '누이동생'의 욕구나 의지를 좌절시킨 대상이 아니다.

오답해설

① (가)에서 타인인 '의붓어미'의 '시샘'으로 인해 '누나'가 죽었고, 이 때문에 '누나'의 동생인 화자가 좌절을 느끼고 있으므로, (가)의 화자의 한은 타인에 의해 발생한 것으로 볼 수 있다.

② 〈보기〉에 따르면 자신의 욕구나 의지가 좌절된 상황에 처한 인간은 미련을 버리지 못하고 한을 지니게 된다. (가)의 화자는 '누나'가 '의붓어미'의 '시새움에 몸이 죽'었으나, '접동새'로 환생하였다고 인식하고 있다. 이는 누나의 죽음에 대한 미련을 버리지 못한 것으로, 이를 통해 화자가 한을 지니게 되었다고 볼 수 있다.

③ 〈보기〉에서 타인에 의해 개인의 삶이 좌절된 인간은 체념, 즉 미련을 버리지 못하고 한을 지니게 된다고 하였다. '누나' 역시 '의붓어미'로 인해 죽게 되어 삶이 좌절되었으나, '아홉이나 남아 되던 오랩동생을 / 죽어서도 못 잊어' 접동새로 환생하여 울고 있다. 따라서 '누나'의 한은 '오랩동생'을 향한 미련으로 인해 형성된 것으로 볼 수 있다.

④ (나)의 화자는 '누이동생'이 죽은 뒤에 '갈길을 못 찾는 영혼'이 되었을 것이라 생각하며, 이로 인해 '절로 눈'이 감기며 나직이 '누이동생'을 부르면 '함박꽃처럼 눈 뜰 것만 같아 서'럽다고 하였다. 따라서 (나)의 화자의 한이 '누이동생'의 죽음에서 비롯된 것임을 알 수 있다.

04

정답

ⓐ: 야삼경, ⓑ: 적막한 황혼

3강   싸늘한 이마 · 월훈

빠른 정답 체크

본문 | 122

01 ⑤   **02** ③   **03** ⑤   **04** 해설참조

01   ⑤

정답해설

(가)에서 화자는 '한 포기 산꽃', '까만 귀또리', '기리는 별'이 있다면 위로, 기쁨, 즐거움이 되겠다고 말하고 있다. 그러나 이는 시적 대상이 존재하는 상황을 가정하는 것으로, 시적 대상이 화자의 주변에 있다고는 할 수 없다. (나)의 '짚오라기', '이름 모를 새', '귀뚜라미' 등은 '노인'의 외로움을 부각하는 소재일 뿐, '노인'을 위로하지는 않는다.

오답해설

① (가)는 '~라도 ~면 얼마나 한 ~이랴'라는 유사한 통사 구조를 반복하여 운율감을 형성하고 있으며, (나)는 '~을/를 ~고 ~지요.'라는 통사 구조의 반복을 통해 운율감을 형성하고 있다.

② (가)는 1연의 '빼앗기는 듯한 외로움'을 2연의 '모두 빼앗기는 듯'으로, 2연의 '새파란 불'을 3연의 '파란 불'로 연결 짓는 연쇄법을 사용하여 내용을 점층적으로 전개하여 화자의 외로움이 심화되는 과정을 보여 주었고, (나)에서도 '벽 속에서 겨울 귀뚜라미는~벽이 무너지라고 웁니다.'에서 조용한 방 안을 가득 채우는 귀뚜라미의 울음을 통해 점층적 구성으로 노인의 고독을 강조하고 있다.

③ (가)는 '외로움', '인광', '간지러움'에서, (나)는 '마을', '월훈'에서 명사로 시행을 종결하여 화자가 느끼는 감정과 인식을 단정적으로 드러내는 모습을 보이고 있음을 알 수 있다.

④ (가)는 '새파란 불', '까만 귀또리'에서 시각적 이미지가, '싸늘한 이마', '신경의 간지러움'에서 촉각적 이미지 등이 활용되었다. (나)는 '모과빛'에서 시각적 이미지, '새들의 온기'에서 촉각적 이미지, '밭은 기침소리'에서 청각적 이미지 등이 활용되었다. 따라서 (가)와 (나) 모두 감각적 이미지를 통해 화자의 처지와 정서를 효과적으로 표현하고 있다.

02   ③

정답해설

'기리는 별'은 외로운 처지의 화자에게 위로와 위안이 되는 대상으로, 다른 시어와 의미가 다르다.

오답해설

① '새파란 불 붙어 있는 인광'은 외로움으로 가득한 화자의 몸을 비유한 것으로, '인광'은 화자의 외로움과 적막한 상황을 감각적으로 형상화한 대상으로 볼 수 있다.

② '싸늘한 이마'는 '인광'과 함께 파란색으로 대변되는 외로움의 이미지를 형상화한 표현에 덧붙어 화자의 외로움을 고조하는 표현으로 확인할 수 있다.

④ '갱'은 땅속 굴을 가리키므로, '갱 속 같은 마을'은 '노인'이 사는 마을이 단절되고 고립된 장소임을 함의한다. 이는 '노인'의 고독감을 강조하는 역할을 한다.

⑤ '월훈'은 함박눈으로 인해 생겨난 것으로, 함박눈은 '노인'이 있는 집안과 외부를 차단하는 대상이다. 이로 인해 '노인'은 외부와 단절되어 더욱 심화된 외로움을 느끼게 된다.

03   ⑤

정답해설

(나)의 '벽 속에서 겨울 귀뚜라미는 울지요. 떼를 지어 웁니다. 벽이 무너지라고 웁니다.'는 조용한 방 안을 가득 채우는 귀뚜라미의 울음을 통해 노인의 외로움을 강조한 것이다. 노인의 외로움이 해소될 수 있음을 암시하는 것은 아니다.

오답해설

① (가)의 화자는 '큰 어둠 가운데 홀로 밝은 불 켜고 앉아 있'는데, '큰 어둠'은 화자가 처한 부정적 현실을 의미하며 화자는 '앉아 있'으면서 자신의 외로움을 들여다본다.

② (가)의 화자는 2연에서 '모두 빼앗기는 듯 눈덮개 고이 나'린다고 하는데, 이는 1연의 '모두 빼앗기는 듯한 외로움'과 연결되어 외로운 상태가 지속되고 있음을 나타낸다. 또한 3연에서 '파란 불에 몸을 사'른다고 한 것은 2연의 '새파란 불'과 연결되어 외로운 상태가 지속되고 있음을 나타낸다.

③ (나)의 공간적 배경은 '첩첩 산중에도 없는 마을', '허방다리 들어내면 보이는 마을', '갱 속 같은 마을'로 묘사되는데, 이는 노인이 위치한 공간이 외부와 단절된 곳임을 의미하며 노인이 외로움을 느끼는 이유 중 하나를 드러낸다.

④ (나)에서 노인은 '무우를 깎기도 하고 고구마를 깎'기도 하는데, 이는 노인이 긴 겨울밤 동안 느끼는 외로움을 달래기 위한 행동이다.

04

정답

모과빛

4강 그의 반 · 사랑법

빠른 정답 체크

본문 | 126

01 ⑤ **02** ② **03** ③ **04** 해설참조

01 ⑤

정답해설

(나)는 '침묵할 것', '서둘지 말 것' 등 명령형 어조로 화자가 말하고자 하는 바를 강조하며 단호한 분위기를 조성하고 있다. 그러나 (가)에서는 명령형 어조를 찾아볼 수 없다.

오답해설

① (가)는 '쪽빛', '흰 꽃' 등의 시각적 이미지를 통해 '그'를 선명하게 형상화하고 있다.

② (가)는 '불', '달', '금성', '고산 식물' 등의 자연물을 통해 '그'라는 시적 대상에 대한 화자의 경외심을 드러내고 있다.

③ (나)는 '~고 싶은 자 / ~게 하고', '또는 ~에 대하여' 등 동일한 통사구조의 반복을 통해 운율감을 형성하고 있다.

④ (나)는 사랑의 과정 속에서 화자를 집착하게 만드는 대상을 '꽃', '하늘', '무덤'에, 활력을 잃고 무기력하게 꿈을 포기한 채 살아가는 상황을 '굳은 날개', '흐르지 않는 강물', '누워 있는 구름'에 비유하여 시적 대상을 효과적으로 표현하였다.

02 ②

정답해설

화자가 '나는 사랑을 모르노라 오로지 수그릴 뿐'이라고 하는 것은, '그'가 절대적인 존재이기 때문에 화자는 감히 '그'를 사랑한다고 할 수 없으며 오로지 경외하고 있다는 사실을 전달하고 있다. 화자가 '그'를 알게 됨으로써 사랑을 배웠는지와는 관련이 없다.

오답해설

① 화자는 '그'를 '나의 눈보다 값진 이'라고 하며 '그'를 화자 자신보다 더 사랑하고 있음을 나타내고 있다.

③ '꽃', '하늘', '무덤'은 화자에게 가치가 있는 대상이자, 화자가 집착하는 대상이다.

④ '오래전에 굳은 날개', '흐르지 않는 강물', '누워 있는 누워 있는 구름', '결코 잠깨지 않는 별'은 화자가 과거에 추구하려 했으나 현재에는 포기한 대상으로, 특히 '오래전에 굳은 날개'는 화자가 포기한 꿈과 이상을 의미한다.

⑤ '실눈으로 볼 것'에는 현실을 담담한 자세로 관조하며 쉽게 단정 짓지 말 것을 강조하는 화자의 태도가 드러나 있다.

03 ③

정답해설

(가)에서 화자가 '굽이굽이 돌아 나간 시름의 황혼 길 위'를 걷는다는 것은 완전한 존재인 '그'와는 달리, 불완전한 존재로서의 화자가 방황하는 모습을 나타낸다. '그'의 고결함을 따르고자 하는 태도가 드러난 것은 아니다.

오답해설

① (가)에서 화자가 '내 무엇이라 이름하리 그를?'이라고 한 것은 '그'에 대한 경외심을 강조하는 것이다.

② (가)에서 '그'가 '나의 가지에 머물지 않고 나의 나라에서도 멀다'는 것은 절대적 존재인 '그'가 화자로서는 범접하기 어려운 존재임을 암시한다.

④ (나)에서 '떠나고 싶은 자'는 '떠나게 하'고, '잠들고 싶은 자'는 '잠들게 하'라는 것은 사랑하는 대상에 집착하지 않으려는 태도를 나타낸 것이다.

⑤ (나)에서 '가장 큰 하늘'이 '그대 등 뒤에 있다'는 것은 침묵과 관조를 통해 사랑의 절대적 경지에 도달할 수 있음을 표현한 것이다.

04

정답

5

5강 학 · 저 새

빠른 정답 체크

본문 | 131

01 ⑤ **02** ③ **03** ⑤ **04** 해설참조

01 ⑤

정답해설

(가)의 화자는 자신의 모습을 '학'에 빗대어 자신의 처지를 드러내고 있으나 학이라는 자연물에 감정을 이입한 것은 아니다. (나)의 화자는 새에 감정을 이입하여 부정적 현실에 대한 슬픔과 아픔을 표현하고, 이를 극복하고자 하는 의지를 보이고 있다. 따라서, (나)는 (가)와 달리 자연물에 자신의 감정을 이입해 시상을 전개해 나가고 있다.

① (나)의 화자는 언젠가 '저 어둠 태우며 / 타오를 산'에 '눈부시게 깃쳐 오를 새하얀 새'를 통해 부정적 현실을 극복하려는 의지를 보여 주고 있다. 하지만 (가)의 화자는 학을 통해 '밤서리'와 같은 시련에 굴하지 않고 '별빛'과 같은 이상을 이고 서 있는 자신의 처지를 말할 뿐 극복하려는 모습은 보이지 않는다.

② (가)의 화자는 타인과 대비하여 고향에 돌아가지 못하는 자신의 처지에 대한 슬픔과 향수를 드러내지만, 과거와 현재의 대비와 관련된 내용은 담기지 않았다.

③ (나)의 화자는 부정적인 현실을 인식하고 극복하고자 하는 바람을 담아내고 있다. 하지만 여기서 성찰을 통해 삶의 깨달음이나 교훈 등을 이야기하는 부분은 나타나 있지 않다.

④ (나)의 화자는 새를 바라볼 때 감정을 배제하고 관조적인 태도로 관찰을 하는 것이 아니라, 새를 통해 화자가 처한 부정적 현실을 표현하며 극복의 의지를 드러내고 있다.

02 ③

'호올로'는 홀로의 시적 허용으로, 남루하고 고독한 화자의 처지를 고고하고 외로운 학으로 형상화하여 표현하고 있다.

① 슬픔이 멍처럼 목줄기에 맺히어 소리를 낼 수 없다고 표현하였으므로 '슬픔'은 원관념, '멍'은 보조 관념이다 '멍'은 '인 양'이라는 연결어를 통해 비유되고 있으므로, 이것은 은유적 표현이 아닌 직유적 표현으로 보는 것이 적절하다.

② '창창한 담채화'는 시각적 이미지를 활용하여 이상적 공간을 말하고 있는 것이 맞지만, 이는 화자가 품은 이상적 공간이 아닌 타인들이 지닌 이상적 공간이다.

③ 반복법과 의인법을 활용한 것은 맞지만, 새는 '어둡고 캄캄한 저 빈 산'에 돌아온 것이고 화자는 그런 새를 위해 산에 꽃을 피우러 가자고 말하고 있다. 이는 새를 반갑게 맞이하는 정서가 아닌 안타깝고 슬퍼하는 정서에 가깝다.

④ 청유형 어조 '~가세'가 사용되었으나 이는 현실에 대한 극복 의지를 보여 주는 것이다. 시적 공간은 현재 꽃이 피지 않은 부정적 상태이므로 만족스러운 상황이 아니다.

03 ⑤

(나)와 〈보기〉의 작품은 모두 어둠이나 밤 같은 부정적인 현실을 타파하려는 의지적인 태도를 보이고 있다. 그러나 태도를 방해하는 요소들에 대한 주의와 경각을 요하는 모습은 나타나 있지 않다.

① 돈호법은 사물이나 사람의 이름을 부르는 표현법이다. (가)에서는 산을 부르고 〈보기〉에서는 해를 부르고 있다. 이런 호명을 통해 독자들의 주의와 관심을 환기할 수 있다는 장점이 있다.

② (가)에는 '우우우', 〈보기〉에는 '워어이 워어이'라는 음성 상징어가 사용되어 시적 상황을 생동감 있게 표현하고 있다.

③ (가)는 '새하얀 새'와 '어두운 빈 산'을 통해, 〈보기〉는 '어둠'을 물리치는 '고운 해'를 통해 밝음과 어둠이라는 이미지의 대립을 사용하여 이상향, 화자가 추구하는 더 나은 현실에 대한 지향을 드러내고 있다.

④ (가)에서 어둠은 꽃을 피우기 위해 태워야 하는 존재이고, 〈보기〉에서는 살라 먹어야 하는 존재로, 화자의 부정적인 현실 인식을 표현한다고 볼 수 있다.

04

올빼미

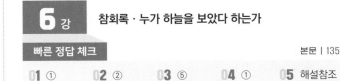

6강 참회록 · 누가 하늘을 보았다 하는가

본문 | 135

01 ①

(가)의 화자는 일제 강점기의 암울한 시대 상황에서 자아를 성찰하며 자신에 대한 참회와 희생의 의지를 보인다. 하지만 부정적 현실에 대한 비판이 구체적으로 드러나 있지는 않다.

② (가)의 화자는 자기 자신에 대한 부끄러움을 가지고 있으며 이를 고백하며 참회하는 내용이 담긴 만큼, 슬픔과 부끄러움, 외로움 등의 정서가 시 전체에 만연해 있다. 성찰을 끝낸 존재가 어느 운석 밑으로 홀로 걸어가는 슬픈 뒷모양을 한 것 등에서 이러한 정서를 읽어낼 수 있다.

③ (가)의 화자는 일제 강점기라는 부정적 현실 속에서 성찰을 통해 고백적 어조로 부끄러운 자신을 참회하고 있다.

④ (나)의 화자는 '누가 하늘을 보았다 하는가' 등의 문장들을 반복하며 지금까지 알고 있었던 하늘은 먹구름이며 맑은 하늘을 보아야 한다며 현실 극복 의지를 드러낸다.

⑤ 화자는 '먹구름', '쇠 항아리'와 대립 관계에 있는 '하늘'을 통해 억압적인 현실에 대한 극복 의지를 불태우고 있다.

02 ②

정답해설

(가)의 '거울'은 자아 성찰을 할 수 있게 만드는 수단으로서 자신의 내면을 볼 수 있게 만드는 도구이다. 〈보기〉의 화자는 '우물' 속에서 '사나이'라고 하는 내면의 자신을 만나므로, 〈보기〉의 '우물'이 (가)의 '거울'과 같은 기능을 한다고 볼 수 있다.

오답해설

① '산모퉁이'는 '우물'로 향하는 길에 지나가는 것이다.
③, ④ '달'과 '구름'은 '우물 속'에 존재하는 자연물로, 평화롭고 아름다운 풍경을 형성한다.
⑤ '사나이'는 '우물'에 비친 화자 자신으로, 화자가 자아 성찰의 과정에서 마주한 내면의 자아이다.

03 ⑤

정답해설

암울한 현실 상황을 인식하고 있는 것은 맞으나, ⓜ은 그러한 현실을 인고하는 태도를 드러내는 것이다. 현실에 좌절한 모습이 드러나지는 않는다.

오답해설

① '구리 거울' 속의 얼굴을 '어느 왕조의 유물'로 표현함으로써, 개인의 삶을 넘어 역사적 자아로서의 '나'를 보여 주며 의미를 확장하고 있다.
② '슬픈 사람의 뒷모양'은 '거울을 손바닥으로 발바닥으로 닦'은 뒤에 나타나는 것으로, 반성과 성찰을 통해 도달할 수 있는 경지의 존재이다.
③ 청자는 '먹구름'을 보고도 그것을 '하늘'로 알고 살아갔다고 하였으므로, 청자의 인식과 현실 속 본질이 다름을 알려주고 있다.
④ '외경'은 '마음속 구름을 닦고 티 없이 맑은 영원의 하늘'을 보고 나서야 느낄 수 있는 것으로, 현실 속 본질을 마주한 자들만이 깨달을 수 있는 것이다.

04 ①

정답해설

(나)에서는 시적 대상을 의인화한 표현이 나타나지 않는다.

오답해설

② '닦아라', '찢어라' 등에서 명령조의 표현이 나타나고 있다. 이를 통해 화자는 행동의 변화를 촉구하고 있다.
③ '닦아라, 사람들아', '찢어라, 사람들아'에서 문장의 앞과 뒤를 도치하여 말하고자 하는 바를 강조하고 있다.
④ '누가 하늘을 보았다 하는가' 등에서 설의적 표현이 사용되고 있다.

⑤ 1연의 '누가 구름 한 송이 없이 맑은 하늘을 보았다 하는가'와 9연의 '누가 구름 한 자락 없이 맑은 하늘을 보았다 하는가'에서 보듯, 시의 시작과 끝이 유사한 구조인 수미상관이 나타나고 있다. 이를 통해 시에 안정감을 부여하는 것은 물론, 구름에 대한 함축적 의미를 환기하고 주제를 부각하고 있다.

05

정답

쇠 항아리

7강 층층계 · 동그라미

빠른 정답 체크   본문 I 140

01 ④   **02** ②   **03** ①   **04** ④   **05** 해설참조

01 ④

정답해설

'생활의 막다른 골목 끝'에서 '너무나 어처구니없는 아버지'인 자신을 보게 된다는 점에서 화자가 느끼는 가장의 무게가 드러난다. 그러나, 이는 새삼 자신의 '수척한 얼굴'을 느낀 화자의 당혹감을 말하고자 한 것이지, 효과를 위해 일부러 모순을 만드는 역설적 표현을 사용했다고 볼 수 없다. 또한, 이 문장을 제외하고서도 역설적 표현은 본문에서 찾을 수 없다.

오답해설

① '공허감'이 '써도 써도 가랑잎처럼 쌓'인다고 표현해 추상적인 관념인 공허감을 가랑잎과 같이 구체적으로 표현하여 화자의 감정을 선명하게 제시하였다.
② 1연에서 '어느 것은 ~'의 구조를 반복하여 작품에서 운율감을 형성하고 있다.
③ 괄호를 사용하여 층계를 올라가는 화자와 사다리를 밟고 원고지를 위에서 내려오는 곡예사의 대비를 통해 생계를 책임지기 위해 노력하며 지쳐가는 자신의 처지를 부각하고 있다.
⑤ 층층계를 밟고 다시 올라가는 장면에서 '아아'라는 영탄적 표현을 활용하여 좀 더 극적으로 감정을 배가하여 표현하고 있다.

02 ②

정답해설

'서글픈 것의 저 무심한 평안함.'에서 '서글픈 것'은 부양해야 하는 가족을 의미한다. 따라서, 이를 통해 홀로 모든 것을 해내야 하는 화자의 서러움을 표현했다는 진술은 적절하지 않다.

오답해설

① 화자는 글이 내일이면 '지폐'가 되어 '공납금', '시량대', '나의 용전'이 된다고 한다. 따라서 화자는 생계를 유지하기 위해 밤 늦게까지 글을 쓰고 있다.

③ 화자는 어머니의 말버릇 속 받침의 'ㅇ'처럼 어머니가 가족을 떠받치고 있다는 것부터 어머니의 외양까지 둥글다는 것을 확인한다. 따라서, 대상의 말투에서 보이는 특징을 통해 대상의 특성을 인식하고 있다고 보는 것은 적절하다.

④ '흙 속에서' 살았다는 말은 어머니가 자신을 드러내지 않고 땅처럼 다른 사람을 받치고 기르며 살았다는 뜻이면서, 1연에서의 사투리와 '밭에서 일 하는 사람들'이라는 표현에서 볼 때 시골에서 농사를 짓는 삶을 살았음을 동시에 의미한다고 볼 수 있다.

⑤ 시의 처음과 끝에 비슷한 문장을 사용하여 안정감과 운율감을 형성하고 있다. 또한, 어머니와 동그라미의 관계가 반복·확장되므로 화자가 말하고자 하는 바가 강조되고 있다.

03 ①

정답해설

(가)의 화자는 밤이 늦도록 글을 쓰며 가족의 삶을 책임지고 있으며, (나)의 어머니는 '아직도 당신이 가진 것을 퍼 주'시는 헌신적인 태도를 보여 주고 있다. 따라서, (가)와 (나) 모두 가족을 위해 희생하고 헌신하는 삶의 태도를 보여 주고 있다.

오답해설

② (가)의 화자는 '샛까만 유리창'에 비친 자신의 모습을 보며 '어처구니없'다고 생각하지만, 지나온 삶을 반성하고 있지는 않다. (나)는 자식의 관점에서 어머니를 보며 어머니의 사랑을 재인식하고 있으나, 자신의 삶을 성찰하는 태도는 보이지 않는다.

③ (가)와 (나) 모두, 현실 상황 속 아버지와 어머니의 모습에서 행동 변화를 촉구하거나 타개 방법을 모색하고 있지는 않다.

④ (나)는 어머니의 헌신적인 삶에 대해 묘사하고 있지만, 어머니가 안쓰럽거나 불우한 상황에 있는 것은 아니다.

⑤ (가)와 (나) 모두, 과거에 대한 향수가 드러난 부분은 없다.

04 ④

정답해설

(나)의 어머니가 '말을 둥글게 하는 버릇이 있'고 '남한테 해꼬지 한 번 안 하고' 살아온 것은 맞지만, (가)의 자식들에게 타인에 대한 존중이 없는지는 알 수 없다.

오답해설

① (가)의 화자는 자신을 '어처구니없는' 아버지라 말하고 있다. 즉, 아버지라는 자신의 정체성에 대해 생각하며, 힘든 생계를 이어가고 있는 가장으로서의 무게감을 표현한 것으로 해석할 수 있다.

② (나)의 어머니는 'ㅇ'의 둥글다는 속성으로 대변되며 말버릇으로 'ㅇ'을 종성에 사용하는 것처럼 가족들을 떠받치고 살아온 존재이다.

③ (가)의 화자는 아버지로서 '무심한 평안함'으로 잠든 가족을 보며 '서글픈 것'이라고 안타까움을 드러내고 있다.

⑤ (가)의 화자는 '생활의 막다른 골목 끝'이라는 표현으로 가장의 중압감을 표현했다.

05

정답

ⓐ: 원고지, ⓑ: 어머니

01 ③

정답해설

(나)에서는 1~4행의 '새벽에 깨어나~사랑의 샘 하나 출렁이고 있을 것만 같다'가 15~18행의 '새벽에 깨어나~희망의 샘 하나 출렁이고 있을 것만 같다'로 반복되고 있다. 이는 수미상관의 구조를 사용하여 '사랑과 희망이 실현되는 세계에 대한 소망'이라는 주제를 강조하는 것이다.

오답해설

① (나)의 '이제 밝아 올 아침의 자유로운 새소리를 듣기 위하여 / 따스한 햇살과 바람과 라일락 꽃향기를 맡기 위하여'에서 유사한 시구를 반복하여 화자의 의지를 부각하고 있다.

② (가)의 '아이들 얼굴이 / 불타는 해바라기마냥 걸려 있다'에서 직유법을 활용하여 시각적 이미지를 극대화하고 있다.

④ (가)에서 화자가 '어느 접어든 골목'에서 발견한 '개나리'를 통해 절망에서 희망으로의 태도 변화를 보였다고 할 수 있지만, (나)에서는 공간의 이동이 드러나지 않는다.

⑤ (가)에서 전쟁의 비극을 의미하는 시어인 '판잣집 유리딱지', '잿더미'와, 이와 대조적으로 희망을 의미하는 시어인 '개나리'와 '소녀의 미소'가 제시되었으나 이는 화자의 내면이 아닌, 전쟁의 폐허 속에서도 희망을 발견할 수 있음을 표현하기 위한 것이다. 또한 (나)에서는 부정적인 현실을 의미하는 '고통과 쓰라림과 목마름의 정령들'과 대조적으로 새로운 세상을 의미하는 '자유로운 새소리', '따스한 햇살과 바람과 라일락 꽃향기'를 제시하고 있으나, 이는 화자의 내면을 묘사하기 위함이 아닌, 부정적인 현실을 극복했을 때 화자가 누릴 수 있는 것으로, 현실을 극복할 수 있도록 화자에게 희망을 불어 넣는 것들이다.

02 ②

정답해설

'새벽'은 화자가 '반짝이는 별'을 보고 '새벽 편지'를 쓰는 시간으로, 사랑과 희망으로 가득 찬 새로운 세상을 준비하는 시간이다. '아침'은 '자유로운 새소리', '따스한 햇살과 바람', '라일락 꽃향기'가 있는 시간으로, 고통과 괴로움이 종식된 새로운 세상의 시간이다.

오답해설

① 화자는 '새벽에 깨어나 반짝이는 별을 보고 있'으므로 '새벽'이 아직 다가오지 않은 시간이라는 것은 적절하지 않다. 화자가 곧 마주하게 될 시간은 '이제 밝아 올 아침'이다.

③ 화자는 '새벽에 깨어나 반짝이는 별을 보고 있'으므로 '새벽'이 화자가 기다리는 시간이라는 것은 적절하지 않다. 화자가 기다리는 시간은 '이제 밝아 올 아침'이다.

④ '아침'은 화자가 새롭게 태어난 시간이 아닌, 화자가 새로운 세상이 올 것이라고 기대하는 시간이다.

⑤ '새벽'은 괴로움이 가득한 시간이 아니라 사랑과 희망을 기대하는 시간이다.

03 ③

정답해설

(나)의 '따스한 햇살'은 화자가 고통을 견뎌낸 뒤 만나게 될 것이라 믿는 대상으로, 화자가 절망을 극복할 수 있게 희망을 불어 넣어주는 존재라고 볼 수 있다. 그러나 (가)의 '내려쪼이던 햇발이 눈부시어 돌아선다'는 아이들이 햇발이 눈부시어 돌아선다는 의미와 햇발이 아이들의 얼굴이 눈부시어 돌아선다는 의미 두 가지로 해석될 수 있으며, 이는 전쟁으로 인해 고통을 받는 아이들에 대해 화자가 느끼는 안타까움을 환기하는 것이다. 따라서 '내려쪼이던 햇발'이 화자가 절망을 극복할 수 있게 희망을 불어 넣어주는 존재라고는 볼 수 없다.

오답해설

① (가)의 화자는 '개나리'와 '소녀의 미소'를 보고는 '술 취한 듯 흥그러워'지는데, 이는 화자가 부정적인 현실 속에서도 새로운 삶에 대한 희망을 품을 수 있었기 때문이다.

② (나)의 화자는 '새벽 편지를 쓰기 위하여 / 새벽에 깨어나'는데, '새벽 편지'는 화자가 세상에 전하고자 하는 사랑과 희망을 의미한다. 따라서 화자가 '새벽에 깨어나' '새벽 편지를 쓰'는 행위를 고통과 슬픔의 시기를 극복하고 희망을 찾기 위한 노력의 일환으로 볼 수 있다.

④ (가)의 '잿더미가 소복한 울타리'는 전쟁 이후 폐허가 된 마을을 나타내고, (나)의 '고통과 쓰라림과 목마름의 정령들'은 현실에서 겪게 되는 고통을 나타내므로 둘 모두 고통스러운 현실을 상징한다고 볼 수 있다.

⑤ (가)의 '앞니가 빠져 / 죄 하나도 없'이 순진무구해 보이는 '소녀의 미소'는 화자가 전쟁의 폐허 속에서 발견한 희망이다. (나)의 '반짝이는 별'은 화자가 '사랑의 샘'과 '희망의 샘'을 떠올리게 하여 사랑과 희망에 대한 기대감을 가지게 하는 소재이다. 따라서 둘 모두 화자가 고통스러운 현실 속에서 발견한 희망이라고 볼 수 있다.

04

정답

그림자

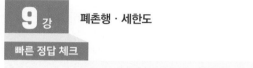

9강 폐촌행·세한도

빠른 정답 체크

본문 | 149

01 ② 02 ④ 03 ③ 04 ② 05 해설참조

01 ②

정답해설

(가)에 묘사된 폐촌은 '가마솥'이 '벌겋게 녹이 슬' 정도로 인적을 찾아볼 수 없으며, (나)의 '마을 회관'으로 대변되는 농촌은 '날로 기우듬해 가는 마을 회관'처럼 쇠락하고 있다. 따라서 (가)와 (나) 모두 사람들이 떠나고 인적이 뜸해진 폐촌과 농촌의 실상을 여실히 보여 주고 있다.

오답해설

① (나)에서는 '청솔'이 '푸른 눈'을 감지 못하고 '노엽게 운다'고 의인화하여 표현하고 있다. 그러나 (가)는 시적 대상을 의인화하여 표현한 부분이 존재하지 않는다.

③ (나)는 과거 '앰프 방송 하나로 집집의 생쥐까지' 깨울 정도로 활기찼던 농촌이, 현재는 '생산도 새마을도 다 끊긴' 마을임을 대조적으로 드러냄으로써 몰락해버린 농촌의 부정적 상황을 드러내고 있다. 그러나, (가)에서는 화자가 현재 시점에서 사람이 떠난 지 오래된 폐촌의 상황을 묘사하고 있을 뿐, 과거와 현재를 대비하지 않는다.

④ (가)는 황폐화된 마을의 모습을 묘사하면서, 감정의 직접적 노출을 자제하고 색채 이미지를 활용하여 공간의 분위기를 환기하고 있다. 또한 (나)에서는 쇠락하는 농촌 현실에 대한 안타까움과 울분을 이장을 통해 드러내고 있을 뿐, 화자가 직접적으로 드러내고 있지는 않다. 따라서 (가)와 (나) 모두 화자의 감정을 직접적으로 제시하고 있지 않다.

⑤ (나)에서는 농촌의 부정적 상황을 청솔이 '노엽게 운다'는 표현과 '앰프를 켜고' '천둥산 박달재를 울고 넘는'이라는 가사를 흥얼거리는 이장의 모습을 제시함으로써 청각적 이미지를 환기하고 있다. 그러나 (가)에서는 청각적 이미지를 환기하는 시어를 찾을 수 없으므로 적절하지 않다.

02 ④

정답해설

'생산도 새마을도 다 끊긴 궁벽'은 마을이 굉장히 궁벽한 상황임을 드러내며, 암담한 농촌의 현실을 집약적으로 제시한다고 볼 수 있다. 따라서 산업화로 인한 농촌의 개발에 긍정적인 인식을 드러내고 있지 않으므로 적절하지 않다.

오답해설

① '대문짝'은 단순히 떨어져 있는 것을 담담히 이야기했다고 볼 수도 있겠지만, 넓게는 폐촌의 몰락을 의미한다고 볼 수 있다. 이를 바탕으로 '떨어져 나간 대문짝'은 폐가, 혹은 폐촌을 대유적으로 표현한 것이라 할 수 있다.

② 늙은이에게 동무들의 소식을 묻자 '산동네 이름 두어 곳을 댄다'는 것을 통해 동무들이 힘들고 궁박한 삶을 버티지 못해 폐촌을 떠났으나, 변두리에 위치한 산동네에서도 힘든 삶을 영위하고 있다는 것을 알 수 있다.

③ 한때는 농촌의 활기를 상징하던 '앰프'가 현재는 술에 취한 이장의 노래를 송출하는 기계로 전락한 것을 통해 쇠락한 농촌의 현실과 아울러 이장의 답답한 심정을 느낄 수 있다.

⑤ '꼭두서니'는 붉은 색깔의 식물로, '까막까치 얼어 죽는 이 아침에도' '꼭두서니 빛'이 타오른다는 표현을 통해 타오르는 해의 붉은색 이미지가 쇠락한 농촌을 극복하고자 하는 희망과 의지를 상징한다고 볼 수 있다.

03 ③

정답해설

(나)는 쇠락한 농촌의 현실을 알려주고, 그 안에 존재하는 희망을 인식하고 보여 주기 위한 작품이지, 특정 독자를 상정해서 만든 작품이라 볼 수 없다.

오답해설

① 〈보기〉에서 그림 속 토담집 옆에 소나무가 의연하게 서 있는 것으로 보아 (나)에서 토담집에 대응하는 것은 작품 속 '마을 회관'으로 볼 수 있다.

② 〈보기〉에 따르면 김정희는 세한도 속 소나무를 통해 혹독하고 모진 세파를 견딘 드높은 의지와 절개를 표상하고자 하였으므로, 김정희의 귀양살이와 피폐한 농촌의 상황은 유사하다고 볼 수 있다.

④ 한겨울 매서운 추위는 그림 속에서 '시련'을 의미하며, 〈보기〉에서 김정희는 겨울 추위를 견디는 잣나무와 소나무를 그렸다고 하였으므로 한겨울의 추위가 여백을 통해 드러났다고 볼 수 있다. 이와 같은 맥락에서 (나)의 '댓바람', '삭바람'은 추위로 상정되는 시련을 의미하므로 대응 관계에 있다고 볼 수 있다.

⑤ 〈보기〉에 따르면 〈세한도〉 속 소나무는 모진 세파를 견딘 드높은 의지와 절개를 표상한다. 이를 바탕으로 (나)의 제목이 '세한도'인 이유를 추론해 볼 때, 시인은 시적 대상인 '청솔'을 〈세한도〉 속의 소나무와 연결 지음으로써 '까막까치 얼어 죽는' 겨울로 상징되는 피폐한 농촌 현실을 이겨내고자 하였음을 알 수 있다.

04 ②

정답해설

청솔이 '푸른 눈'을 '못 감는' 이유는, 농촌의 쇠락으로 인한 아픔을 간직하고 있으면서도 의지를 잃지 않았기 때문이다. 억울함과 분함을 느끼기 때문은 아니다.

오답해설

① '날로 기우듬해 가는 마을 회관'의 모습은 '꼿꼿이 서 있'는 '청솔'의 모습과 대비된다. 이를 통해 화자는 쇠락해 가는 농촌의 현실과, 이와 대비되는 청솔의 모습을 대조적으로 제시하고 있다.

③ 쇠락해 가는 농촌에서도 꼿꼿하게 서 있는 청솔은, 냉혹한 현실 속에서 긍정적 인식을 환기하는 대상이라고 볼 수 있다. 따라서 농촌에 남아 '난장 난 비닐하우스를 일으키'는, 절망적인 상황에서도 희망을 찾으려는 사람들에게 있어 청솔은 용기를 주는 대상이다.

④ 힘든 상황 속에서 '삭바람마저 빗질하'고, '서러움조차 잘 걸러 내'는 모습을 통해 청솔이 상처받은 농민들을 치유하는 존재임을 알 수 있다.

⑤ '까막까치가 얼어 죽는' 혹독한 추위에도 청솔은 '서러움조차 잘 걸러 내어 푸른 숨결을 풀어내'고 있는데, 이는 청솔이 사람들의 서러움을 어루만지고 현실 극복의 의지를 새기는 존재라는 의미이다. 따라서 청솔은 화자가 희망을 갖게 하는 근거가 된다고 할 수 있다.

05

정답

동무들

01 ④

정답해설

(가)는 현재형 어미 '-ㅂ니다'를 활용하여 작품에 현재성을 부여하고 있다. (나) 또한 현재형 어미 '-ㄴ다'를 활용하여 작품에 현재성을 부여하고 있다.

오답해설

① (가)에서는 공간의 이동을 찾아볼 수 없으며, (나)의 공간 또한 바닷가로 고정되어 있다.

② (가)에서 '그가 마른 빨래를 개며 들었을지 모르는 뻐꾹새 소리 같은 것들은 다 어떻게 되었을까.'라고 하며 의문의 형식을 활용하고 있지만 청자에게 질문을 던지는 것이라고 보기는 어려우며, (나)의 '저렇게 저문 바다의 파도로서 풀어지느냐' 또한 청자에게 질문을 던지는 것은 아니다.

③ (나)의 화자는 지난 삶을 떠올리며 자기 자신을 성찰하고 있다고 볼 수 있지만, (가)의 화자는 자신이 아닌 박수근의 삶을 성찰하고 있다.

⑤ (나)는 어둠의 이미지인 '검은 구름 떼', '어둡고 외진 길목'과 밝음의 이미지인 '별빛', '등불'을 대비하여 긍정적인 인식을 드러내고 있으나, (가)는 어둠과 밝음의 이미지를 대비하고 있지 않다.

02 ④

정답해설

ⓔ에서 화자는 목표를 이루고자 애쓰며 만족감을 느꼈던 때를 떠올리고 있다. 그러나 화자는 '어둡고 외진 길목에 자식 두엇 던져 놓'고 왔으며, '흩어 놓은 인광만큼이나 그리움 끝없'다고 말하고 있다. 따라서 화자가 가족에 대해 느끼는 미안함과 그리움이 해소된 것은 아니다.

오답해설

① '김정호의 대동여지도'라는 (나)의 제목을 고려한다면, ㉠의 '나'는 지도를 만든 김정호로, 작가는 김정호의 삶을 상상하여 그가 지도를 만들기 위해 노력하는 가운데 느꼈을 고독감과 그리움을 표현하고 있다.

② ㉡은 지도를 만들기 위해 화자가 끊임없이 떠돌아다니며 시행착오를 거쳤음을 의미한다.

③ '일념'은 지도를 완성하겠다는 목적의식이고, '세상 흐린 웃음소리'는 사람들의 비웃음을 의미하므로 ㉢은 지도를 완성하겠다는 화자의 목표가 사람들로부터 비웃음을 당했다는 뜻이다.

⑤ '돛배'가 '등불을 켜고 어디론가 가고 있'다는 것을 통해 화자가 앞으로도 지도를 완성하기 위해 노력할 것임을 알 수 있다.

03 ⑤

정답해설

'희미한 빛 속에서는 수없이 물살 흩어지면서 / 흩어 놓은 인광만큼이나 그리움 끝없고'라고 한 것을 보아 이는 가족에 대한 김정호의 그리움을 강조하는 것이다. 대동여지도를 만드는 일이 별로 환영받지 못했다는 사실과는 관련없다.

오답해설

① 화자는 박수근이 '저녁 무렵 외출할 때에는 마당에 널린 빨래를 걷어다 개어놓곤 했다는' 일화를 떠올리며 박수근의 삶을 상상하고 있다.

② 화자는 '그가 가지고 있을 가난이며 그리움 같은 것은 다 무엇이 되어 오는지…… ~궁금한 일들은 다 슬픈 일들입니다.'라고 하는데, 〈보기〉를 바탕으로 생각하면 이는 박수근의 가난했던 삶과 관련이 있다.

③ '헤진 발바닥의 / 무슨 감발에 번진 피얼룩'은 김정호가 지도를 완성하기 위해 길을 걸으며 입은 상처로, 김정호의 고난을 형상화한 것이다.

④ (나)에서 비유법을 사용해 김정호가 겪었을 고난이나 고독을 그리고 있다는 〈보기〉의 설명을 바탕으로 한다면, '폐선된 목선 하나 덩그렇게 뜬 모래벌'이라는 표현에는 김정호가 겪었을 고독이 담겨 있다고 볼 수 있다.

04 ①

정답해설

(가)의 화자는 박수근의 손을 가리켜 '참으로 장엄하기까지 한 것이어서 성자의 그것처럼 느껴지기도 합니다.'라고 예찬하고, '그는 멋쟁이긴 멋쟁이였던 모양입니다.'라고 하며 긍정적인 태도를 보이고 있다. ①의 화자 또한 '솔'을 예찬하고 있으므로 대상을 바라보는 화자의 태도가 유사하다고 볼 수 있다.

오답해설

② 화자는 '참회록을 써야 한다.'고 하며 자기 반성적 태도를 보인다.

③ '반짝거리면서 하늘 아래에서 // 간간이 / 자유를 말하는' '그대'와 '죽어 있는' '나의 영'을 대조하여 자조적인 태도를 드러내고 있다.

④ '산에는 꽃 피네 / 꽃이 피네', '산에 / 산에 / 피는 꽃은 // 저만치 혼자 피어 있네' 등에서 '꽃'과 거리를 둔 채 차분하고 담담하게 바라보며 이야기하는 관조적 태도를 보인다.

⑤ '나는 무얼 바라 / 나는 다만, 홀로 침전하는 걸까?'에서 회의적인 태도가 드러난다.

05

정답

뻐꾹새 소리

본문 | 159

01 ③　　**02** ④　　**03** ④　　**04** ①　　**05** 해설참조

01 ③

정답해설

(가)의 '이젠 더 꼬일 것이 없다 없다고 생각되었을 때 / 우리의 아픔도 더 한 번 길게 꼬여서 푸른 종소리는 나는 법일까.'는 앞으로의 희망이 남아 있지 않다고 느낄 때, 시련을 극복하고 성장할 수 있다는 의미이다. 〈보기〉의 화자 또한 누구나 삶에서 고통을 겪지만, 이를 이겨 내고 새로운 삶으로 나아가자고 말하고 있다.

오답해설

① 화자는 자연물을 관찰하고 있을 뿐, 자연의 질서에 순응하며 살아야 한다고 주장하지 않았다.
② 화자는 자연물을 관찰하며 허무함을 느끼는 것이 아니라, 시련을 극복하는 의지를 가져야 한다는 것을 깨닫고 있다.
④ 화자는 자기 성찰이 필요하다고 주장하지 않았다.
⑤ 〈보기〉의 '밑둥 잘리어도'가 부정적 현실이라고 할 수는 있지만, 공동체 의식을 가져야 한다고 주장하지는 않았다.

02 ④

정답해설

'목련 가지', '감나무 가지'는 가지가 담을 넘는 식물을 열거하여 대상의 범위를 확장한 것이다. 수양 가지의 경쟁자로서 언급된 것은 아니다.

오답해설

① 화자는 추측의 의미를 가진 '~을 것이다'의 진술을 반복하여 리듬감을 형성하고, 수양의 늘어진 가지가 담을 넘는 과정을 상상하며 내용을 전개하고 있다.
② '뿌리', '꽃', '잎'은 가지가 담을 넘도록 도와준 내적 요인에 해당하므로, 〈보기〉와 관련지어 이해한다면 주변에서 따뜻한 응원과 믿음을 주는 역할을 한다고 볼 수 있다.
③ '비'와 '폭설'은 가지가 겪는 시련인 동시에, 가지의 '담을 넘'는 행위를 '신명 나'게 하는 존재이므로, 〈보기〉와 관련지어 이해한다면 가지의 도전을 자극하는 존재이다.
⑤ 담을 넘는 행위가 '도박'이라는 것은 이 행위가 담 너머의 세상을 만나기 위한 것이지만, 성공이 보장되지 않는다는 의미이다.

03 ④

정답해설

(가)는 '허공을 감아쥐고 바지랑대를 찾고 있는 것이다'라는 표현을 통해 나팔꽃을 의인화하고 있으며, (나)에서는 가지가 뻗어 나가는 모습을 '담을 넘'는다고 표현함으로써 의인화하고 있다. 이를 통해 삶의 자세에 대한 깨달음을 얻고 있으므로 적절하다.

오답해설

① (가)의 '푸른 종소리는 나는 법일까.'에서 설의적 표현을 사용하고 있으나, (나)에서는 의문형의 어미를 사용한 설의적 표현이 나타나 있지 않다.
② (가)와 (나) 모두 감탄사를 사용하고 있지 않다.
③ (나)에서는 '고집 센 비가 아니었으면', '도리 없는 폭설이 아니었으면' 등의 가정적 표현을 통해 화자가 주목하는 상황을 부각하고 있으나, (가)에서는 가정적 표현을 찾을 수 없다.
⑤ (가)는 '은은한 종소리'에서 청각적 이미지를 활용하였으나, (나)에는 청각적 이미지가 활용된 부분이 없다.

04 ①

정답해설

㉠의 '푸른 종소리'는 종소리를 푸르다고 표현하였으므로 공감각적 심상이자 청각의 시각화이다. ①의 '금빛 게으른 울음'은 울음을 금빛으로 표현하였으므로 ㉠과 같은 공감각적 심상이자 청각의 시각화이다.

오답해설

② '풀벌레 소리 가득 차 있었다'에서 청각적 심상이 활용되었다.
③ '부드러운 고양이의 털'에서 촉각적 심상이, '고운 봄의 향기'에서 후각적 심상이 활용되었다.
④ '깃발은 부르짖고 있다'에서 시각의 청각화가 활용되었다.
⑤ '큰 어둠', '밝은 불'에서 시각적 심상이 활용되었다.

05

정답

다음 날 아침에 나가 보면

고전산문

01 ④

정답해설

종실 노인의 아들들은 종실 노인의 인색함 때문에 재산을 물려받지 못했을 뿐, 우둔하거나 결단력이 없다는 서술은 윗글에 등장하지 않는다.

오답해설

① 종실 노인과의 대화를 통해 오물음은 이야기를 재미있게 꾸며낼 뿐 아니라 이야기로 교훈을 전할 줄 아는 지혜와 재치를 지닌 인물임을 알 수 있다.

② 종실 노인은 자신의 재산을 아무에게도 나눠주지 않다가 오물음의 이야기를 들은 후 재산을 나눠주고 여생을 보냈다고 하였으므로 개과천선했음을 알 수 있다.

③ 이동지는 오물음이 종실 노인에게 교훈을 전하기 위해 꾀를 내어 만들어 낸 인물의 이름이므로, 실제 인물이 아니다.

⑤ 종실 노인은 이동지와 마찬가지로 재산에 눈이 멀었던 인물로, 이동지가 죽을 때가 돼서야 비로소 재물에 집착을 내려놓았다고 하였으므로 만약 종실 노인이 오물음의 이야기를 듣고 교훈을 얻지 못했다면 재산에 대한 집착을 버리지 못했을 것이다.

02 ③

정답해설

'재산'은 재물에 대한 종실 노인의 탐욕을 드러내는 소재이며, '주머니 세 개'는 그 속에 담긴 이야기들이 귀신이 되어 젊은 도련님을 죽이려 하는 사건이 발생하는 원인에 해당하므로 적절하다.

오답해설

① '주머니 세 개'는 젊은 도련님에 의해 갇히게 된 이야기들을 의미하는 것으로 나눔의 미덕을 의미하지는 않는다.

② 종실 노인의 '재산'은 인물의 인색한 성격을 드러내는 소재이나, 오물음의 이야기를 들은 뒤에는 '재산'에 대한 종실 노인 인식이 변화하게 되므로 인물 간 갈등을 심화하는 소재라고 볼 수 없다. 또한 '주머니 세 개'는 젊은 도련님에 의해 갇힌 이야기들을 가리키는 것으로, 젊은 도련님을 죽일 계획을 세우고 있다는 점에서 인물 간 갈등을 해소하는 소재라고 볼 수 없다.

④ 종실 노인의 친한 벗이 종실 노인의 '재산'을 다른 이들에게 나누어야 한다고 권했던 것과, 오물음의 이야기로 미루어 보았을 때 당대에는 재물을 지나치게 탐해선 안 된다는 사회적 풍조가 존재했음을 알 수 있다. 그러나 '주머니 세 개'에 인류 보편적 가치가 반영되었다는 근거는 찾을 수 없다.

⑤ 종실 노인은 자신의 '재산'을 아무에게도 나눠주지 않다가, 오물음의 이야기를 들은 뒤 자식과 친구에게 재산을 나누었다. 따라서 '재산'은 작중 전개에 따라 인물에게 갖는 의미가 변화하는 소재라고 볼 수 있으나, '주머니 세 개'가 구술자의 가치관에 따라 의미가 변화하는지 알 수 없으므로 적절하지 않다.

03 ②

정답해설

도련님의 주머니 속에 귀신이 생겨난 것은 이야기에 깃든 힘이 귀신이 되었던 까닭으로, 귀신이 도련님에게 봉인당했다고 보는 해석은 적절하지 않다.

오답해설

① 하인이 귀신의 이야기를 엿듣게 된 때는 '허깨눈'이 밤중에 갑자기 내리던 때로, 이를 〈보기〉와 연관 짓는다면, 귀신이 밤에 나타나 행동한다는 귀신에 대한 전통적인 인식과 관련이 있다.

③ 귀신이 새신랑이 될 도련님을 '돌배'를 이용하여 죽일 계획을 세우는 것은, 귀신이 지닌 특출한 초인적 능력으로 사람을 해하려는 것을 나타내므로, 〈보기〉에서 귀신이 특출한 초인적 능력을 지니고 있다는 설명과 관련있다.

④ 만약 하인이 귀신을 다스릴 능력이 있었다면 귀신의 이야기를 들은 시점에서 계획을 무산시켰을 것이다. 그러나 그 대신 함정에서 도련님을 구하기로 선택한 것은 귀신을 다스릴 능력이 없었다는 것을 시사한다.

⑤ 주머니를 '터쳐서 다 풀어 내보'내는 행위는 귀신을 죽이거나 다스리거나 쫓아내는 대신, 귀신이 바라던 '주머니로부터의 해방'을 통해 귀신을 달래는 시도이다. 이는 〈보기〉에 나타난, 귀신을 주술에 의해 다스려지거나 쫓겨내는 기존의 인식이 변화한 것으로 확인할 수 있다.

04

정답

이런 동네서 살 꺼 같음 저기 홍천쯤으로 장가를 가게 됐어요.

빠른 정답 체크   본문 | 172

01 ③   **02** ③   **03** ⑤   **04** 해설참조

01 ③

정답해설

[A]에서 중국 전설 속에 등장하는 상상의 새인 '난새'를 언급하고, 세속적 욕망의 추구는 근심을 낳게 한다는 불교적 깨달음을 전달하고 있으나, 이를 중국의 고사를 인용하여 전달하고 있는 것은 아니기 때문에 적절하지 않다.

오답해설

① [A]에서는 '내가 처음 당신을 만났을 때는 얼굴도 아름답고 꽃다운 나이에 옷차림도 깨끗했습니다.'라고 하며 가난으로 인해 고통받는 현재의 삶과 대조되는 과거의 삶을 언급하고 있다.

② [A]에서는 '몇 년 이래로 쇠약해져 병이 날로 더욱 심해지고 굶주림과 추위도 날로 더해 오는데~아이들이 추위에 떨고 굶주려도 돌봐 줄 수가 없'다고 말하며 가난으로 인한 비참한 현실을 열거하여 비극성을 강화하고 있다.

④ [A]에서 김흔의 딸은 '가고 멈추는 것 역시 사람의 마음대로 되는 것이 아니고, 헤어지고 만나는 데도 운명이 있는 것'이라고 말하며 운명론적 사고관에 입각하여 조신에게 헤어질 것을 권유하고 있으므로 적절하다.

⑤ [A]에서는 '젊은 날의 고왔던 얼굴과 아름다운 웃음도 풀잎 위의 이슬이 되었고, 지초와 난초 같은 약속도 회오리바람에 날리는 버들솜이 되었습니다.'라고 말하며 비슷한 문장 구조를 반복하여 리듬감을 형성하고 구조적 안정감을 부여하고 있다.

02 ③

정답해설

꿈에서 깨어난 조신이 꿈속에서 큰아들을 묻은 해현령을 찾아가 '돌미륵'을 발견한 것은 '돌미륵'을 통해 꿈과 현실을 연결하고, 꿈이 부처의 의도에 의해 일어난 것임을 보여 주는 것이지, 조신의 비범한 능력을 보여 주는 것이 아니다.

오답해설

① '세달사의 장원'이 '명주 날리군'에 있다는 것은 구체적인 지명을 언급함으로써 설화의 증거물이 되는 '세달사'의 위치를 알려 주는 것이다. 이는 〈보기〉에 따르면 이야기의 정당성을 획득하기 위한 요소로 기능하고 있다고 볼 수 있다.

② '태수 김흔의 딸'과 같이 구체적인 인명과, '우곡현'과 같은 구체적 지명을 언급한 것은 〈보기〉에 따르면 구전되어 내려오는 이야기의 신빙성을 부여하기 위한 장치라 볼 수 있다.

④ '정토사'는 조신의 이야기가 단순한 설화에 그치지 않고 실재하는 이야기임을 보여 주며, 전설의 신빙성을 높이는 증거물로 기능한다.

⑤ 초월적 신이 등장하는 것이 아니라, 평범한 승려인 조신을 중심으로 이야기가 전개된다는 것을 통해 윗글이 신화가 아닌 전설에 해당함을 알 수 있다.

03 ⑤

정답해설

조신이 꿈속에서 가난으로 인해 걸식하고 유랑하며 고통스러운 삶을 체험한 것은 세속적 욕망을 꿈꾼 조신에게 불교적 가르침을 전달하기 위함이지 형벌이라고 보기는 어렵다. 또한 조신은 김흔의 딸과 결연을 소망했으나 현실 세계에서는 이러한 소망이 좌절되었으므로, '현실 세계에서 승려로서 해서는 안 되는 욕망을 실현한'이란 것은 적절하지 않다.

오답해설

① 승려 신분인 조신이 김흔의 딸과 결연을 소망하는 것과 김흔의 딸에게 배필이 생김으로써 그러한 소망이 좌절된 것은 입몽 전, 현실 세계의 이야기이자 외화에 해당한다.

② 꿈에서 깨어난 조신이 꿈속에서 얻은 깨달음을 바탕으로 참회하고자 한 것은 외화인 현실 세계에서의 일에 해당하며, 각몽 이후 장원을 관리하는 직책을 사임하고 정토사를 지음으로써 불교적 자각을 이루었음을 알 수 있다.

③ 꿈속 세계에서 김흔의 딸이 조신을 찾아와 부부의 연을 맺고자 한 것은 현실 세계에서 이루지 못한 조신의 욕망이 투영된 결과이자, 내화에 해당하며, 이때 '꿈'은 조신의 욕망이 성취되는 공간으로 볼 수 있다.

④ '아침이 되자 수염과 머리카락이 모두 하얗게 세어 있었'던 것은 각몽 이후 현실 세계로 돌아온 조신에게 나타난 변화로, 이러한 변화는 꿈속의 체험이 현실 세계와 연결되었음을 보여 주며, 이후 망연자실한 조신이 세상일에 전혀 뜻이 없어졌다고 말한 것을 통해 조신이 세속적 욕망이 덧없다는 불교적 가르침을 깨달았음을 알 수 있다.

04

정답

도적

01 ②

정답해설

ⓛ은 소금, 철, 돈이 모두 상업에서 중요한 역할을 담당했지만, '근이 항상 공방을 가형이라고 부르고 이름을 부르지 않았다'는 것은 소금과 철보다는 돈이 더 우위에 있었음을 드러낸다. 그러나 이는 당시 산업에 있어서 돈과 철이 모두 중요한 수단이었다는 것은 적절하지만 돈과 결탁하여 위세를 떨치고자 하는 관리들의 기대를 반영한 것은 아니므로 적절하지 않다.

오답해설

① ㉠은 돈의 모양이 겉은 둥글지만 가운데는 네모인 점을 통해 처세에 능한 공방의 이중적 면모를 부각하고 있는 것이다.

③ ㉢은 공방의 성질에 대해 언급하는 것으로, 이는 돈을 벌기 위해 체면을 가리지 않았던 당대 사람들의 모습을 우의적으로 비판하고자 한 것이므로 적절하다.

④ ㉣은 공방이 '교묘하게 권세 있는 귀족들을 섬'긴다는 점에서 권력과 결탁하기 쉽다는 돈의 성질을 드러내며, 과장법을 통해 매관매직 등의 부정부패가 심각했던 당대 현실을 드러내고 있으므로 적절하다.

⑤ ㉤은 인품이 아닌 돈의 가치에 따라 사람을 사귀는 공방의 이해타산적인 모습을 드러내며 기회주의적이며 속물적인 근성을 보여 주고 있으므로 적절하다.

02 ②

정답해설

공방이 탄핵을 받아 쫓겨난 것은 사실이나, 이후 다시 공방의 계책을 이용하고자 하였다는 점을 통해 돈에 대한 부정적인 인식만을 고수한 것이 아니라, 나라의 살림 운영을 위해서는 돈이 필요하다는 점을 언급하며 긍정적 가치 역시 함께 드러내고 있는 것을 볼 수 있다.

오답해설

① 작가는 작품의 마지막에서 사신의 말을 빌려 '충신은 경계 바깥의 사귐이 없다'라고 말하고 있다. 따라서 공방과 같이 권세를 부리거나 충신에 어긋나는 삶을 경계해야 한다는 교훈을 공방의 일대기를 통해 전달하려 했다고 볼 수 있다.

③ 사람이 아닌 돈을 의인화한 공방을 통해 돈에 대한 비판과 풍자의 강도를 올리고, 돈을 경계해야 함을 드러내고 있다.

④ 공우를 통해 돈 때문에 농사를 등한시하고, 뇌물과 매관매직이 성행했던 당대의 세태를 비판하고, 작품의 마지막에 사신을 등장시킴으로써 돈으로 생기는 후환을 막기 위해 공방을 없애야 한다는 작가의 주장을 드러내고 있다.

⑤ 공방의 일대기를 중국 왕조의 순서에 따라 통시적으로 나열함으로써 당대 돈으로 인해 문란해진 사회상을 보여 주고, 이로 인해 발생하는 부정부패와 같은 문제들을 역사적으로 고찰하고 있으므로 적절하다.

03 ③

정답해설

윗글에 따르면 공방은 '백성들이 근본을 버리고 끝을 좇도록 하고, 농사짓는 것을 방해했다'고 하였다. 이는 곧 백성들로 하여금 농업을 천시하고 상업을 중요하게 생각하도록 했음을 의미한다. 또한 공우가 공방으로 인해 백성들이 '농사의 중요한 근본에는 힘쓰지 않고 전매의 이익에만 힘을 썼다'고 언급하며 공방을 파면할 것을 요청하고 있는 것으로 보아 적절하다.

오답해설

① 공방의 선조는 옛날에 수양산에 은거하여 동굴에 살았는데, 일찍 세상에 나왔지만 쓰이지 못했다고 하였다. 이는 공방 이전의 조상들이 그 쓰임을 인정받지 못했음을 의미한다. 또한 '황제 때에 조금씩 쓰였으나, 성질이 강경하여 세상 일에 매우 단련되지 못했다'는 것은 돈이 널리 사용되지 않았음을 의미하므로 태초부터 위세를 떨쳤다는 것은 적절하지 않다.

② 공방은 자신의 죄를 '조그마한 죄'라 지칭하고 있다. 이를 통해 공방이 자신의 죄를 사소한 죄로 여기고 있음을 알 수 있다. 또한 '부평초처럼 이리저리 떠돌면서~남은 생애를 마 칠 것'이라 말하며 유유자적하며 살 것임을 드러내고 있으나 자신의 죄를 반성하고 있지 않고, '나의 계책은 반드시 다시 일어날 것'이라 말하고 있으므로 적절하지 않다.

④ 윗글에서는 당시 사람들이 공방을 보고 "공방의 말 한마디는 무게가 금 백 근과 같다."라고 하였다. 이는 곧, 공방의 권세가 매우 높았음을 의미하는 것이다. 따라서 당시 백성들이 공방의 권세가 높았음을 알지 못하였다는 것은 적절하지 않다.

⑤ 사마광은 재상이 되자 청묘법을 폐지할 것을 권유하였고 이로 인해 공방의 무리들이 점점 쇠퇴하고 다시는 융성해지지 못하였다 하였으므로 적절하지 않다. 또한 공방의 아들 윤은 민중의 지지를 받지 못하여 유배를 당한 것이 아니라, 수형령이 되었음에도 불법으로 물건을 취득한 것이 발각되어 죽임을 당한 것이므로 적절하지 않다.

04 ②

정답해설

공우는 공방으로 인해 발생한 폐해를 지적하며 공방을 관직에서 파면할 것을 요청하고 있다. 이는 공방으로 인해 발생하게 될 폐해를 예상한 것이 아니라, 공방을 등용한 뒤에 나타난 변화, 즉 돈이 유통됨으로써 재물욕으로 인해 농사를 등한시하고 뇌물과 매관매직을 일삼게 된 현실을 비판하고자 한 것이다.

오답해설

① 호제는 나라가 텅 비고 창고가 텅 비게 되자 이를 걱정하여 공을 부민후로 임명하였다 하였으므로 적절하다.
③ 왕안석은 청묘법을 통해 국정을 운영하고자 하였으나, 이로 인해 세상이 소란해지고 크게 궁하였다는 점에서 청묘법의 실시로 인해 당대 사회의 혼란이 가중되었음을 알 수 있으므로 적절하다.
④ 당나라가 일어날 적에 유안이 당시 국가의 재정이 넉넉하지 못하자 공방의 계책을 사용하여 국가 재정을 이롭게 하고자 하였으나 이미 공방은 죽은 지 오래되었다 하였다. 이는 당시에 공방, 즉 돈이 유통되지 않았음을 의미하므로 적절하다.
⑤ 윗글에서 '곡량의 학으로 관료가 된 사람'은 변방에 대한 대비책을 세우는 데 군비가 부족했기 때문에 공방의 일을 미워하여 공우의 편을 들었다고 언급하고 있다. 이는 공방으로 인해 백성들이 장사에만 정신이 팔려 농사를 짓지 않아 군비가 부족했음을 의미한다.

05

정답

지고 또 탄다. 그러면 도둑이 온다.

4강 숙향전

빠른 정답 체크   본문 | 183

01 ⑤   **02** ④   **03** ④   **04** ⑤   **05** 해설참조

01 ⑤

정답해설

여 부인이 '숙향이 늙은 할미 집에 있다 하니, 살림살이가 변변치 못하리라.'라고 생각하고 예물을 잔뜩 준비해 보냈다는 것을 통해 가난한 숙향을 배려했음을 알 수 있다.

오답해설

① 숙향이라는 이름을 가진 세 명의 사람 중 '빌어먹는 아이'가 옥가락지의 진주를 언급한 것을 통해 이생은 '빌어먹는 아이'가 숙향임을 확신한다.
② 이생은 "어디 사는 누구이며, 나이는 각각 몇 살이나 되나이까?"라는 말을 통해 숙향을 구별해 내고자 한다.
③ 숙향은 진주를 보며 눈물을 흘리고 할미에게 혼사 추진을 맡기고 있다.
④ '네 부친의 성품이 남달라서 결코 의지할 데 없는 미천한 사람을 며느리로 삼을 리 없으니'라는 말을 통해 여 부인은 부친이 혼사를 반대할 것으로 생각함을 확인할 수 있다.

02 ④

정답해설

ⓐ에서 한 선녀는 여 부인에게 '내가 사랑하는 소아를 그대에게 주나니'라고 말하였다. 이를 통해 숙향의 신분이 본래 선녀였음을 암시하고, '며느리로 삼으라'는 말을 통해 숙향과 이생이 혼인할 것을 예지하고 있으므로 적절하다고 볼 수 있다.

오답해설

① ⓐ는 여 부인의 꿈으로, 이생의 무의식이 반영되었다고 볼 수 없으며, 이를 통해 이생이 과거를 통찰하고 있지 않으므로 적절하지 않다.
② 이생은 여 부인이 꿈을 꾸기 이전에 이미 이달 15일에 숙향과의 혼례를 약속하였다. 따라서 숙향과의 혼인을 현실에서 불가능한 일로 볼 수 없다.
③ 여 부인은 꿈에 대해 이생에게 이야기를 한 이후에 숙향과 이생의 사연을 알게 된다. 따라서 숙향과 이생의 관계를 알지 못했기에 둘의 혼인을 추진하고자 한 여 부인의 내재된 욕망으로 볼 수 없다.
⑤ 이달 15일에 이미 숙향과 이생이 혼례를 약속하였으므로 현실과 반대되는 상황을 제시하고 있지 않으며, 앞으로 일어날 갈등 상황을 예견하고 있지 않다.

03 ④

정답해설

이생은 할미의 시험을 통과하지 못할 것이라고 생각하여 변명하고 있는 것이 아니라, 혼사의 장애가 되는 부모님을 피해 혼례를 올릴 방안을 제시하고 있다.

오답해설

① 숙향은 천상계에서 인연을 맺었던 상대를 기다리고 있으며, 이 마음을 할미가 대신 전하고 있으므로 적절하다.
② 이생은 '빌어먹는 아이'인 숙향이 진주를 언급했다는 것을 듣고 숙향이 자신이 찾고자 하는 인물임을 확신하고 있다.

③ 숙향은 실제로는 얼굴이 추하지 않고 병이 들지도 않았으나, 할미는 이생에게 거짓 정보를 전달하여 숙향과의 혼인에 대한 이생의 진정성을 확인하고 있다.

⑤ 여 부인이 부친의 반대를 염려하자, 이생은 숙향이 아니면 장가가지 않겠다고 하며 혼사에 대한 확고한 의지를 드러내고 있다.

04 ⑤

정답해설

이생의 부친을 대립적인 가치관을 지닌 인물로 추론할 수 있지만, 이를 통해 주인공의 초월적 능력을 확인할 수 없다.

오답해설

① 이생이 숙향을 찾는 과정과 혼사를 치르는 과정을 시간의 흐름에 따라서 서술하고 있다.

② 할미와 이생, 이생과 고모의 대화를 통해 구체적인 내용을 전개하고 있다.

③ 이생과 숙향이 혼인을 맺는 장면에서 할미의 집이 비현실적이고 초월적인 공간으로 묘사되는 것을 확인할 수 있다.

④ 윗글은 작품 밖의 서술자가 인물의 심리와 행동을 구체적으로 서술하고 있는 전지적 작가 시점에 해당한다.

05

정답

진주

5강 방한림전

빠른 정답 체크

본문 | 189

01 ⑤   02 ⑤   03 ①   04 ⑤   05 해설참조

01 ⑤

정답해설

천산도사의 말을 통해 승상의 외양이 구체적으로 묘사되고 있으며, 이를 바탕으로 승상이 단명할 것이라는 암시가 드러나고 있다.

오답해설

① 장면이 빈번히 전환되는 것은 윗글에서 찾아볼 수 없다.

② 윗글은 주인공이 서술자로 등장하여 자신의 경험을 서술하는 것이 아닌, 작품 밖의 서술자가 모든 것을 서술하는 전지적 작가 시점으로 사건이 전개되고 있다.

③ 승상과 천자의 대화를 통해 남녀에 대한 사회적 인식의 차이로 인해 승상이 남장을 했다는 사실을 밝히고 있으나, 시대적 배경이 제시된 부분은 찾아볼 수 없다.

④ 윗글에서 갈등이 심화되는 부분은 존재하지 않으며, 등장인물 간의 대화를 통해 주인공의 행적을 요약적으로 전하고 있다.

02 ⑤

정답해설

천산도사는 일부러 그가 앉아 있던 자리에 꽃부채를 두어 승상이 그의 글을 읽게 유도하고 있다. 또한 도사의 글에 따르면 승상이 본래 천상계의 인물이었으며 천궁에 있을 때 방자하게 호색하여 그에 대한 벌로 지상계로 적강했음을 드러내고 있다.

오답해설

① 천자는 승상이 여성이었다는 사실을 알게 된 이후에도 승상의 뛰어난 능력을 칭찬하고 있으므로 적절하지 않다.

② 천자는 승상의 키가 다른 신하들에 비해 작고 수염이 없는 것을 이상하게 여겼으나 여성인지는 알지 못하였다고 말하였으므로 적절하지 않다.

③ 승상의 부인은 처음부터 승상의 본색, 즉 여성임을 알고서도 이를 발설하지 않았다고 하였다. 그러나 윗글을 통해 영 공 역시 승상이 여성임을 알고 있었다는 것은 찾아볼 수 없으므로 적절하지 않다.

④ 승상이 천자에게 자신의 비밀을 털어놓은 것은 자신의 본색이 죽은 뒤에 알려지는 것이 두려웠기 때문이 아니라, 죽은 뒤에 알려진다면 임금을 속이는 일 뿐만 아니라 신하의 도리가 아니라고 생각했기 때문이다.

03 ①

정답해설

〈보기 2〉에 따르면 영웅 같은 여자를 만나 평생 지기로 지내다 일생을 마치는 것이 영혜빙의 소원이었다. 당대 사회적 배경을 고려하면, 만약 영혜빙이 방관주처럼 아무런 연고도 없는 상황에서 남장을 하지 않았을 거라고 단정지을 수 없다.

오답해설

② 여성의 인권이 신장된 현대 시점으로 〈방한림전〉이 재창작된다면 방관주가 남장을 하지 않는 전개 또한 개연성이 충분하다고 할 수 있다.

③ 영혜빙은 남성에게 종속되는 여성의 삶을 달가워하지 않았으므로, 방관주가 성별만 다르고 나머지는 모두 기존과 동일한 인물이었다고 해도 방관주가 남성이었다고 가정한다면 결코 달가워하지 않았을 것이라고 볼 수 있다.

④ 방관주는 남장하고 남자로서 살다 생을 마쳤지만, 〈보기 2〉에 따르면 영혜빙은 여성으로서 자신의 소망을 이미 이루었음을 알 수 있다.

⑤ 시대상을 고려했을 때, 혼인을 해야 한다는 상황에서 방관주와 만나지 못했다면 영혜빙은 다른 남자와 혼인을 했을 것이고, 그로 인해 불우한 삶을 살았을 것이다.

04 ⑤

정답해설

[A]는 유년기부터 지금까지의 행적을 요약하여 상대방에게 자신이 여자였다는 것을 알리지 못한 것에 대한 죄스러움을 나타내는 대목으로, 그간 간직해 온 비밀을 말하고 있으므로 적절하다.

오답해설

① 여자라는 비밀을 앞에서 먼저 밝히고 넘어가는 것으로 두괄식 화법임을 알 수 있다.
② [A]에서는 비유적 표현을 사용하고 있지 않다.
③ 사회적 배경에 대해 언급하지 않았으며, 자신의 죄를 밝히고 있으므로 상대에게 이해를 요구한다고 보기도 어렵다.
④ [A]에서 승상은 상황을 과장하지 않고 자신의 죄를 있는 그대로 고백하고 있다.

05

정답

ⓐ: 주표, ⓑ: 수염

6강 창선감의록

빠른 정답 체크

본문 I 196

01 ⑤   **02** ⑤   **03** ②   **04** ①   **05** 해설참조

01 ⑤

정답해설

윗글에서는 원치 않는 결혼과 관련되어 현실적인 장면들이 제시되고 있을 뿐, 괴이한 요소가 등장하지는 않는다.

오답해설

① 시간의 흐름에 따라 사건이 진행되고 있으므로 평면적 구성에 해당한다.
② 채경과 오 부인의 대화, 오 부인과 진 공의 대화 등을 통해 사건이 진행되고 있다.
③ 윗글은 전지적 작가 시점으로 작품 밖의 서술자가 이야기를 서술하고 있다.
④ 명나라 때의 황제 직속 기구인 '금의옥'에 진 공이 갇혔다는 것에서 시대적 배경을 알 수 있으며, 이에 따라 글에 사실성을 부여하고 있다.

02 ⑤

정답해설

채경은 [A]에서 '옛날 효녀 중에는 사형에 처해진 아버지의 죄를 대신하여 스스로 관가의 노비가 된' 이가 있다며 과거의 사례를 근거로 하여 혼인을 허락해서라도 아버지를 구하겠다는 자신의 주장을 뒷받침했다.

오답해설

① 채경은 [A]에서 선택이 가능한 여러 방안을 제시하지 않고 혼인이 불가피함을 주장하고 있다.
② 채경은 [A]에서 청자인 어머니와 자신의 관계를 고려하여 공손하게 말하고 있을 뿐, 명령하고 있지 않다.
③ 채경은 [A]에서 청자인 어머니에게 부모와 자식 간의 도리에 대해 언급하며 자신의 선택에 대한 이유를 제시하지만, 자신의 감정을 드러내면서 자신을 변호하고 있지는 않다.
④ 채경은 [A]에서 여러 견해를 제시하지 않고, 자신의 견해에 따라 아버지를 위해야 한다고 말하고 있다.

03 ②

정답해설

진 공은 이미 약혼자가 있는 채경과 자신의 아들을 혼인시키자는 조문화의 요구를 매정하게 거절했다. 이는 권세 있는 사람의 부탁에도 자식의 열을 지켜주기 위해 상황에 좌우되지 않는 정도를 사용한 것으로 볼 수 있다.

오답해설

① 채경은 자신의 지혜를 이용해 권도를 실천하여 부모님에 대한 효와 윤여옥에 대한 열을 실천했다.
③ '평소에 딸이 옥처럼 맑고 서릿발처럼 깨끗한 마음을 지녔다고 생각하고 있던 부인'이라는 말을 통해 오 부인은 평소에 채경이 정도로 효와 열을 실천한다고 생각했음을 알 수 있다.
④ 조문화는 채경의 아버지인 진 공을 위험한 상태로 만들고는 '그 딸이 만약 효녀라면 틀림없이 어찌해야 하는지 알 것이오.'라며 효를 실천하기 위해 상황에 맞추는 권도로 열을 버릴 것을 강요했다.
⑤ '우리 딸은 세 살 때부터 이미 윤여옥과 약혼하여 지금 열한 해가 지났는데, 대장부라면 어떻게 자식을 팔아 목숨을 구하겠소?'를 통해 자신 때문에 정도로 열을 지키지 못하는 채경을 보며 부끄러움을 느끼고 있음을 알 수 있다.

04 ①

정답해설

진 공은 진작 벼슬을 그만두었어야 했다며 후회하긴 했으나, 벼슬을 그만두지 않고 귀양을 떠난다.

② '이제 막 부모님과 헤어지니 마음이 먹먹합니다. 수십 일 정도 지내고 마음이 좀 진정된 뒤에야 혼인을 할 수 있겠습니다.'를 통해 채경이 부모님과 헤어진 후, 슬픈 심정을 내세워 혼인을 미루고 있음을 알 수 있다.

③ '채경은 부모님의 행차가 이미 멀어졌겠다 헤아리고, 유모와 몸종 운섬을 데리고 짐을 가볍게 꾸린 후, 남자 옷을 입은 채 밤에 한 마리 나귀를 타고 회남으로 떠났다.'를 통해 채경의 부모님이 안전해졌다는 생각이 든 후, 차림을 바꾸어 마을을 떠났음을 알 수 있다.

④ '내가 슬픈 일을 겪고 마음이 상한 뒤 끝에 심한 감기에 걸렸네.'를 통해 힘든 일 때문에 병에 걸렸다고 하는 채경의 모습을 볼 수 있다. 또한 '바깥 사람이 너무 자주 오가니 마음이 불편하네.'와 조문화가 '이후로는 매일 문밖에서 안부만 묻고 함부로 집 안으로 들어가지 마라.'라고 하는 것을 통해 빠른 회복을 위해 사람의 출입을 삼가달라는 모습을 확인할 수 있다.

⑤ '하루라도 빨리 몸이 완쾌되어야 아버님을 살려 주신 은혜를 갚을 텐데'라는 말을 통해 채경이 아버지를 구해준 은혜를 잊지 않고 있음을 상기시켜 조문화를 안심시켰음을 알 수 있다.

05

혼인

7강 김영철전 · 〈김영철전〉의 역사적 배경과 상황 인식

01 ①   02 ②   03 ⑤   04 ③   05 해설참조

01   ①

(가)는 영철의 생애와 관련한 사건을 시간의 흐름에 따라 서술하고 있다.

② (가)는 사실적으로 전쟁을 겪는 인물의 모습을 서술한다.

③ 아라나가 전쟁터에서 영철을 다시 만나 이야기하는 부분에서 과거에 있었던 일을 알 수 있지만, 회상을 하는 것은 아니므로 적절하지 않다. 또한 이를 통해 사건에 진실성을 부여하지 않는다.

④ (가)는 전지적 작가 시점으로 작품 밖 서술자가 사건을 전개한다.

⑤ (가)에서는 인물의 외양을 서술하는 부분이 나타나지 않으므로 적절하지 않다.

02   ②

명나라 장수가 임경업에게 보낸 편지에 '조선과 명나라 두 군대가 서로 상해를 끼치지 말자'는 내용이 담겨 있었다는 점과, 명나라 군대가 화살촉이 빠진 화살을 쏘아 댔다는 것을 고려하면, '총알 없는 총'은 조선과 명나라가 실은 싸울 생각이 없고 싸우는 시늉만 하고 있음을 알려주는 것이다.

① (가)에서 조선 군대가 명나라보다 병장기 면에서 우세하다는 언급이나 이를 확인할 수 있는 전개는 찾아볼 수 없다.

③ 임경업은 명나라가 아닌 후금의 구원병 부대를 이끌고 있었으며, 조선은 후금을 따라 전쟁에 참여한 것이므로 적절하지 않다.

④ 명나라 장수가 임경업에게 보낸 편지에 따르면 조선과 명나라는 전쟁을 하는 척 하기로 의논이 끝난 상태였으므로 기습하는 계기가 되었다고 볼 수 없다.

⑤ 명나라와 후금은 오랜 시간 대립한 것은 맞으나, 물자가 부족하다는 묘사는 작중에 드러나지 않는다.

03   ⑤

영철은 후금의 포로가 되어 전쟁을 겪기도 하고, 명나라 군대에 속해 싸우기도 했다. 한편 〈보기〉의 최척도 임진왜란과 정유재란 이외에도 후금에 대항하기 위해 명나라 군대로 출정했고, 그로 인해 포로가 되었으므로 조선에서만 전쟁을 겪었다는 것은 적절하지 않다.

① 영철은 명나라의 요청으로 인해 전쟁에 참여하게 된 것이며, 조선의 소속이 되어 다른 나라와 전쟁을 치르기도 한다. 최척 또한 징집으로 인해 조선과 다른 나라와의 전쟁에 휘말린 것이므로 이는 외적의 침략으로 인한 고통에 해당한다.

② 영철은 조선의 가족, 명과 후금에서 얻은 가족과 모두 이별하는 일을 겪었으며, 최척 또한 정유재란으로 인해 가족과 헤어진다.

③ 영철과 최척은 모두 후금과의 전쟁에서 포로로 잡혔으며, 아들과 재회한 경험이 있음을 확인할 수 있다.

④ 영철은 조선을 벗어난 이후 아라사의 제수와 전유년의 여동생과 결혼해 자식을 더 두게 된다. 그와 달리 최척은 옥영과 헤어진 이후 한 번도 재혼한 적이 없다.

04   ③

소교는 부하들을 살리기 위해 스스로 코를 때리는 계책을 발휘한다. 이는 소교의 지혜로움을 말할 뿐, 오랑캐로부터 다양한 방법을 통해 나라를 지키는 조선의 모습을 상징하지 않는다.

① 영철이 후금을 떠나면서 득북과 만나지 못하다가 재회한다. 이
때 재회하는 장소는 전쟁터이며, 이는 전쟁의 슬픔을 드러내는
장면이라 볼 수 있다.
② 임경업은 전쟁에서 적이라고 여길 수 있는 명나라의 장수에게
전쟁을 하는 척만 하자는 내용의 편지를 보낸다. 이는 명나라를
청나라보다 가깝게 느끼는 숭명반청의 사상이 남아 있음을 드
러낸다.
④ 유림은 명나라 사람으로, 영철을 살려주는 모습을 통해 명나라
도 조선과 협력 관계를 유지할 필요가 있음을 드러낸다.
⑤ 영철은 고국으로 돌아오기 위해 자신을 도와준 아라나를 배신한
다. 이는 고국에 돌아오기 위해서 누군가를 배신할 수밖에 없었
던 상황을 통해, 영철이 고국으로 돌아오는 과정이 순조롭지 않
았음을 보여 준다.

05

정답

천리마

8강 광문자전

빠른 정답 체크   본문 | 210

01 ②   02 ④   03 ④   04 ⑤   05 해설참조

01 ②

정답해설

광문은 외모가 추했지만, 이를 희화화하여 풍자하고자 하는 의도는
윗글에서 찾아볼 수 없다.

오답해설

① 윗글은 가식 없는 광문의 성품을 통해 당시 양반 사회의 위선적
인 모습을 간접적으로 비판하고 있다.
③ 광문이 도둑으로 오해를 받았을 때에 서술자는 '말이 몹시 순박
하므로'라고 하며 광문의 순박한 성품을 직접적으로 제시하고
있다.
④ 거지 무리에서 오해를 사 쫓겨난 이후에 죽은 아이를 장사 지내
주는 일화 외에도, 후에 나열된 일화들을 통해 언제나 정직하고
솔직하게 행동하는 광문의 성격과 가치관이 드러나고 있다.
⑤ 광문은 거지로 비천한 신분의 소유자지만, 그의 행동은 '옛날의
훌륭한 사람들과 같다'라는 말을 들을 정도로 높이 평가받고 있
다. 이는 신분이나 외모, 재산 등이 아닌 인품의 가치를 부각하
고 있다.

02 ④

정답해설

ⓔ은 집 마련과 같은 세속적인 가치를 중시하는 인물들로, 재산에
대한 욕심이 없는 광문과는 다른 사람들을 말한다.

오답해설

① 광문이 밥을 동냥해오는 사이에 ㉠이 죽는 바람에 광문은 그를
죽였다는 누명을 쓰고 거지 무리에서 쫓겨난다.
② 죽은 아이의 장사를 지내기 위해 ㉡을 얻어 아이의 몸을 감싸는
대목에서 광문의 관용적이면서 인간적인 면모를 확인할 수
있다.
③ 처조카가 ㉢을 말없이 들고 가는 바람에 부자는 광문을 오해했
고, 추후 그 진상이 밝혀지면서 오해가 해소된다.
⑤ ㉤은 높은 벼슬에 오른 양반 가문의 관리자들로 처음에는 광문
을 곱지 않게 보나, 자리가 파할 때 광문의 인품에 반해 그와 벗
을 맺는다.

03 ④

정답해설

운심은 실력이 출중하고 유명한 기생이었으나, 작중 청지기들이 집
에 찾아가 재주를 부려 보라고 한 것을 보면 명기라고 해서 사회적
지위가 보장되었던 것은 아니라고 추측할 수 있다.

오답해설

① 윗글의 주인공인 광문과 광문이 속해 있던 무리의 아이들을 보
면 부모를 잃고 동냥으로 먹고사는 아이들이 있었음을 알 수 있
다.
② 광문은 추레한 행색과 미천한 신분으로 곤란한 일을 여러 번 겪
었지만, 특유의 정직한 성품과 의로운 행동으로 사람들에게 믿
음을 얻을 수 있었던 것으로 보아 당시에도 정직함과 의로움은
높이 평가되는 미덕이었음을 알 수 있다.
③ 청지기들이 자신이 속한 가문의 영향력을 뒤에 업고 신분이 낮
은 이들에게 무례하게 군 것을 통해 추론할 수 있다.
⑤ 귀한 물건을 저당 잡혔음에도 돈을 얼마 받지 못했다는 것은 화
폐의 가치가 현물에 비해 커졌음을 시사한다.

04 ⑤

정답해설

엄 행수가 남들이 부끄럽게 여겨 멀리하는 일을 마다하지 않고 하
는 인물은 맞으나, 광문이 다른 이들과의 관계를 중시해 일의 우선
순위를 정하는 모습은 윗글에서 찾아볼 수 없다.

오답해설

① 〈보기〉에서 엄 행수를 가리켜 시골의 천한 늙은이로 일꾼같이
하류 계층에 처해 있다고 한 것과, 윗글에서 광문을 가리켜 거

지였다고 한 것을 통해 둘 모두 사회적으로 경시되는 하류층에 속한 인물임을 알 수 있다.

② 〈보기〉의 엄 행수는 고항한 자세로 정의를 지켰으며, 윗글의 광문 역시 정직하고 의로운 사람이다. 이를 통해 새로운 인물상을 제시하고 있다.

③ 〈보기〉에서 남들은 엄 행수에게 고기와 새 옷을 권하나 엄 행수는 자신의 가치관을 들어 이를 거절하고, 윗글에서 남들은 광문에게 장가들 것과 집을 가질 것을 권하나 광문은 자신의 가치관을 들어 이를 거절한다.

④ 〈보기〉의 엄 행수는 아침저녁으로 밥 한 그릇만 먹고도 만족하며, 고기나 새 옷을 탐하지 않는다. 윗글의 광문 역시 여색이나 재산에 대한 욕심을 보이지 않는다. 또한 둘 모두 칭송받는다는 점에서 검소함이 당대에 높이 평가되는 덕목이었음을 알 수 있다.

05

정답

광문

9 강   **토끼전**

빠른 정답 체크   본문 | 216

01 ③   **02** ③   **03** ②   **04** ①   **05** 해설참조

01   ③

정답해설

윗글은 판소리계 소설이다. 자기 고백적 성격을 가지며 작가의 개성이 가장 뚜렷하게 나타나는 것은 수필의 특징에 해당한다.

오답해설

① 판소리계 소설은 오랜 세월에 걸쳐 입에서 입으로 전해져 내려오다가 기록되었으므로 다양한 이본이 존재한다.

② 자라가 '역산에서 밭을 가시던 순임금도~표모에게 밥 빌던 한신도 한 태조의 대장이 되었으니'라고 하며 고사를 열거하는 것을 통해 판소리계 소설의 특징인 장면의 극대화를 확인할 수 있다.

④ '용왕의 병세와 별주부의 소식을 다시 알 길이 없더라.', '미련한 독수리'를 통해 판소리계 소설의 특징인 서술자의 개입을 확인할 수 있다.

⑤ '시체(時體)', '부생(浮生)'과 같은 한자어와 '요놈'과 같은 비속어가 함께 사용된 것을 통해 판소리계 소설의 특징인 문체의 이중성을 확인할 수 있다.

02   ③

정답해설

자라는 반공에 간 적이 없다. 또한, 자라가 실패를 겪은 곳은 토끼의 간을 얻어내지 못한 수궁, 혹은 토끼의 분노를 듣게 되는 육지라고 할 수 있다.

오답해설

① 자라는 용왕에 대한 충성심 때문에 약이 될 수 있는 토끼의 간을 찾으려고 육지에 올라갔다. 육지에 올라간 자라는 꿈 때문에 예감이 안 좋다는 토끼를 회유하기 위해 최대한 길한 해몽을 해주게 된다.

② 토끼는 벼슬을 준다는 자라의 말에 '수부에 들어가서 벼슬하기가 쉬울쏘냐.'라고 말하며 우려를 표한다. 하지만, 자라는 토끼가 '토끼 가문의 시조'가 될 것이며 '수궁에 들어가 만인 위에 거'하게 된다고 하니 부귀를 꿈꾸며 수궁에 가기로 했다.

④ 독수리는 반공에서 자신에게 먹을 것이 많다는 토끼에게 '나는 수궁 용왕이 아니거든 내 어찌 너한테 속을쏜가?'라고 말한다. 이로 보아, 독수리는 수궁에서 벌어진 일을 이미 알고 반공에 있는 자신은 토끼의 거짓을 간파하고 대처하려 했음을 알 수 있다.

⑤ 토끼는 수궁에서는 용왕에 의해 간을 뺏겨 죽임을 당할 뻔하였고, 반공에서는 독수리에 의해 먹이가 될 뻔했다.

03   ②

정답해설

자라가 토끼의 호통을 듣고 홀로 용궁으로 돌아가는 것은, 토끼의 말을 믿는 자라의 어리석음과 이미 뭍에 데려다준 토끼를 어찌할 수 없는 무능함을 부각하는 장면이다. 그릇된 충성심을 지닌 신하에 대한 비판은 토끼를 용궁에 데려오기 위해 벼슬을 준다는 거짓말을 한 자라의 모습에서 발견할 수 있다.

오답해설

① 용왕은 강자이자 지배층이지만, 간을 두고 왔다는 토끼의 말을 믿고 토끼를 육지로 돌려보낸다. 이를 통해 무능하고 어리석은 지배층에 대한 비판을 발견할 수 있다.

③ 토끼는 벼슬을 시켜준다는 자라의 말에 속아 죽음의 위협에 처하게 된다. 이를 통해 허욕에 대한 경계를 발견할 수 있다.

④ 토끼는 죽음의 위협에서 벗어나기 위해 용왕에게는 간을 두고 왔다고 말하고, 독수리에게는 신비한 꾀주머니가 있다고 말해 자신의 안전을 확보한다. 이를 통해 위기를 극복하는 지혜의 중요성을 발견할 수 있다.

⑤ 포식자인 독수리가 피식자인 토끼를 낚아채 반공으로 올라가는 것은, 강자가 자신의 이익을 위해 약자를 공격하는 것이라 볼 수 있다. 이를 통해 약자를 위협하는 강자에 대한 비판을 발견할 수 있다.

04 ①

〈보기〉에서는 고집을 굽히지 않고 콩을 먹다가 덫에 걸린 장끼의 어리석음을 '저런 광경 당할 줄 몰랐던가. 남자라고 여자 말 잘 들어도 집안 망치고, 여자 말 안 들어도 몸을 망치네.'라는 표현으로 비판하고 있다. 윗글에서는 거짓을 분간하지 못하고 토끼를 뭍에 데려다준 자라를 '세상 만물이 어찌 간을 임의로 꺼냈다 넣었다 하리오.'라는 표현으로 비판하고 있다.

② 윗글에서는 자라가 수궁으로 토끼를 데려가기 위해 역사적 인물들의 사례를 나열하고 있으나 〈보기〉에는 해당하지 않는다.
③ 〈보기〉에서는 덫에 걸린 장끼를 보는 까투리의 행동을 과장하여 '성을 무너뜨릴 듯이' 원통해 한다고 함으로써 슬픔을 느끼는 인물의 행동을 과장하여 극적으로 표현하고 있으나 윗글에서는 슬픔을 느끼는 인물의 행동을 찾을 수 없다.
④ 윗글에서는 토끼가 수궁에서의 경험을 토대로 독수리의 위협에서 벗어나는 것을 통해 등장인물이 위기를 극복하고 지혜를 획득하는 과정을 보여 주고 있으나 〈보기〉에서는 장끼와 까투리가 위기에 처한 상황만 드러나 있다.
⑤ 〈보기〉에서는 '와지끈 뚝딱 푸드득 푸드득'을 통해 장끼가 덫에 걸리는 모습을, '당글당글'과 '땅땅'을 통해 까투리가 애통해하는 모습을 생동감 있게 표현하고 있으나 윗글에는 의성어·의태어의 사용이 두드러지지 않는다.

05

꾀주머니

---

01 ⑤

송 천자가 꽃에서 '두런두런 사람 소리'를 듣고 꽃봉오리를 열었는데, '꽃 같은 한 소저가 문밖을 나오려다 다시 몸을 움츠리더니 동정이 없는지라, 천자님이 괴히 여겨, 가차이 들어가 꽃봉오리를 열고 보니~'라고 하였다. 따라서 심청이 처음에 꽃 안에서 나오려고 했으나 다시 안으로 들어간 것은 맞지만, '천자'의 제지로 다시 들어간 것은 아니라는 것을 알 수 있다.

① 남경 갔던 선인들 중 도사공이 재물을 마다하고 심청이 타고 있었던 꽃을 차지하여 가지고 있었고, 이후 천자가 화초에 관심이 많다는 소문을 듣고 황제에게 그 꽃을 바치게 된다. 이로 인해 '천자 괴히 여기사 상고하는 선인들을 기특타 칭찬하시고 무창의 태수로 제수하신 후에~'라고 했으므로 적절하다.
② 옥황상제와 같은 초월적 세계의 존재는 사해용왕에게 명령하여 '출천대효(하늘이 낸 큰 효녀) 심청이가~수궁으로 고이 모시라'고 하였고, 갖가지 음식들과 노래로 심청을 잘 대접했다. 또한 지상계의 존재들인 남경 갔던 선인들 또한 '당상의 백발부친 감은 눈을 뜨랴 하고 생죽음을 하였으니 가련하고 불쌍한 것이 심 소저의 넋이로구나'라고 말하며 심 소저를 위해 낭혼제를 지내 주고, 심 소저를 위해 눈물을 흘린다. 따라서 적절하다.
③ '일관 시켜 택일하여 꽃봉 속의 심청이를 황후로 봉하시니, 국가의 경사가 되야 만조 제신들은 산호만세 부르고 억조창생 만민들 격양가(풍년이 들어 농부가 태평한 세월을 즐기는 노래) 일삼을 제~'를 살펴봤을 때 신하들과 백성들 모두 심청을 황후로 봉하는 결정에 긍정적인 반응을 보였다고 할 수 있다.
④ '천지조화요 용왕님의 징험이라, 바람이 분들 흘러가며 비가 온들 요동하리,'라는 서술을 통해 알 수 있듯이, 심청이 탄 꽃은 '인당수에 가 번득' 뜬 이후 다른 곳으로 떠내려가지 않고 계속 인당수에 '주야로 둥덩둥덩 떠 있'었다. 그렇기 때문에 나중에 인당수에 낭혼제를 지내러 온 선인들의 눈에 띌 수 있었으므로 적절하다.

02 ③

[A]는 판소리의 특징인 '장면의 극대화'가 나타나는 부분으로, '홍련화', '한매화', '복송꽃화' 등 송 천자가 심어두고 기르는 화초들을 장황하게 나열하고 있으며, [B]는 심청이 황후로 봉해진 후 나라에 풍년이 들고 '요순천지'가 되었다는 것을 요약적으로 제시하여 심청이 황후가 된 것이 심청과 국가에게 모두 긍정적인 요소로 작용하고 있음을 독자에게 전달하고 있다.

① '진시유랑 거후재는 붉어 있다 복송꽃화', '촉국한을 못 이기어 제혈하던 두견화'에서 알 수 있듯이, 화초들을 설명할 때 그와 관련한 중국의 옛 시 구절이나 고사들을 활용하여 서술하고 있는 부분은 [B]가 아닌 [A]이므로 적절하지 않다.
② [A]는 서술자가 꽃의 이름을 나열하는 부분으로, 인물의 행동이 나타나지 않으며, [B] 또한 서술자의 주관적 평가가 드러나지 않으므로 적절하지 않다.
④ 심청이 황후로 봉해진 이후 신하와 백성들이 환영하는 모습, 입궐 이후 풍년이 드는 모습 등이 드러나 있어 시간의 흐름에 따르는 서술은 [B]의 특징이다. [A]에서는 시간의 흐름과 상관없이 천자의 화초를 나열하고 있다.

⑤ [A]는 송 천자가 심어 놓은 다양한 화초의 모습을 시구를 인용하여 나열함으로써 환상적인 분위기를 자아내고 있으나, [B]는 인물들의 반응을 통해 환상적인 분위기를 조성하고 있지 않다.

03 ②

정답해설

거타지는 초월적 존재인 사해용왕의 부탁을 들어준 보답으로 용왕의 딸과 결혼하고, 다른 두 용의 호위를 받아 자신이 탔던 배로 돌아가게 된다. 그러나 심청은 옥황상제나 사해용왕의 부탁을 들어준 적이 없으며, 윗글에서 심청이 옥황상제에게 귀한 대접을 받은 것은 '출천대효'의 면모를 지녔기 때문이므로 적절하다.

오답해설

① 윗글에서 심청이 부친을 봉양하기 위해 황제와 결혼했는지는 알수 없다. 꽃에서 나온 심청을 보고 신하들이 '황후 승하하심을 상천이 아시옵고, 인연을 보냈사오니'라고 말하는 것으로 보아, 심청과 황제가 결혼하는 것이 하늘의 뜻이라고 생각했기에 결혼을 추진했다고 볼 수 있다.
③ 〈보기〉에 따르면 지은은 어려서 아버지를 여의어 부친이 아닌 모친을 위해 효를 실현하고자 하였으므로 적절하지 않다.
④ 심청은 옥황상제의 도움으로 인당수로 다시 올려보내지고, 송천자와 만나 황후에 책봉된다. 따라서 심청의 효심에 감격한 옥황상제에 의해 신분 상승을 이뤄낸다고 볼 수 있다. 그러나 〈보기〉의 지은의 효심에 감격한 왕이 그들에게 곡식과 집을 하사한 것은 맞지만, 이를 통해 지은이 신분 상승을 이루지는 않았으므로 적절하지 않다.
⑤ 윗글에서 심청은 '당상의 백발부친 감은 눈을 뜨랴하고 생죽음을 하였'다고 하였으므로, 타인의 결정이 아닌 자의적으로 제물이 된 것이다.

04 ①

정답해설

심청이 ㉠을 보고 방으로 돌아와 편지를 썼지만, 편지를 적어서 다시 밖으로 나왔을 때엔 이미 ㉠이 사라지고 없었다. 따라서 결과적으로 심청과 부친을 편지로 연결하지 못했으므로 적절하지 않다.

오답해설

②, ③ '황후는 되었으나 만단 생각이 부친뿐이로다.'라는 서술을 통해 황후가 된 심청은 부친을 만나지 못해 괴로워하고 있음을 알 수 있다. 그런데 ㉠은 '실솔(귀뚜라미)'과 같이 슬피 울어서 '추월(가을 달)'이 뜬 밤의 쓸쓸한 분위기를 부각하고 있다. 이를 통해 부친을 만나지 못하고 있는 심청의 괴로움이 심화되어, 심청은 편지를 쓰며 '눈물짓고' '한숨'을 짓는다.

④ 심청은 ㉠을 보며 '소중랑 북해상에 편지 전턴 기러기냐'라고 물으며 방으로 들어가 편지를 쓴다. 이는 '황후는 되었으나 만단 생각이 부친뿐이로다.'라는 맥락을 통해 부친에게 편지를 전달하고자 하는 모습으로 볼 수 있다. 그러나 편지를 적어서 다시 밖으로 나왔을 때에 이미 '기러기는 간데없고 창망한 구름 밖에 별과 달만 밝'은 상황이 되어 '심 황후 기가 막혀 편지를 던지고 울음을 운다.'라고 했기 때문에 적절하다.
⑤ 심청은 부친의 눈을 위해 죽음을 각오하고 인당수에 몸을 던졌으나, 살아 돌아왔을 뿐만 아니라 황후까지 되었다. 이는 심청 개인에게는 행복한 결말이라고 할 수 있겠으나, 작품의 주제라고 할 수 있는 '심청의 효심'을 부각하기 위해서는 '심청의 희생으로 눈을 뜨게 된 부친의 상황'이 확인되어야 한다. 따라서 ㉠을 통해 부친의 안부를 확인하고 싶은 심청의 효심을 자극하고, 심청이 효를 완전히 이루지 못하고 있는 상황을 드러내어 작품 전체의 주제를 다시 환기하고 있다.

05

정답

ⓐ: 인당수, ⓑ: 황후

11강 차사본풀이

빠른 정답 체크 본문 | 230

01 ⑤　　02 ④　　03 ③　　04 ③　　05 해설참조

01 ⑤

정답해설

㉮는 저승 증표 없이는 저승에 한 번 가면 돌아올 수 없다는 저승의 법도를 미리 알려주고 있으며, ㉯는 자신이 3천 년이라는 긴 세월을 살아왔다는 사실을 과시하며 상대의 말이 거짓이라 반박하고 있다.

오답해설

① ㉮는 걱정의 의미도 있겠으나 정보를 전달하는 것을 주목적으로 하는 발화이며, ㉯는 비속어를 쓰고 있으나 친근감의 표시와는 관계가 멀다.
② 저승 차사에게 말을 높이는 강림의 어조를 고려하면 ㉮에서 저승 차사가 낮은 상대에게 높임말을 쓰는 것이 아니라 서로를 예우하고자 하는 맥락에서 높임말을 쓴다고 보는 것이 적절하다. 또한, ㉯에서 동방삭이 3천 년을 살았다고 말하는 것이 과장인지 알 수 없다.
③ ㉮에서 너스레나 아부가 나타나는 부분은 찾아볼 수 없다.
④ ㉮에서 발화자의 의도가 상대에 대한 동정과는 거리가 멀고, ㉯는 새로운 정보를 받아들이는 것이 아니라 반박하고 있으므로 적절하지 않다.

02 ④

인간이었던 강림이 죽은 자를 인도하는 차사가 되었다는 것은 죽음의 특성과 관련된 것이 아니라 죽음의 원인을 신적인 존재로 설명하고자 하는 신화의 특성이 반영된 결말이다. 인간은 어떤 식으로든 죽음을 피할 수 없다는 사실은 동방삭을 통해 설명되고 있다.

① 자연 현상에 속하는 동식물의 생태적 특성을 신화적 서사로 설명하고 있다.
② 자연 현상에 속하는 삶과 죽음이라는 현상과 그 특성을, 까마귀가 적패지를 잃어버려 사람들의 수명이 제각각이 되었기 때문이라고 정당화하고 있다.
③ 동심결과 불삽, 운삽은 강림이 저승으로 향할 때 전대 허리띠를 털어서 나온 물건들로, 이후 장례를 지낼 때 쓰는 제구로 사용된다. 이는 제구의 유래를 신화 속 인물의 행보와 연관 지은 것이다.
⑤ 뱀이 불멸하는 존재라는 것은 사실이 아닌 창작 당시 사회에 내재한 믿음으로 볼 수 있다. 따라서 이를 신화로 증명한 것은 실제뿐 아니라 비실제적인 것 또한 증명하는 신화의 특성과 연관된 것으로 이해하는 것이 타당하다.

03 ③

강림이 까마귀에게 적패지 붙이는 업무를 맡겨 저승에 혼란이 생겼으나 강림은 문초를 받을 뿐 처벌받지 않았다. 업무를 수행하다 실패한 까마귀가 곤장을 맞았다.

① 행기못 가에 앉아 있던 사람들은 제 명에 못 살아 이승도 저승도 갈 수 없는 존재들이다. 이들은 여러 호칭으로 강림을 부르지만, 강림의 친지라고 볼 근거는 없다.
② 이원사자는 '생각하여 보니 남의 음식을 공짜로 먹어서는 목 걸리는 법'이라는 생각에 강림을 돕게 된다. 이로 보아, 이원사자는 염라대왕의 명과 별개로 자신의 양심에 따라 강림의 저승 여행을 돕기로 했다.
④ 윗글에 따르면, 강림이 큰부인에게 받은 동심결, 불삽, 운삽을 저승 증표로 낸 후에 '우리 인간 사람도 죽으면 동심결 불삽 운삽을 하여 품기는 법'이 생겼다. 즉, 큰부인이 강림에게 준 물건은 저승 증표로 기능한 이후에 장례 관습에 사용되기 시작했다.
⑤ 동방삭은 숯을 씻는 강림에게 잡힌 후 순순히 인정하고 저승에 갈 뿐, 자발적으로 잡힌 것은 아니며 동방삭의 과거 행적이 어떠한지도 알 수 없다.

04 ③

염라대왕은 권위 있는 저승의 왕이지만, 다른 이들을 억압하거나 자기 잇속을 챙기는 모습은 보이지 않는다. 오히려 결말 부분에서 강림의 능력을 인정하고 인간 차사로 임명하는 것으로 보아, 합리적인 인물이라고 볼 수 있다.

① 강림은 조력자들의 도움으로 위험을 피해 저승으로 갔으며, 이후에는 염라대왕이 내린 과제를 수행한 공으로 신적인 존재인 저승 차사가 된다.
② 처음에 이원사자는 아무리 해도 살아서 저승에 가지 못하는 것이 원칙이라 생각했지만, 강림이 자신에게 먹을 것을 줬기에 개인적인 양심에 따라 그를 돕게 된다.
④ 까마귀는 적패지를 인간 세상에 붙여야 했지만, 말 피 한 점을 얻어먹으려다 일에 차질이 생기게 되고, 결국 인간은 순서 없이 죽게 되었다. 그 결과로 까마귀는 곤장을 맞게 된다.
⑤ 동방삭은 수많은 차사들이 잡으러 가도 잡을 수 없었다. 하지만, 강림이 가서 재치를 발휘해 동방삭을 붙잡자 강림을 인정하고 "어서 저승엘 가자."고 말한다.

05

적패지

MEMO

MEMO

개념부터 실전까지! 올인원 국어 교재

섹션뽀개기 실전편

철저한 지문분석과 맞춤형 온라인 솔루션(SLS)을 통한 **갈래별 국어 뽀개기**

◆ 개편되는 수능 국어 영역에 맞추어 예비 고1 ~ 예비 고3 까지 학습할 수 있는 **최강의 국어 문제집!**